# PANDAS E O DEMÔNIO DOS DADOS

Blucher

Marco Antonio Leonel Caetano

# PANDAS E O DEMÔNIO DOS DADOS

## Algoritmos em Python para Sistemas de Informação

*Pandas e o demônio dos dados: algoritmos em Python para Sistemas de Informação*

Editora Edgard Blücher Ltda.

*Publisher* Edgard Blücher
*Editor* Eduardo Blücher
*Coordenador editorial* Rafael Fulanetti
*Coordenação editorial* Ana Cristina Garcia
*Produção editorial* Kedma Marques
*Preparação do texto* Ana Lúcia dos Santos
*Diagramação* Roberta Pereira de Paula
*Revisão de texto* Ariana Corrêa
*Capa* Juliana Midori Horie
*Imagem da capa* Equipe Editora Blucher

**Blucher**

Rua Pedroso Alvarenga, 1245, 4º andar
04531-934 – São Paulo – SP – Brasil
Tel.: 55 11 3078-5366
**contato@blucher.com.br**
**www.blucher.com.br**

Segundo o Novo Acordo Ortográfico, conforme 6. ed. do *Vocabulário Ortográfico da Língua Portuguesa*, Academia Brasileira de Letras, julho de 2021.



Dados Internacionais de Catalogação na Publicação (CIP)
Angélica Ilacqua CRB-8/7057

Caetano, Marco Antonio Leonel
Pandas e o demônio dos dados : algoritmos em Python para Sistemas de Informação / Marco Antonio Leonel Caetano. – São Paulo : Blucher, 2025.
470 p. : il.

ISBN 978-85-212-2515-7

1. Python (Linguagem de programação de computador) I. Título

25-1039 CDD 004.68

Índice para catálogo sistemático:
1. Python (Linguagem de programação de computador)

*Ao meu amor de sempre, Vera.*

# Conteúdo

# Prefácio

No início, todo livro vai se formando por páginas em branco, apenas com rascunhos de ideias do autor. Pensamos no tema geral, vamos desenvolvendo as conexões, colocando os temas e seus desdobramentos, e, então, o livro toma conta e praticamente se desenvolve sozinho. O autor é apenas um transmissor do que o livro solicita, e quase exige, que seja colocado no papel.

Foi assim com os meus outros livros, sempre um rascunho de ideias após algumas aulas e sentar no computador para escrever, esperando as conexões se formarem. Muitas vezes, o barulho da chuva, o silêncio da noite mais profunda, o canto dos pássaros nos galhos do meu ipê colaborava para isso se desenrolar mais rápido.

Com esta obra foi diferente. Foi se delineando automaticamente nos últimos anos, à medida que a linguagem de computação Python foi sendo aprofundada em meus cursos de programação. Diversas vezes - e não foram poucas -, programas quase idênticos, seguindo algoritmos bem conhecidos e simples, desperdiçavam longos minutos com problemas estranhos.

Os erros mais esquisitos e mais absurdos ocorriam e ainda ocorrem em programação de algoritmos simples em Python, seja por distração, cansaço, pressa em resolver problemas, ou mesmo por compilador mal-estruturado. É comum os programadores se depararem com erros absurdos. E esses erros, depois de resolvidos, fazem nos perguntarmos como cometemos erros tão bobos.

Os deslizes que cometemos em programação, não são um privilégio ou uma consequência apenas da linguagem Python. Linhas mal-escritas de programa, esquecimento de fechar parêntesis e colchetes ou vírgulas erradas, sempre ocorrem em qualquer linguagem.

O mais impressionante de tudo, em todos esses anos em que trabalho com ciência da computação, é que a maioria dos livros coloca ao leitor os algoritmos que funcionam, cujos programas rodam perfeitamente e "nunca" erram. É difícil encontrar livros em que, antes de colocar a solução final, o autor diga: "eu sofri muito para isso dar certo". Ao leitor, fica sempre parecendo que o erro acontece com ele, pois não estudou direito, não escreveu direito, não resolveu os exercícios como os textos lhe informaram.

Quem programa em linguagens de computação sabe que um algoritmo que roda em segundos pode ter levado semanas até ter sua concepção final. Lembro-me de quando era estudante de graduação, quando fazia iniciação científica, aos 20 anos, que um programa me tomou mais de um mês, por causa de um ponto e vírgula! Sim, a linguagem dos anos 1980 era o Turbo Pascal e tinha como separadores de linha pontos e vírgulas.

Como o programa tinha mais de 500 linhas, mesmo imprimindo em impressora matricial barulhenta, mesmo olhando linha por linha, só fui descobrir o erro um mês depois, quando estava já cansado e apenas olhando para o papel. Eis que desponta o erro da falta do ponto e vírgula!

Nos últimos anos, o ensino e a programação em Python para meus alunos me fizeram reviver esses erros. Tanto quando os alunos cometem erros e vêm tirar dúvidas quanto em meus programas, quando preparo aula, apesar de saber como se faz, sempre um erro aparece.

E, de novo, como antigamente, o erro é sempre de colchetes ou de estrutura malformada para um banco de dados ou, ainda, achar que um mesmo comando que funciona para um procedimento vai funcionar para outro semelhante. Mas não é assim.

A biblioteca Pandas, do Python, é impressionante e revolucionária, tenho quase 100% de certeza de que foi uma das responsáveis por desenvolver e promover a área de ciência dos dados. A informação é tudo em nossas vidas e, na ciência da computação, é a alma dos algoritmos. Com o advento da biblioteca Pandas, muitos problemas, que exigiam uma quantidade absurda de linhas para se trabalhar com matrizes, foram substituídos por funções rápidas e criativas.

Quando os alunos se deparam com a biblioteca Pandas, ouve-se nas salas de aula um "Ooohhhh!" por parte deles quando rodam um exemplo. É que, realmente, para quem programou em outras linguagens e lembra-se do conceito de iteração (repetição) ou *loops* por parte de conceitos de resolução de algoritmos com matrizes, deparando-se com a Pandas, são de espantar a facilidade e a agilidade da estrutura.

O problema é que, quando começamos a trabalhar com uma quantidade grande de dados - dados não estruturados em websites ou formatos do tipo texto para números ou datas -, grandes problemas aparecem. E as soluções, quando aparecem, são sempre ridículas, como uma simples troca de ordem de parâmetros, chamada de funções específicas ou apenas uma troca de linhas por colunas.

Antigamente, precisávamos ficar conversando com colegas, chamando para tomar um café, fazendo seminários, ou mesmo, escrevendo artigos em conjunto para descobrirmos as soluções. Nos dias atuais, principalmente em Python, as soluções estão soltas e caminhando pelas palavras de milhões de programadores nos fóruns de computação.

Muitas pessoas não conhecem ou não sabem como procurar essas informações, pois não têm habilidade para usar palavras-chave específicas e deparar-se com maravilhosas e criativas soluções.

Mesmo quando se mudam as versões do Python, não estamos livres de problemas que nos tomam horas e dias para fazer um programa funcionar de maneira adequada. Por exemplo, no Capítulo 8, quando estava tudo terminado, as distribuições de probabilidade estavam funcionando de maneira adequada numa versão mais antiga do Python. No entanto, ao comparar algumas soluções com versões mais recentes do Python (no momento em que escrevo, a mais atual é a Python 3.12), o Capítulo 8, pregou-me uma grande peça.

Os valores das estimativas dos parâmetros para o exemplo das chuvas em São Sebastião (SP), começaram a dar errado, e, muitas vezes, nem rodaram. Depois de uma tarde inteira, descobri que o detalhe estava na versão mais recente, o formato de data deveria vir adicionado à função *.date( ) com parêntesis no final. Sim, apenas um parêntesis tomou, deste autor, quatro horas para adequar um programa antigo na versão mais recente do Python.

Pensando nisso, longe de ser um livro que resume todos os problemas, esse texto toma uma parte de alguns problemas que diariamente podem ocorrer com todos os programadores e tenta mostrar como solucioná-los. O leitor poderá achar muitas soluções mais sofisticadas na internet, mas para quem não tem tempo de pesquisar com calma, este livro tenta alertar sobre alguns erros básicos que nós cometemos na pressa do dia a dia ou, como alerto, provocados pelo "diabo escondido atrás dos erros".

Como explico no Capítulo 4, o provérbio atribuído a Nietzsche diz que "O diabo mora nos detalhes". O saudoso e fascinante Carl Sagan também escreveu um livro sobre o "diabo" e como ele se relaciona com a vida humana. Carl Sagan, com sua elegante maneira de explicar, nos diz em seu livro *O mundo assombrado pelos demônios* (1996), o significado da palavra "demônio": "podem assumir qualquer forma, e sabem muitas coisas – 'demônio' significa 'conhecimento' em grego [...]".

Carl explica que, em grego, "demônio" significa "conhecimento" e "ciência" significa "conhecimento" em latim. Logo, como conhecimento é tudo em nossa vida, durante muitos séculos, a população foi exposta ao conceito de associar demônio ao mal, ao perverso, aquilo que tudo de ruim pode acontecer, advindo de um espaço longe da vida terrena. E, no entanto, essa palavra se associa ao conhecimento, ao prazer da descoberta na língua grega.

Logo, se demônio significa conhecimento em grego e se Nietzsche está correto, mesmo morando nos detalhes, o demônio é o conhecimento de como as coisas funcionam e, por isso, precisamos aprender com os detalhes dos erros. E em termos de Python, o que mais temos são detalhes quando estamos programando os algoritmos.

Para chegar aos erros, precisamos antes conhecer por que eles acontecem, por que o tal diabo está nos afrontando quando estamos programando algoritmos. Pensando nisso, elaborei este livro, cujos três primeiros capítulos revisam as formas básicas de programação em Python e apresentam o funcionamento da biblioteca Pandas. Espero, com isso, deixar o leitor confortável e conectado com a linguagem, para entender os erros que serão apresentados nos capítulos posteriores.

Alguns capítulos trazem exercícios retirados de listas ou avaliações dos meus cursos, com o intuito de que, após treinar com sucesso com algoritmos simples, o leitor e programador possa perceber que detalhes importantes sempre passam despercebidos em programas mais avançados.

Pequenos desenhos de um diabinho correndo de um ursinho panda sempre aparecerão em partes de algum programa, para o leitor perceber que existe um erro que poderá ser apontado ou não pelo compilador em Python. Toda vez que o leitor vir o desenho, significará que, naquela parte do algoritmo, há algum problema não observado ou um problema futuro por conta de comandos impróprios para as linhas programadas.

O Capítulo 1 apresenta os comandos básicos e as bibliotecas mais comuns em Python para quem está aprendendo a programar. São trazidas funções para se construírem gráficos, listas, array, além de comandos de iterações e estruturas para lógica de decisão. Exemplos de estatística e seu uso adequado também preenchem esse capítulo.

O Capítulo 2 é dedicado inteiramente à biblioteca Pandas e ao seu uso adequado, com exemplos simples para que o leitor perceba e compare as simplificações que ela possibilita em programas que precisavam de muitos comandos. Gráficos, agrupamentos, localizações de informações, enfim, toda a parte básica da criação de DataFrame é apresentada nesse capítulo.

No Capítulo 3, aprofundamos o uso da parte gráfica da Pandas. São apresentadas ferramentas sensacionais que facilitam a interpretação de dados por meio de gráficos, também de maneira bastante simples, para que o leitor possa ir escrevendo seu próprio programa e acompanhando os resultados quando executado. Os tipos e formulações dos gráficos em Pandas encantam todos pela sua facilidade e pela qualidade de informações que passa para qualquer banco de dados.

É no Capítulo 4 que os problemas começam a se aprofundar. Problemas com dados mal estruturados, ou mesmo formas erradas de tratar as funções da biblioteca Pandas, são apresentados nesse capítulo. O leitor poderá reparar que qualquer distração na programação que envolva banco de dados poderá acarretar erros absurdos, e, na primeira vez, erros que não deveriam ocorrer. E, claro, sempre mostramos como a Pandas soluciona esses erros.

Sempre quando baixamos dados de websites, ou quando algum sistema muito antigo de armazenamento de dados salva números ou dados com formatos antiquados, problemas enormes aparecem. Um problema muito comum é que, às vezes, linhas que estão num arquivo, não estão em outros, e precisamos juntar e agrupar essas informações sem perdermos a noção espacial e temporal dos acontecimentos. Por exemplo, muitas vezes, os dados estão em datas desconexas entre os arquivos, e precisamos agrupar essas informações. No Capítulo 5, apresentamos e comparamos quatro formas distintas de se juntarem os dados e os problemas que ocorrem quando isso é feito.

No Capítulo 6, é apresentada a mágica função Lambda do Python. É feita uma conexão histórica com sua criação e invenção por grandes nomes da computação e da filosofia lógica do pensamento. Com essa função, um conjunto de linhas inteiras pode ser substituído por apenas uma linha, tornando a programação mais limpa e de fácil compreensão. Mas os erros são ainda mais fáceis de aparecer, e mostramos isso com exemplos.

Quando estamos com problemas, nada melhor do que contar com um bom amigo para nos socorrer. Uma grande amiga da Pandas é a biblioteca Seaborn, que ajuda a Pandas a dispor de gráficos e de interpretações maravilhosas sobre os DataFrames. É o que mostramos no Capítulo 7, expondo a Seaborn a exemplos simples e demonstrando onde os cuidados são mais necessários para se evitar a aparição do diabo nos erros.

O que mais acontece no mundo da computação são falhas. O que mais ocorre em nossas vidas são falhas, todos os dias, em todos os momentos. Mas há algumas falhas que nos levam a catástrofes. Começamos o Capítulo 8 apresentando a distribuição de probabilidades das falhas com a densidade de probabilidade de Weibull e seu uso com os DataFrames na Pandas. Uma ligação de conceitos deve ser feita nesse capítulo entre a Pandas e também com outra biblioteca importante, conhecida como SciPy, no Python. Apenas observar resultados gráficos não melhora nosso sentido de entendimento, e precisamos de informações quantitativas por meio de resultados estatísticos advindos da SciPy conectados com a Pandas.

Dados pluviométricos reais e de grande porte são usados no Capítulo 8 para demonstrar os erros que acontecem quando programamos em Pandas sem o devido cuidado. Esses dados são baixados e disponibilizados todos os dias pelo Centro Nacional de Monitoramento e Alertas de Desastres Naturais (Cemaden), localizado em São José dos Campos - SP.

Toda discussão política e econômica deve se basear em dados. Isso, ultimamente, não tem ocorrido ao redor do mundo, tornando uma porção de informação em falácia ideológica para prejudicar um governo ou ajudar outro. No caso do Brasil, uma boa fonte de informação econômica se encontra no Banco Central do Brasil, que disponibiliza um histórico de décadas de dados econômicos, que podem ser adquiridos pelo Python, e o mais interessante: todos os dados estão no formato da Pandas.

Exemplificamos o uso da Pandas com os dados do Banco Central no Capítulo 9, apresentando inúmeros erros que podem ocorrer no tratamento errôneo ou na filtragem errada das bases de dados quando estas são baixadas do website do banco. Nesse capítulo, todos os conceitos abordados anteriormente são utilizados, como agrupamento, filtragem, gráficos, concatenação, formatação de datas, enfim, tudo o que foi visto antes, apresentando os erros que aparecem e suas soluções.

Sendo uma das maiores fontes de dados, o mercado financeiro não poderia ficar de fora deste texto. No Capítulo 10, apresentamos uma quantidade enorme de exemplos e possíveis erros que ocorrem quando utilizamos dados de empresas, dados armazenados na biblioteca do Python ligada ao Yahoo! Finance, diretamente dentro dos códigos. Partes dos programas e programas completos são apresentados, mostrando quais tipos de erros surgem nos DataFrames quando nos esquecemos de detalhes que o "diabo" insiste em nos esconder. Além disso, esse capítulo também mostra algumas técnicas que utilizam sensor de compra e venda de ações, como média móvel e *candles*, apresentando erros em sua montagem e que podem ocorrer nas interpretações.

No Capítulo 11, tratamos de eventos que estão sempre em nosso inconsciente coletivo e que são motivo de muitas teorias da conspiração sobre a destruição do mundo, sobre a NASA esconder dados importantes, entre tantas outras *fakenews*. A NASA libera há décadas arquivos para baixar dados sobre asteroides descobertos, suas órbitas, elementos de estrutura, como tamanhos, energia, luz refletida, velocidade etc. Nos anos mais recentes, a agência espacial norte-americana criou uma biblioteca em formato Pandas, com DataFrame, pronta para ser usada para diversas medidas, diversas abordagens estatísticas sobre impactos, potência de destruição e outros cálculos. Nesse capítulo, baixamos alguns dados da NASA e mostramos que não basta apenas fazer isso, mas que precisamos estruturar os DataFrames para que as informações importantes sejam visualizadas na Pandas e na Seaborn.

O Capítulo 12 apresenta outro ambiente interessante para programar DataFrames da Pandas, com certa liberdade na hora de rodar os códigos. O ambiente Jupyter é apresentado de forma simples e básica para que o leitor que não tem intimidade com o Python possa se deleitar com tamanha facilidade de programação e visualização de resultados da biblioteca Pandas.

Este livro serve para o leitor aprender com programas simples como funciona a biblioteca Pandas e sua estrutura para obter informações de dados. Apesar de alguns exemplos simples, oferecemos outros mais complexos e complicados, como os de precipitação, econômicos e dos asteroides. Essas abordagens foram colocadas neste livro, pois a grande dificuldade dos programadores no dia a dia é de como resolver rapidamente problemas sem precisar procurar na internet por soluções que não contemplam a resolução eficaz.

Claro que, com o advento da inteligência artificial, muitos leitores desatentos poderão pensar que basta usar o ChatGPT para conseguir um programa fácil e rápido para seus propósitos. Muitos erros ocorrem com esse pensamento. Primeiro, o leitor não estará aprendendo nada. Segundo, os programas de IA são sempre mais rebuscados e complexos para resolver, muitas vezes, problemas bem simples. Terceiro, ao mudar para um outro problema semelhante, o leitor terá de buscar novamente outro programa no ChatGPT, que, outra vez, será uma "caixa-preta", e ele não vai entender boa parte da resolução.

Assim, apesar de mais trabalhoso, aprender sem usar programas prontos é sempre melhor e prazeroso, e liberta da escravidão de pensamento realizado por uma máquina. Se o leitor quer aprender e crescer intelectualmente com os erros provocados pelo Demônio de que Carl Sagan comentou, é bem-vindo ao maravilhoso mundo da biblioteca Pandas.

*O autor.*

# CAPÍTULO 1
# Revisitando o Python

## 1.1 INTRODUÇÃO

A linguagem Python foi desenvolvida em dezembro de 1989 por Guido van Rossum. Conhecedor de linguagens como ALGOL e Pascal, Guido procurava por um interpretador de comandos mais fácil e poderoso do que os existentes à época. Devemos nos lembrar de que as linguagens mais populares e utilizadas na época eram BASIC, FORTRAN, COBOL e ALGOL. Apesar disso, somente em 1999, o Python estava com uma estrutura mais adaptada. Graças ao seu estilo de linguagem aberta, Guido ganhou um prêmio em 2002 por avanços em software livre.

Como toda linguagem, a premissa adotada é de que as operações básicas devem ser apoiadas por variáveis que são compostas por números reais, por estruturas unidimensionais, conhecidas como array (ou vetor), e bidimensionais (matrizes). A inovação, no caso do Python, é que bibliotecas externas aos programas (também chamados de script) podem ser importadas ou não, dependendo da natureza do problema envolvido.

Com isso, a democratização veio no sentido de que pessoas com base de programação mais simples podem atuar com essa linguagem usando conhecimento de outras linguagens. Programadores por meio de pesquisas mais avançadas também podem usar a mesma linguagem, baixando e importando, para isso, bibliotecas específicas e direcionadas para sua área de estudo.

Uma das grandes novidades foi a construção da biblioteca NumPy (*Numerical Python*) para trabalhar com as estruturas de array de maneira mais rápida e amigável do que, por exemplo, o FORTRAN da época. Outra inovação veio com a biblioteca Pandas, que revolucionou o modo de resolução de problemas que envolviam grandes estruturas de dados. Isso ajudou a difundir a biblioteca e a linguagem para áreas, que foram se consolidando a partir dos anos 2000, condensando-se e integrando-se no que conhecemos hoje como *ciência dos dados*.

## 1.2 OPERAÇÕES BÁSICAS

Se tivermos duas variáveis x e y, as operações básicas são facilmente desenvolvidas, como apresentadas a seguir. Soma, subtração, multiplicação e divisão seguem o padrão de outras linguagens com os mesmos símbolos. As operações aqui apresentadas estão ocorrendo no ambiente do *Spyder* – Anaconda, dentro do console, e, assim, temos os símbolos *In* [1], *In* [2] etc. para as entradas; e *Out* [1], *Out* [2] etc. para os resultados das operações. Os mesmos comandos trabalham da mesma maneira em outros ambientes, como o editor de texto do *Spyder* (no caso da Anaconda) ou do Jupyter.

```
In [1]: x=2

In [2]: y=3

In [3]: x+y
Out[3]: 5

In [4]: x-y
Out[4]: -1

In [5]: x*y
Out[5]: 6

In [6]: x/y
Out[6]: 0.6666666666666666
```

Uma operação bastante utilizada é descobrir o resto da divisão entre dois números, por exemplo, x e y. O símbolo, nesse caso, é o "%", que não significa operação de cálculo de porcentagem, mas o acionamento do programa para se calcular o resto da divisão entre x e y. Por exemplo, se x = 10 e y = 3, sabemos que o resto da divisão x/y será 1. Em Python, escrevemos da seguinte forma:

```
In [7]: x=10

In [8]: y=3

In [9]: x % y
Out[9]: 1
```

## 1.3 BIBLIOTECA MATEMÁTICA

Talvez a biblioteca mais simples do Python seja a Math. Ela é necessária quando desejamos utilizar expressões muito comuns, como exponencial e raiz quadrada ou expressões de logaritmos e trigonometria para números ou variáveis unidimensionais.

Para se utilizar das funções existentes na biblioteca Math, é necessário antes importá-las, para então começar a utilizar os recursos existentes. Para a raiz quadrada, a função é *sqrt*; para a função exponencial, usamos *exp*; e para o logaritmo natural, usamos *log*. Pode-se perceber que devemos usar o nome da biblioteca antes do nome da função para termos o resultado das operações. Por isso, temos math.sqrt(4) para calcular a raiz quadrada de 4.

```
In [10]: import math

In [11]: math.sqrt(4)
Out[11]: 2.0

In [12]: math.exp(0.1)
Out[12]: 1.1051709180756477

In [13]: math.log(2)
Out[13]: 0.6931471805599453
```

Claro que, além de usarmos a palavra com o nome da biblioteca, podemos colocar um apelido nela para simplificar o uso das funções. Por exemplo, se chamarmos a importação, substituindo o nome *math* por *mt*, as funções devem ser chamadas agora como mt.sqrt(4), e não como math.sqrt(4).

```
In [14]: import math as mt

In [15]: mt.sqrt(4)
Out[15]: 2.0

In [16]: mt.exp(0.1)
Out[16]: 1.1051709180756477

In [17]: mt.log(2)
Out[17]: 0.6931471805599453
```

Para as funções trigonométricas, fazemos uso da biblioteca da mesma maneira, como demonstrado para o cálculo de seno, cosseno e tangente.

```
In [18]: mt.sin(0.5)
Out[18]: 0.479425538604203

In [19]: mt.cos(0.5)
Out[19]: 0.8775825618903728

In [20]: mt.tan(2)
Out[20]: -2.185039863261519
```

## 1.4 BIBLIOTECA ESTATÍSTICA

Para medidas estatísticas simples, podemos fazer uso da biblioteca estatística, cujo nome é *statistics*. Uma das entradas de dados para a utilização das estatísticas básicas que conhecemos, como média, desvio-padrão populacional e desvio-padrão amostral, é representar a amostra como um tupla (um conjunto de dados separados por vírgula).

```
In [21]: x=2,3,4,5

In [22]: import statistics as st

In [23]: st.mean(x)
Out[23]: 3.5

In [24]: st.pstdev(x)
Out[24]: 1.118033988749895

In [25]: st.stdev(x)
Out[25]: 1.2909944487358056
```

No caso em questão, *pstdev* se refere ao desvio-padrão populacional, cuja fórmula tradicional em estatística é:

$$\sigma = \sqrt{\frac{\sum_{i=1}^{n} (x_i - \bar{x})^2}{n}}$$

em que $\bar{x}$ é a média da amostra. Já para o desvio-padrão amostral *stdev*, temos:

$$s = \sqrt{\frac{\sum_{i=1}^{n} (x_i - \bar{x})^2}{n-1}}$$

Valor máximo e valor mínimo de um conjunto de dados não precisam de biblioteca, basta colocar apenas as iniciais *max* e *min* na frente da variável. Para o caso deste exemplo:

```
In [26]: max(x)
Out[26]: 5

In [27]: min(x)
Out[27]: 2
```

## 1.5 O QUE SÃO LISTAS?

Lista é uma modalidade de armazenamento de dados bastante especial do Python, na qual os dados são colocados numa variável, separados por vírgula e dentro de colchetes para a identificação de que estamos armazenando os dados para serem usados em diversas análises. É uma modalidade que, apesar de limitada, principalmente no que se refere a operações entre os dados, é bastante útil no auxílio de desenvolvimento de diversas partes de um programa.

Uma lista também é separada por vírgulas, mas utilizam-se colchetes para sua representação. Ela é baseada em índices para identificação da localização dos dados. Diferentemente de outras linguagens, no Python, uma lista sempre começa com o índice zero, não com o índice um. Vamos supor que tenhamos a seguinte lista "x" no console do Python:

```
In [1]: x = [10,4,3,5,8,9]
```

- **primeiro elemento da lista:** o primeiro elemento da variável "x" anterior é x[0]. Para ver esse elemento, basta usar x[0] no console e, em seguida, aparecerá o valor desse elemento:

```
In [1]: x = [10,4,3,5,8,9]

In [2]: x[0]
Out[2]: 10
```

- **último elemento da lista:** para ver o último elemento, basta usar -1 dentro do nome da variável lista, ou seja:

```
In [3]: x[-1]
Out[3]: 9
```

- **total de elementos da lista:** para o total de dados de uma lista, utiliza-se o comando "len", ou

```
In [4]: len(x)
Out[4]: 6
```

em que o Python nos mostra que temos na lista "x" seis elementos no total.

- **fatiamento de uma lista (*slice*):** o interessante de uma lista é seu fatiamento, ou seja, a extração de um elemento ou um conjunto de elementos para estudos em particular. Na lista *x*, se deserjamos extrair do primeiro ao terceiro elemento, devemos começar com o índice *0* e terminar com índice *3*. Esse fato pode gerar uma confusão, pois, matematicamente, 0, 1, 2, 3 têm quatro elementos, e não os três primeiros.

O fato é que sempre uma lista no Python vai de zero até o elemento menos um, ou representado como (n-1). Assim, por exemplo, em uma lista com

x = [d(0), d(1), d(2), d(3), d(4),…,d(n)]

se desejarmos os três primeiros elementos, temos de escolher de *zero* a *três*, pois (3-1) fornece o índice 2, que totaliza três elementos. Então, no exemplo da lista *x*,

```
In [5]: x[0:3]
Out[5]: [10, 4, 3]
```

Nesse caso, x[0] = 10, x[1] = 4 e x[2] = 3. Podemos, ainda, usar o comando *print* para imprimirmos o resultado no console, o que é bastante útil quando estamos programando no editor de programação, e não no console do Python.

```
In [6]: print(x)
[10, 4, 3, 5, 8, 9]

In [7]: print(x[0:3])
[10, 4, 3]
```

- **Adicionando um elemento à lista original (*append*)**

Uma lista formada pode receber um ou mais elementos usando o comando *append* com um ponto ao final do nome da lista. Vamos supor que desejemos colocar o número 100 na lista *x* anterior:

```
In [8]: x.append(100)

In [9]: x
Out[9]: [10, 4, 3, 5, 8, 9, 100]
```

- **Ordenação de uma lista**

Colocar em ordem alfabética ou crescente uma lista é bem fácil, usando *sort* ao final do nome da lista.

```
In [10]: x.sort()

In [11]: x
Out[11]: [3, 4, 5, 8, 9, 10, 100]
```

Para se colocar em ordem decrescente os elementos de uma lista, basta inserir a palavra *reverse* dentro dos parêntesis, com a afirmação *True*, como apresentado a seguir.

```
In [4]: x.sort(reverse=True)

In [5]: x
Out[5]: [100, 10, 9, 8, 5, 4, 3]
```

Mais comandos de operações com lista podem ser verificados na Tabela 1.1 a seguir. É apenas um pequeno resumo das muitas funções existentes para manipulação de dados em listas.

Tabela 1.1 Resumo das operações com listas

| | |
|---|---|
| ***nome*.append(*x*)** | ***Adiciona o elemento "x" à lista "nome".*** |
| ***nome*.clear()** | *Remove todos os elementos da lista "nome".* |
| ***nome*.count(*x*)** | *Conta o número de ocorrências de x na lista "nome".* |
| ***nome*.extend(*y*)** | *Insere a lista "y" no final da lista "nome".* |
| ***nome*.index(*x*)** | *Retorna o valor do índice do elemento "x" da lista "nome".* |
| ***nome*.insert(pos,*x*)** | *Insere um elemento "x" na posição "pos" da lista "nome".* |
| ***nome*.remove(*x*)** | *Remove um elemento "x" da lista "nome".* |
| ***nome*.reverse( )** | *Ordena inversamente a lista "nome".* |
| ***nome*.sort( )** | *Ordena em crescente ou alfabeticamente a lista "nome".* |

As listas permitem os fatiamentos dos elementos para tratamentos especiais ou de separação para alguns cálculos mais simples. Esses fatiamentos são conhecidos como *slice* e correspondem a comandos bem interessantes para amostragens dos elementos.

Vamos supor que tenhamos listas com nomes de frutas:

frutas = ['limão','laranja','abacate','abacaxi','banana','mamão']

Para selecionar do segundo elemento ('laranja') ao quarto elemento ('abacaxi'), o uso dos ":" indicam a localização dos dados que deverão ser cortados para a seleção. Nesse caso, o segundo elemento da lista frutas tem índice 1, e o quarto elemento ('abacaxi') terá índice 3. Mas, na escolha do fatiamento em listas, o último elemento colocado no colchete obriga a seleção a escolher sempre até um antes do fim. Então, nesse caso, como o quarto elemento é abacaxi, seu índice é 3; porém, devemos colocar o número 4, pois a amostragem vai parar no índice 3.

```
In [7]: frutas[1:4]
Out[7]: ['laranja', 'abacate', 'abacaxi']
```

Como visto no comando anterior, frutas[1] é laranja, e frutas[4] é banana. Mas, quando colocamos frutas[1:4], o último elemento não é banana, mas um índice antes, abacaxi, cuja representação na lista é frutas[3].

Em outro exemplo, se quisermos os dois primeiros elementos, devemos fatiar a lista começando em 0 e terminando em 2, visto que frutas[0] = 'limão' e frutas[1] = 'laranja'.

```
In [8]: frutas[0:2]
Out[8]: ['limão', 'laranja']
```

Outra forma de representar os dois primeiros elementos da lista de frutas é não colocar o índice zero, que automaticamente o Python vai subentender que desejamos o primeiro elemento, nesse caso, é limão. Então, usar frutas[0:2] ou frutas[:2] dará o mesmo resultado.

```
In [8]: frutas[0:2]
Out[8]: ['limão', 'laranja']

In [9]: frutas[:2]
Out[9]: ['limão', 'laranja']
```

Da primeira fruta até a última, saltando de duas em duas, usamos a seguinte notação [início : fim : salto], ou, para essa lista:

```
In [10]: frutas[0:6:2]
Out[10]: ['limão', 'abacate', 'banana']
```

Para selecionarmos os três últimos elementos da lista, fazemos uso desta operação:

```
In [11]: frutas[-3:]
Out[11]: ['abacaxi', 'banana', 'mamão']
```

E, para selecionarmos todos os elementos, com exceção do último,

```
In [12]: frutas[:-1]
Out[12]: ['limão', 'laranja', 'abacate', 'abacaxi', 'banana']
```

## 1.6 OPERAÇÕES COM ARRAY (VETORES)

Listas são formas de se armazenarem dados, mas são bastante limitadas. Por exemplo, não conseguimos fazer operações complexas entre os elementos de uma lista. Mesmo em operações simples, como dividir os elementos de uma lista por outros de outra lista, isso não é possível. Vamos supor que tenhamos duas listas "x" e "y":

```
In [13]: x=[10,2,6]

In [14]: y=[1,2,3]

In [15]: x/y
```

Quando tentarmos realizar a operação de divisão x/y, o diabo escondido nos erros começa a rir sobre nossos ombros, pois ele sabe que isso vai ocasionar um erro para o programador que ainda está iniciando seu aprendizado em Python.

Teremos a seguinte resposta de erro:

```
  File "C:\Users\marcoalc1\AppData\Local\Temp\ipykernel_1736\1719814938.py", line 1, in <module>
    x/y

TypeError: unsupported operand type(s) for /: 'list' and 'list'
```

Então, nas mais importantes operações entre elementos de listas, o primeiro passo é transformar as listas no formato de array (vetor). Para isso, precisamos importar a biblioteca NumPy, em que as funções são preparadas para operações com array. Após a importação, transformamos as duas listas em array com a NumPy, e, então, isso nos permite a divisão elemento a elemento de cada lista. O resultado de cada passo é apresentado a seguir. A função array( ) transforma lista em array (ou vetor).

```
In [16]: import numpy as np

In [17]: x=np.array(x)

In [18]: y=np.array(y)

In [19]: x/y
Out[19]: array([10.,  1.,  2.])
```

Também nesse caso, parece que o formato é o mesmo das listas anteriores; mas, se usarmos o *print*, veremos que as vírgulas desaparecem nesse formato, permitindo todo tipo de operação com os elementos:

```
In [20]: print(x/y)
[10.  1.  2.]
```

Assim como nas listas, com arrays, o acesso aos índices se dá por meio dos colchetes, ou seja, o primeiro elemento terá índice zero, o segundo, índice 1, e assim por diante.

```
In [21]: x[0]
Out[21]: 10

In [22]: x[1]
Out[22]: 2

In [23]: x[2]
Out[23]: 6
```

## 1.7 A BIBLIOTECA NUMPY

A biblioteca NumPy (*Numerical Python*) é uma das mais antigas e importantes do Python, servindo de base e auxiliando as demais bibliotecas conhecidas e as mais recentes. Ela ajuda nas operações necessárias entre vetores ou entre elementos de vetores.

A NumPy engloba tudo que existe nas bibliotecas Math e Statistics, aplicando as funções no formato de array. Por exemplo, se temos que x = 4 e desejamos a raiz quadrada de x, vimos anteriormente que basta importar a biblioteca Math e usar a função *sqrt* como math.sqrt( ). Logo:

```
In [24]: import math

In [25]: x=4

In [26]: math.sqrt(x)
Out[26]: 2.0
```

Mas vamos imaginar que tenhamos o vetor (ou lista)

x = [2, 4, 7, 8, 10, 15]

e desejamos transformar esses elementos em

$$y = \left[\sqrt{2}, \sqrt{4}, \sqrt{7}, \sqrt{8}, \sqrt{10}, \sqrt{15}\right]$$

Nesse caso, não adianta usar a biblioteca Math, pois ela não consegue trabalhar com vetores (ou array). O leitor poderá ver o erro que aparece a seguir, nele, novamente, o diabo contido nos dados espreita sua face.

```
In [27]: x = [2, 4, 7, 8, 10, 15]

In [28]: math.sqrt(x)
Traceback (most recent call last):

  File "C:\Users\marcoalc1\AppData\Local\
    math.sqrt(x)

TypeError: must be real number, not list
```

Para isso, devemos usar a biblioteca NumPy, que tem as mesmas funções da Math e da *Statistics*, no entanto, formulada para o uso em array. Podemos perceber que, ao aplicarmos a raiz quadrada em cada elemento de x, o resultado também será um vetor (palavra array na frente dos valores numéricos).

```
In [29]: import numpy as np

In [30]: x = [2, 4, 7, 8, 10, 15]

In [31]: np.sqrt(x)
Out[31]:
array([1.41421356, 2.        , 2.64575131, 2.82842712, 3.16227766,
       3.87298335])
```

## Exemplo 1.1

Fazer um programa em Python que tenha dois vetores x e y, e, ao final, calcular e imprimir o vetor z, utilizando a fórmula:

$$z = \sqrt{e^{-x}\cos(x+y)}$$

**Solução:**

Nesse caso, percebemos que três funções matemáticas são necessárias para o cálculo no formato de array: raiz quadrada, exponencial e cosseno. Vamos supor que teremos x = [2, 3, 4] e y = [5, 2, 1]. A programação (agora no editor de texto do Python) será:

```
import numpy as np

x=np.array([2,3,4])

y=np.array([5,2,1])

z=np.sqrt(np.exp(-x)*np.cos(x+y))
print(z)
```

Observamos que, no caso do programa, apesar de a entrada estar em formato de lista para x e y, transformamos em vetor (array) para que seja possível o uso das funções matemáticas. Outra forma de usar a NumPy é, na hora da importação, buscar apenas pelas funções específicas que serão usadas, eliminando, assim, a importação de toda a NumPy. Basta, nesse caso, usar o comando "from", como a seguir.

```
from numpy import array, sqrt, exp, cos

x=array([2,3,4])
y=array([5,2,1])

z=sqrt(exp(-x)*cos(x+y))
print(z)
```

O resultado é:

```
[0.31942069 0.118839   0.0720795 ]
```

## Exemplo 1.2

Fazer um programa para ler o vetor x = [2, 3, 7] e calcular as estatísticas: média, desvio-padrão e a soma total dos elementos. Imprimir o resultado no console.

```
1   import numpy as np
2
3   x=np.array([2,3,7])
4   media = x.mean()
5   desvio = x.std()
6   somat = x.sum()
7
8   print('**** resultado das estatisticas ****')
9   print('média = ',media)
10  print('desvio padrão = ',desvio)
11  print('soma total de x = ',somat)
12  print('************************************')
```

Uma das vantagens de se usar o formato de array é que muitas operações estatísticas já estão embutidas nele próprio, bastando colocar apenas o nome do array, indicando com um ponto qual a estatística desejada. Na resolução anterior, vimos que as medidas estatísticas são calculadas nas linhas 4, 5 e 6. O resultado para esse exemplo é:

```
**** resultado das estatisticas ****
média =  4.0
desvio padrão =  2.160246899469287
soma total de x =  12
************************************
```

Ainda assim, se desejarmos continuar usando a biblioteca NumPy, os comandos também são válidos, como apresentado a seguir.

```
import numpy as np

x=np.array([2,3,7])
media = np.mean(x)
desvio = np.std(x)
somat = np.sum(x)

print('**** resultado das estatisticas ****')
print('média = ',media)
print('desvio padrão = ',desvio)
print('soma total de x = ',somat)
print('************************************')
```

## Exemplo 1.3

Fazer um algoritmo para calcular dez números aleatórios reais entre 0 e 1, e 10 números com distribuição de probabilidade normal com média 2 e desvio-padrão 3. Calcular a média e o desvio-padrão de cada um dos vetores.

**Solução:**

A biblioteca NumPy possui todas as distribuições de probabilidades importantes da estatística. No caso da função "random", retornarão números aleatórios entre 0 e 1, sendo necessário, nesse caso, apenas colocar a quantidade desejada de números a ser gerada pelo computador. Já para a distribuição normal, a função é "normal", mas devemos informar a média, o desvio-padrão e quantos números vamos gerar. A distribuição normal segue a fórmula da função gaussiana

$$f(x)=\frac{e^{\frac{-(x-\mu)^2}{2\sigma^2}}}{\sigma\sqrt{2\pi}},$$

em que $\mu$ é a média; e $\sigma$, o desvio-padrão. O programa do Python será:

```
import numpy as np

x=np.random.random(10)
y=np.random.normal(2,3,10)

media1=np.mean(x)
media2=np.mean(y)
desvio1=np.std(x)
desvio2=np.std(y)

print(x)
print('------------------------')
print(y)

print('######### estatisticas ######')
print('média aleatórios = ',media1)
print('média normal = ',media2)
print('desvio padrão aleatórios',desvio1)
print('desvio padrão normal', desvio2)
print('#############################')
```

A solução nesse caso (veja que é aleatório; logo, quem rodar esse programa encontrará valores diferentes deste texto):

Números gerados para x e y

```
[0.28669552 0.72794918 0.62117001 0.60708563 0.78364714 0.06456026
 0.48292847 0.67124778 0.34346646 0.30147663]
 -------------------------
[ 2.36922803  0.58402867  5.30147158  4.03968223  4.84442716 -1.18335742
 -3.95025658  2.04796322  1.07479296  6.59921153]
```

Estatísticas para x e y

```
######### estatisticas ######
média aleatórios =  0.48902270808092235
média normal =  2.172719137931792
desvio padrão aleatórios 0.22045387496042823
desvio padrão normal 3.0421068723275315
##############################
```

## 1.8 *FOR*, *WHILE* E O USO DA LÓGICA CONDICIONAL COM IF

Como todas as outras linguagens, o Python possui os comandos de *loop* para que suas estruturas rodem de forma automatizada para muitas operações repetitivas e comandos de lógica, como o if.

Vamos, primeiro, avaliar as decisões pelo computador com a utilização de lógicas baseadas no comando "if" ("se"). Toda linguagem de programação possui a estrutura conhecida como "se( )", uma lógica condicional que desvia o caminho seguido pelo computador para uma regra colocada pelo programador.

No Python, como em todas as linguagens de programação, a estrutura lógica é definida pelo comando conhecido como "if", que necessita de uma condição e verifica se esta é verdadeira (*true*) ou falsa (*false*). A forma genérica da chamada para as decisões usando o if no Python é apresentada a seguir.

A estrutura do if no Python é:

```
if < condição > :
        Comando-1
        Comando-2
        Comando-3
        ..................
        Comando-n
else :
        Comando-1
        Comando-2
        Comando-3
        ..................
        Comando-n
```

Diferente de outras linguagens, o condicional if do Python não possui end, ou end if, ou chaves para determinar que a lógica condicional terminou. O que marca o final da tomada de decisão é o alinhamento (conforme ilustrado pela linha tracejada no esquema anterior). Quando a lógica termina, o programador deve iniciar a continuação do programa fora do alinhamento do comando if para que o Python saiba que aquela linha não faz parte da decisão.

## Exemplo 1.4

Fazer um algoritmo ler dois números reais "x" e "y" e dizer qual é o maior entre eles.

```
import numpy as np

x=float(input('x = '))
y=float(input('y = '))

if x>y:
  print(x,' é o maior número')
else:
  print(y,'é o maior número')
```

Muitas vezes, apenas o caso *true* ou *false* não resolve a lógica para a tomada de decisão. Por exemplo, sendo falsa uma afirmação, temos outra pergunta para direcionar a lógica para posições de decisões mais refinadas ou particulares. Nesse sentido, precisamos de um comando caso-contrário-se, ou senão, muito utilizado em diversas linguagens.

No Python, essa estrutura se chama if-elif-else. O elif é, na realidade, uma pergunta dentro do ramo falso da pergunta anterior. E, por ser uma nova pergunta, necessita de uma condição para analisar a verdade ou a falsidade da afirmação e, então, tomar a decisão. Outro fato é que, como se tem sempre uma pergunta dentro de outra pergunta encadeada, também é necessário que esse comando esteja alinhado ao primeiro if e tenha, ao final, o sinal de ":" (dois pontos). No esquema a seguir, é possível ver que os alinhamentos continuam obrigatórios para todos os elif e também para o else.

```
if < condição > :
    Comando-1
    Comando-2
    Comando-3
    .................
    Comando-n
elif < condição > :
    Comando-1
    Comando-2
    Comando-3
    .................
    Comando-n
elif < condição > :
    Comando-1
    Comando-2
    Comando-3
    .................
    Comando-n
else :
    Comando-1
    Comando-2
    Comando-3
    .................
    Comando-n
```

Junto com as tomadas de decisão, as questões lógicas, muitas vezes, precisam fazer uso de união e intersecção de condições usando *and* e *or* para agrupar duas ou mais condições.

As combinações de *and* e *or* tornam a lógica sempre interessante para direcionar o computador na tomada de decisão correta. Novamente, deve-se observar o alinhamento, sempre em relação ao primeiro if, que indica a primeira condição lógica para a decisão. Os sinais utilizados no Python para as expressões lógicas nas decisões são os seguintes:

| **Operador** | **Descrição** |
|---|---|
| > | *maior que* |
| < | *menor que* |
| >= | *maior ou igual* |
| <= | *menor ou igual* |
| = = | *igual a* |
| != | *diferente* |

Em relação a outras linguagens, a expressão dentro do "if" para verificar se uma condição é igual a outra é " = =" (dois sinais de igual). A expressão de diferença é a exclamação seguida do sinal de igual, para dizer ao Python que as duas condições são "não iguais".

## Exemplo 1.5

Aproveitando o exemplo anterior, agora, modificar o algoritmo para ler três números reais "x", "y" e "z" e dizer qual é o maior entre eles.

```
import numpy as np

x=float(input('x = '))
y=float(input('y = '))
z=float(input('z = '))

if x>y and x>z:
  print(x,' é o maior número')
elif y>x and y>z:
  print(y, 'é o maior número')
else:
  print(z,'é o maior número')
```

O uso da lógica condicional "if" parece extremamente fácil, mas seu uso prático e para problemas que envolvam decisões complexas torna as colocações das perguntas algo fundamental para o programador. Por exemplo, tudo fica ainda mais difícil quando precisamos usar "if" dentro de *loops*, por meio dos comandos de iteração "while" e "for".

O comando que auxilia essa repetição ou iteração, também conhecido como *loop*, é o comando while. O esquema de repetição é apresentado na Figura 1.1, na qual o programa é representado como uma caixa que possui uma variável "S", que, a cada instante, recebe um valor diferente S = 1, 2, 3, ...

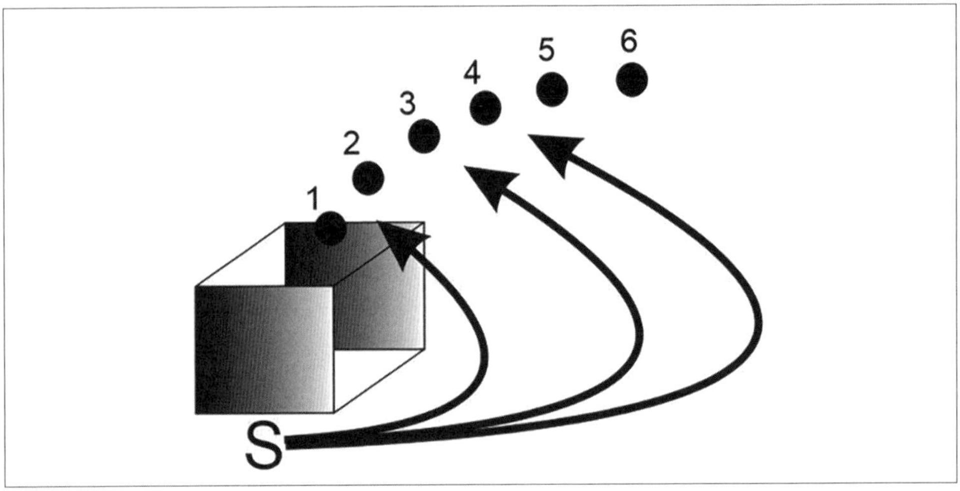


**Figura 1.1** Iteração com *loop* em variável.

No Python, temos o seguinte esquema para o funcionamento do while:

```
< contador>
while < condição de parada>:
                              |
                              | comando 1
                              |
                              | comando 2
                              |
                              | comando 3
                              |
                              | .......
                              |
                              | comando n
                              |
```

Nesse esquema, o "contador" pode ou não ser usado pelo while e serve para contar o número de *loops* que já foram realizados. A "condição de parada" serve para delimitar o número de voltas ou uma outra condição lógica em que o computador deve permanecer "preso" à ordem de repetição. Os comandos "*comando 1*", "*comando 2*" etc. são ordens que devem ser repetidas a cada nova volta (*loop*) do while. Esses comandos podem ser impressões de resultados no console, operações matemáticas, construções de gráficos, salvamentos em arquivos, abertura de arquivos etc.

## Exemplo 1.6

Fazer um algoritmo para ler "n" números reais e contar quantos estão abaixo de zero, quantos estão entre 0 e 3 (não incluindo o 3) e quantos estão acima de 3 ou iguais a 3.

O que se deseja agora é uma ampliação da escolha das variáveis usando "if" para separação lógica, como há muitos termos e não sabemos quantos termos o usuário digitará, não faz sentido solicitar variáveis como x, y, ou z. Não sabemos quantos números são do interesse do usuário. Por isso, pedimos, inicialmente, que ele informe a quantidade de números que digitará para só então começamos a pedir os números usando "input" na linha 8 do script a seguir.

```
1   n=int(input('n = '))
2
3   i=1
4   cont1=0
5   cont2=0
6   cont3=0
7   while i<=n:
8     x=float(input('entre com x = '))
9     if x<0:
10      cont1=cont1+1
11    elif (x>=0) and (x<3):
12      cont2=cont2+1
13    else:
14      cont3=cont3+1
15    i=i+1
16
17  print('contagem de números abaixo de 0: ',cont1)
18  print('contagem de números entre 0 e 3: ',cont2)
19  print('contagem de números maiores ou iguais a 3: ',cont3)
```

Nesse exemplo, percebemos, que ao mesmo tempo que lemos os números, precisamos que o algoritmo separe e conte os números para cada faixa de intervalo. Enquanto o algoritmo lê um número específico digitado pelo usuário ("x") na linha 8, o condicional, usando o "if", separa e salva a contagem nas variáveis *cont1*, *cont2* e *cont3*, que, inicialmente, são nulas, antes do *loop* do while.

Tudo o que está entre as linhas 7 e 15 é repetido até a contagem de "i" estourar seu limite "n" na linha 7. Por exemplo, se rodarmos o programa anterior para dez valores (n = 10) com os números {1, 2, 3.2, 2.7, 1.5, -3, -2, -8, 8.1, 4.7}, teremos três números negativos, quatro entre 0 e 3, e três números acima de 3.

A seguir, mostramos como entrar com os números no console do Python, que vai solicitando número por número até atingir n = 10 no comando de while da linha 7 do script anterior. É claro que o while faz muito mais do que apenas solicitar números, letras e separação delas. Seu poder está na automatização do código e na repetição de operações matemáticas importantes ou de cálculos exaustivos que são repetitivos.

```
n = 10

entre com x = 1

entre com x = 2

entre com x = 3.2

entre com x = 2.7

entre com x = 1.5

entre com x = -3

entre com x = -2

entre com x = -8

entre com x = 8.1

entre com x = 4.7
contagem de números abaixo de 0:  3
contagem de números entre 0 e 3:  4
contagem de números maiores ou iguais a 3:  3
```

Além do while, outro comando que tem o mesmo sentido de *loop* ou repetição é o "for". No Python seu formato é:

***For i in range(0,n):***
*<commando>*
*<commando>*
*<commando>*
*<commando>*

Nesse caso, "i" é o contador, e "range" indica qual o intervalo que esse contador varia ao longo do *loop*. Para o "for", não se inicializa a variável "i", pois, dentro do range, o primeiro número indica o início, e, o segundo indica o final nas repetições, iniciando em zero e terminando em (n-1). No caso do "for", apesar de o range ser (0,n), a iteração sempre terminará um ponto antes do indicado no intervalo. Por exemplo, repetições com range(0,5) começarão com i = 0 e terminarão com i = 4.

Outro formato possível é quando não se deseja percorrer os dados de 1 em 1, mas de 3 em 3. Ou seja, temos um step = 3 (passo = 3). Por exemplo, o comando for seria *for i in range(0,n,3).*

## Exemplo 1.7

Fazer um algoritmo para ler "n" números reais e imprimir x = 2*i + 1.

```
n=int(input('n = '))

for i in range(0,n):
    x= 2*i + 1
    print(i,' ',x)
```

O resultado, nesse caso, para n = 5, é:

```
n = 5
0    1
1    3
2    5
3    7
4    9
```

No comando "print", o primeiro termo é o próprio contador, que começa em 0 e vai até 4. O leitor deve observar que "n" é a quantidade de elementos, mas, como o range começa com zero, seu final termina com um número a menos, porém, tendo n = 5 termos desejados.

Uma forma interessante de treinar o uso do "for" é com séries e sequências matemáticas.

## Exemplo 1.8

Fazer um algoritmo para ler "n" (números de termos desejados para a série a seguir) e imprimir a soma total desses termos.

$$S = 1 + \frac{1}{2} + \frac{1}{3} + \frac{1}{4} + \frac{1}{5} + \ldots$$

O primeiro passo nesse tipo de programa é encontrar a regra existente entre um termo e o outro. Devemos sempre, como num jogo de quebra-cabeça, encontrar onde colocamos o contador "i" da iteração. Não é difícil perceber que, para i = 1, 2, 3, ..., o termo necessário a ser programado é 1/i na série anterior. Então, o programa será o seguinte.

```
1  n=int(input('n = '))
2  s=0
3  for i in range(1,n+1):
4      s = s + 1/i
5      print(i,' ',1/i,' ',s)
6
7  print('soma total dos termos = ',s)
```

Vamos supor que o usuário tenha escolhido apenas os quatro primeiros termos para a soma, ou seja, n = 4. Como o range termina um ponto antes, se deixarmos "n" no range, ele apenas fará a soma de 3 termos. Para obtermos a soma dos quatro primeiros termos, colocamos "n + 1" na linha 3, a fim de que o algoritmo calcule os quatro termos. Assim, como n = 4, o range será (1,5), mas, como ele termina antes, a soma irá de 1 a 4. Veja como aparece no console o resultado do programa anterior para n = 4.

O primeiro termo é 1, o segundo é 0.5, o terceiro é 0.33, e o último é 0.25. A soma é o acúmulo dos termos, ou seja, quando i = 1, temos s = 1; quando i = 2, temos a soma de 1 + 0.5, que nos fornece 1.5, e, assim, sucessivamente.

```
n = 4
1   1.0   1.0
2   0.5   1.5
3   0.3333333333333333   1.8333333333333333
4   0.25   2.083333333333333
soma total dos termos =  2.083333333333333
```

## 1.9 INSERÇÕES EM LISTAS E VETORES COM *LOOP*

Não são poucas as vezes que temos de incluir numa lista, ou num vetor, cálculos ou palavras decorrentes de algumas escolhas ou operações matemáticas. Para o caso de uma lista, devemos nos lembrar de que a inserção de termos em sua composição deve ser feita com a função "append". Veja o exemplo a seguir.

### Exemplo 1.9

Fazer um algoritmo para ler "n" (números de termos desejados), os quais, respeitando-se a regra, devem ser colocados em uma lista como a que segue.

$$x = \left[\sqrt{2}, \sqrt{4}, \sqrt{6}, \ldots\right]$$

```
1  import math as mt
2  n=int(input('n = '))
3  x=[]
4  i=1
5  while i<=n:
6    y=mt.sqrt(i*2)
7    x.append(y)
8    i=i+1
9  print(x)
```

Resultado para n = 4:

```
n = 4
[1.4142135623730951, 2.0, 2.449489742783178, 2.8284271247461903]
```

No exemplo em questão, a operação matemática de cada termo era a raiz quadrada dos números pares. Basta apenas perceber que os números pares são gerados a partir do produto do contador por 2, ou seja, 2*i. A raiz quadrada faz parte da biblioteca Math, e a inserção de cada termo deve ser via append. Uma observação importante, que não pode ser dispensada, é que, no caso de uma lista, devemos sempre iniciá-la e avisar o Python de que sua composição inicial está vazia.

Por isso, a linha 3 possui x = [ ], pois, sem essa inicialização, o Python não tem condições de saber se estamos querendo alimentar uma lista, um vetor ou apenas uma variável simples e comum. Quando ele lê a linha 3, reconhece que, para todo o programa, deverá trabalhar x com as limitações que possui uma lista.

No caso de um "for", o procedimento não é muito diferente, tendo apenas que adequar o problema a forma de programação ao range no "for", como mencionado anteriormente com o uso de n + 1. O algoritmo é o mesmo do anterior, como visto a seguir.

```
import math as mt
n=int(input('n = '))
x=[]
for i in range(1,n+1):
  y=mt.sqrt(i*2)
  x.append(y)
print(x)
```

Mas a inserção para vetores é diferente. O vetor ou array precisa necessariamente ter alocadas as posições da memória que será usada. Não pode ser como no caso da lista, informando que ela começa vazia. Assim, o que podemos fazer é preencher as posições da memória do array com zeros para serem substituídos após o início dos cálculos.

Logo, o uso da função do NumPy, chamada de "zeros", indica que as "n" posições terão inicialmente zeros, e, depois, esses valores serão corrigidos pelos valores dos termos da raiz quadrada. A inserção também é diferente e não usa colchetes com lista vazia, mas, sim, o indicativo de quanto vale cada valor do array com seu índice respectivo x[i], como pode ser visto a seguir, na linha 7.

```
1 import math as mt
2 import numpy as np
3
4 n=int(input('n = '))
5 x=np.zeros(n)
6 for i in range(0,n):
7   x[i]=mt.sqrt((i+1)*2)
8
9 print(x)
```

O resultado não muda, e têm-se os mesmos valores da lista, mas, agora, no formato de array. A diferença, aqui, para n = 4 é que a saída é do tipo array, ou seja, é possível usar o array para operações matemáticas. No console, teremos a solução seguinte, sem as vírgulas separando os números.

```
n = 4
[1.41421356 2.         2.44948974 2.82842712]
```

Ou, então, se digitarmos "x" no console, é possível ver a palavra array na variável, indicando a solução como um vetor.

```
x
array([1.41421356, 2.        , 2.44948974, 2.82842712])
```

É claro que, para esse exemplo simples, não precisamos usar os *loops* com "for" ou com "while", visto que conseguimos o mesmo resultado de maneira bem mais simples usando apenas a biblioteca NumPy, como apresentado a seguir.

```
np.sqrt(np.arange(2,10,2))
array([1.41421356, 2.        , 2.44948974, 2.82842712])
```

## 1.10 ESTATÍSTICAS RÁPIDAS COM ARRAY (VETORES)

Como vimos anteriormente, estatísticas podem ser realizadas com dados usando a biblioteca Statistics. Também já foi mencionado como usar a NumPy para trabalhar com estatísticas ou geração de números aleatórios. Precisamos alertar o leitor sobre um fato importante de comparação entre bibliotecas.

A Statistics é específica para medidas estatísticas que estão em listas. Se, por descuido, um pesquisador ou programador esquecer disso, poderá usar a biblioteca errada, produzindo resultados que, a princípio, não indicam erro de compilação, mas que produzem erros numéricos.

Vamos supor que tenhamos uma lista x = [1, 2, 3] e desejamos calcular a média e o desvio-padrão populacional de x.

```
In [5]: import statistics as st

In [6]: x=[1,2,3]

In [7]: st.mean(x)
Out[7]: 2

In [8]: st.pstdev(x)
Out[8]: 0.816496580927726
```

Observamos que, nesse caso, a média da lista x é 2, e seu desvio-padrão calculado via biblioteca Statistics é 0.816. Mas se x fosse um array (vetor)? Vamos transformar a lista x anterior em vetor e usar as mesmas medidas via biblioteca Statistics.

```
In [9]: import numpy as np

In [10]: x=np.array(x)

In [11]: st.mean(x)
Out[11]: 2

In [12]: st.pstdev(x)
Out[12]: 0.0
```

O primeiro passo que fizemos foi chamar a biblioteca NumPy, na linha 9, e transformar a lista x em array, na linha 10. Na linha 11, usamos a média pela biblioteca Statistics, que forneceu o resultado correto. Mas se o leitor observar com calma, perceberá que o desvio-padrão está errado!

A Statistics voltou com valor zero para os mesmos números que antes estavam no formato de lista, e cujo desvio-padrão é 0.816, não zero, como podemos notar na linha 12. Quando calculamos as estatísticas pela biblioteca NumPy, que é própria para array, o resultado coincide com o resultado obtido na lista.

```
In [13]: np.mean(x)
Out[13]: 2.0

In [14]: np.std(x,ddof=0)
Out[14]: 0.816496580927726
```

Com uma notação diferente, o desvio-padrão populacional da biblioteca NumPy é std( ), usando ddof = 0. E, para o desvio-padrão amostral, deve-se usar ddof = 1. Mas o que significa isso? Vamos observar a fórmula do desvio-padrão populacional.

$$\sigma = \sqrt{\frac{\sum_{i=1}^{n} \left(x_i - \overline{x}\right)^2}{n}}$$

em que $\overline{x}$ é a média da amostra. Já para o desvio-padrão amostral, temos:

$$s = \sqrt{\frac{\sum_{i=1}^{n} \left(x_i - \overline{x}\right)^2}{n-1}}$$

Podemos observar que a única diferença entre os dois tipos de desvio-padrão é que o termo da divisão dentro da raiz é "n", no caso populacional, e "n - 1", no caso amostral. Ou seja, no caso populacional, temos "n - 0", e no caso amostral, temos "n - 1". Então, o termo ddof significa em inglês *delta degree of freedom*, que conhecemos como grau de liberdade. Quando desejamos grau de liberdade zero (ddof = 0), queremos calcular o desvio-padrão populacional; e quando colocamos grau de liberdade 1 (ddof = 1), desejamos o desvio-padrão amostral. A fórmula geral para o desvio-padrão na biblioteca NumPy é:

$$std(\ ) = \sqrt{\frac{\sum_{i=1}^{n} \left(x_i - \overline{x}\right)^2}{n - ddof}}$$

Qual a diferença entre os valores da amostra x? Ao compararmos, vemos que a diferença é pequena, mas é seu sentido estatístico que se torna significativo, pois se expressa sobre a população toda ou sobre uma pequena parcela escolhida aleatoriamente, a qual chamamos de amostra. Para o array x = [1 2 3], temos:

```
In [14]: np.std(x,ddof=0)
Out[14]: 0.816496580927726

In [15]: np.std(x,ddof=1)
Out[15]: 1.0
```

Qual é o padrão da NumPy? Quando não colocamos nada sobre ddof, o padrão é sempre voltar o cálculo do desvio-padrão populacional, como apresentado no comando a seguir. Sempre que desejarmos usar o desvio-padrão populacional, não precisaremos colocar ddof = 0; a NumPy já está programada para usar esse fator. Para o nosso array x, vemos que o resultado a seguir é o mesmo que o encontrado com ddof = 0.

```
np.std(x)
0.816496580927726
```

Já mostramos isso na definição da biblioteca NumPy, mas, aqui, podemos reforçar que uma maneira mais simples de usar as estatísticas no array é colocando a função desejada ao final do nome.

```
In [17]: x.mean()
Out[17]: 2.0

In [18]: x.std()
Out[18]: 0.816496580927726

In [19]: x.max()
Out[19]: 3

In [20]: x.min()
Out[20]: 1
```

## 1.11 GRÁFICOS BÁSICOS COM MATPLOTLIB.PYPLOT

A biblioteca mais simples e rápida de gráfico no Python é a Matplotlib.pyplot, cuja configuração básica trata-se apenas de colocar o comando de plotagem e o nome da variável que se deseja o gráfico. Vamos ver alguns exemplos.

### Exemplo 1.10

Fazer um algoritmo para gerar o gráfico da equação de segundo grau

$$y = x^2 - 5x + 6$$

usando a biblioteca Matplotlib.

```
1 import numpy as np
2 import matplotlib.pyplot as fig
3
4 x = np.arange(0, 5, 0.1)
5 y = x**2 - 5*x + 6
6 fig.plot(x,y,'-k')
```

O primeiro passo é gerar o vetor de pontos que servirá como base do eixo das abscissas na função do segundo grau. Isso é feito na linha 4, com a função np.arange, a qual indica que desejamos os valores de x iniciando em zero, terminando em 5 com intervalos de 0.1 em 0.1 pontos. E, agora, sabemos que, se "x" é vetor, "y", usando os valores de "x", é interpretado pelo Python como vetor também. Então, colocamos os vetores na função "plot" da Matplotlib, cujo primeiro termo é o vetor do eixo das abscissas; o segundo, das ordenadas; e o terceiro é apenas para denotar as cores e tipos de gráficos com linha contínua, tracejada, com ponto-linha e assim por diante.

O resultado desse exemplo é o gráfico a seguir.

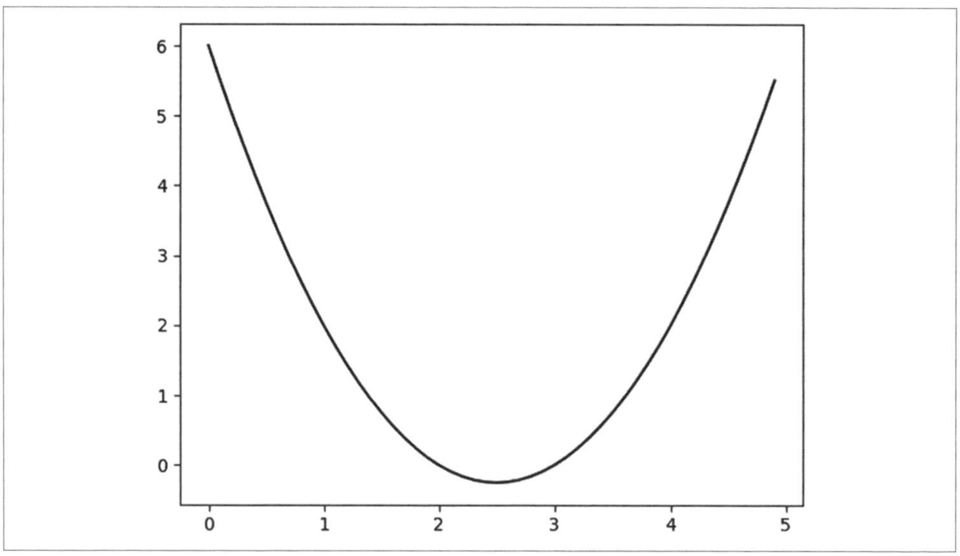


É claro que a matplolib é muito mais poderosa do que apenas gerar esse simples gráfico. As cores básicas para o gráfico são geradas pelas letras:

'b': azul

'k': preto

'g': verde

'y': amarelo

'r': vermelho

E os tipos de linha são gerados colocando sua representação como:
'-' : linha contínua
'- -': linha tracejada
'o' : somente marcador com círculo
'o-': marcador e linha contínua
'o- -': marcador e linha tracejada

Então, se desejarmos que nosso gráfico anterior tenha linhas tracejadas vermelhas com marcadores 'o', o programa torna-se:

```
1   import numpy as np
2   import matplotlib.pyplot as fig
3
4   x = np.arange(0,5,0.1)
5   y = x**2 - 5*x + 6
6   fig.plot(x, y, 'o--r')
```

A linha 6 se altera colocando, agora, 'o' para o marcador círculo; '- -' para representar a linha tracejada e a letra 'r' para a cor vermelha. O resultado é o gráfico seguinte:

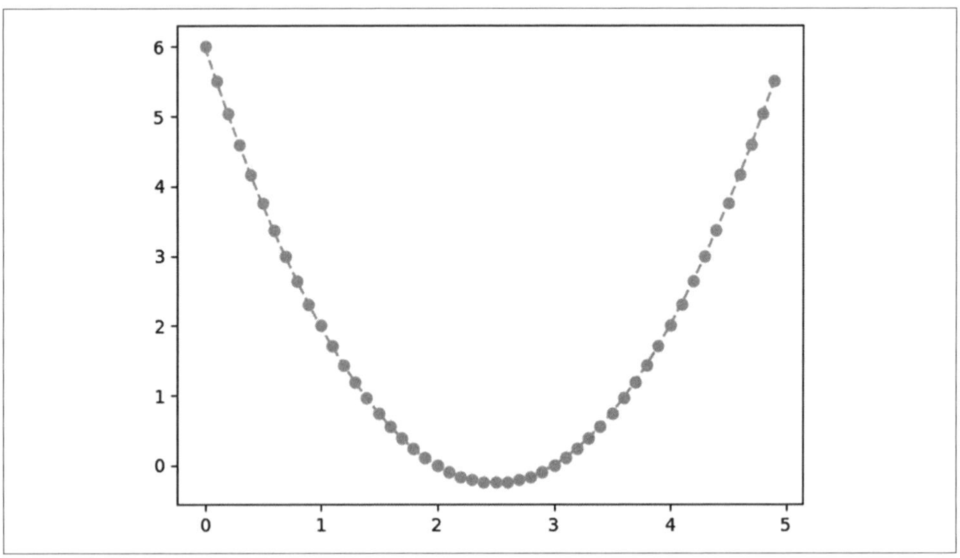


Podemos, ainda, melhorar o gráfico anterior colocando o título do gráfico, os títulos dos eixos, as linhas de grades, todas com funções do matplotlib.

```
1   import numpy as np
2   import matplotlib.pyplot as fig
3
4   x = np.arange(0,5,0.1)
5   y = x**2 - 5*x + 6
6   fig.plot(x,y,'-k')
7   fig.title('gráfico de equação do segundo grau')
8   fig.xlabel('eixo x')
9   fig.ylabel('eixo y')
10  fig.grid()
```

As funções para os complementos dos gráficos são *title* (título), *xlabel* (título do eixo x), *ylabel* (título do eixo y) e *grid* (linhas de grade), todas essas funções completando o programa anterior nas linhas 7, 8, 9 e 10. O resultado é o gráfico a seguir, mais completo do que o primeiro desse exemplo.

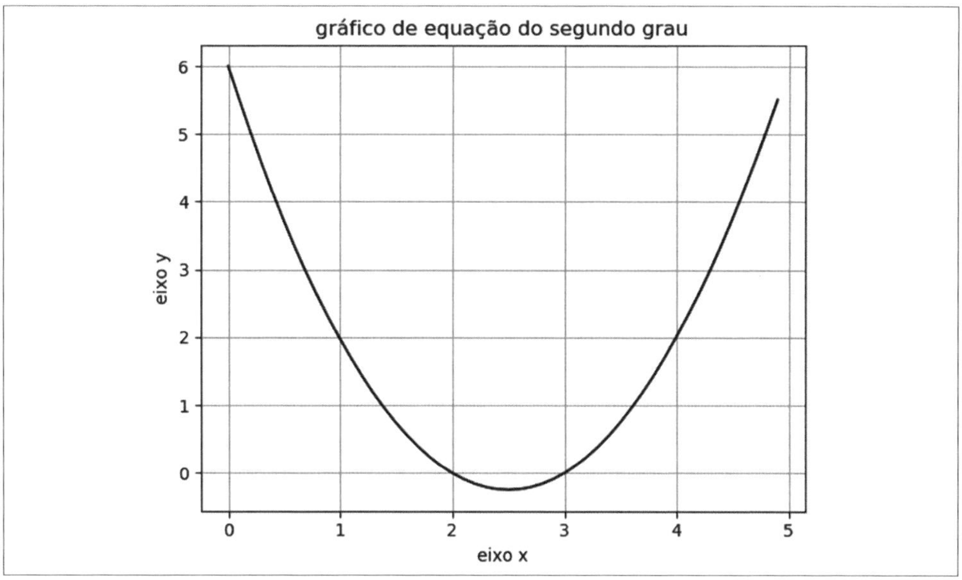


Detalhes mais refinados como fonte da letra, tipo da letra, cores RGB para o gráfico, tipos de marcadores, enfim, funções especiais para deixar o gráfico mais profissional, podem ser aprendidas com uma leitura atenciosa por parte do leitor no site da própria biblioteca: https://matplotlib.org/3.5.3/api/_as_gen/matplotlib.pyplot.html

## 1.12 GRÁFICOS COM ARRAY

São muitas as situações em que desejamos não apenas um gráfico, como na seção anterior, mas diversos gráficos com muitas análises diferentes. Podemos usar a função "plot" da biblioteca Matplotlib para um mesmo eixo formado por muitos tipos diferentes de array, cada qual representando uma função matemática ou amostragem de dados experimentais. A solução é fazermos fig.plot(x, y1, x, y2, x, y3, ..., x, yn).

No caso, indicamos sempre os pares de eixos x e y, cada qual com seu nome para a função plot. Se o eixo x não for o mesmo, seu nome deve mudar no comando dado para fig.plot(x1, y1, x2, y2, x3, y3, ..., xn, yn).

### Exemplo 1.11

Façamos um algoritmo criar um gráfico com as seguintes funções, usando a biblioteca Matplotlib:

$$y_1 = x^2 - 5x + 6$$
$$y_2 = \cos(x^2)$$
$$y_3 = 10\, e^{-x}$$

Faça o gráfico completo, representando as funções com tipos de linhas e cores diferentes para cada variável, colocando o título, os títulos dos eixos e as grades no gráfico.

```
import numpy as np
import matplotlib.pyplot as fig

x = np.arange(0,5,0.1)
y1 = x**2 - 5*x + 6
y2 = np.cos(x**2)
y3 = 10*np.exp(-x)
fig.plot(x, y1,'-k', x, y2,'--k', x, y3,'o-k')
fig.title('gráfico das funções')
fig.xlabel('eixo x')
fig.ylabel('eixo y')
fig.grid()
```

As funções propostas estão nas linhas 5, 6 e 7. Agora, a linha da função plot da biblioteca Matplotlib foi alterada para receber as três funções, como explicado anteriormente, colocando as diversas funções y1, y2 e y3 para o mesmo eixo x (linha 8). O resultado desse exemplo é:

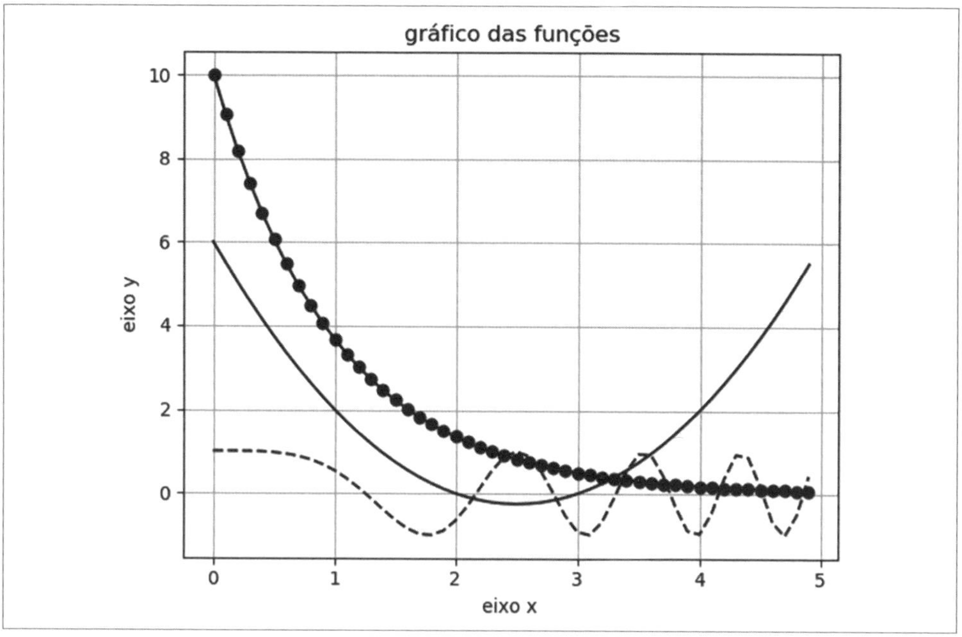


Percebemos, nesse caso, que as funções ficaram bem representadas. Mas quem é y1? Não conseguimos, só com as linhas no gráfico, reconhecer quais são as funções matemáticas. Claro que um bom cientista ou programador saberá quem é a exponencial, o cosseno e a equação do segundo grau. Vamos supor que os resultados tenham vindo da coleta de dados econômicos, sociais ou, ainda, de experimentos biológicos.

Para ficar mais claro e objetivo no gráfico, é importante a representação das legendas. A biblioteca Matplotlib tem as legendas como uma de suas funções, basta, para isso, escrever legend( ) e, dentro dos parêntesis, colocar uma lista com os nomes de cada uma das funções. No script em Python anterior, a função está representada a seguir com essa nova função na linha 14, já com os nomes das funções.

```
import numpy as np
import matplotlib.pyplot as fig

x = np.arange(0,5,0.1)
y1 = x**2 - 5*x + 6
y2 = np.cos(x**2)
y3 = 10*np.exp(-x)
fig.plot(x,y1,'-k',x,y2,'--k',x,y3,'o-k')
fig.title('gráfico das funções')
fig.xlabel('eixo x')
fig.ylabel('eixo y')
fig.grid()

fig.legend(['função y1','função y2','função y3'])
```

Agora, o gráfico é mais bem interpretado, pois os nomes das funções aparecem na legenda no canto superior direito, inclusive informa qual o tipo de linha e cor para cada uma das funções.

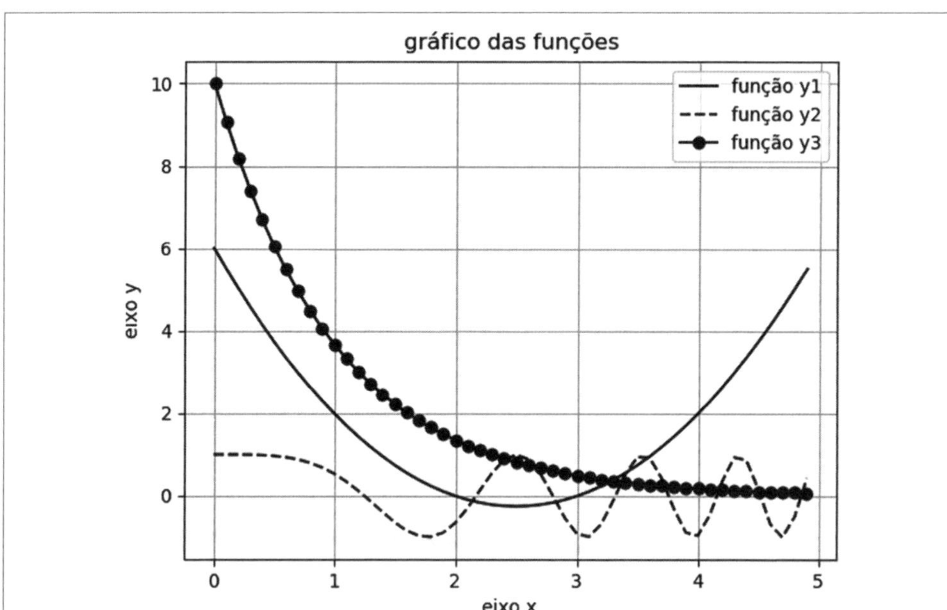


Figura 1.2 Gráfico completo com legenda.

## 1.13 CUSTOMIZANDO OS GRÁFICOS PELOS EIXOS "AX"

Vimos na seção anterior que podemos configurar o gráfico com diversos padrões de apresentação. No entanto, tratava-se de um único gráfico, no qual todas as funções da biblioteca Matplotlib se referenciavam a uma única figura. Muitas vezes, precisamos separar os gráficos, adotando títulos por eixos diferentes ou identificando esses eixos para funções em que suas escalas são diferentes.

A Matplotlib permite, assim, que, em vez de colocarmos as funções de melhoria do gráfico para toda a figura, possamos separar e renomear os eixos. Para isso, colocamos uma linha, assumindo algum nome do gráfico e nomeando um ou mais eixo. Por exemplo, se fizermos assim:

*figura, ax1 = fig.subplots( ) ,*

indicaremos que o nome da figura é "*figura*", e o nome do eixo "x" é "*ax1*". Isso é interessante porque customizaremos o eixo, criando propriedades que valem apenas pra ele. E, se tivermos mais de um eixo, ax2, ax3 etc., cada qual terá sua própria propriedade.

Para o exemplo anterior, a modificação aparece na linha 9, com a chamada da função "subplots" no plural, para indicar as novas propriedades e o nome do eixo. Quando se customiza o eixo, as funções apresentadas anteriormente se modificam, porque precisam diferenciar o que é figura e o que é eixo. Então, títulos e títulos dos eixos e outras funções devem vir antes seguidas da palavra "set_".

ax1.set_title

ax1.set_xlabel

ax1.set_ylabel

As novas propriedades para o gráfico são, agora, alteradas nas linhas 11 a 16 do código.

```
import numpy as np
import matplotlib.pyplot as fig

x = np.arange(0,5,0.1)
y1 = x**2 - 5*x + 6
y2 = np.cos(x**2)
y3 = 10*np.exp(-x)

figura, ax1 = fig.subplots()
ax1.plot(x, y1,'-k', x, y2,'--k', x ,y3,'o-k')
ax1.set_title('gráfico das funções')
ax1.set_xlabel('eixo x')
ax1.set_ylabel('eixo y')
ax1.grid()

ax1.legend(['função y1','função y2','função y3'])
```

O gráfico final, como podemos perceber a seguir, não muda em nada suas configurações, mas esse tipo de abordagem para o eixo fica bem mais interessante.

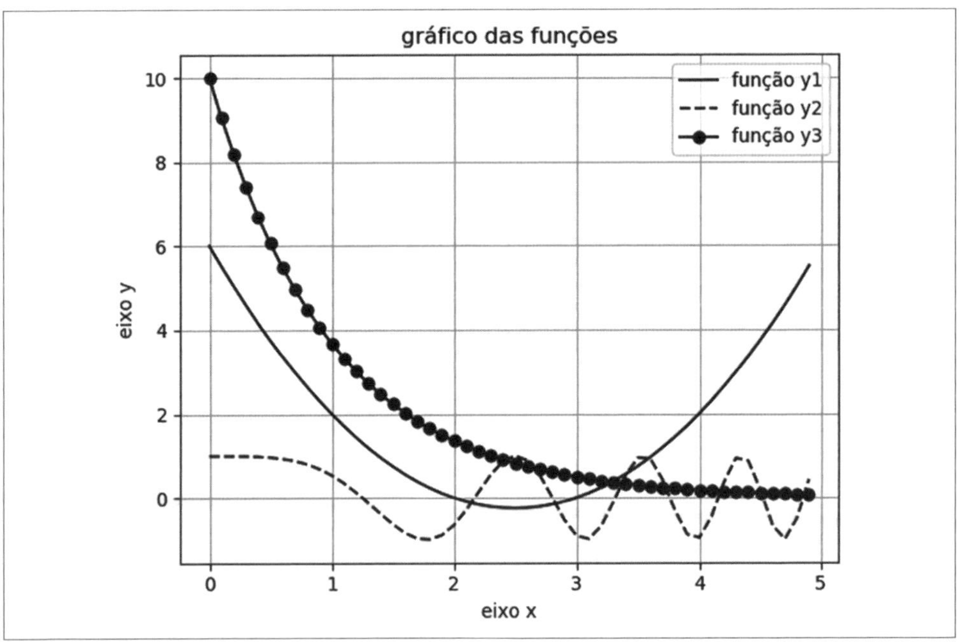


**Figura 1.3** Gráfico completo customizado pelo eixo.

Percebemos que, no gráfico da Figura 1.3, a função cosseno ficou muito pequena devido à escala maior da função exponencial e da função de segundo grau. Em muitos casos, ao se colocarem funções de escalas diferentes, a visualização fica prejudicada. Uma solução é modificar e separar a função prejudicada para ser monitorada por um eixo x diferente das outras funções.

Para isso, uma estratégia interessante é usar o "eixo secundário", que, no matplotlib, é programado pela função conhecida como "twinx( )". No código seguinte, a criação do eixo ax1 é realizada da mesma maneira já mencionada, na linha 10, com a função subplots( ). O que desejamos, no entanto, é melhorar o gráfico da função cosseno para que fique mais bem visível do que está na Figura 1.3.

Então, na linha 11, duplicamos o eixo ax1, chamando, agora, sua cópia de ax2, usando a função twinx( ) do matplotlib. Os gráficos que desejamos que saiam com o formato do eixo ax1, com o eixo das ordenadas no lado esquerdo da figura, recebem o nome de ax1.plot( ) na linha 13.

Desejamos que o cosseno seja plotado, considerando-se o eixo das ordenadas do lado direito. Nesse caso, usamos o nome do eixo ax2 na linha 14. O resultado é apresentado na Figura 1.4. Muito melhor agora, em que o cosseno apresenta as oscilações mais claras e sendo independente dos valores das funções matemáticas exponencial e de segundo grau.

O próprio eixo ax2 pode ser formado com seu próprio título, sua fonte diferenciada do eixo ax1, tamanho das letras, cores etc.

```
1   import numpy as np
2   import matplotlib.pyplot as fig
3
4   x = np.arange(0,5,0.1)
5   y1 = x**2 - 5*x + 6
6   y2 = np.cos(x**2)
7   y3 = 10*np.exp(-x)
8
9   ##############################
10  figura, ax1 = fig.subplots()
11  ax2=ax1.twinx()
12  ##############################
13  ax1.plot(x, y1,'-k', x, y3,'o-k')
14  ax2.plot(x, y2,'--k')      # <---- eixo secundário
15
16  ax1.set_title('gráfico das funções')
17  ax1.set_xlabel('eixo x')
18  ax1.set_ylabel('eixo y')
19  ax1.grid()
20
21  ax1.legend(['função y1','função y2','função y3'])
```

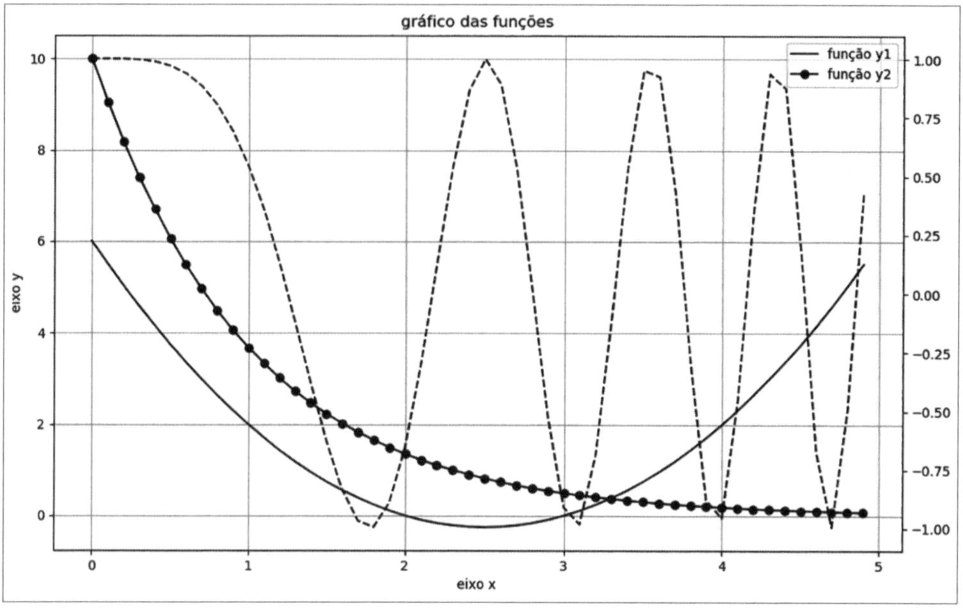


**Figura 1.4** Gráfico com eixo secundário ("twinx()").

## 1.14 JANELA DOS DADOS COM SUBPLOT

Manter um formato em que os gráficos estão todos juntos é interessante para comparação, mas, às vezes, desejamos gráficos diferentes e isso soa como um problema. Por exemplo, de repente, desejamos ver o comportamento de uma variável com histograma, suas consequências em outra variável com gráfico de dispersão e, por último, o comportamento de outra com boxplot.

Dessa forma, não podemos colocar todos os tipos no mesmo eixo. O que fazemos, então, é tornar a janela gráfica, como uma matriz, usando a função subplot da biblioteca Matplotlib.

O *subplot* divide a tela da figura em formato de matriz, cuja identificação segue números representativos de uma matriz. Para uma tela com dois gráficos, um embaixo do outro, o primeiro gráfico deve ficar na área *subplot*(211). Os dois primeiros números dos parêntesis indicam o total de gráficos na figura, nesse caso, (2,1), indicando que serão dois gráficos e uma única coluna. O último número 1 significa que o plot será para o primeiro gráfico.

O segundo gráfico deve receber *subplot*(212), ou seja, no total da tela, serão dois gráficos e uma única coluna; e deseja-se que o computador faça o segundo gráfico, tendo, assim, o número 2 ao final.

| **subplot(211)** |
|---|
| **subplot(212)** |

Para fazer quatro gráficos no formato de matriz, os comandos seriam subplot(221), subplot(222), subplot(223) e subplot(224).

| **subplot(221)** | **subplot(222)** |
|---|---|
| **subplot(223)** | **subplot(224)** |

Vejamos um exemplo.

## Exemplo 1.12

Fazer um algoritmo para criar um gráfico com quatro janelas, sendo a primeira com o gráfico de linha do array x, o segundo com o histograma de x com 4 classes, o terceiro com o histograma de y com 3 classes e, o último, um kdeplot de linhas da biblioteca seaborn. Considere x e y como se segue:

x = [2,2,2,1,1,3,3,3,3,5,4,4,6,5]

y = [1,1,1,2,1,1,1,3,3,1,1,1,3,2]

Nesse caso, usaremos o subplot com 4 janelas. A biblioteca Seaborn é uma biblioteca especial de gráficos e está sendo importada na linha 3 com o nome de sns. Veremos detalhes dessa biblioteca nos próximos capítulos. A primeira janela (221) indica que é o primeiro gráfico de uma matriz 2 x 2 com gráfico de linha, essa indicação está na linha 7. A linha 10 indica o segundo gráfico na janela (222), e como, logo em seguida, há a função "hist" da Matplotlib, o gráfico de histograma será construído. Nesse gráfico, "bins" representa o número de classes, e foi escolhida a cor preta para as barras. A variável "alpha" é para tornar a cor em tons de cinza. Quanto menor esse valor, mais próxima do branco a cor se torna. A linha 13 apresenta o terceiro gráfico da janela (223), e a linha 16, a última janela (224) com o gráfico kdeplot. Ele é um gráfico de densidade entre os dois vetores, representando os dados por curvas de níveis.

```
import numpy as np
import matplotlib.pyplot as fig
import seaborn as sns

x=np.array([2,2,2,1,1,3,3,3,3,5,4,4,6,5])
y=np.array([1,1,1,2,1,1,1,3,3,1,1,1,3,2])
fig.subplot(221)
fig.plot(x,'-k')

fig.subplot(222)
fig.hist(x, bins=4,color='black',alpha=0.5)

fig.subplot(223)
fig.hist(y, bins=3,color='black',alpha=0.5)

fig.subplot(224)
sns.kdeplot(x,y,color='black')
```

O resultado desse programa é apresentado nas janelas da Figura 1.5, com os quatro gráficos construídos pelo script em Python.

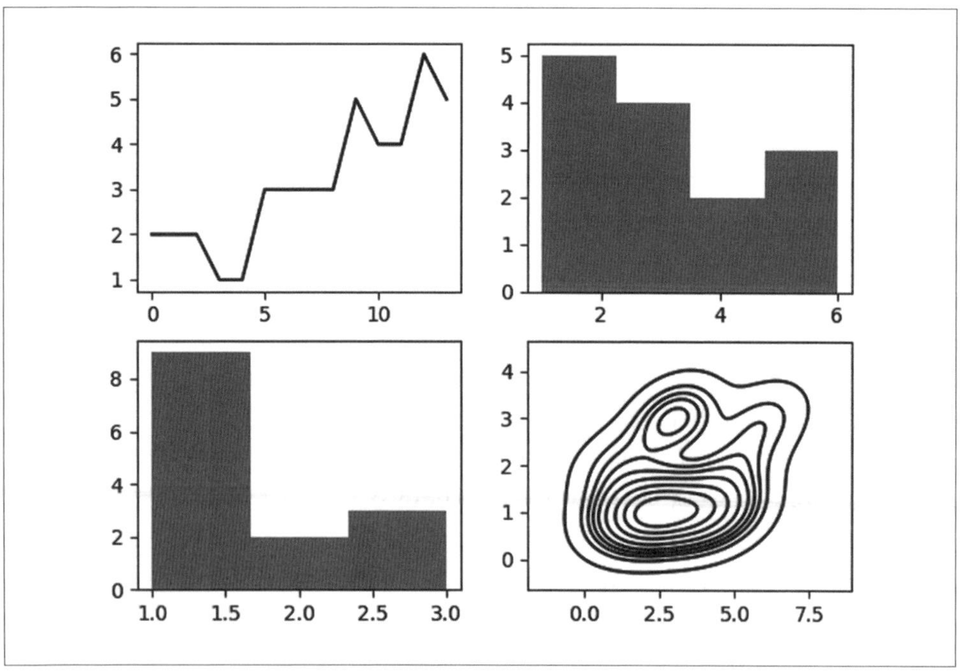


**Figura 1.5** Gráfico usando a estrutura de subplot.

Podemos usar a noção dos eixos como subplot, e, em vez de a figura ser matriz, usamos o eixo como elemento de uma matriz. Nesse caso, como apresentado no código a seguir, a linha 8 indica que temos um nome para o gráfico, que se chama "figura", e que criamos um eixo chamado "ax1". Ao contrário da resolução anterior, agora, a função "subplots" terá dois argumentos. O primeiro é (nrows) e indicará o número de "linhas" da matriz gráfica. Como desejamos matriz 2 x 2, o número de gráficos por linhas será nrows = 2. E já que teremos duas colunas, então, ncols = 2.

```
1   import numpy as np
2   import matplotlib.pyplot as fig
3   import seaborn as sns
4
5   x=np.array([2,2,2,1,1,3,3,3,3,5,4,4,6,5])
6   y=np.array([1,1,1,2,1,1,1,3,3,1,1,1,3,2])
7
8   figura, ax1 = fig.subplots(nrows=2, ncols=2)
9
10  ax1[0,0].plot(x,'-k')
11
12  ax1[0,1].hist(x,bins=4,color='black',alpha=0.5)
13
14  ax1[1,0].hist(y,bins=3,color='black',alpha=0.5)
15
16  ax1[1,1]=sns.kdeplot(x,y,color='black')
```

A partir dessa definição, a tela exibirá quatro gráficos, cada qual com seu eixo, que, de agora em diante, também se torna matriz. Por isso, os eixos serão ax1[0,0] (a primeira janela de gráfico), ax1[0,1] (a segunda janela), ax1[1,0] (a terceira janela) e ax1[1,1] (a última janela). Essas definições são as mesmas para subplot(221), subplot(222), subplot(223) e subplot(224), mas, agora, colocados sobre a representação matricial dos eixos ax1. O resultado gráfico é o mesmo obtido na Figura 1.5.

Fizemos os gráficos apenas como exemplo, usando duas listas determinadas, mas poderemos usar pontos aleatórios e criar gráficos para analisar desempenhos com base na distribuição de probabilidade.

## Exemplo 1.13

Fazer um algoritmo para criar um gráfico três janelas no formato de 3 x 1, no qual o primeiro gráfico seja de linha para um vetor x; o segundo, de linha para um vetor y; e o terceiro, um boxplot comparando os dois vetores. O vetor x tem distribuição de probabilidade normal com média zero e desvio-padrão 1 com 100 pontos. O vetor y terá distribuição de probabilidade uniforme no intervalo [2, 3] também com 100 pontos.

```
1   import numpy as np
2   import matplotlib.pyplot as fig
3
4   x = np.random.normal(0, 1, 100)
5   y = np.random.uniform(2, 3, 100)
6
7   figura, ax1 = fig.subplots(nrows=3, ncols=1)
8
9   ax1[0].plot(x,'-k')
10  ax1[0].set_title('distribuição de probabilidade normal')
11
12  ax1[1].plot(y,'-k')
13  ax1[1].set_title('distribuição de probabilidade uniforme')
14
15  ax1[2].boxplot( [x,y], showfliers=False)
16  ax1[2].set_title('boxplot comparativo de x e y')
```

Nesse exemplo, não temos mais matriz na disposição das janelas. Agora, uma matriz 3 x 1 é um vetor de gráficos no qual as componentes dos eixos só têm um índice para linhas 0, 1 e 2; ou seja, nossos eixos serão ax1[0], ax1[1] e ax1[2]. Eles podem ser vistos nas linhas 9, 12 e 15 do código anterior.

O gráfico do boxplot é interessante para problemas de estatísticas de amostragem e também para análise de variabilidade entre eventos. Ele é formado, conforme a Figura 1.6, destacando-se com um traço no meio que indica a mediana dos dados observados. O retângulo indica os valores do quartil-1 (25% da amostra) e do quartil-3 (75% da amostra). A haste mais abaixo indica o menor valor da amostra e a haste mais acima, o maior valor. Às vezes, pode ocorrer de alguns pontos ficarem longe do padrão dos dados, sendo, por isso, denominados *outliers*, indicados por um pequeno círculo ou mais, dependendo do número de *outliers*.

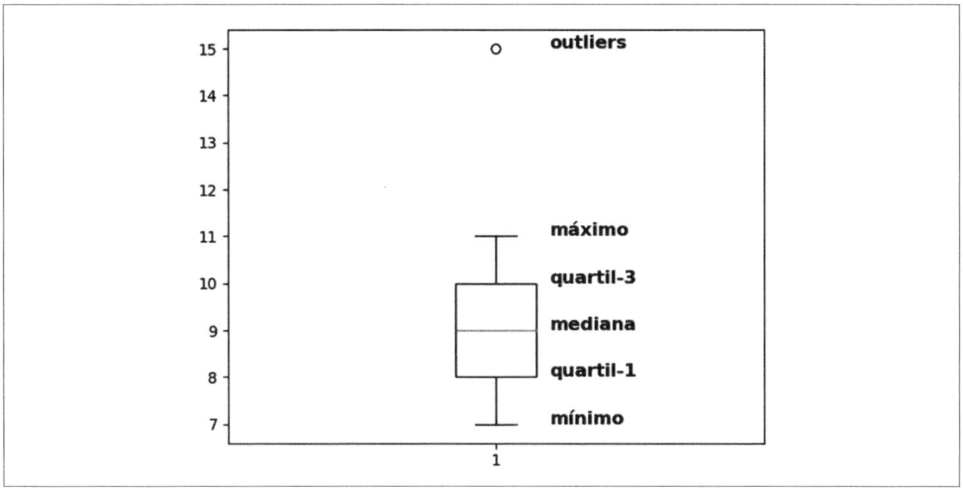


**Figura 1.6** Boxplot para análise estatística.

No caso da Matplotlib, se não se desejar observar os *outliers*, basta colocar como está na linha 15, showfliers = False.

O resultado final do exemplo é apresentado nos gráficos da Figura 1.7, em que a primeira janela representa dados com distribuição normal; a segunda, com dados de distribuição uniforme; e a última janela, com dois boxplots, comparando cada um dos vetores x e y com os dados das suas respectivas distribuições.

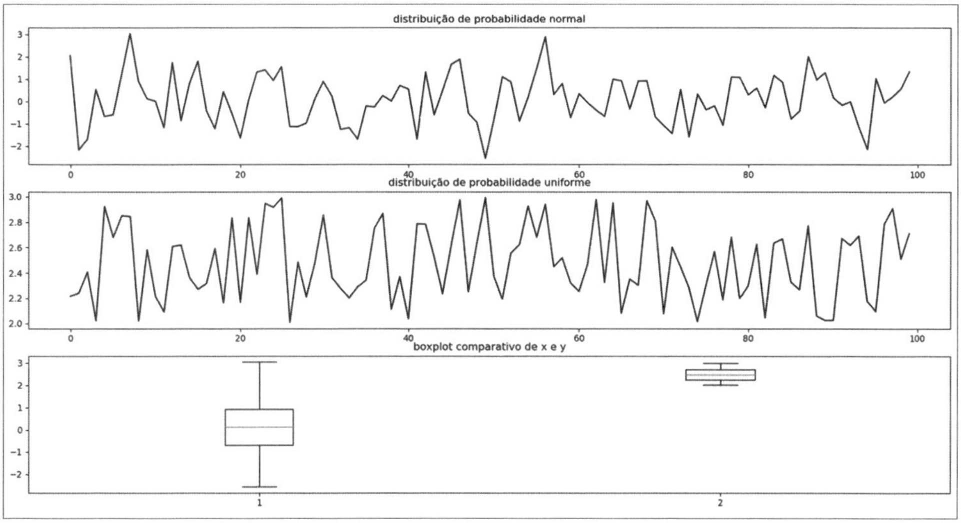


**Figura 1.7** Gráfico usando a estrutura de subplot.

Como era de se esperar, uma vez que os dados da distribuição normal são (0,1), e da uniforme, [2,3], o boxplot de y aparece mais deslocado para cima no eixo das ordenadas do que x, pois este tem média menor do que y, e, consequentemente, sua mediana (50% dos dados) será também menor do que y, nesse caso.

## 1.15 DEFININDO *FUNCTION* (FUNÇÃO) NO PYTHON

A estrutura básica de uma função (*function*) pode ser vista na Figura 1.8, composta da definição da função, sempre acompanhada da palavra "def". Essa é uma palavra reservada e sempre obrigatória para definir uma função.

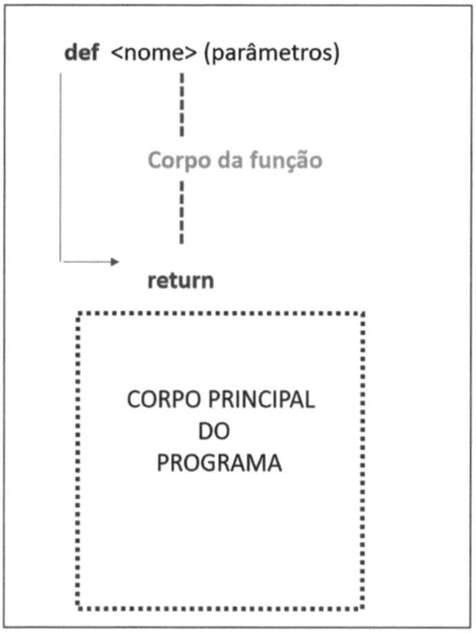


**Figura 1.8** Estrutura de uma função (*function*) e programa principal.

Os parêntesis que seguem o nome da função podem ou não estar preenchidos com uma variável. Eles serão necessários quando a função precisar de um valor externo, calculado por outro programa. Esse parâmetro de entrada pode ser um valor que foi lido pelo programa, ser resultado de outra função, enfim, pode ou não fazer parte do corpo da definição da função.

Ao final, quando se desejar retornar algum valor calculado pela função para o programa principal, utiliza-se a palavra *return*. Essa é também uma palavra reservada do Python e pode ser usada após algum cálculo importante, tal que o valor encontrado deve ser enviado para fora da função.

A construção de *function* é amplamente utilizada, sua função é separar partes importantes e repetitivas de um script para deixar o código do programa principal muito mais limpo e organizado.

Vejamos um exemplo clássico muito recorrente nos livros sobre programação para se encontrar raízes de uma equação de segundo grau via Bhaskara.

## Exemplo 1.14

Elaborar uma função em Python que retorne as raízes x1 e x2 de uma equação de segundo grau. Usar Bhaskara para encontrar as raízes, cujas entradas são os parâmetros da equação de segundo grau:

$$y = ax^2 + bx + c$$

O primeiro passo, antes de chamar o programa principal, é construir a *function* para o cálculo das raízes. Dentro da *function*, chamada de "delta", a seguir, percebe-se que nos parêntesis existem as três variáveis do problema.

São esses os valores que programa principal enviará para dentro da *function*, permitindo o cálculo das raízes x1 e x2.

Primeiro, a *function* calcula o delta de Bhaskara; depois, verifica os valores positivos, nulos e negativos, e, nesse caso, não existe uma solução real. Observamos que existem três vezes a palavra "return".

Na realidade, como temos um condicional com "if", é como se voltasse para o programa principal apenas uma vez a resposta para as raízes nas linhas 8, 11 e, finalmente, 13.

```
1   import math
2
3   def delta(a,b,c):
4     delta = b**2 -4*a*c
5     if (delta >0):
6       x1=(-b+math.sqrt(delta))/(2*a)
7       x2=(-b-math.sqrt(delta))/(2*a)
8       return x1, x2
9     elif (delta == 0):
10      x1=-b/(2*a)
11      return x1
12    else:
13      return 'não existem raízes reais'
14
```

```
15 a = float(input("a = "))
16 b = float(input("b = "))
17 c = float(input("c = "))
18 resp = delta(a,b,c)
19 print("++++++ solução da eq. 2o. grau +++++\n")
20 print(resp)
```

A linha 13 indica o final da *function* e o início do programa principal. Lendo o valor de a, b e c nas linhas 15, 16 e 17, a *function* é chamada na linha 18. O leitor deve observar que, ao contrário de algumas outras linguagens, a chamada da função deve estar associada em seu retorno com alguma variável.

A variável para a qual a solução ficará armazenada no programa principal é "resp". Vamos supor que a = 1, b = -5 e c = 6. A solução é (3,2) como apresentada a seguir no console.

```
a = 1

b = -5

c = 6
++++++ solução da eq. 2o. grau +++++

(3.0, 2.0)
```

É evidente que um código pode ter inúmeras funções, cada qual trabalhando com variáveis de diversos tipos, como integer, float, string ou, ainda, com valores em listas ou vetores. A passagem por parâmetro não restringe nem mesmo gráfico, que também pode retornar gráficos prontos das *functions* para o programa principal.

### Exemplo 1.15

Fazer um algoritmo em Python para gerar no programa principal um array (vetor) x aleatório, seguindo uma distribuição de probabilidade normal com média 5 e desvio-padrão 3, e array que tenha 100 números. Construir duas *functions*, sendo que a primeira retornará a média de x, o desvio-padrão populacional e a soma de todos os valores de x. A segunda *function* deverá retornar um gráfico de linha para o programa principal.

```
import numpy as np
import matplotlib.pyplot as fig

```

```
4   def estat(x):
5     media = x.mean()
6     desvio = x.std()
7     soma = x.sum()
8     return media, desvio, soma
9
10  def grafico(x):
11        fig.plot(x,'-k')
12        fig.xlabel('eixo x')
13        fig.ylabel('números aleatórios distribuição normal')
14        return
15
16  x=np.random.normal(5,3,100)
17  dados = estat(x)
18  print('++++ resultado da estatistica ++++')
19  print(dados)
20
21  grf=grafico(x)
```

Como podemos perceber, a primeira *function*, chamada de "estat", recebe o array inteiro "x" de números aleatórios. No *return* da linha 8, as medidas estatísticas solicitadas retornam para o programa principal com a variável de retorno sendo "dados", na linha 17. A segunda *function* recebe "x" e retorna o gráfico de linha da biblioteca Matplotlib, o qual é plotado na janela gráfica, como apresentado na Figura 1.9. A variável de retorno é "grf", que está na linha 21.

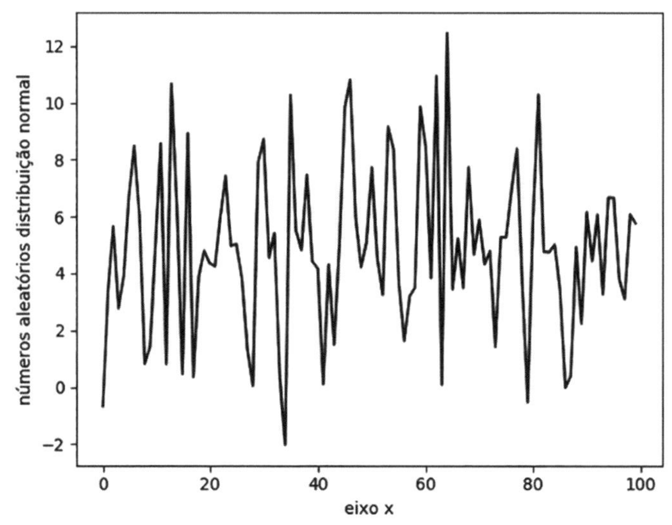


**Figura 1.9** Gráfico dos números aleatórios gerado pela *function* "gráfico".

Este capítulo foi uma breve revisão de conceitos básicos de Python e mostrou os principais fundamentos para se entender a profunda mudança que é a programação dos capítulos a seguir, quando iniciaremos nossas apresentações de problemas, usando a biblioteca Pandas.

Os dados escondem muitos problemas, seja de formatação, seja de regularidade, e as bibliotecas apresentadas neste capítulo são próprias para automação de tarefas, mas não especificamente para tratamento de dados.

No Capítulo 2, veremos que, para encontrar padrão e regularidade para nossas análises, precisaremos não apenas da Pandas, mas de muitas ferramentas e bibliotecas apresentadas no presente capítulo.

## 1.16 EXERCÍCIOS PARA APROFUNDAR O CONHECIMENTO

Muitos exercícios a seguir possuem comandos que não foram mencionados neste texto de forma proposital, para que o leitor busque outras fontes de conhecimento e compare novas funções com as atuais descritas aqui.

Para resolver problemas é importante treinar a arte de pesquisar, embora, muitas das vezes, cansativo, mas é uma atividade que possibilita gravar novas técnicas de programação. E, como o Python é uma linguagem aberta e com muitas redundâncias, de forma alguma as soluções e respostas contidas ao final deste livro representam soluções únicas. Ao leitor, um ótimo estudo! Vamos ao trabalho!

**(1.1)** Faça um programa para ler uma letra e, em seguida, imprimi-la.

**(1.2)** Faça um programa para ler uma variável inteira "n" e, em seguida, imprimi-la.

**(1.3)** Assuma a seguinte lista definida no Python: *letras* = ['a', 'b' , 'p' , 'k' , 'c' ]. Coloque ao lado dos comandos de linha a resposta no console.

| *Linhas* | *Resposta final do console* |
|---|---|
| letras[1] | |
| letras[len(letras)-2] | |

**(1.4)** Faça um programa para ler uma variável real "x" e calcule o resultado de:

$$y = \sqrt{\ln\left(\frac{x^4 + 3}{x + 5}\right)}$$

Imprima y.

**(1.5)** Faça um programa para ler duas variáveis x e y. O programa deverá calcular e imprimir o valor de z com print. (a letra "e" é a função exponencial).

$$z = \sqrt{\frac{x^3 + e^y}{\cos(3x)}}$$

**(1.6)** Faça um programa para ler uma variável real "x" e calcule o resultado de:

$$y = \sqrt{\frac{x^3 + 1}{3}}$$

Imprima y.

**(1.7)** O programa a seguir está errado, apresenta erro quando executado.

```
volume da esfera = (4/3) math.pi (r^3)
print volume da esfera
```

Corrija o programa anterior de forma que ele funcione perfeitamente com a leitura de r, inclusive com a impressão do volume da esfera e da chamada de biblioteca. Deve-se usar as mesmas variáveis e fórmula.

**(1.8)** Faça um programa para ler duas variáveis inteiras, x e y, e calcule o resto da divisão de x por 10, e o resto da divisão de y por 5. O programa deverá somar os dois restos e, ao final, decidir: se a soma dos restos for maior ou igual a 1, imprima "maior ou igual a 1"; se for menor do que 1, imprima "menor do que 1".

**(1.9)** Leia duas variáveis reais, x e y. Se x for maior do que y ao quadrado, imprima ("x é maior"). Se x for igual a y ao quadrado, imprima ("x é igual"). Se x for menor do que y ao quadrado, imprima ("x é menor").

**(1.10)** Faça um programa para ler duas variáveis inteiras, x e y, e calcule o resto da divisão de x por y. Se o resto da divisão for maior do que 1, o programa deverá imprimir "maior do que 1"; caso contrário, imprima ("menor do que 1").

**(1.11)** Faça um algoritmo para ler um número "n" com "input". Se o número for divisível por 5, eleve-o ao quadrado; caso contrário; multiplique-o por 10. Ao final, imprima no console o novo número.

**(1.12)** Leia duas variáveis reais, x e y. Se x for maior do que y, imprima ("x é maior"). Se x for igual a y, imprima ("x é igual"). Se x for menor do que y, imprima ("x é menor").

**(1.13)** Faça um algoritmo para ler um número "n" com "input" e imprima se ele é múltiplo de 5, múltiplo de 7 ou múltiplo de 11, usando "if". Se não for múltiplo de nenhum deles, deverá ser impressa uma mensagem dizendo isso.

**(1.14)** Faça um algoritmo para ler com "input" dois números, "x" e "y", e usando "if", imprima a mensagem do resultado da variável $z = e^{(x+y)}$ quando x > = y, e o resultado $z = \cos(sen(x+y))$, caso contrário.

**(1.15)** Leia a quantidade "n' de termos e imprima termo a termo a sequência seguinte usando while: {2, 4, 6, 8, 10, ...}.

**(1.16)** Leia a quantidade "n' de termos e imprima termo a termo a sequência seguinte usando while: {2, 4, 6, 8, 10, ...}.

**(1.17)** Leia a quantidade "n" de termos com input e gere a sequência

$$\left[1, \frac{1}{3}, \frac{1}{5}, \frac{1}{7}, \frac{1}{9}, \ldots\right],$$

salvando em LISTA, usando while, termo a termo. Depois, a lista deverá virar vetor. Com o vetor, imprima com print a soma total dos termos.

**(1.18)** Faça um algoritmo que imprima a sequência: 1, 8, 27, 64, ..., usando while. Leia a quantidade "n" de termos por input.

**(1.19)** Faça um algoritmo que imprima a sequência de números: 1, 5, 9, 13, 17, ..., usando while. Leia a quantidade "n" de termos usando input.

**(1.20)** Faça um algoritmo que realize a soma:

$$s = 1 + \frac{1}{\sqrt{4}} + \frac{1}{\sqrt{7}} + \frac{1}{\sqrt{10}} + \frac{1}{\sqrt{13}} + \ldots$$

com while. Leia a quantidade de termos "n" com input e imprima todos os termos da série até seu último termo.

**(1.21)** Faça um algoritmo que realize a soma:

$$s = 1 + 4 + 9 + 16 + \ldots$$

com while. Leia a quantidade de termos "n" com input e, ao final, imprima somente a soma total s.

**(1.22)** Faça um algoritmo que leia um número "real" "x" com input. Depois, leia com input o número "n" de termos para realizar a soma de todos os termos que respeite a regra:

$$s = 1 + \frac{x}{4} + \frac{x}{9} + \frac{x}{16} \ldots$$

construa o algoritmo usando "for". Não se pode usar "while" nesse algoritmo. O algoritmo deve imprimir apenas a soma total "s".

**(1.23)** Faça um algoritmo que gere e imprima termo a termo a sequência no console:

$$\sqrt{1}, \sqrt{2}, \sqrt{3}, \sqrt{4}, \sqrt{5}, \ldots \sqrt{n}$$

usando while termo a termo na iteração, sem vetor e sem lista. Leia a quantidade "n" por input.

**(1.24)** Observe este algoritmo:

```
s=0
for i in range(3,20,2):
    if i>10:
        break
    else:
        s=s+i
print(s)
```

A seguir, faça o mesmo algoritmo, mas substituindo "for" por "while". O algoritmo precisa funcionar da mesma maneira.

**(1.25)** Leia a quantidade "n" de termos e, usando "for", imprima o valor total de "s":

$$s = 1 + \frac{1}{2} + \frac{1}{3} + \frac{1}{4} + \frac{1}{5} + \ldots$$

**(1.26)** Leia a quantidade "n" de termos e, usando "while", imprima o valor total de "s":

$$s = e^{-1} + e^{-2} + e^{-3} + e^{-4} + \ldots$$

em que "e" é o número neperiano (ou número de Euler).

**(1.27)** Se você tem uma lista de números cujo número de termos não se sabe

x = [1, -4, -10, 9, ...],

como fazer para descobrir o último termo dessa lista, usando apenas um comando próprio do assunto "lista" do Python?

**(1.28)** Se você tem uma lista de números cujo número de termos não se sabe

x = [1, -4, -10, 9, ...],

como fazer para descobrir os dois últimos elementos da lista, usando apenas um comando próprio do assunto "lista" do Python?

**(1.29)** Faça um programa que já tenha uma lista bem grande, por exemplo:

x = [10, -2, 5, ...]

o programa deverá transformar a lista em vetor e, em seguida, calcular a média desse vetor sem usar "for" ou "while". Também não poderá somar termo a termo do tipo o 10 + (-2) + 5 + ... para depois dividir pelo total. O programa deverá usar apenas um comando para a média.

**(1.30)** Faça um programa que leia o número de termos "n" e gere um vetor com n números zeros (sem usar "for" nem "while"), imprimindo, depois, no console.

**(1.31)** Coloque a seguinte lista no início do programa: x = [10, -2, 5, 8, 4, 3, 1]. Faça o programa para calcular o retorno financeiro dessa lista usando apenas uma linha. Imprima o vetor retorno ao final.

**(1.32)** Faça um programa que já tenha uma lista com as letras a, b, c. Ele deverá ter uma *function* chamada *troca*, que troque os elementos dessa lista por d, g, f.

**(1.33)** Se você tem uma lista x de letras e quer selecionar as três primeiras letras e colocar em outra lista y

x = ['f', 'g', 'd', 'm', 'k', 'p', ...]

y = ['f', 'g', 'd'],

qual o comando de lista para fazer isso?

**(1.34)** Faça um algoritmo para ler com "input" usando "for" a cada elemento da lista LX, que deve estar vazia, e o passo a passo deve ser solicitado com input cada elemento. A lista deverá ser transformada em vetor, e deve ser encontrada a média, que deverá ser impressa no console. A lista a ser inserida é:

LX = [3, 2, -4, -6, 8, 10, 1]

**(1.35)** Faça um programa que já tenha uma lista x com as letras f, g, h. Logo em seguida, use o comando de listas para colocar nessa lista x a lista y com as outras letras w, f, t. Imprima a lista x, agora completa, com as letras da lista y.

**(1.36)** Observe esta lista S de listas.

S = [ [3, 2], [5, 7, 2], [3, 9, 5, 8], [10, 1] ]

Faça um algoritmo com "for" para separar todos os números na lista nova

x = [3, 2, 5, 7, 2, 3, 9, 5, 8, 10, 1]. O programa deverá imprimir x.

**(1.37)** Observe esta lista S de listas:

S = [ [5, 1], [0, 1], [3, 9], [10, 1, 8] ]

Suponha que a lista S já esteja digitada no programa.

Faça um algoritmo com "for" para separar todos os números na lista nova

x = [5, 1, 0, 3, 9, 10, 1, 8]. O programa deverá imprimir x.

**(1.38)** Faça um algoritmo para pegar a lista x = [3, -1, 2.5, 3.1, 4.8, 9.3] e transforme--a em vetor. O programa deverá elevar todos elementos do vetor ao cubo e, então, deverá encontrar o máximo e o mínimo valores do vetor e imprimi-los.

**(1.39)** Faça um programa que leia o número de termos "n" e gere um vetor com n números 1 (sem usar "for" nem "while"), imprimindo-o depois no console.

**(1.40)** Faça um programa que já tenha em sua linha de programação a lista x seguinte:

x = [1, 2, 1, 1, 1, 3, 3, 5, 1, 2, 5, 3 ].

Em seguida, o programa deverá calcular os valores de y:

$$y = x^2 + \cos(x)$$

sem o uso do "for" ou do "while". Após esse cálculo, deverá fazer um gráfico de linha em que o eixo das abscissas é x, e das ordenadas é y. E, logo em seguida, sem misturar as figuras, um segundo gráfico do histograma de x com 3 classes.

**(1.41)** Faça um programa que leia "n" e crie um vetor x usando a função "linspace". Em seguida, o programa deverá criar o vetor y = cos(x) + x e imprimir esse gráfico com uma das bibliotecas ensinadas.

**(1.42)** Faça um programa para gerar com NumPy dos vetores x e y com números aleatórios e distribuição normal. Para x, adote média 0 e desvio-padrão 1 com 100 pontos. Para y, adote média 2 e desvio-padrão 1, também com 100 pontos. Usando matplotlib, faça um gráfico com subplot (3,1). Na primeira janela, deverá aparecer o gráfico de linha de x, e, na segunda, o histograma de y com 5 classes. Na última janela, o último gráfico deverá ser de linha com marcador "o" do vetor z, que é gerado por meio da fórmula z = x + y – 2*x*y.

# CAPÍTULO 2
# Pandas

## 2.1 INTRODUÇÃO

A biblioteca Pandas foi como uma espécie de revolução para a linguagem Python. Seguramente, foi a responsável por popularizar a linguagem Python para áreas de fora da computação. O mercado financeiro, por exemplo, foi uma das áreas que, até 2008, ainda estava muito atuante em automação de planilhas Excel. E, quando se tratava de modelos para previsões, diversas áreas utilizavam as *toolboxes* de Matlab.

Segundo Garg (2021), a Pandas começou a ser criada em 2008 por Wes McKinney, que trabalhava no AQR Capital Management. Ele estava insatisfeito com as bibliotecas do Python e tinha dificuldades com as ferramentas existentes nelas para manipular grandes quantidades de dados financeiros.

Pandas vem do termo "dados de painel", em inglês, um conceito em economia para trabalhar com métodos que tratam de conjuntos de dados complexos multidimensionais. Duas estruturas básicas importantes são as séries e os DataFrames. Estima-se que existam 93 mil projetos *open source* utilizando a Pandas.

Em termos de usuários da biblioteca, em 2017, só o Stack Overflow, um website para programadores em Python atingiu o recorde de 5 milhões de visitas, procurando informações sobre a Pandas (Kopf, 2017). O que torna a Pandas tão diferente?

Pandas é uma biblioteca versátil e que economiza dezenas de linhas de programação para manipular grandes bancos de dados. É versátil e dinâmica, no mesmo sentido do recurso conhecido como "Tabela Dinâmica" ou "Pivot Table" do Excel.

## 2.2 FORMAS DE ENTRADA NO DATAFRAME

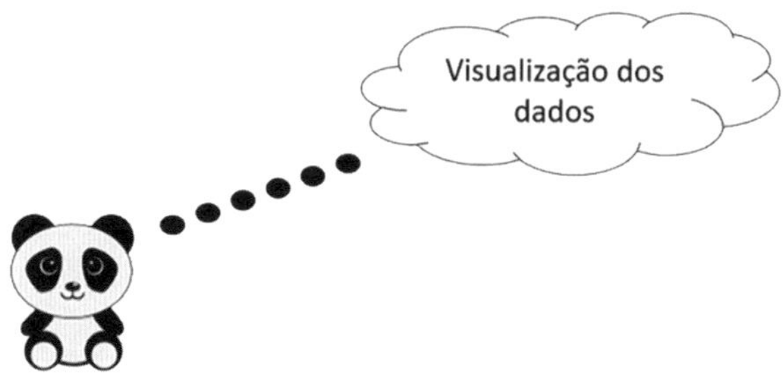


Um DataFrame é uma tabela com dados, com uma dinâmica própria e com comandos exclusivos para manipular grandes quantidades de dados. Tem uma notação própria e, atualmente, não precisa ser instalada, pois já vem na composição original da linguagem Python.

Vamos supor que desejamos ter a seguinte tabela com nomes dos alunos e seus desempenhos em provas e trabalhos. A Tabela 2.1 apresenta cinco linhas, incluindo o título, com três colunas. Essa formatação precisa ser mantida na biblioteca Pandas, usando a estrutura DataFrame.

**Tabela 2.1** Tabela de desempenho de alunos

| Aluno | Provas | Trabalhos |
|---|---|---|
| *Mário* | 5 | 10 |
| *Ana* | 7.5 | 7 |
| *Carlos* | 6 | 5 |
| *Leila* | 3 | 8 |

No Python, o primeiro passo é a importação da Pandas por meio do comando "import", como fizemos com as outras bibliotecas no Capítulo 1. O primeiro tipo de entrada dos dados é o clássico uso do DataFrame composto por chaves, que indicam as tabelas; e os colchetes, que indicam as listas com nomes ou dados numéricos, como vistos nas linhas 3, 4 e 5. O parêntesis final indica que a função de criação do DataFrame terminou, e, na memória do Python, a Tabela 2.1 está pronta para ser usada.

```
1  import pandas as pd
2
3  df = pd.DataFrame({'aluno':['Mário','Ana','Carlos','Leila'],
4          'provas':[5, 7.5, 6, 3],
5          'trab':[10, 7, 5, 8]})
6  print('++++++++++++++++++++++++')
7  print(df)
```

A impressão do DataFrame pela linha 7 do código anterior nos fornece:

```
++++++++++++++++++++++++
    aluno  provas  trab
0   Mário     5.0    10
1     Ana     7.5     7
2  Carlos     6.0     5
3   Leila     3.0     8
```

O leitor observará que apareceu uma coluna extra à esquerda com os números não inseridos 0, 1, 2 e 3. Esses são índices automáticos (*index*) que a Pandas gera para identificação das linhas. Como veremos adiante, é possível formatar, excluir, alterar, enfim, manipular tranquilamente o índice do DataFrame "df".

O segundo tipo de construção do DataFrame não precisa de tantos detalhes, mas podemos apenas dizer quais colunas desejamos. A linha 3, a seguir, cria o DataFrame e indica as três colunas com "columns", apresentando os nomes das colunas por meio de uma lista de string. O preenchimento após a construção da estrutura do DataFrame ocorre logo em seguida, bastando, para isso, usar o nome do DataFrame (nesse caso, "df") e os nomes das colunas em que estarão os dados, colocando o título dentro dos apóstrofos.

As colunas nesse segundo tipo de entrada estão em separado, nas linhas 5, 6 e 7, com listas para df['aluno'], df['provas'] e df['trab'].

```
1  import pandas as pd
2
3  df = pd.DataFrame(columns=['aluno','provas','trab'])
4
5  df['aluno']=['Mário','Ana','Carlos','Leila']
6  df['provas']=[5, 7.5, 6, 3]
7  df['trab']=[10, 7, 5, 8]
8
9  print('++++++++++++++++++++++++')
10 print(df)
```

Uma terceira maneira mais rápida apenas cria o DataFrame "df" sem nome algum de coluna. A posteriori, à medida das necessidades, podemos colocar as listas com os nomes e dados numéricos, como apresentado a seguir. A linha 3, agora, não tem mais os nomes das colunas, apenas prepara a estrutura do DataFrame. Os nomes vêm depois, nas linhas 5, 6 e 7.

```
1  import pandas as pd
2
3  df = pd.DataFrame()
4
5  df['aluno']=['Mário','Ana','Carlos','Leila']
6  df['provas']=[5, 7.5, 6, 3]
7  df['trab']=[10, 7, 5, 8]
8
9  print('++++++++++++++++++++++++')
10 print(df)
```

Pode-se, ainda, alimentar os dados de um DataFrame com vetores. Não necessariamente as entradas precisam ter o formato de listas. Por exemplo, como apresentado no código modificado, podemos ter um array (vetor) x na linha 6 e outro na linha 7. Ambos podem fazer parte de um DataFrame, basta inserir no nome da coluna correspondente, como feito na 10 e 11.

```
1  import pandas as pd
2  import numpy as np
3
```

```
df = pd.DataFrame()

x=np.array([5, 7.5, 6, 3])
y=np.array([10, 7, 5, 8])

df['aluno']=['Mário','Ana','Carlos','Leila']
df['provas'] = x
df['trab'] = y

print('+++++++++++++++++++++++')
print(df)
```

## 2.3 ENTRADA E SAÍDA VIA EXCEL

Muitas vezes, temos os dados no formato de Excel e precisamos importá-los para um DataFrame. A importação é bem simples, uma vez que a Pandas consegue trabalhar em sincronia com o Excel.

Vamos supor que nossa Tabela 2.1 esteja no Excel, como apresentado nas colunas a seguir.

| | A | B | C | D |
|---|---|---|---|---|
| 1 | **aluno** | **provas** | **trab** | |
| 2 | *Mário* | 5 | 10 | |
| 3 | *Ana* | 7.5 | 7 | |
| 4 | *Carlos* | 6 | 5 | |
| 5 | *Leila* | 3 | 8 | |
| 6 | | | | |

Para a importação desses dados para um DataFrame, precisamos apenas fornecer o nome da planilha. Vamos supor que ela seja nomeada no Excel de *Desempenho.xlsx*.

A importação se dá por meio da função "pd.read_excel( )", na qual, dentro dos parêntesis, colocamos o nome do arquivo com extensão *.xlsx e, caso seja necessário, qual a planilha desejada na importação (Planilha1, Planilha2 etc.).

```
import pandas as pd

df = pd.read_excel('Desempenho.xlsx')

print('+++++++++++++++++++++++')
print(df)
```

Para exportar qualquer DataFrame para o Excel, basta utilizar o comando com seu nome e a função ".to_excel(nome no Excel)". Para exportar o DataFrame "df" para o Excel com nome "Desempenho2.xlsx", podemos escolher a ordem dentro do próprio script ou no console:

```
In [10]: df.to_excel('Desempenho2.xlsx')
```

Ao abrirmos o Excel com essa exportação, teremos um formato um pouco diferente, pois ele incluiu na exportação o "df" completo, inclusive com os índices de localização da Pandas que estão na coluna A.

| | A | B | C | D |
|---|---|---|---|---|
| 1 | | **aluno** | **provas** | **trab** |
| 2 | **0** | Mário | 5 | 10 |
| 3 | **1** | Ana | 7,5 | 7 |
| 4 | **2** | Carlos | 6 | 5 |
| 5 | **3** | Leila | 3 | 8 |

## 2.4 FUNÇÕES E INSTRUÇÕES RÁPIDAS

Na Tabela 2.1, apresentamos poucos resultados com apenas quatro alunos. Mas, se tivéssemos mais alunos, algumas funções nos ajudariam bastante nas consultas rápidas.

**head:**

Para ver as linhas de topo do DataFrame.

df.head(n = 2): as duas primeiras linhas.

```
In [11]: df.head(n=2)
Out[11]:
   aluno  provas  trab
0  Mário     5.0    10
1    Ana     7.5     7
```

Nesse caso, também podemos usar apenas o número de linhas desejado a partir do início, por exemplo, df.head(2).

**tail:**

Para ver as linhas embaixo do DataFrame.

df.tail(n = 2): as duas últimas linhas.

```
In [12]: df.tail(n=2)
Out[12]:
   aluno  provas  trab
2  Carlos    6.0     5
3   Leila    3.0     8
```

**Columns:**

Mostra quais as colunas que compõem o DataFrame.

```
In [13]: df.columns
Out[13]: Index(['aluno', 'provas', 'trab'], dtype='object')
```

Para ver uma coluna específica:

```
In [14]: df['aluno']
Out[14]:
0     Mário
1       Ana
2    Carlos
3     Leila
Name: aluno, dtype: object
```

```
In [15]: df['provas']
Out[15]:
0    5.0
1    7.5
2    6.0
3    3.0
Name: provas, dtype: float64
```

O nome da coluna pode, ainda, assumir a posição como se fosse uma função, colocando um ponto entre o nome do DataFrame e o nome da coluna.

```
In [16]: df.aluno
Out[16]:
0     Mário
1       Ana
2    Carlos
3     Leila
Name: aluno, dtype: object
```

**Ordenação dos dados no DataFrame:**

Para ordem crescente:

```
df.sort_values(by = 'aluno')
```

Para ordem decrescente:

```
df.sort_values(by = 'aluno', ascending = False)
```

Da forma como estão os comandos de ordenação, eles vão ordenar e mostrar ordenados no console. Mas, na realidade, na memória do computador "df", ainda estará em sua forma original.

```
In [20]: df.sort_values(by='aluno')
Out[20]:
    aluno  provas  trab
1     Ana     7.5     7
2  Carlos     6.0     5
3   Leila     3.0     8
0   Mário     5.0    10

In [21]: df
Out[21]:
    aluno  provas  trab
0   Mário     5.0    10
1     Ana     7.5     7
2  Carlos     6.0     5
3   Leila     3.0     8
```

Na linha 20 anterior( In[20] ), o comando de ordenação no console ordenou o DataFrame pela coluna "aluno". Mas, na linha 21 (In[21] ), ao colocar o nome do DataFrame novamente, pode-se perceber que ele retornou ao formato inicial. Para evitar que a ordenação seja apenas momentânea, é importante usar o comando "inplace" para que realmente o DataFrame mantenha a ordenação feita.

```
In [22]: df.sort_values(by='aluno',inplace=True)

In [23]: df
Out[23]:
    aluno  provas  trab
1     Ana     7.5     7
2  Carlos     6.0     5
3   Leila     3.0     8
0   Mário     5.0    10
```

Para a ordem decrescente, por exemplo, para a coluna "provas":

```
In [26]: df.sort_values(by='provas',ascending=False,inplace=True)

In [27]: df
Out[27]:
    aluno  provas  trab
1     Ana     7.5     7
2  Carlos     6.0     5
0   Mário     5.0    10
3   Leila     3.0     8
```

## 2.5 ESTATÍSTICAS BÁSICAS

Assim como nas bibliotecas, Statistics e Numpy, a Pandas também possui as funções de estatística incorporadas ao DataFrame para manipular dados em colunas ou linhas. Ainda, para a Tabela 2.1, podemos ter máximo, mínimo, média e desvios-padrão de forma bastante semelhante ao que explicamos no caso da NumPy.

Vamos supor que tenhamos escolhido para nossas estatísticas a coluna "provas". A partir da linha 16 do código a seguir, a Pandas calcula as estatísticas. Não é necessário criar as variáveis mínimo (sem acento), máximo (sem acento), média (sem acento) e desvio-padrão, tanto amostrais quanto populacionais. Poderíamos colocar essas estatísticas diretamente no print, mas esse é um modo para aproveitarmos os cálculos mais adiante de maneira bem mais simplificada do que carregar o nome "df" e a colunas "provas".

```
import pandas as pd
import numpy as np

df = pd.DataFrame()

x=np.array([5, 7.5, 6, 3])
y=np.array([10, 7, 5, 8])

df['aluno']=['Mário','Ana','Carlos','Leila']
df['provas'] = x
df['trab'] = y

print('+++++++++++++++++++++++++')
print(df)

print('+++++++ Estatísticas Básicas ++++++++')
minimo = df['provas'].min()
maximo = df['provas'].max()
media = df['provas'].mean()
desv_pop = df['provas'].std(ddof=0)
desv_amost = df['provas'].std(ddof=1)
print('mínimo = ',minimo)
print('máximo = ',maximo)
print('média = ',media)
print('desvio padrão pop = ',desv_pop)
print('desvio padrão amostral = ',desv_amost)
```

O resultado, ao rodar esse código, é apresentado no console com os seguintes valores para a coluna de "provas":

```
+++++++++++++++++++++++++
    aluno  provas  trab
0   Mário     5.0    10
1     Ana     7.5     7
2  Carlos     6.0     5
3   Leila     3.0     8
+++++++ Estatísticas Básicas ++++++++
mínimo =  3.0
máximo =  7.5
média =  5.375
desvio padrão pop =  1.6345871038277526
desvio padrão amostral =  1.8874586088176875
```

## 2.6 LÓGICA CONDICIONAL (AND -> &, OR -> |)

Vimos no Capítulo 1 como usar a lógica para tomadas de decisões no Python, com os desvios usando "if" e suas relações de intersecção com "and" e união com "or". Ao usarmos a Pandas, não precisamos desse tipo de estrutura, pois a biblioteca já possui o formato estruturado apenas com o uso dos símbolos & para "E" e "|" (barra vertical) para "OU".

Na Tabela 2.1, que já está no formato da Pandas por meio do DataFrame "df", podemos filtrar informações separando detalhes condicionados a alguma regra lógica. Isso poderia ser feito sem a Pandas, mas, no caso, seria necessário adotar a estrutura de array bidimensional (matriz), usar um comando de *loop*, como "while" ou "for", e um comando "if". Tudo isso se torna bem mais simples com o uso do DataFrame.

Por exemplo, vamos supor que desejamos ver apenas as linhas em que as notas das provas ficaram acima de 6. Nesse caso, se colocarmos a pergunta no console ou dentro do próprio programa, como df['provas']>6, temos a seguinte resposta:

```
In [2]: df['provas']>6
Out[2]:
0    False
1     True
2    False
3    False
Name: provas, dtype: bool
```

A reposta está correta, mas não satisfaz nossa visualização. O que a Pandas está nos devolvendo são as linhas em que nossa pergunta é verdadeira e as linhas em que ela é falsa. São dados conhecidos como "booleanos", e, por isso, o tipo da resposta está como "bool". Para termos uma resposta satisfatória, que mostre apenas as linhas com nome dos alunos com notas de provas iguais ou acima de 6, precisamos colocar externamente o nome do DataFrame. Assim, o correto é fazer da seguinte forma:

```
In [3]: df[df['provas']>=6]
Out[3]:
    aluno  provas  trab
1     Ana     7.5     7
2  Carlos     6.0     5
```

Do jeito que está, o Python nos retorna as linhas inteiras com os nomes, as notas de provas e trabalhos. Podemos filtrar melhor, solicitando que ele nos retorne apenas uma coluna específica. Para isso, podemos usar colchetes com os nomes das colunas após a pergunta da filtragem condicional. Em nosso caso, ['trab'], ou .trab, retornará apenas os dados da coluna dos trabalhos.

```
In [4]: df[df['provas']>=6]['trab']
Out[4]:
1    7
2    5
Name: trab, dtype: int32
```

Ou, então,

```
In [5]: df[df['provas']>=6].trab
Out[5]:
1    7
2    5
Name: trab, dtype: int32
```

**Utilizando "and" ( & ):**

Ao contrário do "if", em que usamos a palavra "and" para indicar eventos com intersecção, no DataFrame essa palavra é substituída por "&".

Em nosso caso, a pergunta ao DataFrame seria para nos mostrar quem seriam os alunos com notas de provas iguais e acima de 6.0, e também mostrar apenas notas de de trabalhos iguais e acima de 6.0. Aqui, a pergunta para o DataFrame deve ser:

```
In [6]: df[ (df['provas']>=6) & (df['trab']>=6) ]
Out[6]:
  aluno  provas  trab
1   Ana     7.5     7
```

Devemos observar que, quando existir mais de uma questão a ser respondida pelo DataFrame, seja com "and" ou "or", sempre se deve separar as perguntas por parêntesis, como na resposta anterior, ou seja, df[ (....) & (....) & (....) ].

**Utilizando "or" ( | ):**

O caso no qual usamos a união com "or", o DataFrame exige a representação com uma barra vertical "|". Se em nosso DataFrame desejarmos saber quem são os alunos com notas de provas acima de 6 ou com notas de trabalhos acima de 6, a questão no Python será da seguinte forma:

```
In [7]: df[ (df['provas']>6) | (df['trab']>6) ]
Out[7]:
   aluno  provas  trab
0  Mário     5.0    10
1    Ana     7.5     7
3  Leila     3.0     8
```

## 2.7 TIPOS DE INDEXAÇÃO E REINDEXAÇÃO

Em nosso DataFrame, baseado na Tabela 2.1, deixamos os índices de forma automática para que a Pandas completasse da maneira padrão, como 0, 1, 2, 3, ... etc.

```
                  ++++++++++++++++++++++++
                       aluno  provas  trab
                   0   Mário     5.0    10
índice  ——→        1     Ana     7.5     7
                   2  Carlos     6.0     5
                   3   Leila     3.0     8
```

**Colocando um índice manualmente:**

Logo na formatação da estrutura do DataFrame, podemos colocar o índice usando a palavra "index" fora das chaves que indicam a tabela. Vamos supor que desejamos os seguintes índices em nosso DataFrame (aL1, aL2, aL3, aL4):

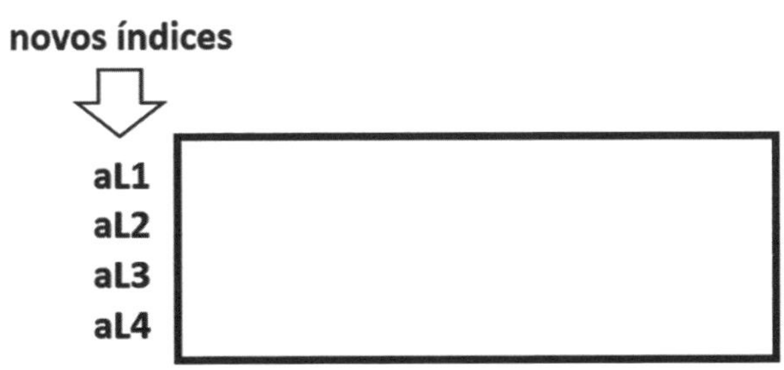

A nova estrutura do DataFrame será:

```
1  import pandas as pd
2
3  df = pd.DataFrame({'aluno':['Mário','Ana','Carlos','Leila'],
4          'provas':[5, 7.5, 6, 3],
5          'trab':[10, 7, 5, 8]},
6          index = ['aL1', 'aL2', 'aL3', 'aL4'])
7  print('++++++++++++++++++++++++')
8  print(df)
```

Os novos índices são adicionados na linha 6 do script anterior, com o seguinte resultado após a impressão:

```
++++++++++++++++++++++++
       aluno  provas  trab
aL1    Mário     5.0    10
aL2      Ana     7.5     7
aL3   Carlos     6.0     5
aL4    Leila     3.0     8
```

**Colocando uma coluna como índice:**

Muitas vezes, teremos colunas que desejamos tornar índice de nosso DataFrame, por exemplo, quando importamos tabelas do Excel ou de algum website. Se uma coluna tem datas de eventos, negociações, valores críticos de experimentos e desejamos que se torne um índice para facilitar as análises, usamos o "set_index( nome da coluna )".

Por exemplo, se desejarmos colocar os nomes dos alunos como índice de nosso DataFrame "df" anterior:

```
df.set_index('aluno',inplace=True)
```

Nesse caso, usando "inplace", a coluna "alunos" desaparecerá como coluna e somente os nomes aparecerão como os novos índices do DataFrame.

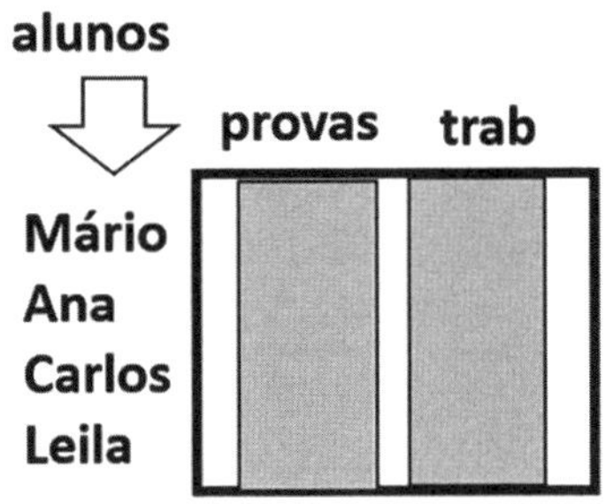


O resultado no console será:

```
        provas  trab
aluno
Mário      5.0    10
Ana        7.5     7
Carlos     6.0     5
Leila      3.0     8
```

**Resete o "index", mantendo o anterior como coluna:**

Em alguns casos, desejamos um índice como uma coluna para algum tipo de uso posterior.

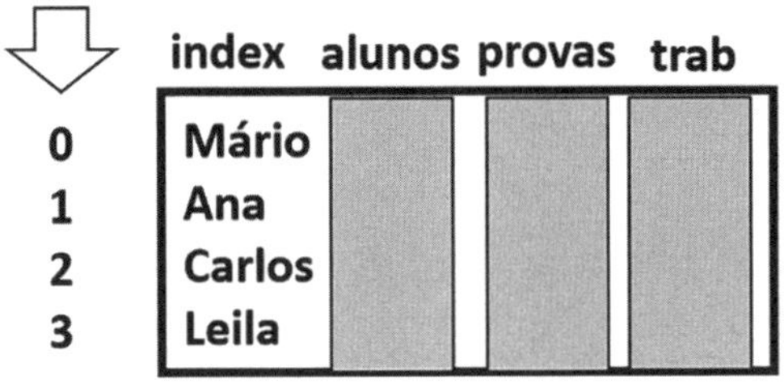


Nesse caso, usamos o "reset_index( )":

```
df.reset_index(inplace=True)
```

```
++++++++++++++++++++++++
       aluno  provas  trab
aL1    Mário     5.0    10
aL2      Ana     7.5     7
aL3   Carlos     6.0     5
aL4    Leila     3.0     8
```

**Antes do reset_index**

```
In [27]: df.reset_index(inplace=True)

In [28]: df
Out[28]:
  index   aluno  provas  trab
0   aL1   Mário     5.0    10
1   aL2     Ana     7.5     7
2   aL3  Carlos     6.0     5
3   aL4   Leila     3.0     8
```

**Após o reset_index**

**Resete o "index", apagando o anterior:**

Às vezes, queremos resetar o índice e apagar o antigo, pois não será útil para as atividades subsequentes. Nesse caso, usamos o termo "drop" para ativar o índice padrão e apagar o anterior:

```
df.reset_index(drop=True, inplace= True)
```

```
++++++++++++++++++++++++
       aluno  provas  trab
aL1    Mário     5.0    10
aL2      Ana     7.5     7
aL3   Carlos     6.0     5
aL4    Leila     3.0     8
```

**Antes do reset_index**

```
In [30]: df.reset_index(drop=True, inplace= True)

In [31]: df
Out[31]:
    aluno  provas  trab
0   Mário     5.0    10
1     Ana     7.5     7
2  Carlos     6.0     5
3   Leila     3.0     8
```

**Após o reset_index**

**Resete o "index", mantendo a coluna:**

Em alguns casos, apesar de colocar uma coluna como índice, desejamos, ainda, que ela permaneça em seu lugar. Nesse caso, basta igualar o índice aos valores da coluna, que ele muda, mas a coluna permanece dentro do DataFrame.

Então, do nosso "df" original, com os índices aL1, aL2, aL3, aL4 a seguir, vamos supor que desejamos substituí-los pelos nomes, mas gostaríamos de manter os nomes em sua coluna.

```
++++++++++++++++++++++++
      aluno  provas  trab
aL1   Mário     5.0    10
aL2     Ana     7.5     7
aL3  Carlos     6.0     5
aL4   Leila     3.0     8
```

Usando, então, o comando

```
df.index=df.aluno
```
,

o resultado será a alteração do índice com a coluna "nome", permanecendo em seu formato original.

```
         aluno  provas  trab
aluno
Mário    Mário     5.0    10
Ana        Ana     7.5     7
Carlos  Carlos     6.0     5
Leila    Leila     3.0     8
```

O formato seguinte, que usa o nome da coluna em colchetes, também funciona para a alteração do índice e a manutenção da coluna "aluno":

```
df.index=df['aluno']
```

**Renomear uma coluna ("rename"):**

Ao resetar um índice, é interessante trocar o nome automático que aparecerá após o ressessa ação. Em outros casos, importamos tabelas cujos títulos das colunas não dizem nada sobre os dados, ou estão ajustados apenas como números. Para renomear uma coluna, usamos a função "rename".

Nesse comando, primeiro colocamos entre { } o nome antigo da coluna e, separado por dois pontos, o novo nome desejado. Vamos supor que desejamos trocar o nome "index" por "antigo índice". Depois, indicamos que será uma alteração em colunas, e, por fim, para ser permanente, usamos o "inplace", como fizemos anteriormente.

```
df.rename({'index':'antigo índice'},axis='columns',inplace=True)
```

O resultado para o nosso DataFrame baseado na Tabela 2.1 será o seguinte:

```
  index  aluno  provas  trab
0   aL1  Mário     5.0    10
1   aL2    Ana     7.5     7
2   aL3 Carlos     6.0     5
3   aL4  Leila     3.0     8
```

Antes de renomear

```
In [35]: df.rename({'index':'antigo índice'},axis='columns',inplace=True)

In [36]: df
Out[36]:
  antigo índice  aluno  provas  trab
0           aL1  Mário     5.0    10
1           aL2    Ana     7.5     7
2           aL3 Carlos     6.0     5
3           aL4  Leila     3.0     8
```

Após renomear

## 2.8 APAGANDO UMA COLUNA ("DROP")

Para apagar uma coluna, basta usar o comando "drop( )", e, dentro dos parêntesis, colocar o nome da coluna a ser apagada. Precisamos indicar o nome da coluna com colchetes dentro do parêntesis do "drop", pois é uma lista que pode ter apenas um nome ou diversos nomes de colunas, que poderão ser apagadas todas ao mesmo tempo.

Também é necessário indicar se estamos apagando linhas ou colunas. Um formato utilizado é adotando-se axis = 1 para o DataFrame apagar a coluna "aluno".

```
df.drop(['aluno'], axis=1, inplace=True)
```

Mas o formato com axis = 'columns' também é aceito pela Pandas:

```
df.drop(['aluno'], axis='columns', inplace=True)
```

O resultado é que, nos dois casos do comando "drop", a coluna com os nomes dos alunos será deletada, como apresentado a seguir.

```
     provas  trab
aL1     5.0    10
aL2     7.5     7
aL3     6.0     5
aL4     3.0     8
```

Além dos dados com a informação do DataFrame, de maneira mais clara e objetiva é a apresentação dos dados após as filtragens e pesquisas utilizando gráficos. A Pandas, como veremos no Capítulo 3, tem uma forma estrutural bastante amigável com relação aos comandos gráficos, inclusive com gráficos estatísticos bem interessantes para um leitor mais atencioso à pesquisa em ciência de dados.

## 2.9 EXERCÍCIOS

**(2.1)** Essa questão é para fazer em Python, usando Pandas. Observe a seguinte tabela, que deverá ser criada num DataFrame, e que os índices não são números, mas nomes de automóveis.

| | Valor | Qtde. |
|---|---|---|
| *Lifan* | 46000 | 12 |
| *Kwid* | 68000 | 6 |
| *Mobi* | 66000 | 3 |
| *Siena* | 68500 | 7 |
| *Sandero* | 69500 | 1 |
| *Argo* | 77500 | 11 |
| *Hb20* | 94000 | 9 |
| *Onix* | 87000 | 9 |

Faça um programa em Python no qual esse DataFrame é carregado. Em cada item seguinte, coloque qual a linha de programação que responde à questão e imprime corretamente a resposta no console.

(a) Média das quantidades de automóveis (Qtde.).
(b) O carro mais caro.
(c) Os registros do DataFrame, considerando os carros com valor superior a 70 mil e quantidade superior a 7.
(d) Localize os nomes dos carros que têm quantidades 11 ou mais.

**(2.2)** Observe o seguinte DataFrame em Pandas:

| nome | preço | vendas |
|---:|---:|---:|
| lapis | 1.2 | 120 |
| caneta | 3.7 | 50 |
| borracha | 3.2 | 20 |
| régua | 5.2 | 30 |
| compasso | 17.4 | 80 |

(a) Comece o algoritmo, colocando abaixo as linhas para a criação do DataFrame anterior.
(b) Coloque o comando para imprimir apenas as primeiras duas linhas do DataFrame.
(c) Coloque o comando para imprimir as últimas duas linhas do DataFrame.
(d) Coloque a linha de comando para ordenar em ordem crescente pelos "*nomes*" o DataFrame e imprima o resultado no console do Python.
(e) Resete o índice do DataFrame, colocando os nomes como índice no lugar dos índices originais.
(f) Coloque o comando para gerar a média de cada uma das colunas.
(g) Coloque os comandos para fazer os gráficos do "preço" e das "vendas" com subplot (2,1).

**(2.3)** Faça um programa em Python que tenha duas *functions* que recebam um DataFrame do programa principal. Este deverá ter o seguinte DataFrame, já programado antes de se chamarem as *functions:*

| nome | valor |
|---|---|
| a | 3 |
| b | 2 |

A primeira *function* deverá se chamar “estat” e deverá receber do programa principal o DataFrame anterior e, usando os comandos da Pandas, retornar as estatísticas básicas de média, desvio-padrão (tanto faz amostral ou populacional), máximo e mínimo da coluna “valor”.
A segunda *function* deverá se chamar “ordena” e deverá receber o DataFrame do programa principal e ordenar de forma crescente a coluna “valor”, retornando o mesmo DataFrame já ordenado para o programa principal. Ao final, os valores retornados das duas *functions* deverão ser impressos no console.

**(2.4)** Observe a seguinte tabela:

| | e | b | d |
|---|---|---|---|
| 2022-06-09 | 17.89 | 30.11 | 1.000 |
| 2022-06-10 | 16.65 | 29.08 | 0.990 |
| 2022-06-11 | 15.29 | 28.36 | 1.000 |
| 2022-06-12 | 14.45 | 26.76 | 1.000 |
| 2022-06-13 | 12.04 | 22.48 | 1.001 |

(a) Coloque a linha de comando em que se cria o DataFrame anterior, cujos índices são as datas, e as colunas são {e, b, d}.
(b) Coloque aqui os comandos necessários para criar três novas colunas de nomes {retE, retB, retD} com os retornos financeiros de cada uma das colunas {e, b, d}.
(c) Coloque, aqui, a linha de programação necessária para criar uma nova coluna com o nome ‘calc’ com o seguinte cálculo entre as colunas de retorno anteriores:

$$calc = \frac{retE + 2 * retB + 0.2 * retD}{retB^2}$$

(d) Coloque, aqui, as linhas necessárias para se criar um novo DataFrame chamado de *df2*, apagando as colunas {e, b, d, calc} do DataFrame original, deixando apenas as colunas com os retornos. Use esse novo DataFrame *df2* para calcular e imprimir a matriz de correlação dos retornos.
(e) Coloque, aqui, a linha de comando necessária para transformar a coluna do retorno E (retE) do DataFrame *df2* em vetor (array), cujo nome será ‘x’.

**(2.5)** A biblioteca Pandas oferece diversas ferramentas financeiras importantes, entre elas, uma para o retorno financeiro e outra para a conhecida média móvel. Criar um DataFrame com os seguintes valores:

a = [2, 3, 4, 2, -1, -5, -7, -3, 5, 8, 9, 10, 8, 4, -3, -2, 2, 5, 8, 9, 10, 3, 2, -5]

Deseja-se, então, que se encontrem primeiro os retornos diários (de um em um dia) dessa coluna 'a' do DataFrame. Em seguida, deseja-se a média móvel com janela de quatro dados para esses retornos. Por fim, escolha a alternativa a seguir que apresenta o menor valor da média móvel dos retornos e o maior valor dessa mesma média móvel dos retornos de 'a'.
(a) mínimo = -2.14; máximo = 1.29
(b) mínimo = -1.14; máximo = -0.59
(c) mínimo = -1.14; máximo = 0.59
(d) mínimo = 1.14; máximo = 2.59
(e) mínimo = -1.14; máximo = 1.29

**(2.6)** Observe a seguinte tabela de alimentos, que deve ser inserida num DataFrame na biblioteca Pandas, do Python, em que constam nome, cor, grupo, distância de uma mercearia e seus respectivos preços.

| Índice do DataFrame | Nome | Cor | Grupo | Preço |
|---|---|---|---|---|
| 0 | tomate | vermelho | vegetal | 2,5 |
| 1 | frango | rosa | carne | 2,0 |
| 2 | queijo | amarelo | lácteo | 4,0 |
| 3 | maçã | vermelho | fruta | 4,0 |
| 4 | tomate | vermelho | vegetal | 3,0 |

Escolha a alternativa na linha do programa que contém o DataFrame que seja correto para responder a seguinte questão: *qual o preço do vegetal vermelho acima de R$ 2,00?*
(a) alimento[(alimento['cor'] = ='vermelho') & (alimento['grupo'] = = 'vegetal')]['nome']
(b) alimento[(alimento['cor'] = 'vermelho') & (alimento['grupo'] = 'vegetal')]['nome']
(c) alimento[(alimento['cor'] = = 'vermelho') & (alimento['preço']>2)]['preço']

(d) alimento[(alimento['cor'] = = 'vermelho') & (alimento['grupo'] = = 'vegetal') & (alimento['preço']>2)]['preço']
(e) alimento[(alimento['cor'] = 'vermelho') & (alimento['grupo'] = 'vegetal') & (alimento['preço']>2)]['preço']

**(2.7)** Observe os seguintes valores que devem ser inseridos no DataFrame, usando a biblioteca Pandas, do Python:

x = [2.1 7.3 5.4 10.9 6 7 6 8 9 10 7 7 7 6 3 2 10 7 6]

Pede-se que se use a função lambda para normalizar esses dados. A normalização é obtida pela subtração de cada elemento pela média, e o resultado, dividido pelo desvio-padrão. Após essa transformação, qual alternativa a seguir representa o comando para se encontrar o máximo valor normalizado e seu respectivo valor numérico para o DataFrame "x" ?
(a) df[df['x'] = = df['x'].max()] .x; valor máximo = 1.65
(b) df[ df['x'] = = df['x'] ]; valor máximo = 1.79
(c) df[ df['x'] = = df['x'].max() ]; valor máximo = 1.72
(d) df[ df['x'] = df['x'].max() ]; valor máximo = 1.72
(e) df[ df['x'] = = df['x'].max ]; valor máximo = 1.72

**(2.8)** Observe os seguintes valores que devem ser inseridos em DataFrame, usando a biblioteca Pandas, do Python:

x = [2.1 7.3 5.4 10.9 6 7 6 8 9 10 7 7 7 6 3 2 10 7 6]

Pede-se que se aplique a função lambda para transformar esses dados usando x**2 – média. Após essa transformação, qual alternativa a seguir representa o comando para encontrar seu mínimo valor e seu respectivo valor numérico para o DataFrame "x" ?
(a) df[df['x'] = = df['x'].min()] .x; valor mínimo = -2.4
(b) df[ df['x'] = = df['x'] ]; valor mínimo = -2.66
(c) df[ df['x'] = = df['x'].min() ]; valor mínimo = -2.66
(d) df[ df['x'] = df['x'].min() ]; valor mínimo = -2.66
(e) df[ df['x'] = = df['x'].min ]; valor mínimo = -2.66

# CAPÍTULO 3
# Gráficos na Pandas

## 3.1 INTRODUÇÃO

A melhor forma de visualização de dados é por meio de um gráfico. A percepção do desenrolar dos eventos, as mudanças e alterações nas variáveis, tudo fica muito mais fácil de entender quando temos um bom gráfico. E a Pandas nos proporciona uma grande evolução, não somente pela sua qualidade nos gráficos, mas também pela fácil interação com o programador e o usuário.

Muitos gráficos programados com a biblioteca Matplotlib necessitam de algumas linhas de programação para ficarem com boa representação. Na Pandas com a utilização de um ou dois comandos, obtém-se um resultado bem mais interessante e ainda melhor do que na Matplotlib. A função básica também é "plot", mas seguida do nome do DataFrame. O importante é que temos novas e diversas estruturas para apresentar gráficos bem mais avançados e técnicos, com pouco esforço de algoritmo para isso.

## 3.2 GRÁFICOS BÁSICOS

Vamos supor que tenhamos a Tabela 3.1 e desejamos usá-la em um DataFrame chamado "df", como apresentamos no Capítulo 2.

**Tabela 3.1** Variáveis x, y e z

| vx | vy | vz |
|---|---|---|
| 2 | -1 | 0 |
| 3 | -2 | 2 |
| 4 | -1 | 4.5 |
| 3 | 4 | 2.1 |
| 5 | 6 | -2 |
| 6 | 7 | 1 |

Como já apresentado, o código que transforma a Tabela em DataFrame é o que se segue, a novidade é que temos agora o comando plot na linha 10 para fazer os gráficos das três colunas (vx, vy, vz).

Primeiro criamos as colunas na linha 3; depois, colocamos no DataFrame já estruturado os valores no formato de lista para cada coluna, nas linhas 4, 5 e 6. Quando usamos apenas "df.plot( )", sem informação adicional alguma, a Pandas constrói um gráfico básico de linhas, com cores diferentes e já pronto com legendas que identificam cada variável.

```
1   import pandas as pd
2
3   df = pd.DataFrame(columns=['vx','vy','vz'])
4   df['vx'] = [2, 3, 4, 3, 5, 6]
5   df['vy'] = [-1,-2,-1, 4, 6, 7]
6   df['vz'] = [0, 2, 4.5, 2.1, -2, 1]
7   print('++++++++++++++++++++++++++++++++')
8   print(df)
9
10  df.plot()
```

O resultado é apresentado no gráfico da Figura 3.1. Assim como na Matplotlib, esse gráfico pode ser melhorado colocando informações adicionais sobre os eixos, títulos, tipos de linhas, fontes, localização da legenda, entre tantas outras modificações.

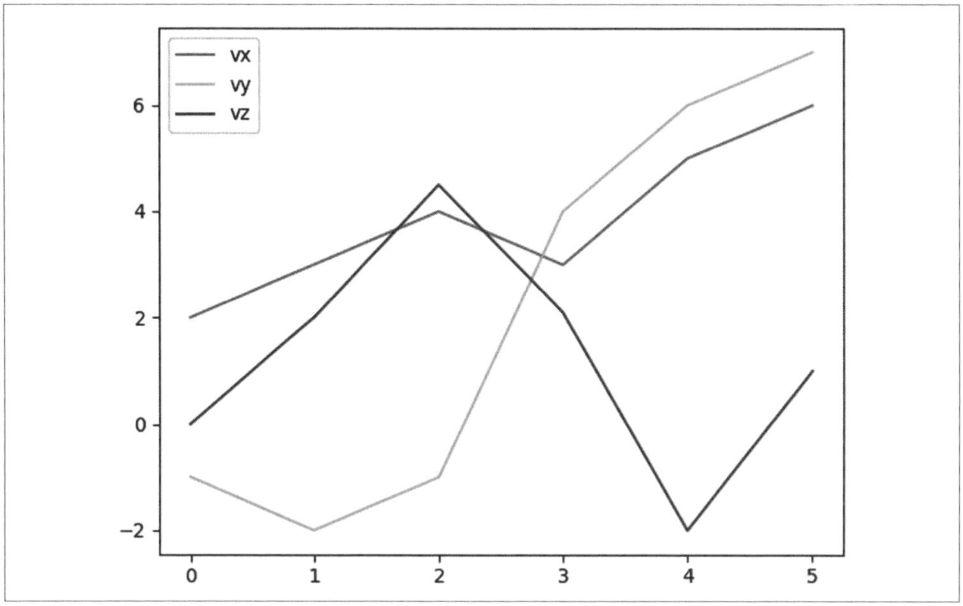


**Figura 3.1** Gráfico de linhas básico com plot para as três variáveis do DataFrame.

Outro fato interessante é de que a Pandas consegue trabalhar muito bem com todas as outras bibliotecas do Python, inclusive as bibliotecas gráficas.

Se precisamos visualizar apenas uma variável, usamos a definição:

df.plot( y = 'nome da coluna' )

A letra y dentro do DataFrame indica qual coluna fará parte do eixo das ordenadas, o eixo vertical do gráfico feito em plot( ). Vamos supor que desejamos ver apenas o gráfico da variável "vx":

```
df.plot(y='vx')
```

Com o resultado seguinte:

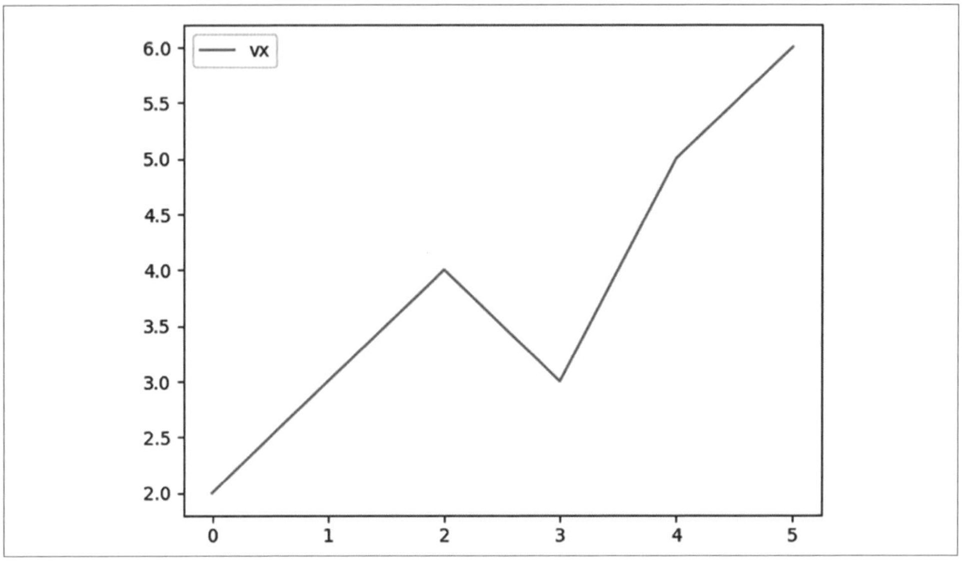


**Figura 3.2** Gráfico apenas da variável "vx" do DataFrame.

Para mais de uma coluna no gráfico, montamos uma lista com os nomes das colunas, e, para isso, precisamos da notação com colchetes. Para as variáveis "vx" e "vz":

```
df.plot(y=['vx','vz'])
```

Com o resultado seguinte:

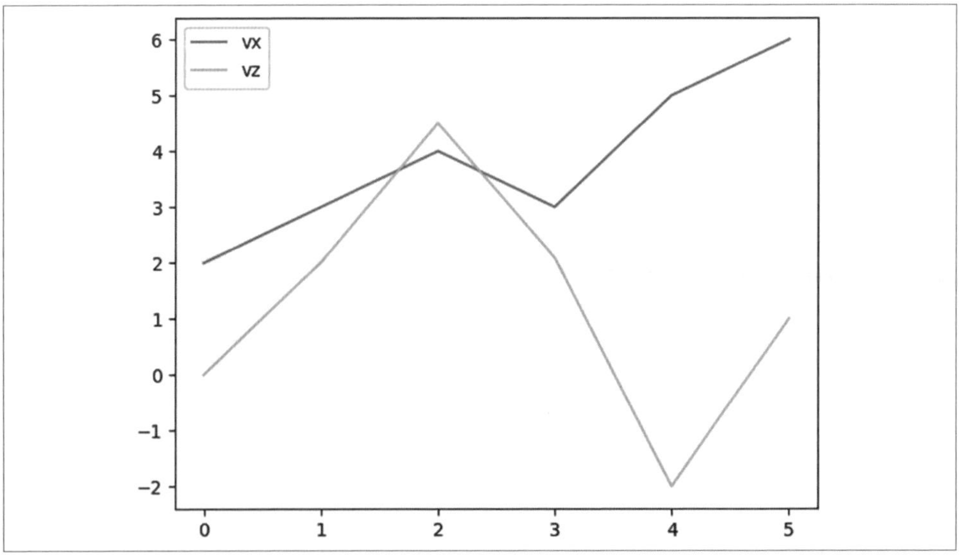


**Figura 3.3** Gráfico para duas colunas do DataFrame.

Na função "plot", existe também a variável "x" para direcionar quem fará parte do eixo das abscissas. Nesse caso, serve como um gráfico dispersão entre as variáveis, ou para colocar determinada coluna onde, por exemplo, há datas. Assim, se quisermos um gráfico de "vx" por "vy" do nosso DataFrame, devemos fazer o seguinte comando:

```
df.plot(x='vx',y='vy')
```

O resultado será:

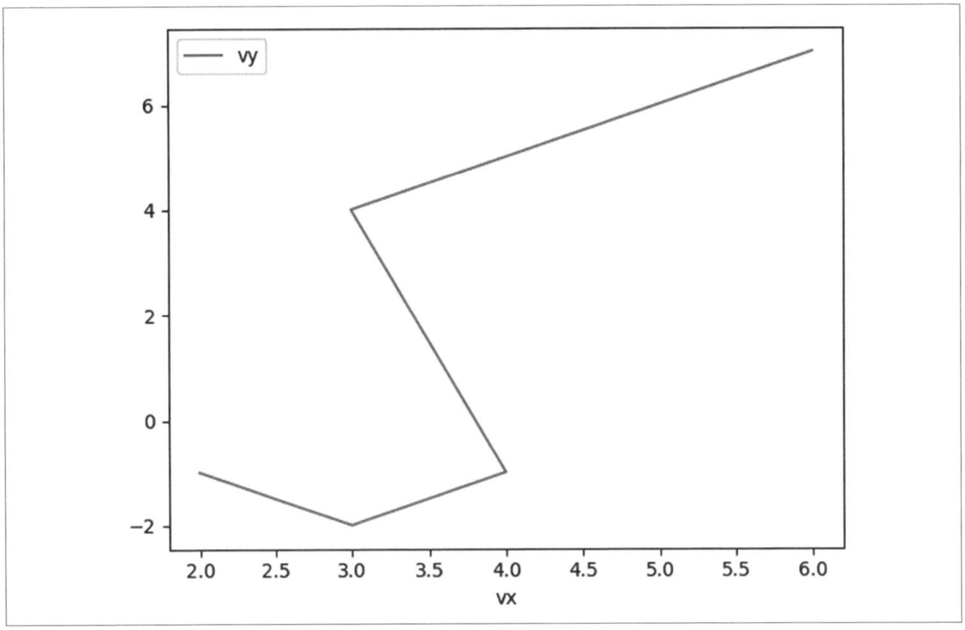


**Figura 3.4** Gráfico usando variáveis x e y da função plot().

## 3.3 CUSTOMIZANDO GRÁFICOS NA PANDAS

Os gráficos da biblioteca Pandas podem ser customizados dentro da própria função plot.

**Para escolher as cores das linhas (*color*):**

```
df.plot(y='vx',color='black')
```

em que se podem colocar as cores básicas em língua inglesa: *blue*, *yellow*, *red*, *black*, *green*. Demais cores poderão ser encontradas nas paletas do mapa de cores no website da própria biblioteca.

**Para escolher o estilo das linhas (*style*):**

```
df.plot(y='vx',color='black', style='--')
```

Com os estilos '-' , '- -' , 'o', '-o', '- -o'. Este último, em especial, projeta uma linha no gráfico com marcador em círculo, como apresentado na Figura 3.5.

```
df.plot(y='vx',color='black', style='--o')
```

**Para escolher o marcador (*marker*):**

Além do marcador que usa a própria letra 'o', como apresentado anteriormente, podemos escolher especificamente muitos tipos de marcadores para colocarmos nos pontos existentes nas variáveis do DataFrame.

```
df.plot(y='vx',color='black', style='--',marker='o')
```

```
df.plot(y='vx',color='black', style='--',marker='<')
```

```
df.plot(y='vx',color='black', style='--',marker='^')
```

Esse último, por exemplo, coloca marcador no estilo de triângulo.

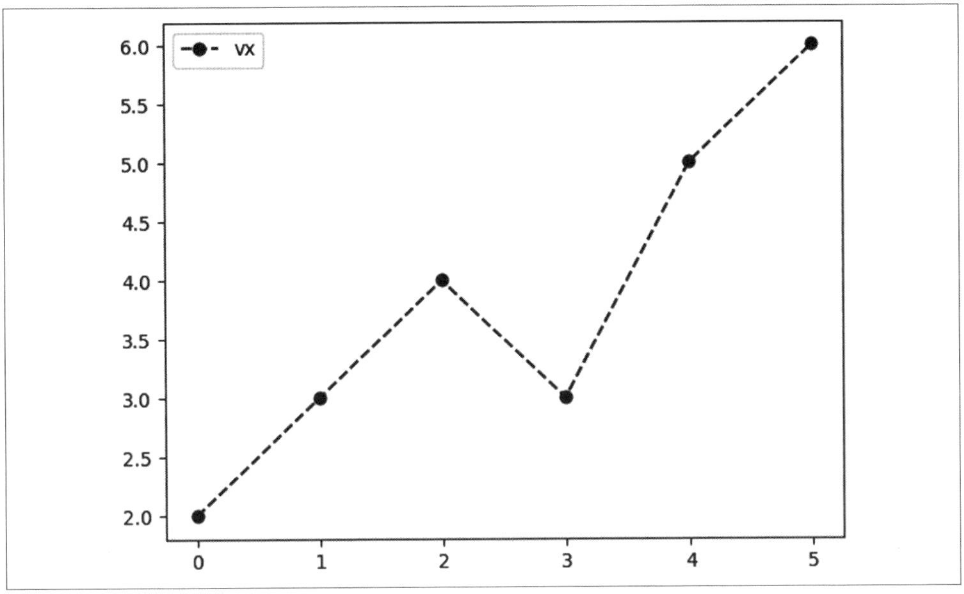


Figura 3.5 Gráfico linha tracejada e marcador em círculo no estilo '- -o'.

Podemos mudar a cor do marcador para colocarmos cores que possam estar em experimentos diferentes. Para isso, usamos a propriedade "markerfacecolor".

```
df.plot(y='vx',color='black', style='--',marker='o',markerfacecolor='red')
```

Nesse caso, a linha do estilo será de uma cor, e o preenchimento do marcador, de outra. No caso desse exemplo, foi usado um fundo vermelho. A Figura 3.6 apresenta a diferença entre o estilo e as cores.

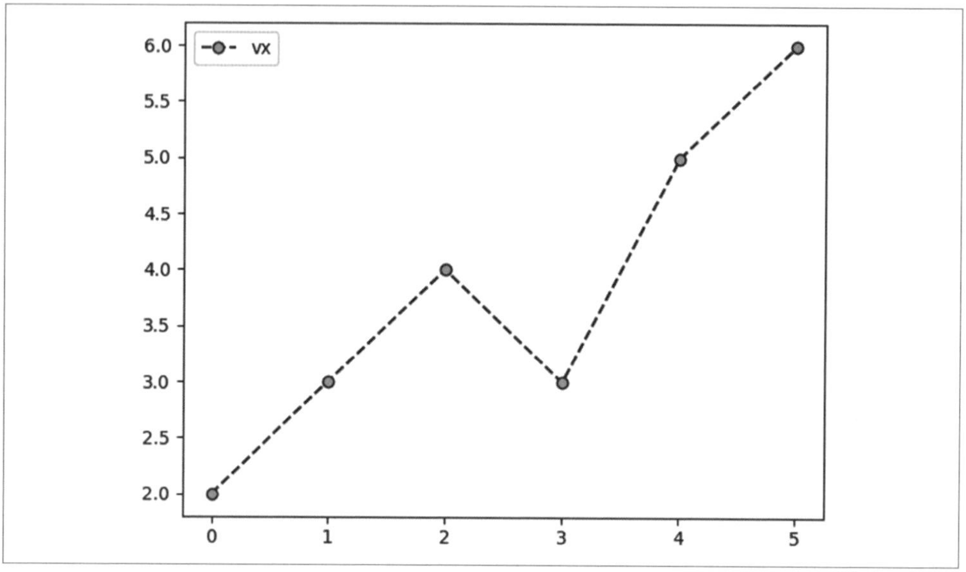


Figura 3.6 Gráfico linha tracejada e marcador com cor diferente.

**Para colocar o título (*title*):**

```
df.plot(y='vx',color='black', style='--',marker='^',title='Gráfico Teste')
```

,

cujo resultado é visto na Figura 3.7, com o título aparecendo no alto do gráfico.

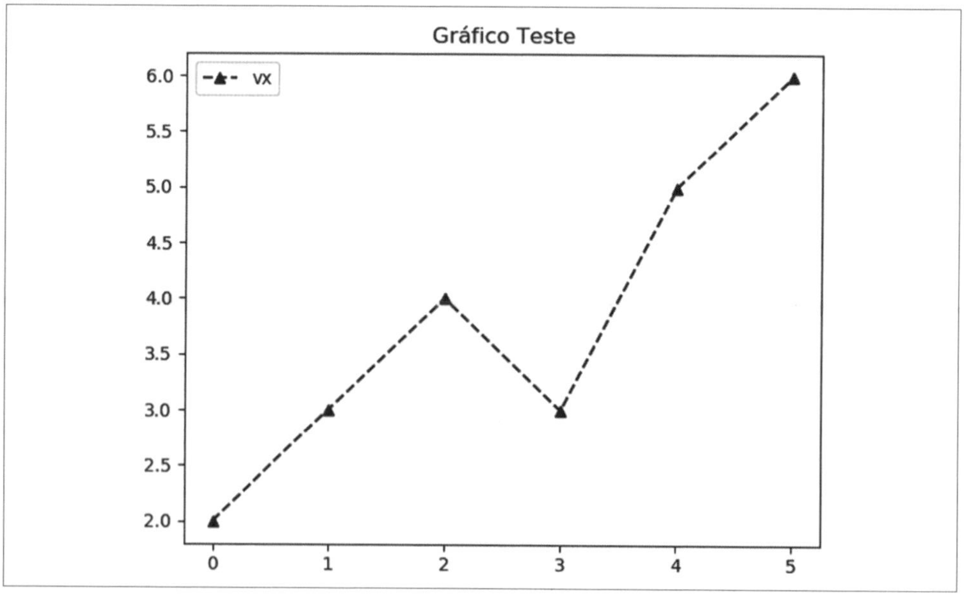


Figura 3.7 Gráfico com propriedade de título "Gráfico-teste".

**Para colocar nomes nos eixos da abscissa (eixo horizontal) e da ordenada (eixo vertical):**

A partir de um certo número de propriedades, torna-se interessante colocar as propriedades do gráfico uma embaixo da outra, usando-se apenas a vírgula para separá-las. Isso é permitido e bastante comum no Pyhton, incorporado também na biblioteca Pandas.

```
1   import pandas as pd
2
3   df = pd.DataFrame(columns=['vx','vy','vz'])
4   df['vx'] = [2, 3, 4, 3, 5, 6]
5   df['vy'] = [-1,-2,-1, 4, 6, 7]
6   df['vz'] = [0, 2, 4.5, 2.1, -2, 1]
7   print('+++++++++++++++++++++++++++++++++')
8   print(df)
9
10  df.plot(y = 'vx', color = 'black', style='--',marker='^',
11      title = 'Gráfico Teste',
12      xlabel = 'INDICE',
13      ylabel = 'variável vx')
```

As linhas 11, 12 e 13 do código anterior são propriedades do mesmo plot, apenas colocadas em linhas separadas para evitar que fiquem na mesma linha, prejudicando a visão sobre quais comandos estão sendo usados no gráfico.

A linha 12, "xlabel", dá o título ao eixo horizontal, e a linha 13, "ylabel", o título do eixo vertical. O resultado dessa parte do código é apresentado na Figura 3.8.

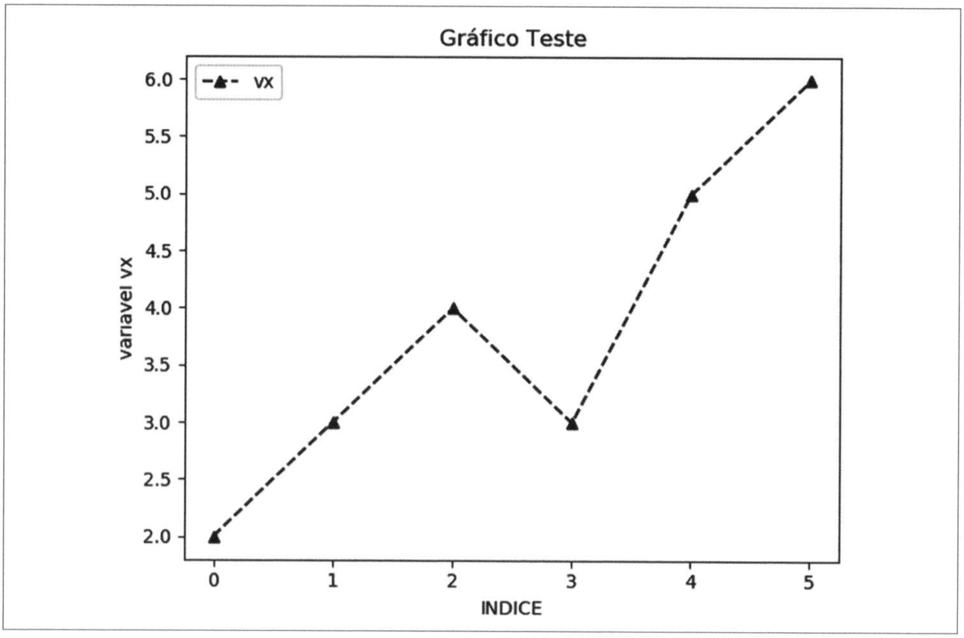


Figura 3.8 Gráfico com as propriedades dos eixos.

**Para colocar múltiplas variáveis com múltiplas propriedades:**

Se tivermos duas ou mais variáveis a serem colocadas no gráfico e desejarmos que cada uma tenha seu estilo de linha, sua cor ou qualquer outra propriedade diferenciada, usamos o formato de lista. Por exemplo, vamos supor que desejamos colocar os gráficos para as variáveis "vx" e "vz" com algumas propriedades diferentes.

```
import pandas as pd

df = pd.DataFrame(columns=['vx','vy','vz'])
df['vx'] = [2, 3, 4, 3, 5, 6]
df['vy'] = [-1,-2,-1, 4, 6, 7]
df['vz'] = [0, 2, 4.5, 2.1, -2, 1]
print('++++++++++++++++++++++++++++++')
print(df)

df.plot(y = ['vx','vz'], color = ['black','red'], style = ['-','--'],
   marker = 'o',
   markerfacecolor = 'red',
   title = 'Gráfico Teste',
   xlabel = 'INDICE',
   ylabel = 'variável vx')
```

O resultado do gráfico com as duas variáveis é apresentado na Figura 3.9.

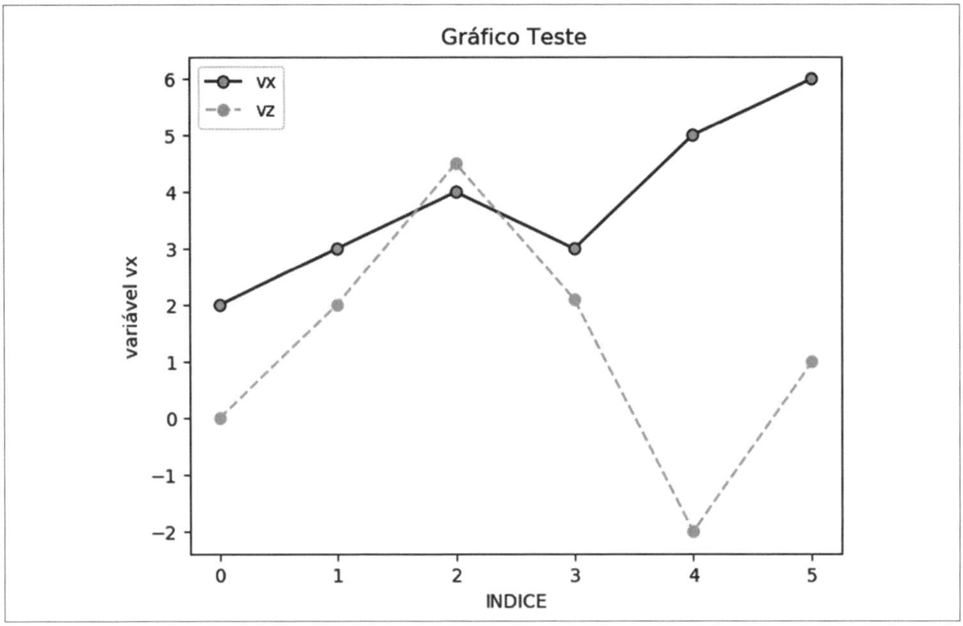


**Figura 3.9** Gráfico com duas variáveis e diferentes propriedades.

## 3.4 GRÁFICOS EM JANELAS DE SUBPLOTS

Como apresentado anteriormente, a biblioteca Pandas trabalha muito bem com outras bibliotecas. Até aqui, vimos apenas gráficos que se configuram na mesma janela de apresentação. Mas, assim como na Matplotlib, na biblioteca Pandas, sobretudo no DataFrame, é possível usar subplot( ), como visto na Matplotlib.

Tomando-se o DataFrame "df", podemos fazer um gráfico com três janelas, uma para cada variável "vx", "vy" e "vz".

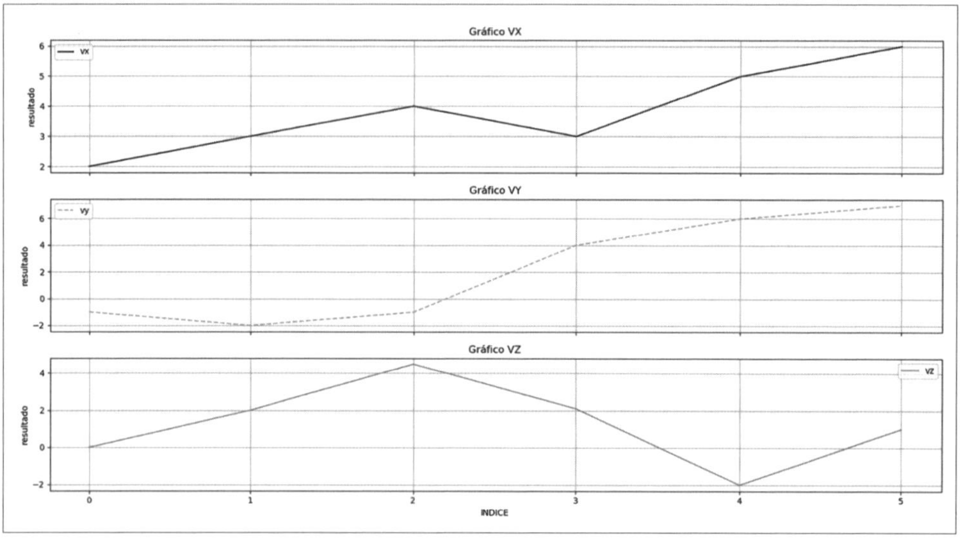


Figura 3.10 Gráfico com subplots.

A propriedade para a aparência observada na Figura 3.10 é "subplots = True", no plural. Devemos nos lembrar de que na Matplotlib é "subplot", no singular. Na frente dessa propriedade, deverá constar a palavra "True", para o caso de se desejarem janelas; ou "False", para o caso negativo. O padrão, quando não se coloca essa propriedade, é sempre "False".

A linha que obriga a Pandas a dividir o gráfico em janela é a 16 do código seguinte, usando tipos e estilos diferentes de linhas para cada um dos gráficos. As linhas de grade também são uma das propriedades possíveis e está programada na linha 15, obrigando a Pandas a traçar as linhas nas três janelas da Figura 3.10.

```
1   import pandas as pd
2
3   df = pd.DataFrame(columns=['vx','vy','vz'])
4   df['vx']=[2, 3, 4, 3, 5, 6]
5   df['vy']=[-1,-2,-1, 4, 6, 7]
6   df['vz']=[0, 2, 4.5, 2.1, -2, 1]
7   print('++++++++++++++++++++++++++++++++')
8   print(df)
9
10  df.plot(y=['vx','vy','vz'],color=['black','red','blue'],
11     style=['-','--','-'],
12     title=['Gráfico VX','Gráfico VY','Gráfico VZ'],
13     xlabel='INDICE',
14     ylabel='resultado',
15     grid=True,
16     subplots=True)
```

Como o leitor deve ter percebido, não temos muita liberdade de escolha no caso automático da Pandas para selecionar o tipo de janela ou posição. Assim, torna-se interessante chamar a biblioteca Matplotlib e utilizar suas funções para auxiliar na escolha dos eixos em separado, como fizemos anteriormente.

Chamamos a Matplotlib com sua propriedade de criar subplots e um novo eixo que será um array, por exemplo, ax1[0], ax1[1], ax1[2] a ser utilizado para cada janela separada. A propriedade que nos ajuda a escolher o eixo para cada janela está dentro da função plot( ) e se chama "ax" (abreviação de "eixo", em inglês).

Assim, para a janela 1, usamos o eixo ax = ax1[0]; na janela 2, usamos ax = ax1[1]; e na janela 3, o eixo ax = ax1[2]. Claro, isso se colocarmos subplots do tipo matriz de gráficos 1 x 3 ou 3 x 1, como visto na Matplotlib.

Caso as janelas sejam programadas para formatos de matrizes como 2 x 2, então, os eixos assumirão a representação de ax1[0,0], ax1[0,1], ax1[1,0] e ax1[1,1], como explicado na Matplotlib. A Figura 3.11 está incompleta de maneira intencional, para que o leitor perceba que precisará repetir o comando da função "plot" do DataFrame para cada uma das janelas.

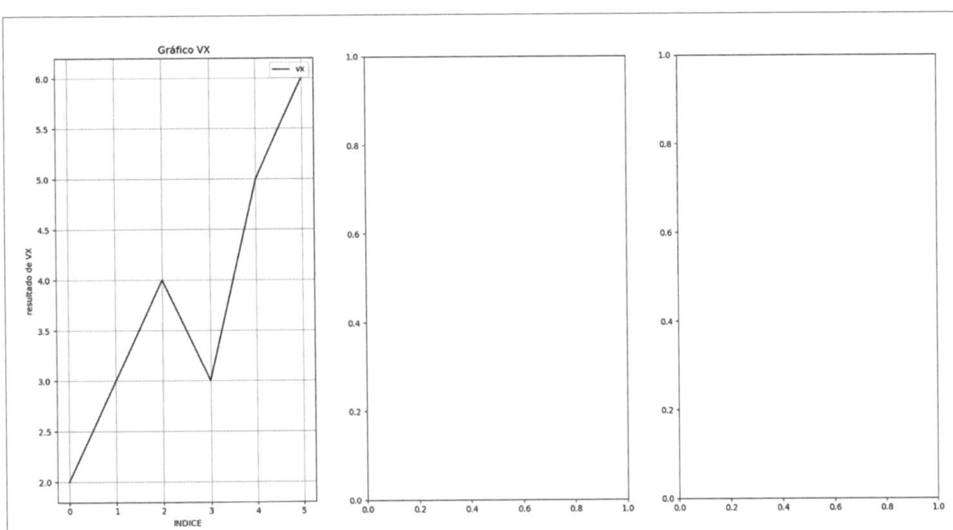


**Figura 3.11** Janelas incompletas dos subplots.

A Figura 3.11 foi construída pelo código a seguir. Chamamos a Matplotlib na linha 2 e, depois, criamos uma figura com eixo ax1 na linha 11, no formato de matriz 1 x 3. Na linha 17, coloca-se a propriedade "ax", que, no caso, está referenciando o primeiro gráfico da variável "vx" ao eixo ax1[0].

E os demais gráficos? As outras janelas deverão ter as linhas repetidas de 13 a 17, para que as outras variáveis sejam plotadas nos seus respectivos eixos.

```
1   import pandas as pd
2   import matplotlib.pyplot as fig
3
4   df = pd.DataFrame(columns=['vx','vy','vz'])
5   df['vx']=[2, 3, 4, 3, 5, 6]
6   df['vy']=[-1,-2,-1, 4, 6, 7]
7   df['vz']=[0, 2, 4.5, 2.1, -2, 1]
8   print('++++++++++++++++++++++++++++++++')
9   print(df)
10
11  figura, ax1 = fig.subplots(nrows=1,ncols=3)
12
13  df.plot(y='vx',color='black',style='-',title='Gráfico VX',
14     xlabel='INDICE',
15     ylabel='resultado de VX',
16     grid=True,
17     ax = ax1[0])
```

Se parece que estamos gastando mais linha, pelo menos se tem a liberdade de escolher o tipo de gráfico, o tipo e o estilo de linha, de forma separada e na posição de janela que desejarmos. Isso, do ponto de vista automático da Pandas, não é permitido.

A Figura 3.12 está completa, com todas as variáveis dispostas nas janelas criadas para elas.

O código com as janelas completas é apresentado a seguir.

```
1   import pandas as pd
2   import matplotlib.pyplot as fig
3
4   df = pd.DataFrame(columns=['vx','vy','vz'])
5   df['vx']=[2, 3, 4, 3, 5, 6]
6   df['vy']=[-1,-2,-1, 4, 6, 7]
7   df['vz']=[0, 2, 4.5, 2.1, -2, 1]
8   print('++++++++++++++++++++++++++++++++')
9   print(df)
10
11  figura, ax1 = fig.subplots(nrows=1,ncols=3)
12
13  df.plot(y='vx',color='black',style='-',title='Gráfico VX',
14     xlabel='INDICE',
15     ylabel='resultado de VX',
```

```
16        grid=True,
17        ax = ax1[0])
18
19    df.plot(y='vy',color='red',style='-',title='Gráfico VY',
20        xlabel='INDICE',
21        ylabel='resultado de VY',
22        grid=True,
23        ax = ax1[1])
24
25    df.plot(y='vz',color='blue',style='-',title='Gráfico VZ',
26        xlabel='INDICE',
27        ylabel='resultado de VZ',
28        grid=True,
29        ax = ax1[2])
```

O leitor deve-se atentar às linhas 17, 23 e 29 do código. São essas linhas que comandam quais eixos e quais janelas vamos acessar para fazermos os gráficos com suas respectivas variáveis.

Por exemplo, a variável "vx", deverá estar na primeira janela, cujo eixo obrigatoriamente é ax1[0]. Se, por descuido, for colocado outro eixo, o gráfico ficará errado, disposto em outra janela. A variável "vy" deverá estar na segunda janela, por isso, na linha 23 ax = ax1[1]. Isso indica que é a segunda janela que programamos.

Já a variável "vz", a linha 29 obriga a Pandas a colocá-la na terceira janela, e por isso, a propriedade é ax = ax1[2].

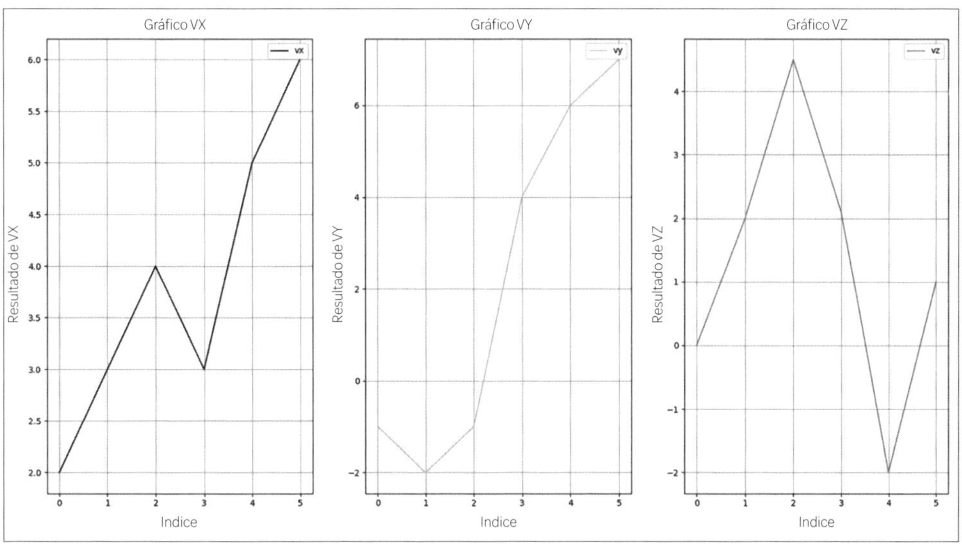


**Figura 3.12** Gráficos completos pelo subplots para as três variáveis.

Podemos, no entanto, colocar outros tipos de janela, ou mesmo esteticamente deixar algumas em branco. Por exemplo, se criarmos uma figura no formato de matriz 2 x 2, a disposição pode ser do tipo apresentado na Figura 3.13.

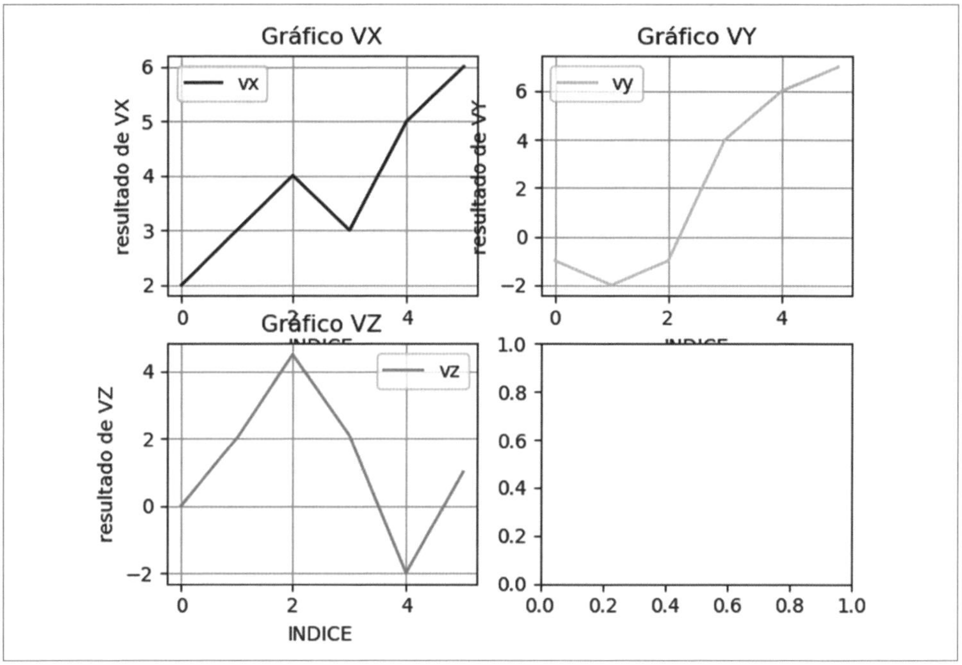


Figura 3.13 Gráficos completos na figura no formato de matriz 2 x 2.

A Figura 3.13 apresenta três gráficos anteriores em janelas diferentes e uma janela em branco de forma intencional. No entanto, em muitos casos, as janelas podem sobrepor os nomes dos eixos ou os títulos de outros gráficos. Novamente, poderemos usar a função tight_layout( ) da biblioteca Matplotlib, que corrige as distorções e separa adequadamente o formato das janelas.

Quando usamos essa função, os gráficos ficam mais bem apresentados, como na Figura 3.14.

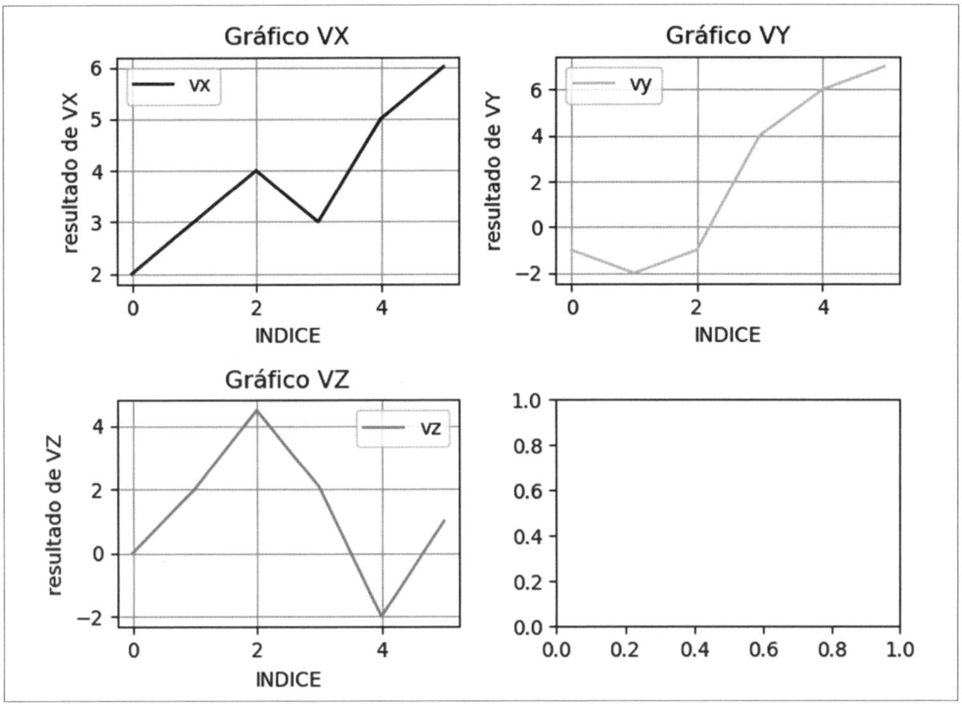


**Figura 3.14** Gráficos de matriz 2 x 2 corrigidos pela função tight_layout().

O código para esse formato de janela 2 x 2 é apresentado a seguir.

```
import pandas as pd
import matplotlib.pyplot as fig

df = pd.DataFrame(columns=['vx','vy','vz'])
df['vx']=[2, 3, 4, 3, 5, 6]
df['vy']=[-1,-2,-1, 4, 6, 7]
df['vz']=[0, 2, 4.5, 2.1, -2, 1]
print('++++++++++++++++++++++++++++++')
print(df)

figura, ax1 = fig.subplots(nrows=2,ncols=2)

df.plot(y='vx',color='black',style='-',title='Gráfico VX',
   xlabel='INDICE',
   ylabel='resultado de VX',
   grid=True,
   ax = ax1[0,0])

df.plot(y='vy',color='red',style='-',title='Gráfico VY',
   xlabel='INDICE',
   ylabel='resultado de VY',
```

```
22      grid=True,
23      ax = ax1[0,1])
24
25    df.plot(y='vz',color='blue',style='-',title='Gráfico VZ',
26      xlabel='INDICE',
27      ylabel='resultado de VZ',
28      grid=True,
29      ax = ax1[1,0])
30
31    fig.tight_layout()
```

As linhas 17, 23 e 29, agora, alteraram-se. Como o formato da figura é de matriz 2 x 2, os eixos mudaram seu formato de array (vetor) para array bidimensional (matriz). Por isso, passamos a ter ax1[0,0], ax1[0,1] e ax1[1,0]. Na linha 31, colocamos a função tight_layout( ) da biblioteca Matplotlib para melhorar a disposição dos gráficos.

## 3.5 SUBPLOT COM *LAYOUT*

Na Seção anterior, foi apresentado um tipo de programação totalmente customizado e individualizado usando janelas, em que os eixos poderiam ser colocados de forma independente do DataFrame. Uma outra forma de usar subplot para construir janelas de gráficos é usar, dentro da própria Pandas, sem o auxílio da Matplotlib, o comando *layout*.

O *layout* tem a vantagem de ser uma função própria do DataFrame, e não precisamos da importação de nenhuma biblioteca extra, como realizamos com a Matplotlib. A desvantagem é que precisamos fazer com que as janelas de subplots sejam todas com o mesmo índice do DataFrame. Enquanto na Seção anterior, poderíamos criar eixos que não exigiam que os índices estivessem no DataFrame, para o caso do uso com *layout*, o índice do eixo x das abscissas precisa estar no DataFrame.

A representação das janelas no comando é:

***layout*** = (1,2) : para 1 x 2 janelas
***layout*** = (2,2) : para 2 x 2 janelas
***layout*** = (4,1) : para 4 x 1 janelas

Ou seja: (posição 1, posição 2) é uma tupla do *layout* que representa a disposição dos gráficos com a quantidade de linhas na "posição 1" e a quantidade de colunas na "posição 2".

A Figura 3.15 é resultado do código a seguir, alterado para se colocar a função *layout* na linha 16. As demais linhas do código anterior da Figura 3.14 foram suprimidas, visto que todos os gráficos estão programados ao serem informados na linha 10. Quando se coloca a lista de colunas do DataFrame na variável y e a função de *layout*, a Pandas entende que se deseja um gráfico com janelas, que seguirão a ordem da lista colocada em y.

```
1   import pandas as pd
2
3   df = pd.DataFrame(columns=['vx','vy','vz'])
4   df['vx']=[2, 3, 4, 3, 5, 6]
5   df['vy']=[-1,-2,-1, 4, 6, 7]
6   df['vz']=[0, 2, 4.5, 2.1, -2, 1]
7   print('++++++++++++++++++++++++++++++++')
8   print(df)
9
10  df.plot(y=['vx', 'vy', 'vz'], color=['black','red','blue'],
11      style='-',title=['Gráfico VX', 'Gráfico VY', 'Gráfico VZ'],
12      xlabel='INDICE',
13      ylabel='resultado',
14      grid=True,
15      subplots=True,
16      layout=(2,2))
```

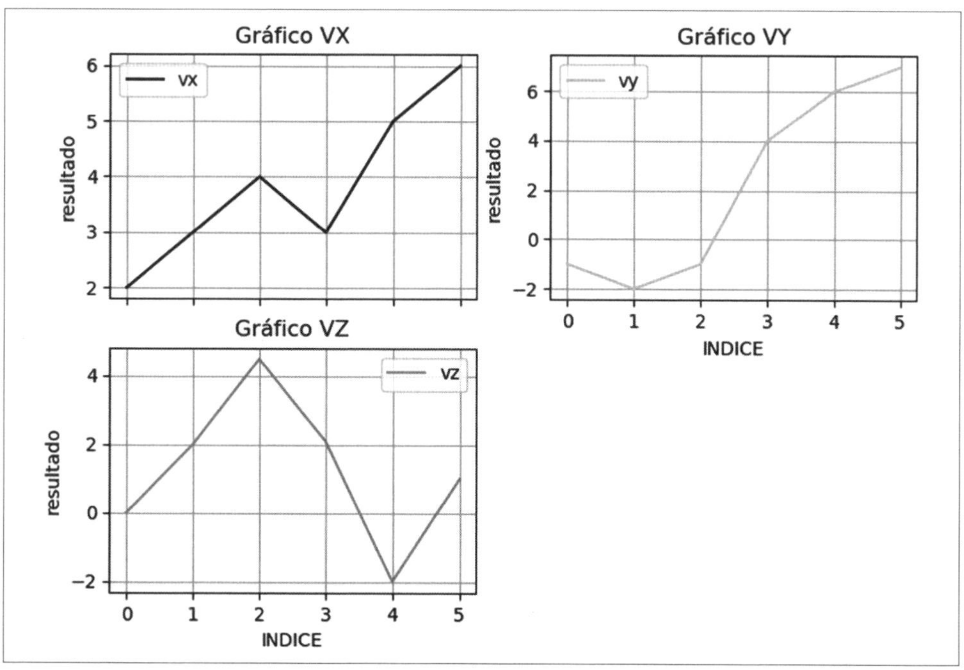


**Figura 3.15** Subplot usando a função *layout*.

## 3.6 GRÁFICOS DE ESTATÍSTICA

A estatística é a área de estudos e de desenvolvimento de ferramentas matemáticas para representar dados, estimar padrões de comportamentos e extrair conhecimentos a partir de dados. Seus estudos em matemática são muito antigos, visto que era usada nos tempos antigos para informar aos reis os "valores do Estado". Esses valores eram os recursos advindos dos impostos pagos pelos cidadãos e comerciantes do reino.

A representação gráfica e a adoção de variáveis que representam um conjunto de dados é mais recente na ciência. Entre as medidas, temos média, mediana, moda, desvio-padrão, correlação, entre tantas outras de muita importância para caracterizar uma amostra populacional. Na literatura clássica, temos excelentes livros que trazem cada uma das medidas básicas da estatística, como Costa Neto (1999); Fonseca (1992); Freund (2007); Gujarati (2000); Magalhães (2000); e Spiegel (1994).

Com o advento das ferramentas computacionais baseadas em aprendizado de máquina (Hilpisch, 2015); Duchesnay, 2019), uma área mais recente tomou forma com o nome ciência dos dados. O papel fundamental que baseia a ciência dos dados é realizado pelas análises estatísticas. E os gráficos têm papel relevante na demonstração de resultados e estimativas de parâmetros para previsão e observação de tendências.

Por exemplo, dois importantes gráficos são o histograma de classes e o boxplot. O DataFrame proporciona uma tabela básica para consulta estatística rápida, por meio do comando "describe". Ao usarmos o DataFrame da Tabela 3.1, podemos ver média, desvio-padrão e outras medidas estatísticas apenas acessando o "describe", de maneira simples, no próprio console.

```
In [6]: df.describe()
Out[6]:
             vx         vy        vz
count  6.000000   6.000000  6.000000
mean   3.833333   2.166667  1.266667
std    1.471960   3.970726  2.192411
min    2.000000  -2.000000 -2.000000
25%    3.000000  -1.000000  0.250000
50%    3.500000   1.500000  1.500000
75%    4.750000   5.500000  2.075000
max    6.000000   7.000000  4.500000
```

Existem três formas de construirmos um histograma na Pandas usando o DataFrame. A primeira, mais direta, é colocar o nome da variável que representa do DataFrame, "df", e, então, a função "hist", da mesma maneira que foi feito na biblioteca Matplotlib. Também, nesse caso, "bins" significa "classe", ou seja, o número de classes representadas pelas repetições dos dados. No código a seguir, o histograma ainda tem a informação "grade=False". Essa informação é apenas para deixar grade nos eixos do histograma, ou não, no caso de igualarmos a "False".

```
import pandas as pd

df = pd.DataFrame(columns=['vx','vy','vz'])
df['vx']=[2, 3, 4, 3, 5, 6]
df['vy']=[-1,-2,-1, 4, 6, 7]
df['vz']=[0, 2, 4.5, 2.1, -2, 1]
print('++++++++++++++++++++++++++++++++')
print(df)

df.hist(bins=4,grid=False)
```

O resultado é apresentado na Figura 3.16, em que, automaticamente, a Pandas faz histograma de todas as colunas.

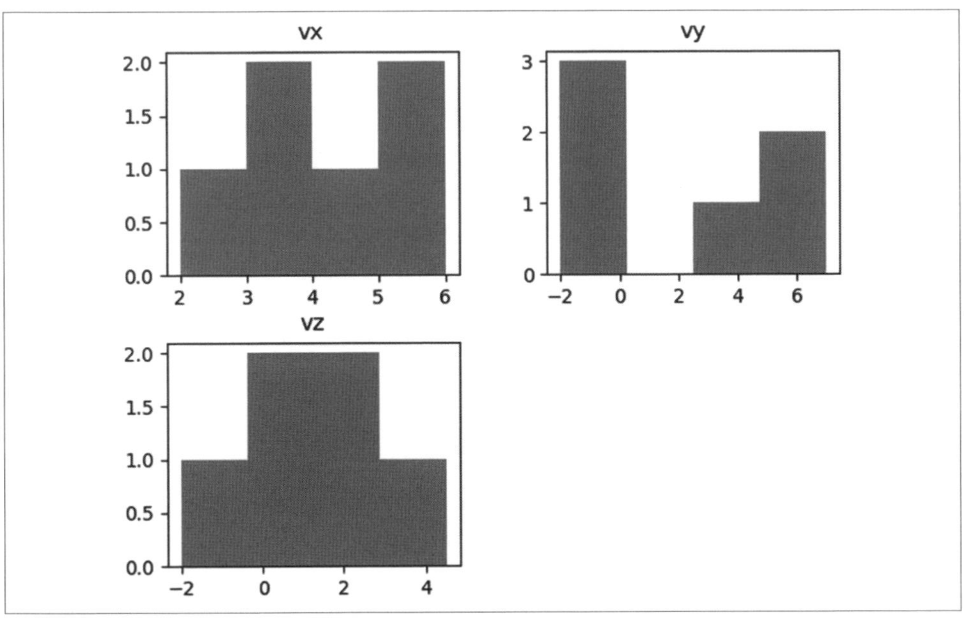


**Figura 3.16** Histograma automático de todas as colunas do DataFrame.

Outra maneira de representar um histograma é quando desejamos apenas uma variável, ou seja, queremos o histograma de apenas uma coluna do DataFrame. Nesse caso, repetimos o comando anterior, mas colocamos o nome da coluna df[' coluna'] na frente da função "hist".

```
1   import pandas as pd
2
3   df = pd.DataFrame(columns=['vx','vy','vz'])
4   df['vx']=[2, 3, 4, 3, 5, 6]
5   df['vy']=[-1,-2,-1, 4, 6, 7]
6   df['vz']=[0, 2, 4.5, 2.1, -2, 1]
7   print('+++++++++++++++++++++++++++++++')
8   print(df)
9
10  df['vx'].hist(bins=4,grid=False)
```

Nesse caso, a Figura 3.17 mostra que apenas o histograma da coluna "vx" é apresentado, pois, na linha 10, o nome da coluna está especificado em "df". Assim como as customizações anteriores já discutidas, elas continuam válidas para o histograma, podendo-se alterar a cor e colocar título, títulos nos eixos, legendas etc.

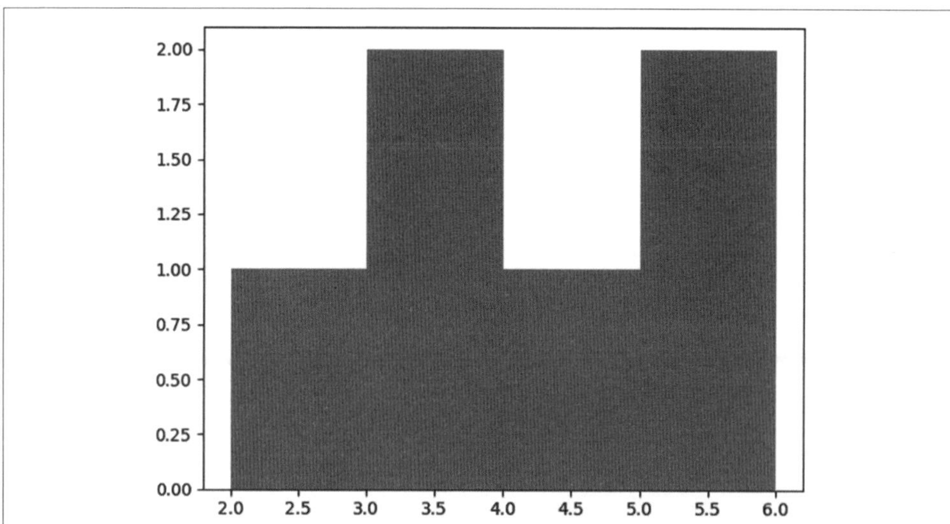


**Figura 3.17** Histograma apenas da coluna "vx" DataFrame.

Uma última forma de visualizarmos um histograma é criando uma lista dentro da função "hist" com o nome das colunas das quais desejamos o gráfico. A alteração é apresentada no código a seguir, na linha 10, em que se coloca a lista ['vx', 'vy'], indicando que desejamos apenas o histograma das duas variáveis.

```
1  import pandas as pd
2
3  df = pd.DataFrame(columns=['vx','vy','vz'])
4  df['vx']=[2, 3, 4, 3, 5, 6]
5  df['vy']=[-1,-2,-1, 4, 6, 7]
6  df['vz']=[0, 2, 4.5, 2.1, -2, 1]
7  print('++++++++++++++++++++++++++++++++')
8  print(df)
9
10 df.hist(['vx','vy'],bins=4,grid=False)
```

O resultado aparecerá como representado na Figura 3.18.

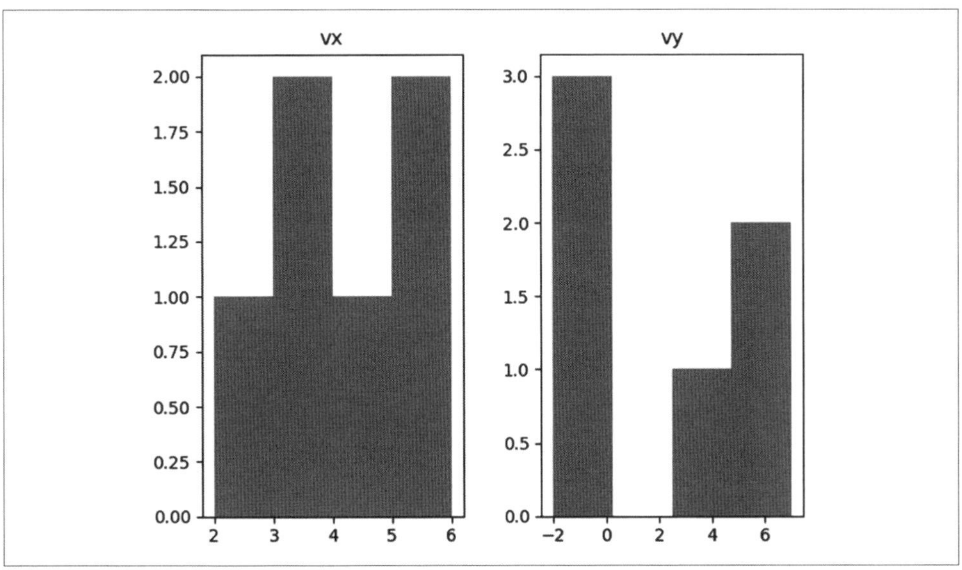


**Figura 3.18** Histograma de colunas selecionadas na lista.

No Capítulo 1, já explicamos sobre o uso do boxplot para um conjunto de dados e repetimos na Figura 3.19 a disposição padrão desse tipo de gráfico. Por meio do boxplot, podemos ver os valores medianos da amostra, os máximos, os mínimos e a variabilidade representada pelo desvio-padrão, que são os limites do retângulo da Figura 3.19, entre o quartil-1 (25% da amostra) e quartil-3 (75% da amostra).

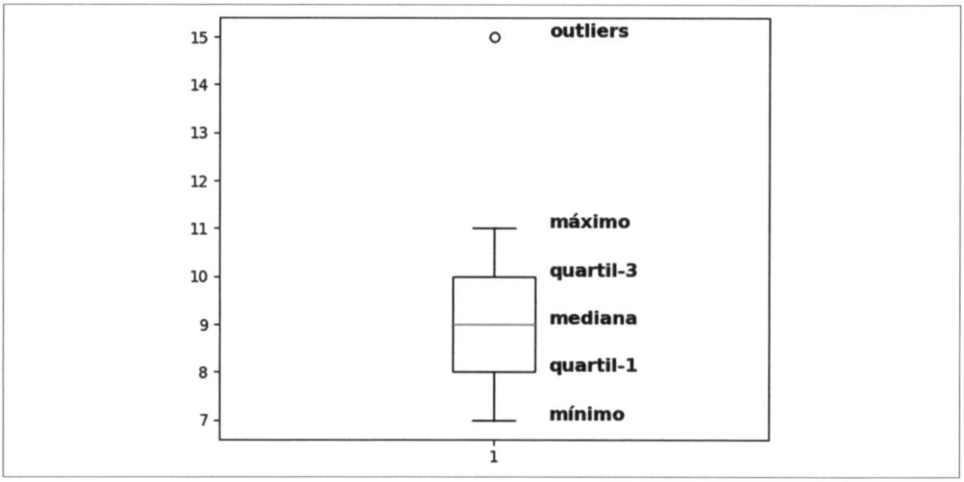


Figura 3.19 Boxplot para análise estatística.

A representação do boxplot segue o mesmo padrão do histograma. Para um boxplot que represente cada coluna, basta colocar apenas o nome "boxplot" na frente do nome do DataFrame, "df".

```
import pandas as pd

df = pd.DataFrame(columns=['vx','vy','vz'])
df['vx']=[2, 3, 4, 3, 5, 6]
df['vy']=[-1,-2,-1, 4, 6, 7]
df['vz']=[0, 2, 4.5, 2.1, -2, 1]
print('+++++++++++++++++++++++++++++++')
print(df)

df.boxplot(grid=False)
```

A Figura 3.20 apresenta o boxplot automático para todas as colunas de “df”, em cujo eixo x aparece automaticamente o nome da coluna. Pode-se verificar na Figura que a mediana da coluna “vx” é muito maior do que as outras colunas. Também podemos notar que sua variabilidade (ou seja, o desvio-padrão) é menor, visto que o retângulo é menor, mas também as hastes que representam o valor máximo da coluna e o valor mínimo são pequenas em relação às hastes dos boxplots das outras colunas “vy” e “vz”.

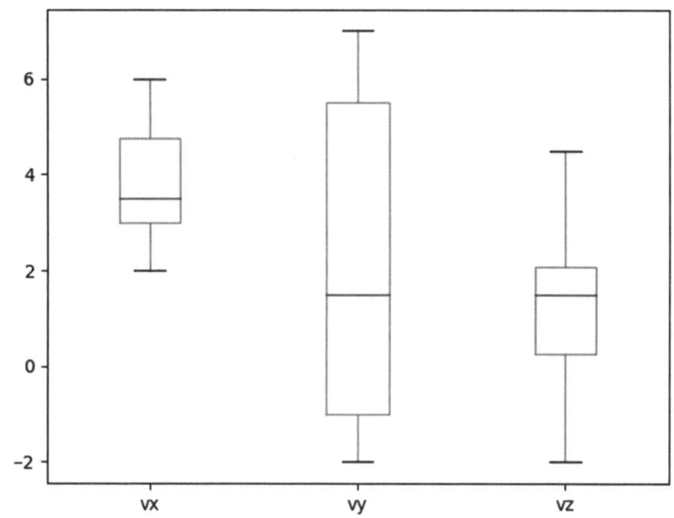


**Figura 3.20** Boxplot para as colunas do DataFrame.

Assim como no histograma, se desejarmos escolher as colunas para representação do boxplot, criamos uma lista com os nomes das variáveis. No código a seguir, a linha 10 foi alterada, colocando-se a lista [‘vx’,’vy’] para indicar que desejamos apenas dois boxplots. O resultado é o apresentado na Figura 3.21.

```
1   import pandas as pd
2
3   df = pd.DataFrame(columns=['vx','vy','vz'])
4   df['vx']=[2, 3, 4, 3, 5, 6]
5   df['vy']=[-1,-2,-1, 4, 6, 7]
6   df['vz']=[0, 2, 4.5, 2.1, -2, 1]
7   print('+++++++++++++++++++++++++++++++')
8   print(df)
9
10  df.boxplot(['vx','vy'],grid=False)
```

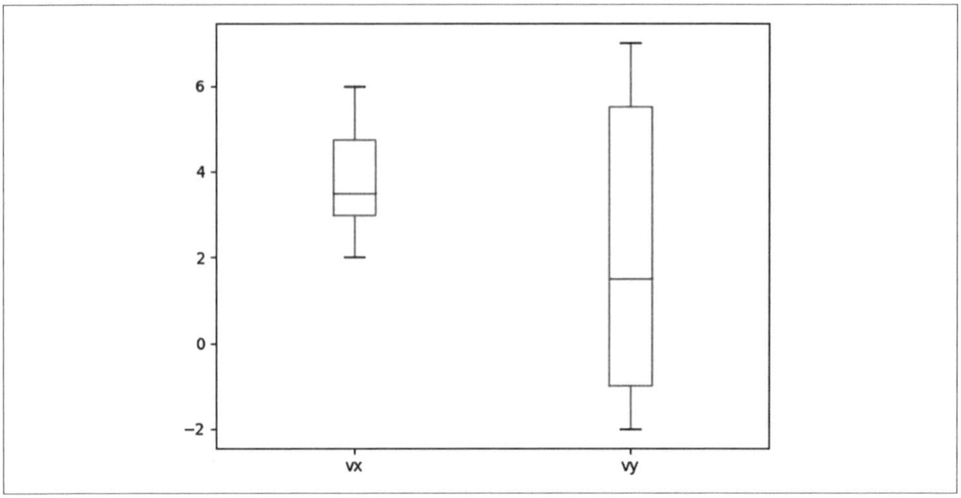


Figura 3.21 Boxplot para duas colunas da lista.

Por fim, uma representação das mais importantes é quando desejarmos não apenas comparar os resultados das colunas, mas, como um evento, de maneira global, varia dia a dia. Isso vale para um experimento que tenha três medidas diferentes (como as colunas 'vx', 'vy' e 'vz'). Cada coluna pode representar uma medida com equipamentos, técnicas e horários diferentes, enfim, tipos de medidas da mesma observação com técnicas modificadas.

Por exemplo, num mercado financeiro de ações, os índices das bolsas de valores variam causando um sobe-desce diário, a cada segundo. Mas, ao final do dia, o mesmo índice terá uma medida para o valor máximo do dia, o valor mínimo, o valor do início do dia, o valor quando o mercado encerrou no dia, e assim por diante. Então, em vez de observarmos a variabilidade de cada medida, queremos observar como a variabilidade ocorreu durante os diversos dias (ver Fletcher, 2009; Viens, 2012; Caetano, 2013; Caetano, 2017).

Nesse caso, o boxplot deverá ser feito em relação ao índice do DataFrame ("index"). Um caso interessante é que, quando esse índice é data, teremos a variação diária do experimento por dia. E como fazemos isso?

Como o boxplot, por definição da Pandas, é feito por coluna, temos de transformar os valores dos índices em colunas. Nesse caso, precisamos usar a noção de transposta de uma matriz, ou seja, linhas tornam-se colunas e colunas tornam-se linhas. Para tanto, basta colocar o símbolo de "T" maiúsculo, como apresentado a seguir:

```
In [22]: df.T
Out[22]:
      0    1    2    3    4    5
vx  2.0  3.0  4.0  3.0  5.0  6.0
vy -1.0 -2.0 -1.0  4.0  6.0  7.0
vz  0.0  2.0  4.5  2.1 -2.0  1.0
```

Os dados são os mesmos, o que vemos agora, no entanto, é que cada valor de índice se transformou em colunas. Aplicando-se essa noção na linha 10 a seguir, o resultado torna-se um boxplot diferente para cada índice (se fossem datas, um para cada data).

```
1   import pandas as pd
2
3   df = pd.DataFrame(columns=['vx','vy','vz'])
4   df['vx']=[2, 3, 4, 3, 5, 6]
5   df['vy']=[-1,-2,-1, 4, 6, 7]
6   df['vz']=[0, 2, 4.5, 2.1, -2, 1]
7   print('++++++++++++++++++++++++++++++++')
8   print(df)
9
10  df.T.boxplot(grid=False)
```

O resultado pode ser conferido pelo leitor na Figura 3.22. Podemos observar que os nomes "vx", "vy" e "vz" que apareciam antes no eixo x desapareceram porque, agora, os valores são retornados dos índices, e não mais dessas variáveis. Assim, podemos observar que o índice que mais ofereceu variabilidade foi o que representa a linha 4, com maior retângulo e maior distância entre as hastes.

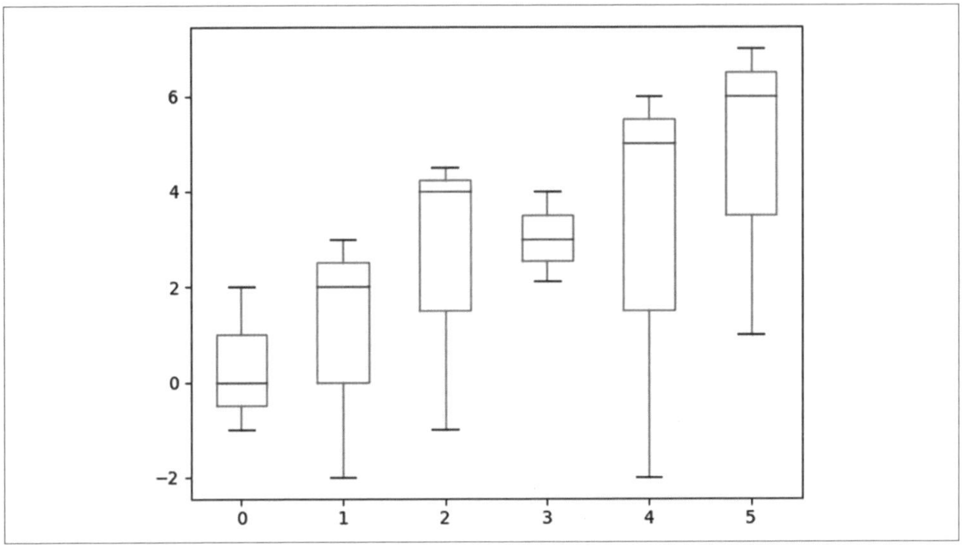


Figura 3.22 Boxplot para cada índice do DataFrame.

## 3.7 MÉTODO *ROLLING* PARA MÉDIA MÓVEL

A média móvel é uma média aritmética, mas, em vez de calcularmos para um total de dados, escolhemos uma janela variável, para efeito de comparação de resultados. Vamos supor que temos dados de preços de um produto por sete dias e desejamos verificar como os resultados variaram a cada três dias.

| Dia | Preço (R$) | Média (3 dias) |
|---|---|---|
| 1 | 2,00 | - |
| 2 | 2,00 | - |
| 3 | 1,00 | (2+2+1)/3 |
| 4 | 5,00 | (2+1+5)/3 |
| 5 | 3,00 | (1+5+3)/3 |
| 6 | 4,00 | (5+3+4)/3 |
| 7 | 5,00 | (3+4+5)/3 |

Então, na coluna média, a cada três dias, fazemos uma média, sempre substituindo o preço mais recente e descartando o preço mais antigo. Essa coluna de média pode ser plotada com a coluna dos dados originais e, visualmente, pode ajudar na observação de alguma tendência, ou então, podemos usá-la apenas para suavizar dados muito rebuscados.

No caso do DataFrame, o cálculo da média móvel pode ser feito pela função *mean*( ), com o interessante fato de que podemos escolher qual a janela cuja a média será calculada para os dados da referida coluna. Vamos criar um novo DataFrame, com 100 números aleatórios, com distribuição de probabilidade normal. Usaremos média igual a 5 e desvio-padrão igual a 3.

```
import pandas as pd
import numpy as np

df = pd.DataFrame(columns=['y'])
df['y'] = np.random.normal(5,3,100)
```

Para o cálculo da média móvel, precisamos inserir em nosso DataFrame uma nova coluna de cálculo, que vamos chamar de df['mv']. Nessa coluna, precisaremos fazer uso do método *rolling*( ), que roda automaticamente os cálculos dentro da coluna indicada pelo DataFrame. Então, se colocamos df['mv'] = df['y'].rolling( ), queremos ativar o *rolling* para cálculos dentro da coluna "y" e salvar os resultados numa nova coluna, a coluna "mv".

O fato é que *rolling* tem diversos tipos de cálculos, e podemos escolher uma janela de cinco em cinco dados para calcularmos a média inserindo esse valor dentro da função do tipo rolling(window = 5). Como desejamos a média móvel, ainda incluímos ao final do comando a palavra *mean*( ), como visto na linha 6 do código a seguir.

```
1  import pandas as pd
2  import numpy as np
3
4  df = pd.DataFrame(columns=['y'])
5  df['y'] = np.random.normal(5,3,100)
6  df['mv'] = df['y'].rolling(window=5).mean()
7  print('++++++++++++++++++++++++++++++++++++')
8  print(df)
9  df.plot(y=['y','mv'],color='black',style=[':','-'])
```

Colocamos *mean*( ) para a média móvel, mas poderíamos ter colocado *std*( ), para desvio-padrão móvel; *max*( ), para máximo móvel; *min*( ), para mínimo móvel, e assim por diante. Com o método *rolling* é possível cálculos variantes por meio das janelas (window).

Na linha 6, temos a média móvel, e, na linha 9, temos o gráfico com os valores dos dados aleatórios em pequenos pontos, e a média móvel em linha contínua mais escura, para dar destaque à observação. O resultado está na Figura 3.23, mostrando a variabilidade dos dados com distribuição de probabilidade normal.

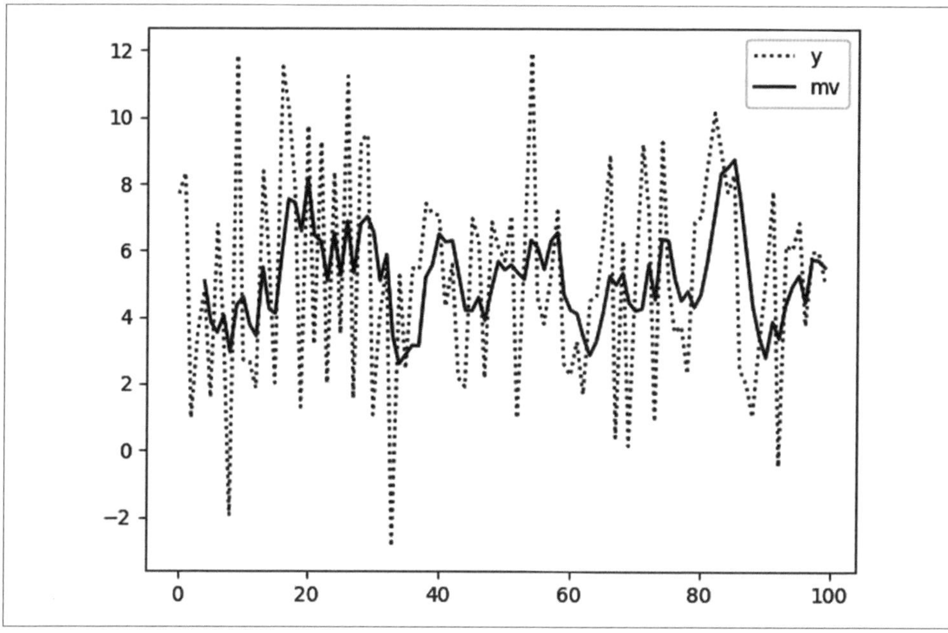


**Figura 3.23** Média móvel de cinco dias para os dados aleatórios do DataFrame.

Se o leitor observar atentamente a Figura 3.23, notará que a média móvel não começa exatamente em zero, como os dados aleatórios. Isso porque, como a janela é de cinco dados, os quatro primeiros estão vazios, visto que, na linha 5 se insere a primeira média. Basta colocar o comando do DataFrame no console para observar esse fato.

```
++++++++++++++++++++++++++++++++++++++
           y          mv
0   7.705453         NaN
1   8.322249         NaN
2   0.965538         NaN
3   3.563870         NaN
4   4.792406    5.069903
..       ...         ...
95  6.848315    5.279677
96  3.762947    4.471491
97  5.970053    5.759067
98  5.976035    5.719748
99  5.068601    5.525190
```

Para começarmos com um gráfico coincidente tanto para os dados aleatórios quanto para a média móvel, precisaremos deletar essas linhas vazias, conhecidas como "NaN". A modificação no código está na linha 7 a seguir, e, então, podemos observar na Figura 3.24 a coincidência entre os dois gráficos, agora começando em zero. Utiliza-se, nesse caso, a função "dropna" para deletar as linhas com NaN no DataFrame.

```
1   import pandas as pd
2   import numpy as np
3
4   df = pd.DataFrame(columns=['y'])
5   df['y']=np.random.normal(5,3,100)
6   df['mv']=df['y'].rolling(window=5).mean()
7   df.dropna(inplace=True)
8   print('+++++++++++++++++++++++++++++++++++++')
9   print(df)
10  df.plot(y=['y','mv'],color='black',style=[':','-'])
```

A seta indicada na Figura 3.24 apresenta o início coincidente entre os dados aleatórios e sua média móvel com janela de cinco dados.

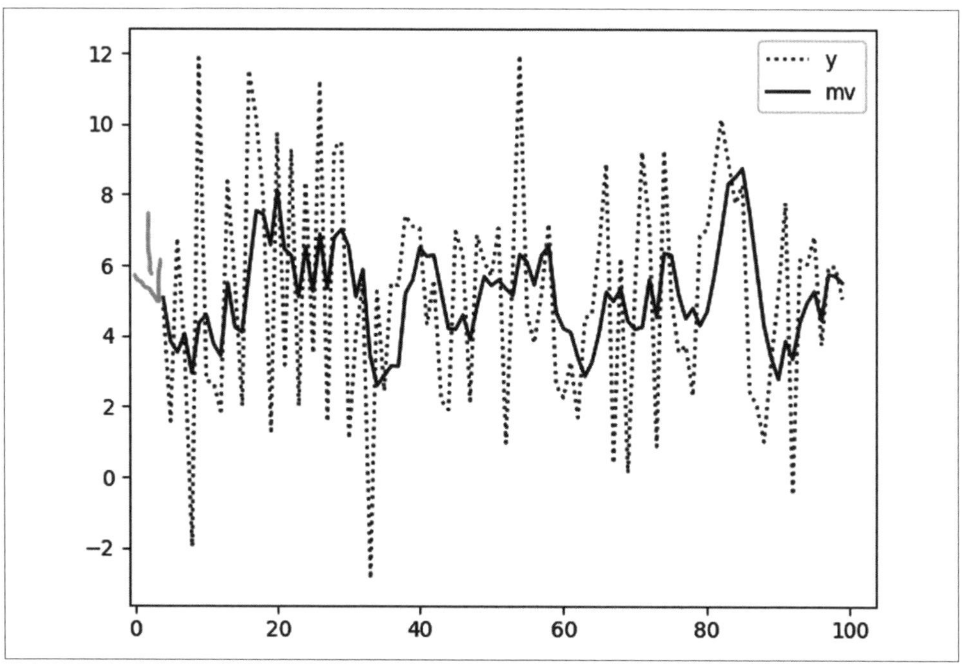


**Figura 3.24** Média móvel de cinco dias, iniciando no mesmo índice dos dados aleatórios após uso da função dropna( ).

## 3.8 MÉTODO "PCT_CHANGE" PARA VARIAÇÃO

Outra medida de variabilidade é fazermos a diferença entre dois dados consecutivos, ou entre uma janela de dados com distância fixa. Em muitas áreas da ciência, chamamos isso de variação, o que em outras áreas têm nomes diferentes com o mesmo significado. Em finanças, por exemplo, essa variação se chama *retorno financeiro*. A fórmula simples é:

$$variação = \frac{dados(hoje) - dados(ontem)}{dados(ontem)}$$

Na biblioteca Pandas, sobretudo para tabelas em formato DataFrame, esse cálculo já está disponível. Três funções de uso para o cálculo do retorno financeiro são possíveis, considerando-se uma tabela em DataFrame com nome "df":

- **df.pct_change(1)** # para um dia de intervalo
- **df.pct_change(21)** # para um mês de intervalo (com dias úteis)
- **df.pct_change(252)** # para um ano de intervalo (com dias úteis)

Podemos aproveitar o mesmo código para gerar números aleatórios com distribuição normal, usando média 5 e desvio-padrão 3. Mas, agora, vamos separar esses dados em subplots. Usando-se a função pct_change para os dados de "y", a linha 6 do código a seguir está inserida com o cálculo. Pode-se perceber que os parêntesis estão vazios, pois o padrão da Pandas é fazer a diferença de um em um dado. Caso desejássemos diferença a cada cinco dias, usaríamos cinco dentro dos parêntesis, vinte para vinte dias, cem para cem dias, e assim por diante.

```
1   import pandas as pd
2   import numpy as np
3
4   df = pd.DataFrame(columns=['y'])
5   df['y']=np.random.normal(5,3,100)
6   df['var']=df['y'].pct_change()
7   df.dropna(inplace=True)
8   print('++++++++++++++++++++++++++++++++++++')
9   print(df)
10  df.plot(y=['y','var'],color='black',style=['-','-'],
11      subplots=True,
12      layout=(2,1))
```

As linhas 10, 11 e 12 formatam a saída gráfica dos dados aleatórios e da nova coluna criada por meio do cálculo da variação, chamada de 'var', indicada na linha 6. A Figura 3.25 apresenta o resultado para uma simulação de "y". O leitor pode se perguntar por que valores tão altos em "var". É que pct_change( ) é variação percentual e, por isso, na janela de variação da Figura 3.25, vemos um pico de 40, indicando variabilidade de mais de 40% entre um dado e outro.

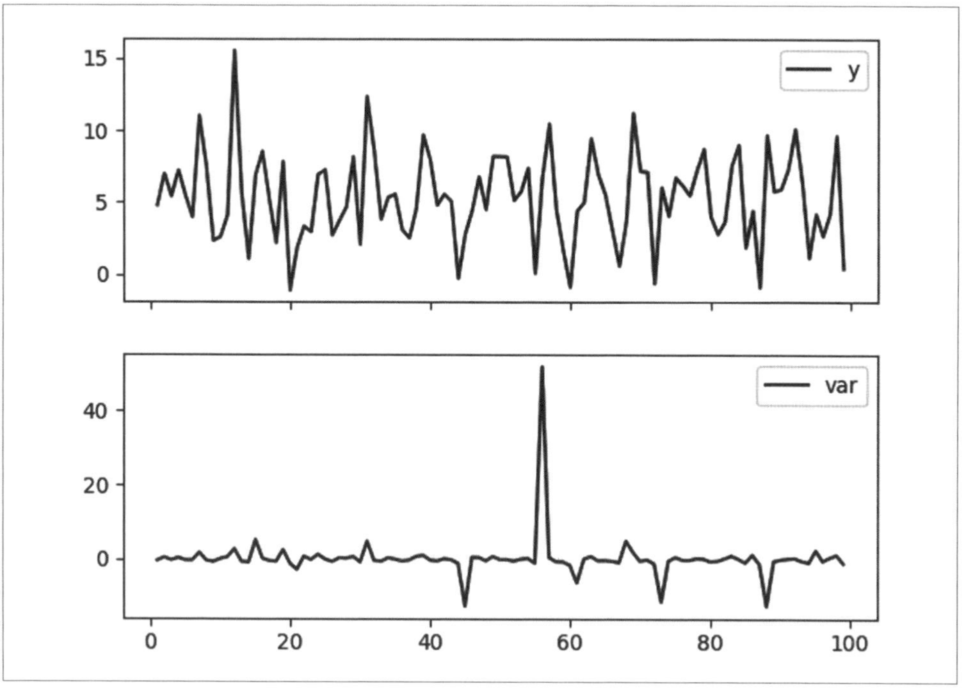


Figura 3.25 Variação dos dados aleatórios com *pct_change*( ).

Do ponto de vista estatístico, ainda podemos representar os dados da coluna "var" por meio do histograma:

```
df['var'].hist(grid=False,color='black')
```

O resultado pode ser visto na Figura 3.26, representando-se no lado direito um pequeno retângulo que indica o pico de 40% da Figura 3.25.

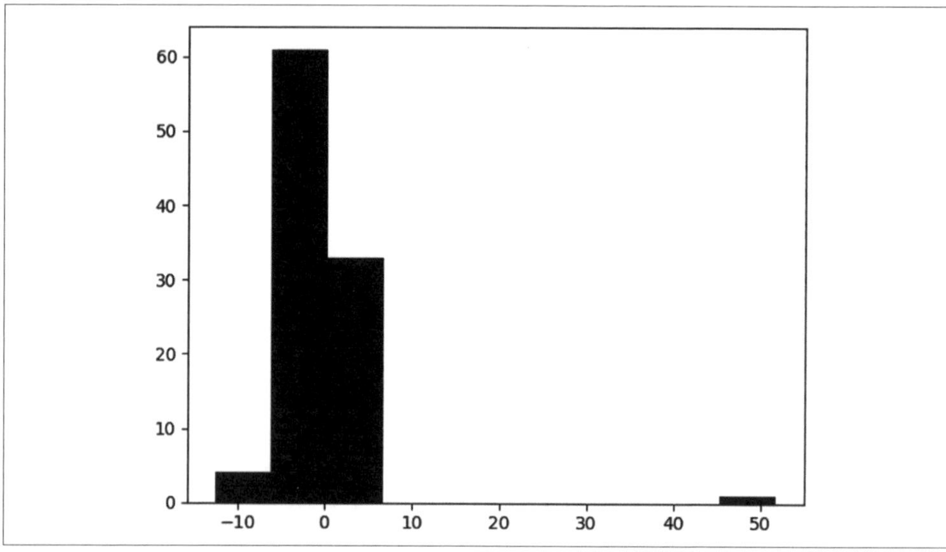


Figura 3.26 Histograma da variação dos dados aleatórios.

Da mesma forma, poderemos observar esses dados de variação do ponto de vista do boxplot. O comando para isso é:

```
df.boxplot('var',grid=False,color='black')
```

Tendo como resultado o apresentado na Figura 3.27.

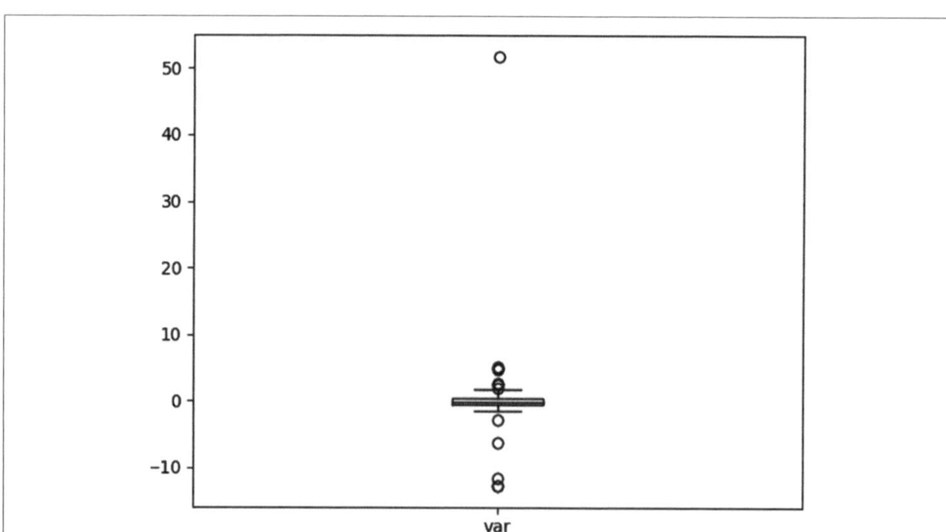


Figura 3.27 Boxplot da variação dos dados aleatórios.

Como se nota, devido à grande volatilidade dos dados, esse boxplot da Figura 3.27 ficou disforme, uma vez que pontos extras apareceram no gráfico. Eles se chamam *outliers*, pontos fora do padrão da distribuição. Para entender sobre distribuição de probabilidades e a importância dos parâmetros, recomendamos a leitura de alguns livros clássicos importantes, dentre eles, Magalhães (2000); Meyer (1984); Navidi (2012); Prado (2014).

No caso da Pandas, é possível retirar essa visualização, colocando-se "showfliers = False" da seguinte forma:

```
df.boxplot('var',grid=False,color='black',showfliers=False)
```

Assim, o gráfico fica melhor de entender, com as variações apenas da forma padrão do boxplot, como visto na Figura 3.28. O leitor deve ficar atento, pois ao rodar o mesmo código com valores diferentes, gráficos diferentes serão obtidos, pois o DataFrame foi gerado com números aleatórios. Apesar da distribuição ser a mesma, normal ou gaussiana, os números gerados serão aleatórios.

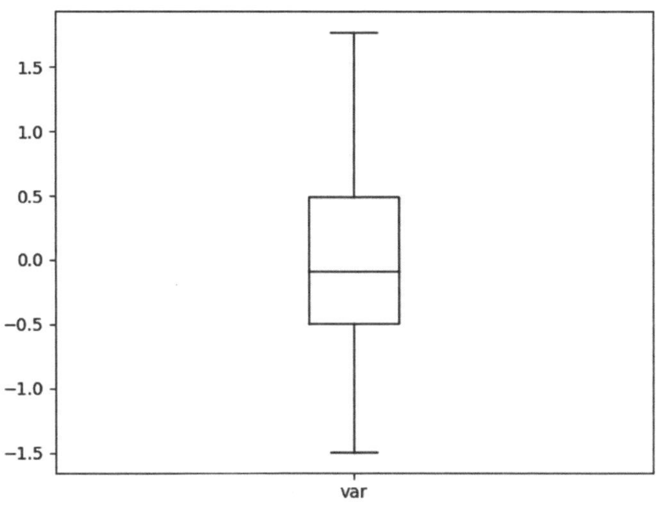


**Figura 3.28** Boxplot da variação dos dados aleatórios sem *outliers*.

## 3.9 EXERCÍCIOS

Visite o site financeiro (https://finance.yahoo.com) outro de seu interesse e baixe os dados do Ibovespa (código no site Yahoo para o índice de bolsa brasileiro é em formato ^BVSP). No site, a aba de cotação fica na caixa à direita, como visto a seguir.

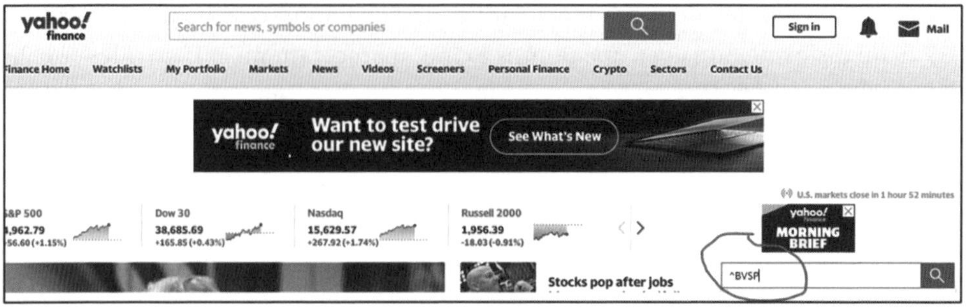


*Atenção: o site do Yahoo tem constantes mudanças nas permissões para baixar dados. Caso não seja possível baixar dados do Yahoo, pode-se fazer aquisição de qualquer outro site, desde que permita baixar em formato do Excel CSV. As datas também não precisam ser a mesma, visto que o intuito é treinar os comandos da Pandas.

Antes de fazer os exercícios:
(a) baixe dados do Yahoo Finance do Ibovespa (aparece no arquivo ^BVSP.CSV) de 1/1/2022 a 31/1/2022;
(b) coloque esse arquivo CSV na mesma pasta do programa Python;
(c) leia esse arquivo em todos os exercícios usando a pandas para ler em CSV;
(d) faça os scripts em Python para cada uma das questões a seguir.

**(3.1)** Faça um programa em Python para ler o arquivo do Ibovespa. Passe as datas para índice do DataFrame. Faça o seguinte gráfico do Close, em formato de linha tracejada, preta, com marcadores em triângulo, colocando o título “Ibovespa/2022”; o título do eixo x, “Data”; e o título do eixo y, “Pontos”. O gráfico dever ter as linhas de grade, como o apresentado a seguir. É para fazer tudo em DataFrame, não usar outra biblioteca que não seja a Pandas.

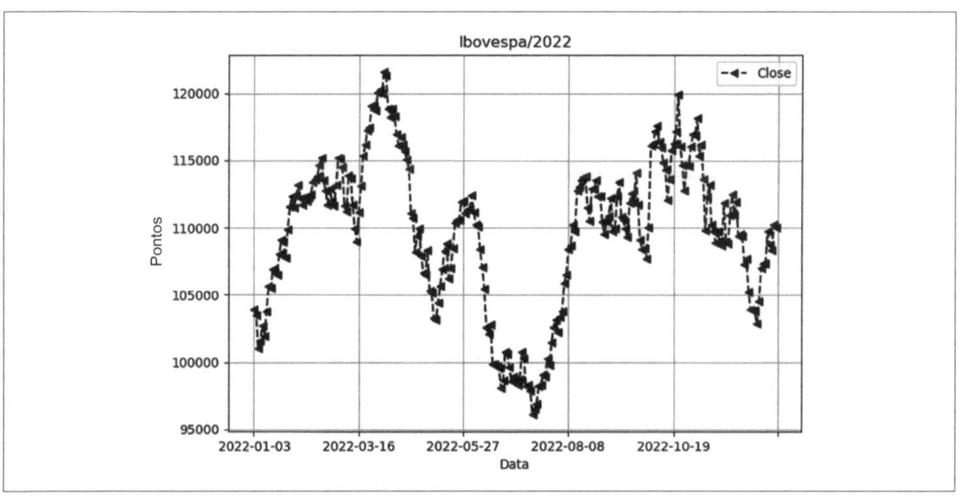

**(3.2)** Refaça o programa anterior usando os dados de Close e Low do arquivo Excel CSV, sendo Close gráfico em azul com linha contínua e marcador 'o'. O Low deverá ser em linha vermelha, também com marcador 'o'. Todo o gráfico deverá ter os títulos conforme apresentado a seguir.

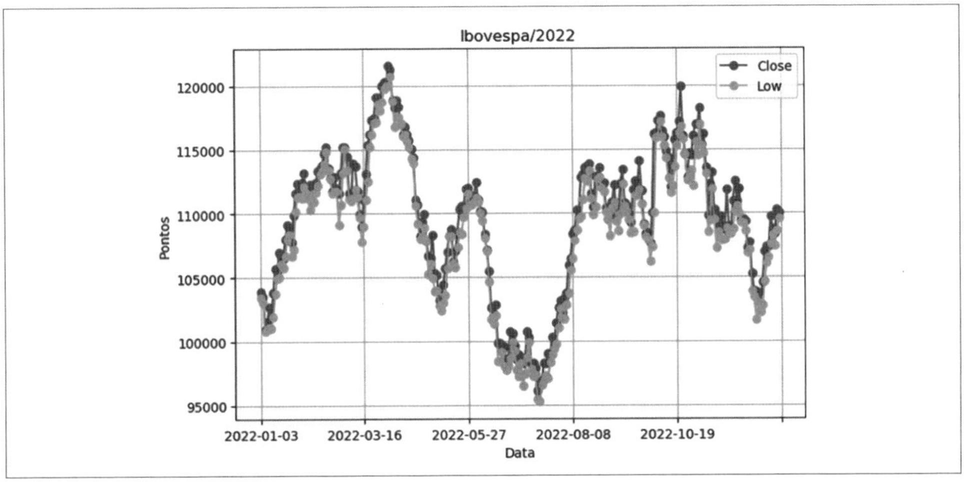


**(3.3)** Refaça o programa anterior, agora usando subplot com duas janelas, uma ao lado da outra. Na primeira, deverá ter os dados de High em cor preta e marcador 'o'. Na segunda, ao lado, com dados de Low, usando a cor vermelha com marcador 'o', ambos os gráficos contínuos e sem linhas de grade.

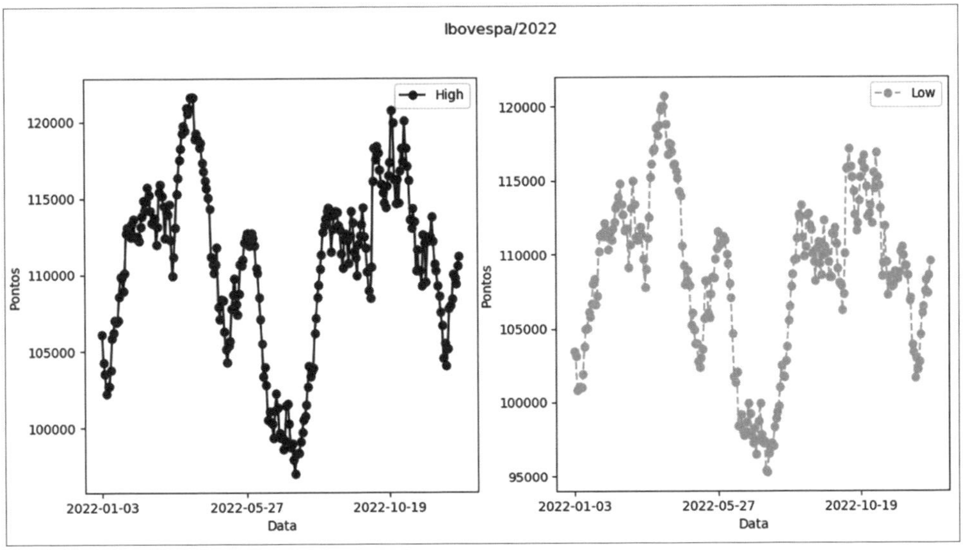

**(3.4)** O gráfico de barras pode ser feito no DataFrame, usando o formato df.plot.bar(), ou também usando, dentro das definições dos parêntesis, a função kind='bar'. O problema do gráfico de barras é que ele tem uma configuração padrão que toma todas as datas, o que deixa o eixo x bastante desagradável. Pesquise e tente usar o "slice" no DataFrame df,

df[*inicio: fim: step*].plot() ,

para separar as datas num bom intervalo de "step" e deixar o eixo x mais apresentável como na imagem a seguir.

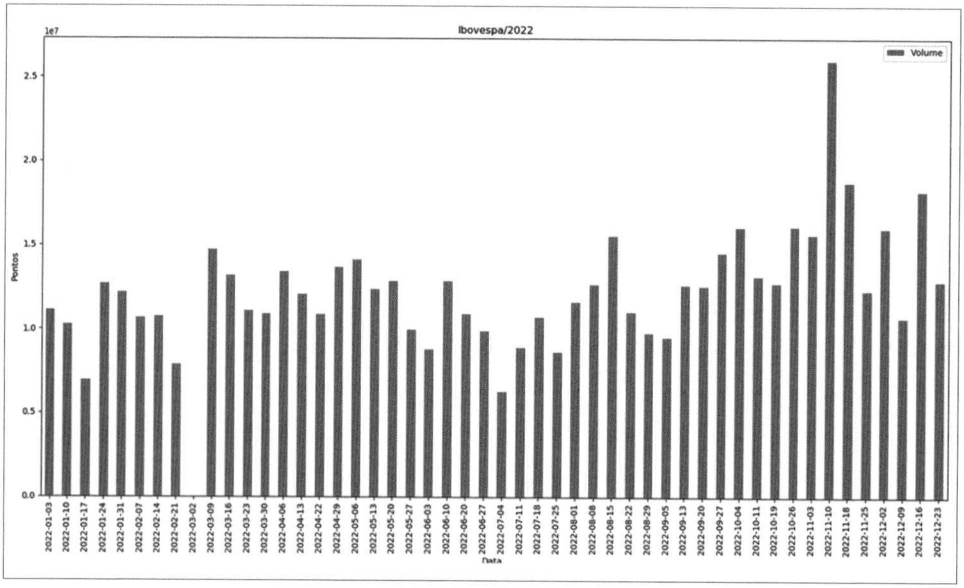


**(3.5)** Faça o gráfico com subplot (2,1), em cuja primeira janela aparece Close, e na janela debaixo, aparece o gráfico de barras do Volume. Nesse caso, não dá para usar apenas o gráfico de pandas, sendo necessário usar a biblioteca Matplotlib para criar os eixos de subplots. Existem diversas maneiras de se fazer isso, por exemplo, criando os eixos como:

```
ax1 = fig.subplot(211)

ax2 = fig.subplot(212)
```

Esse tipo de solução aparece em diversos gráficos do livro, a partir do Capítulo 10. Outra maneira é criar por meio do comando

```
figura, ax1 = fig.subplots(nrows=2, ncols=1)
```

esses novos eixos de subplots, aqui, chamados de ax1. De qualquer forma, esses novos eixos entram como vetores ax1[0], ax1[1]. Dentro do DataFrame, é necessário informar esses novos eixos do tipo df.plot( ....... ax = ax1[0] ....), para a primeira janela, e df.plot( ....... ax = ax1[1] ....), para a segunda janela, em que ax é variável reservada do plot da Pandas. Pesquise na internet como fazer para se obter o seguinte resultado gráfico para o Ibovespa.

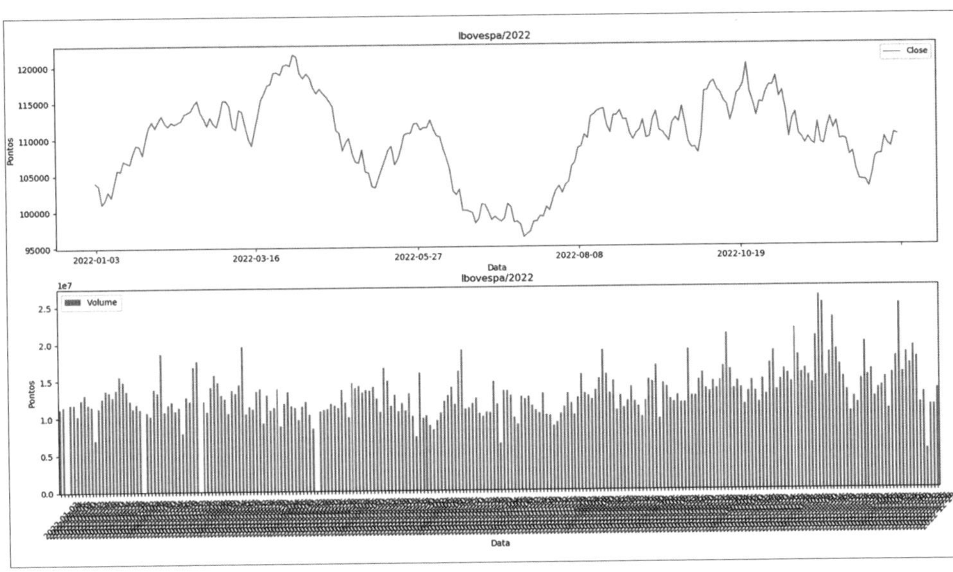


**(3.6)** Da mesma forma que o exercício anterior, agora, deve-se criar quatro subplots, mostrando o Close, o Volume, o histograma do Close e o histograma do Volume do Ibovespa, conforme apresentado a seguir.

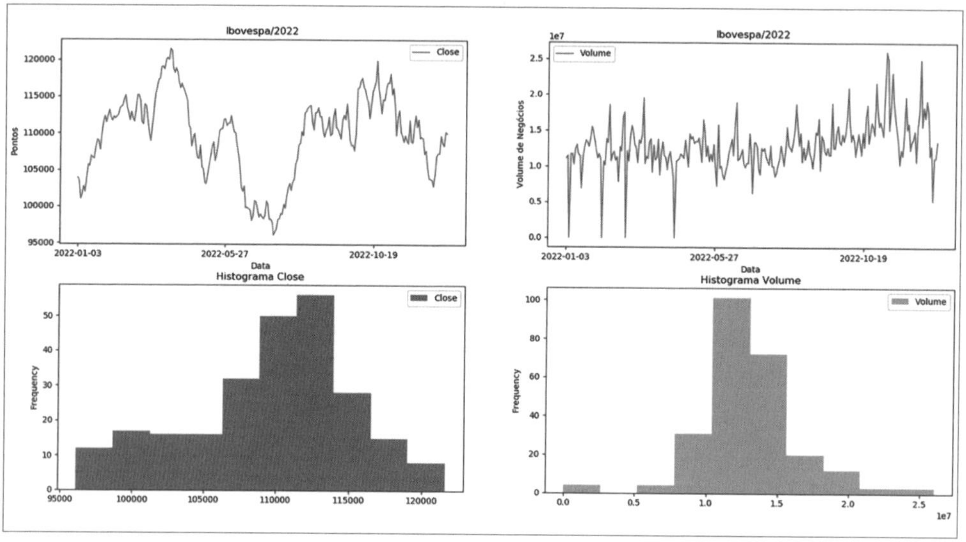


(3.7) No arquivo do Ibovespa, programe uma linha para que o algoritmo delete as colunas de Volume e Adj Close. A seguir, faça o Boxplot dos fechamentos (Close) do Ibovespa de outubro a dezembro de 2022. O gráfico deverá ser em pandas, e o resultado deve ser o mesmo do gráfico a seguir.

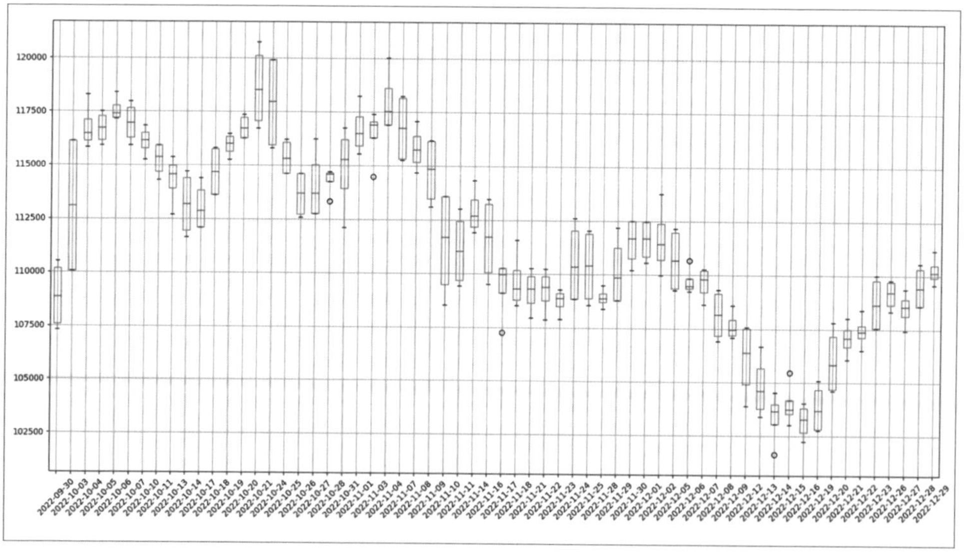

**(3.8)** Programe o algoritmo para dizer em quais datas o Close esteve abaixo de 98 mil pontos. Programe, também, para imprimir a data do menor valor do Close no arquivo completo do Ibovespa. O menor valor do Close pode ser obtido pela função "argmin()" do DataFrame.

**(3.9)** Faça um script em Python que, após importar o arquivo do Ibovespa, transforme a coluna "Date" em index do DataFrame *df*. Depois, o programa deverá deletar a coluna "Adj Close" de *df*. Então, o algoritmo deverá, usando as regras lógicas do DataFrame, criar um novo DataFrame *df2*, resultante da busca que selecione *apenas* os valores de Close do primeiro *df* que são maiores que 110 mil pontos e cujo volume são menores do que 9 milhões de negócios.
Com esse novo df2, crie as estatísticas e imprima no console:
Máximo valor; mínimo valor; valor médio; desvio-padrão populacional; dia em que ocorreu o máximo (usando função argmax() ); dia em que ocorreu o mínimo (usando a função argmin() ).

**(3.10)** Faça um programa que leia com a Pandas um arquivo no Excel chamado "Dados.xlsx", no formato DataFrame. O arquivo tem quatro colunas (x, y, z, w). Após ler do Excel no formato DataFrame, plot no formato Pandas com Subplot de matriz (2,2). Os gráficos deverão ter esta disposição:

| | |
|---|---|
| Aqui, gráfico de linha de x | Aqui, gráfico de barras de y |
| Aqui, histograma de z | Aqui, gráfico de linha de w |

Ao final, o programa deverá imprimir no console com print, a média de x, o máximo de y, o desvio-padrão populacional de z e o mínimo de w.

**(3.11)** Construa um DataFrame com a biblioteca Pandas com uma única coluna, chamada de x, cujos valores são: 2, 4, 1, 6, 5, 8, 9, 8, 9, 8, 1, 1. Em seguida, o programa deverá imprimir o valor médio da coluna x, outro print separado com o máximo da coluna x, e um terceiro print separado, com o desvio-padrão da coluna x (tanto faz se desvio populacional ou amostral). Ao final, o programa deverá imprimir o histograma com quatro classes e sem grades de separação na figura.

**(3.12)** O objetivo deste exercício é usar os recursos em conjunto com as bibliotecas NumPy e Pandas. Como se sabe, com o uso de array, a biblioteca *numpy.random* tem comandos para gerar aleatórios automaticamente. Uma dessas funções é a *randn(n)*, que gera "n" números aleatórios com a função "gaussiana" ou "normal".
**Parte 1 do programa:** importe as bibliotecas necessárias. Leia com "input" o tamanho "n" dos dados a serem gerados pelo Python. O primeiro vetor a ser criado é x, usando-se *linspace*, começando em 0, terminando em "n", com "n" pontos. O segundo vetor é y aleatório, usando *randn* com "n" pontos. O terceiro vetor é z, que é calculado com a fórmula:

$$z = e^{-x^2+y}$$

**Parte 2 do programa:** passe os três vetores para um DataFrame "df" com as colunas "x", "y" e "z". Nessa parte, o programa deverá fazer o gráfico de linhas das colunas "y" e "z", ambas no eixo y (eixo vertical).
**Parte 3 do programa:** use a função *polyfit* e crie uma linha de tendência parabólica (grau 2) com a coluna "x" do DataFrame e a coluna "y". Essa tendência parabólica deverá ser introduzida no DataFrame df. Depois, o programa deverá fazer o gráfico de y com a linha de tendência parabólica. Pesquise como se usa a função *polyfit* no Python básico antes de resolver o exercício.

**(3.13)** Uma determinada empresa apresenta o seguinte gráfico de relação entre oscilações de investimentos e oscilações de retornos, num determinado ano, entre os meses de janeiro a outubro.

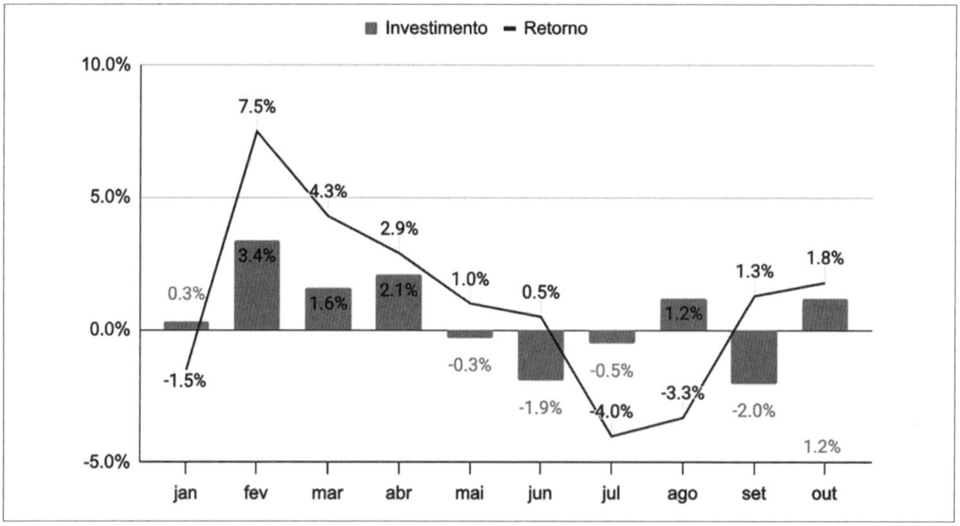

Escreva a seguir as linhas do programa em Python, desde a importação das bibliotecas até a criação do DataFrame df para os dados do gráfico anterior. Não use símbolo de %, entre com os dados na forma decimal (por exemplo, em vez de 3.7%, 1.9%, use 3.7, 1.9, assim por diante). Use os meses como index do DataFrame.

Utilizando, obrigatoriamente, a biblioteca NumPy, estime, via polyfit linear - em uma equação de primeiro grau (y = ax + b) - os parâmetros a e b da curva tendência de cada uma das séries (investimentos e retornos). Ou seja, são duas retas de tendência, uma para os investimentos e outra para os retornos). Atenção: pesquisar como se usa a função *polyfit* no Python básico. Ela está na biblioteca Numpy.
Quais os valores encontrados para os parâmetros de cada uma das retas (y = ax + b)?

| Curva do investimento | | Curva do retorno | |
|---|---|---|---|
| a = | | a = | |
| b = | | b = | |

# CAPÍTULO 4
# Agrupamento – O "diabo" aparece

## 4.1 DE ONDE VEM O DIABO?

Um famoso provérbio alemão representa muito bem os problemas enfrentados todos os dias por programadores, cientistas e pessoas que trabalham com algum software. E, se estamos trabalhando com *big data*, o provérbio é ainda mais correto. Já o mencionei no prefácio, mas cabe repeti-lo aqui. O provérbio atribuído a Nietzsche diz que "O diabo mora nos detalhes".

Mas podemos afirmar, sem dúvida alguma, que o "O diabo se esconde nos dados". Todos os problemas enfrentados por pesquisadores, empresas ou máquinas que trabalham com aquisições de dados em tempo real, advêm dos próprios dados recolhidos.

Seja por filtragem e estimação erradas, oscilação não prevista, modelos com uma letra errada, matrizes com uma linha errada ou em branco, e pronto! É mais do que suficiente para transformar nossas vidas em um caldeirão do inferno. E parece que vemos o diabo rindo, atrás dos ombros, caçoando de um mero detalhe que esquecemos.

Quanto mais aberta é uma linguagem de computação, mais detalhes não previstos aparecem; o que funcionava "até ontem", nos enche a tela de erro hoje. Quando tomamos bases de dados diferentes e tentamos ligar essas bases e colocar em sincronia tabelas com disposições diferentes, o diabo aparece em todos os cantos e multiplica-se num completo e caloroso inferno.

Por exemplo, vamos supor que temos a seguinte planilha em Excel.

| | A | B |
|---|---|---|
| 1 | 01/12/2023 | 2 |
| 2 | 02/12/2023 | 3 |
| 3 | 03/12/2023 | 1 |
| 4 | 04/12/2023 | 4 |
| 5 | 05/12/2023 | 5 |
| 6 | 06/12/2023 | 8 |
| 7 | 07/12/2023 | 6 |
| 8 | 08/12/2023 | 5 |
| 9 | 09/12/2023 | 7 |
| 10 | 10/12/2023 | 9 |

Desejamos, com essa planilha, fazer um exercício muito simples de estimativa de parâmetros. Qual é a reta de tendência que passa entre os pontos da coluna B? Esse é um problema muito antigo, resolvido por Gauss, quando ele criou o método dos mínimos quadrados. O problema possui muitos textos acadêmicos clássicos sobre as formas de estimar tendências em séries de dados temporais (por exemplo, ver Morettin, 1987; Papoulis, 1991). Esse método está implementado no Excel, ao clicar nos dados e pedir para adicionar a linha de tendência com equação.

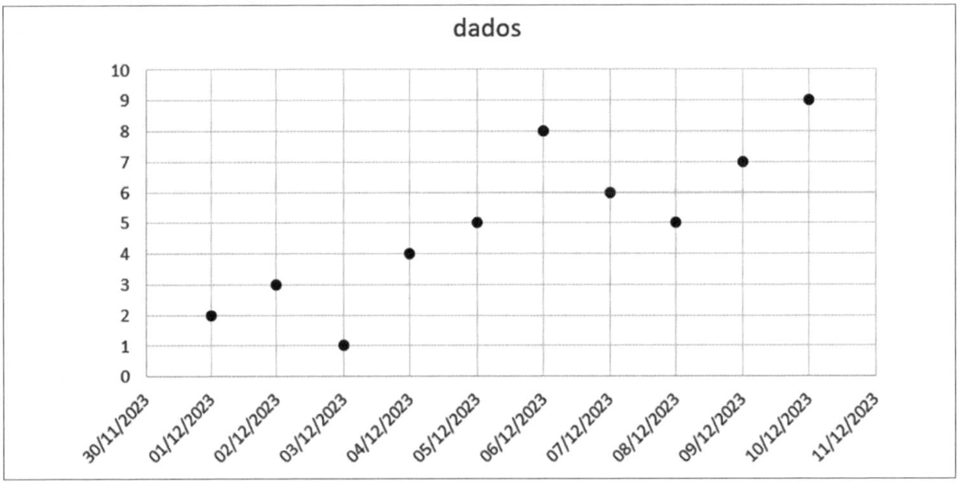


**Figura 4.1** Pontos da planilha em Excel para ajustar linha de tendência.

Os pontos estão na Figura 4.1, e a linha de tendência, na Figura 4.2. A reta parece perfeita e a equação correta. Tudo parece muito bom, assim, podemos copiar para nosso relatório e entregar.

É, mas não está!

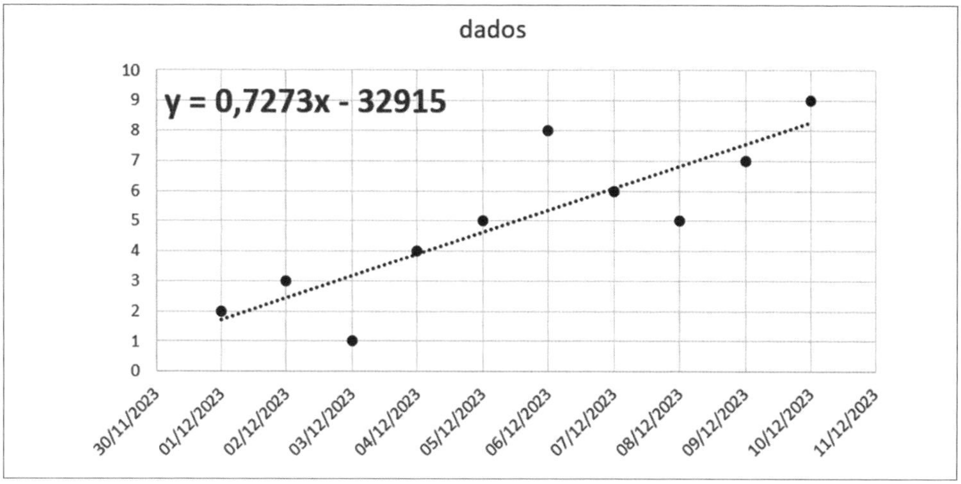


**Figura 4.2** Linha de tendência ajustada aos dados do Excel.

Um detalhe importante pode transformar nossa pesquisa ou relatório em um inferno e gerar problemas imprevisíveis. Um olhar mais cuidadoso pode verificar que, embora a reta passe perfeitamente nos melhores lugares entre os pontos, a equação é

$$y = 0{,}727x - 32915$$

O coeficiente angular é 0.727, mas o coeficiente linear é ... 32915! Só para lembrar ao leitor, o coeficiente linear é o ponto no eixo vertical y em que a reta corta e ultrapassa para o lado esquerdo do eixo x. E deveria estar (pelo menos visualmente) um pouco acima de 1. No entanto, está indicando que essa reta passa no ponto -32915?

Bem, esse é um problema atribuído à Igreja Católica na Idade Média. Em 1582, o Papa Gregório XIII resolveu corrigir problemas antigos sobre datas sagradas da Igreja, como a Páscoa, que estava ocorrendo cada vez mais tarde que o equinócio da primavera. Implementou-se uma porção de medidas, principalmente em termos de dias. Dez dias simplesmente sumiram do calendário cotidiano. O dia 4 de outubro de 1582 passou a ser 15 de outubro de 1582. Fórmulas novas para anos bissextos foram elaboradas, e correções no número de horas dos dias são necessárias todos os anos.

E o que isso tem a ver com nosso exemplo?

É que o Excel nos mostra nas células da planilha a data que usamos, ou seja, nosso calendário gregoriano. Mas, para efeito de computação e de cálculos, todos os softwares utilizam o calendário juliano, implementado pelo imperador Júlio César, com tempo corrido, sem preocupação com meses, anos ou datas importantes.

Ao se trocar a formatação da coluna A de nossa planilha original de "data" para "geral", outro número aparece. A data original 1/12/2023 é, na verdade, 45261 no calendário juliano, e é esse eixo x que o Excel usa para calcular a linha de tendência. E o que parece correto, é, na verdade, um enorme erro. Simples, mas enorme.

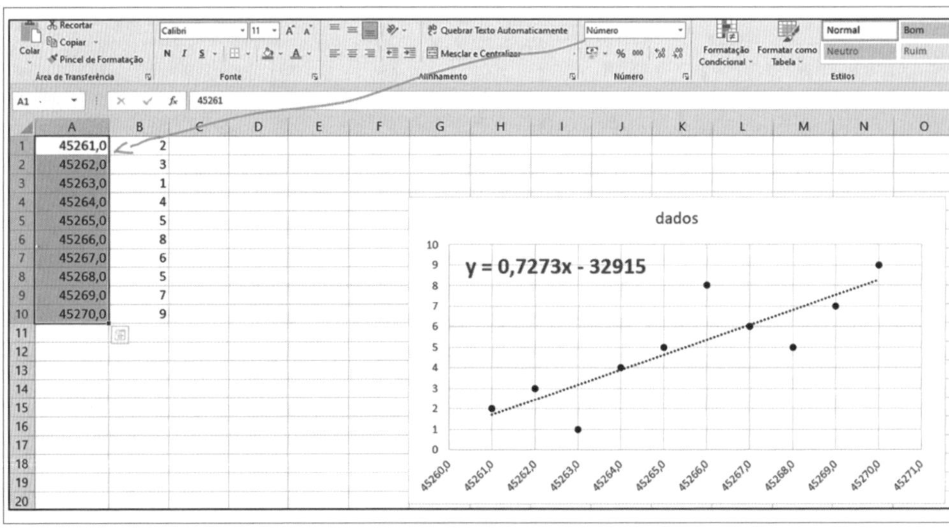


**Figura 4.3** Dia juliano no Excel.

Logo, antes de sairmos usando a linha de tendência, é necessário um ajuste e a criação de um eixo sem as datas. Essas são meras representações do calendário, mas, matematicamente, não podemos usá-las para os cálculos. Pelo menos, não dessa maneira no Excel.

A Figura 4.4 apresenta a forma correta da reta e sua equação. O primeiro passo é criar uma coluna nova com os contadores dos dias observados, 0, 1, 2, ... Na Figura 4.4, esse novo eixo está na coluna B e os dados originais do eixo y passaram para a coluna C. Com isso, a equação da reta ajustada torna-se:

$$y = 0,727x + 1,727$$

Ou seja, o coeficiente angular não muda, mas o coeficiente linear cruza o eixo y no ponto 1.72, o qual visualmente notamos antes.

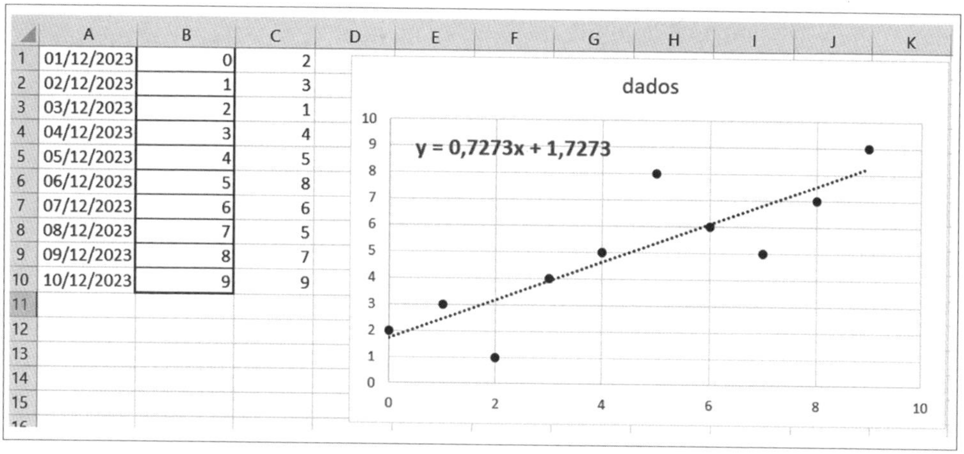


**Figura 4.4** Linha de tendência correta no Excel.

As pessoas podem questionar: "Isso um mero detalhe. Quem vai se preocupar com isso?". Imagine se a linha de tendência é para prever o faturamento para o ano seguinte de uma grande empresa, vendas, contratações, rendimentos de títulos, ou mesmo posições onde um meteoro poderá cair na Terra?

Não existem detalhes desprezíveis e é nisso que todo bom programador precisa ficar o tempo todo prestando atenção e verificando cada procedimento de algoritmo.

O problema anterior surgiu da formatação de dados, simples; podemos imaginar o que acontecerá quando resolvermos juntar, concatenar, localizar e modificar valores e fórmulas baseados em dados disponíveis em tabelas com formatos diferentes.

## 4.2 LOC E ILOC NO DATAFRAME

Sempre que temos problemas envolvendo grandes quantidades de dados, a localização de uma informação específica precisa ser perfeitamente perguntada para a biblioteca Pandas. Vamos entrar com a Tabela 4.1 a seguir no DataFrame.

**Tabela 4.1** Dados para o DataFrame

| | Nome | Saldo | Compra |
|---|---|---|---|
| **jan** | Ana | 2 | 1 |
| **fev** | Beto | 1 | 2 |
| **mar** | Carlos | 5 | 1 |
| **abr** | Mario | 4 | 5 |

Esse é o caso em que o DataFrame possui um índice particular – um índice com as iniciais de meses do ano. É uma lista composta por jan, fev, mar e abr. O trecho do código a seguir apresenta a implementação e o resultado no console.

```
import pandas as pd
import numpy as np

df = pd.DataFrame({'nome':['Ana','Beto','Carlos','Mario'],
           'saldo':[2,1,5,4,],
           'compra':[1,2,1,5]},
           index=['jan','fev','mar','abr'])
print('++++++++++++++++++++++++++++++')
print(df)
```

```
++++++++++++++++++++++++++++++
       nome  saldo  compra
jan     Ana      2       1
fev    Beto      1       2
mar  Carlos      5       1
abr   Mario      4       5
```

Até então, todas as pesquisas e buscas nos DataFrames eram realizadas por nomes das colunas. Por exemplo, se desejarmos ver informações sobre "nome":

```
In [2]: df['nome']
Out[2]:
jan       Ana
fev      Beto
mar    Carlos
abr     Mario
```

Ou, então, informação sobre coluna "compra":

```
In [3]: df['compra']
Out[3]:
jan    1
fev    2
mar    1
abr    5
```

### 4.2.1 O comando "loc"

E se desejarmos saber quando Carlos fez sua compra ou quando Mario teve saldo de 4? Nesse caso, estaremos interessados na posição de linha de informação, não na coluna. Precisaremos, então, para essa situação, usar o comando "loc" para buscar a linha que responde à pergunta.

Quais são os dados de março? Para se obter a resposta dessa pergunta, precisaremos usar o nome do DataFrame e o nome do índice com a palavra "loc", como representado a seguir (df.loc['mar']):

```
In [4]: df.loc['mar']
Out[4]:
nome       Carlos
saldo           5
compra          1
```

As respostas que aparecem são os dados da linha do mês de março, que, nesse caso, relaciona o nome que está em "nome", o saldo e a compra. Mas podemos especificar para um retorno de apenas um tipo de dado. Por exemplo:

Quem comprou em abril?

```
In [6]: df.loc['abr'].nome
Out[6]: 'Mario'
```

De quanto foi a compra em janeiro?

```
In [8]: df.loc['jan'].compra
Out[8]: 1
```

De quanto foi o saldo em março?

```
In [9]: df.loc['mar'].saldo
Out[9]: 5
```

Como nosso DataFrame é muito simples, com apenas um nome associado por mês, ao perguntar quem está no mês de janeiro, basta usar o comando de linha:

```
In [19]: df.loc['jan'].nome
Out[19]: 'Ana'
```

Se tivéssemos mais de um nome associado ao mesmo mês, ou se tivéssemos mais compras associadas ao mês de janeiro, precisaríamos usar as condições lógicas já vistas antes. Aqui também o comando "loc" permite essa busca.

Por exemplo, qual o nome de quem comprou em janeiro (caso não existisse apenas um nome)? Isso poderia ser resolvido com:

```
In [17]: df.loc[(df.index=='jan') & (df['compra'])].nome
Out[17]:
jan    Ana
```

O resultado seria "Ana", da mesma forma que visto anteriormente; mas, se além de Ana, tivéssemos outros nomes, essa programação de linha seria interessante. Vamos supor que alteramos nosso DataFrame, colocando "Ana" em mais dois meses além de janeiro:

```
+++++++++++++++++++++++++++++++
       nome  saldo  compra
jan     Ana      2       1
fev    Beto      1       2
mar  Carlos      5       1
abr   Mario      4       5
mai     Ana      3       7
jun     Ana      2       9
```

Agora, temos "Ana" com informações também em maio e junho, com alteração na construção do DataFrame nas linhas 4, 5, 6 e 7 a seguir.

```
1  import pandas as pd
2  import numpy as np
3
4  df = pd.DataFrame({'nome':['Ana','Beto','Carlos','Mario','Ana','Ana'],
5          'saldo':[2,1,5,4,3,2],
6          'compra':[1,2,1,5,7,9]},
7          index=['jan','fev','mar','abr','mai','jun'])
8  print('+++++++++++++++++++++++++++++++')
9  print(df)
```

Então, se quisermos, agora, saber quanto Ana comprou em janeiro, precisaremos fazer uma pergunta lógica mais consistente para a Pandas:

```
In [21]: df.loc[(df.index=='jan') & (df['nome']=='Ana')].compra
Out[21]:
jan    1
```

Usamos, assim, o "index" para igualar a linha "jan"; e o nome para "Ana", dentro do "loc", mas pedimos apenas a informação que retorna sobre a compra da Ana em janeiro, por isso, a palavra "compra" no final.

Outra pergunta poderia ser: quem tem saldo 3 em maio?

```
In [23]: df.loc[(df.index=='mai') & (df['saldo']==3)].nome
Out[23]:
mai    Ana
```

Assim, quando desejarmos observar uma informação que está em linha e consultar colunas relacionadas às mesmas, usamos "loc".

### 4.2.2 O comando "iloc"

O uso do "iloc" tem o mesmo objetivo do "loc", mas as informações não aparecem nas questões com nomes em string dos índices nem nomes das colunas, mas sua representação matemática para matrizes, usando, para isso, números nas linhas e colunas.

```
       nome  saldo  compra
jan     Ana      2       1
fev    Beto      1       2
mar  Carlos      5       1
abr   Mario      4       5
```

| [0,0] | [0,1] | [0,2] |
|---|---|---|
| [1,0] | [1,1] | [1,2] |
| [2,0] | [2,1] | [2,2] |
| [3,0] | [3,1] | [3,2] |

Logo, nesse sentido, o nome "Ana" está na linha zero e na coluna zero, ou seja, [0,0]. Se quisermos saber o nome de quem está na linha zero, usando o "iloc" devemos fazer a pergunta da seguinte forma:

```
In [29]: df.iloc[0,0]
Out[29]: 'Ana'
```

Ou, então: de quanto foi a compra em março ("mar")?

"Março" está na linha 2; "compra" está na coluna 2; logo, [2,2]. Em termos de linha de programação, seria:

```
In [33]: df.iloc[2,2]
Out[33]: 1
```

Podemos comparar os comandos "loc" e "iloc" para a mesma pergunta. Por exemplo:

De quanto foi a compra no mês de abril? Abril está na linha 3, e compra, na coluna 2, ou seja, em termos de "iloc" [3,2].

**Perguntando com "loc":**

```
df.loc['abr'].compra
5
```

**Perguntando com "iloc":**

```
df.iloc[3,2]
5
```

A resposta do DataFrame é 5, nos dois casos, como deveria ser mesmo. Podemos fazer outras comparações interessantes.

*Resposta de linha inteira:*

**Perguntando com "loc":**

```
In [39]: df.loc['jan']
Out[39]:
nome      Ana
saldo       2
compra      1
```

**Perguntando com "iloc":**

```
In [40]: df.iloc[0,:]
Out[40]:
nome      Ana
saldo       2
compra      1
```

*Resposta com lógica condicional:*

**Perguntando com "loc":**

```
In [42]: df.loc[df['saldo']==5]
Out[42]:
       nome  saldo  compra
mar  Carlos      5       1
```

**Perguntando com "iloc":**

```
In [43]: df.loc[df.iloc[:,1]==5]
Out[43]:
       nome  saldo  compra
mar  Carlos      5       1
```

Uma das vantagens de se usar "iloc" é quando estamos usando comandos de iteração com loop, como os já mencionados "while" e "for". Nesse caso, poderemos colocar as variáveis de iteração [i,j], usando exatamente todas as operações de matriz dentro do DataFrame, sem precisar escrever as linhas de questões para o DataFrame. Isso é bastante válido principalmente quando os dados do DataFrame não são constantes e se alteram com base em informações online de sites que operam em tempo real.

## 4.3 GROUPBY - AGRUPAMENTO

Conectar e compartilhar informações usando DataFrame é super-relevante em ciência dos dados. Um dos grandes problemas, no entanto, é que muitas delas ficam perdidas e dispersas no DataFrame. Um passo essencial, antes de qualquer análise, é saber se podemos juntar informações, agrupamento, tipos e variáveis com mesmo padrão de evolução ou de medidas.

O comando "groupby" é muito importante para agrupar informações do mesmo gênero. Quando temos repetições em nomes ou valores, podemos agrupar as informações por medidas numéricas ou funções: sum( ), mean( ), max( ), min( ), std( ), entre outras.

**Tabela 4.2** Dados para o DataFrame

| | Nome | Vendas | Compras |
|---|---|---|---|
| **jan** | Lápis | 2 | 1 |
| **fev** | Borracha | 1 | 2 |
| **mar** | Caneta | 5 | 1 |
| **abr** | Régua | 4 | 5 |
| **Maio** | Lápis | 3 | 3 |
| **jun** | Lápis | 2 | 7 |

A formatação no DataFrame segue o código:

```
1   import pandas as pd
2   import numpy as np
3
4   df = pd.DataFrame({'nome':['lapis','borracha','caneta','regua','lapis','lapis'],
5             'vendas':[2,1,5,4,3,2],
6             'compras':[1,2,1,5,7,9]},
7             index=['jan','fev','mar','abr','mai','jun'])
8   print('+++++++++++++++++++++++++++++++')
9   print(df)
```

Com o resultado no console, repetindo os valores da Tabela 4.2 inseridos entre as linhas 4 a 7 do script em Python.

```
+++++++++++++++++++++++++++++++
         nome  vendas  compras
jan     lapis       2        1
fev  borracha       1        2
mar    caneta       5        1
abr     regua       4        5
mai     lapis       3        7
jun     lapis       2        9
```

O uso do "groupby" se dá por meio da seguinte formatação, para o caso de agrupar repetições pelas somas:

```
df.groupby('nome').sum()
```

O agrupamento somente tem sentido quando existem repetições nas variáveis que estão em colunas. Caso não ocorra nenhuma repetição de dados ou informações importantes, o "groupby" perde seu sentido. No caso da Tabela 4.2, a palavra "lapis" (sem acento propositadamente, por ser valor de DataFrame) é a que se repete nos nomes dos produtos.

Ao escolhermos que a Pandas agrupe essa tabela, automaticamente todas as linhas que possuem "lapis" serão reunidas; e, como escolhemos "sum( ) ", as colunas com valores numéricos serão somadas em suas respectivas repetições. O resultado apresentado desse agrupamento na Figura 4.5 mostra a tabela após o uso do groupby, e o que devemos observar é que o "index" é suprimido da nova tabela, e no seu lugar, entra exatamente a coluna na qual ocorre a repetição. Nesse caso, a coluna "nome" tornou-se o índice da nova tabela.

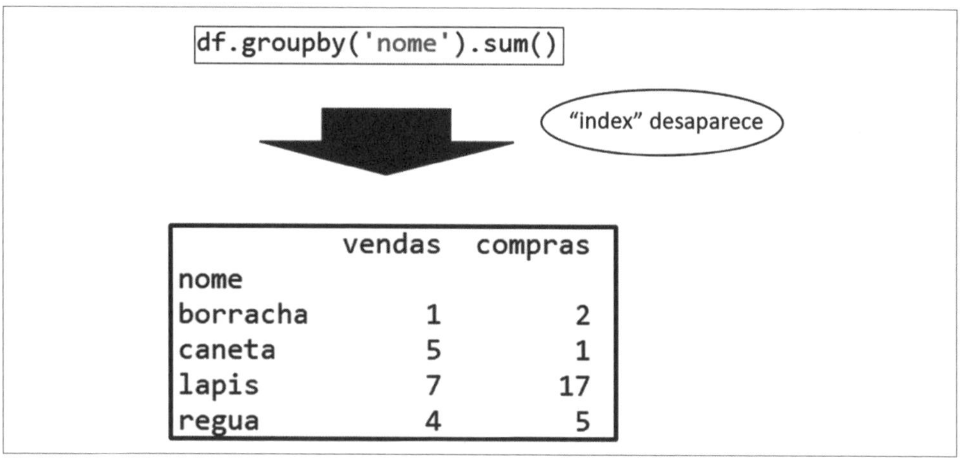


**Figura 4.5** Resultado do agrupamento pela "soma".

No caso do script original, poderemos até alterar o algoritmo para receber outro nome e não perdermos a tabela original. Na linha 10 a seguir, salvamos o agrupamento como um novo DataFrame, chamado de "df2".

```
import pandas as pd
import numpy as np

df = pd.DataFrame({'nome':['lapis','borracha','caneta','regua','lapis','lapis'],
          'vendas':[2,1,5,4,3,2],
          'compras':[1,2,1,5,7,9]},
          index=['jan','fev','mar','abr','mai','jun'])
print('+++++++++++++++++++++++++++++++')
print(df)
df2 = df.groupby('nome').sum()
print('')
print('++++ agrupamento pelo nome ++++++')
print(df2)
```

No resultado anterior, apareceu toda a tabela já agrupada pela soma, mas podemos escolher ver apenas resultados para um determinado produto. Por exemplo, como fazer para agrupar todo o DataFrame, mas no resultado final serem impressos apenas os resultados sobre "lápis"?

Nesse caso, usamos a função "loc", pois, como visto anteriormente, a nova tabela agrupada desaparece com os índices e assume como novo índice os produtos que estavam na coluna "nome".

```
df.groupby('nome').sum().loc['lapis']
```

O resultado, nesse caso, será:

```
vendas      7
compras    17
Name: lapis, dtype: int64
```

Se quisermos outro produto que está em outra linha após o agrupamento é só colocarmos nos colchetes finais do "loc". Por exemplo, para borracha:

```
In [4]: df.groupby('nome').sum().loc['borracha']
Out[4]:
vendas     1
compras    2
Name: borracha, dtype: int64
```

O agrupamento pela média se faz da mesma maneira, trocando "sum( )" por "mean( )".

```
In [5]: df.groupby('nome').mean()
Out[5]:
          vendas    compras
nome
borracha  1.000000  2.000000
caneta    5.000000  1.000000
lapis     2.333333  5.666667
regua     4.000000  5.000000
```

Pode-se reparar que, nesse resultado, apenas a linha “lápis” tem valores com decimais. Isso ocorre porque a média de vendas e compras para lápis tem mais de um valor, enquanto para os outros produtos eles aparecem apenas uma vez no DataFrame.

## 4.4 GROUPBY COM DATAS – O DIABO VOLTA A APARECER

Vamos usar DataFrame com datas. Vamos supor que precisamos implementar a Tabela 4.3. Ao que parece, esse é mais um DataFrame como os outros; mas temos um complicador nesse caso: as datas como parte integrante da tabela. E, quando trabalhamos com datas, precisaremos de funções específicas devido aos diversos problemas que colocamos no início deste Capítulo.

No código a seguir, pode-se perceber que, aparentemente, nada muda em relação ao que estava sendo feito anteriormente. Na linha 3, colocamos as colunas da Tabela 4.3; na linha 4, os dados dos clientes com seus nomes; e nas linhas 5 e 6, as datas dos investimentos. Um primeiro diferencial é que os nomes dos clientes estão repetidos na tabela e no DataFrame. Isso nos obriga a termos de usar o groupby da Seção anterior para agruparmos as informações e eliminarmos nomes repetidos no DataFrame.

Outro fato que podemos observar é que entramos de maneira usual com as datas aplicando apóstrofos, como visto nas linhas 5 e 6.

```
1    import pandas as pd
2
3    df=pd.DataFrame(columns=['clientes','data','investimento'])
4    df.clientes=['João','Maria','Pedro','Luiza','João','João','Luiza','Maria']
5    df.data=['1-2-2023','1-2-2023','4-6-2023','5-7-2023','1-2-2023',
6         '10-11-2023','5-7-2023','10-11-2023']
7
8    df.investimento=[2,3,4,1,2,8,7,1]
9    print(df)
```

Tabela 4.3 Investimento de clientes

| clientes | data | investimento |
|---|---|---|
| João | 1-2-2023 | 2 |
| Maria | 1-2-2023 | 3 |
| Pedro | 4-6-2023 | 4 |
| Luiza | 5-7-2023 | 1 |
| João | 1-2-2023 | 2 |
| João | 10-11-2023 | 8 |
| Luiza | 5-7-2023 | 7 |
| Maria | 10-11-2023 | 1 |

O resultado no console do Python repete a Tabela 4.3, incluindo os nomes repetidos e os índices de numeração à esquerda.

```
   clientes        data  investimento
0      João    1-2-2023             2
1     Maria    1-2-2023             3
2     Pedro    4-6-2023             4
3     Luiza    5-7-2023             1
4      João    1-2-2023             2
5      João  10-11-2023             8
6     Luiza    5-7-2023             7
7     Maria  10-11-2023             1
```

Vamos supor que desejamos agrupar o DataFrame pelos nomes dos clientes, visto que eles é que estão repetidos. E vamos colocar a Pandas para somar os investimentos dos mesmos nomes. O resultado no console, usando groupby com a função "sum( )", é apresentado a seguir.

```
In [3]: df.groupby('clientes').sum()
Out[3]:
          investimento
clientes
João                12
Luiza                8
Maria                4
Pedro                4
```

*Resultado somente com os nomes:* se não quisermos a tabela toda, usando o comando a seguir podemos ter uma lista apenas dos nomes existentes na tabela.

```
In [4]: df.groupby('clientes').sum().index
Out[4]: Index(['João', 'Luiza', 'Maria', 'Pedro'], dtype='object',
name='clientes')
```

Como a nova tabela com dados agrupados modificou o índice do DataFrame original, ao se colocar "index" após o agrupamento com a função "sum( )", o retorno do Python é apenas dos nomes, pois eles são os novos índices. É o que se vê na saída do console anterior com a linha Out[4].

Nosso agrupamento foi pela coluna de "clientes", mas, com isso, perdemos nossa referência com as datas dos investimentos. No entanto, podemos agrupar pelas datas e pedir para a Pandas somar todos os investimentos realizados na mesma data. Para tanto, podemos usar o comando de agrupar com o nome "data" em vez do nome "clientes".

```
In [11]: df.groupby(df['data']).sum()
Out[11]:
            investimento
data
1-2-2023               7
10-11-2023             9
4-6-2023               4
5-7-2023               8
```

Muitas vezes, as datas estão concentradas em dias diferentes do mesmo mês. Gostaríamos de ver uma representação com meses, e não a data completa, como anteriormente. Por exemplo, poderíamos desejar visualizar os investimentos do mês 2, do mês 6, e assim por diante. Poderíamos até mesmo usar um "loc" para buscarmos investimentos apenas de um mês, em vez de todos.

A biblioteca "Datetime", que trabalha exclusivamente com funções específicas para datas e calendários, está implementada na Pandas. A "Datetime" permite separar, dias, meses e anos usando "to_period('M')". Segue exemplo para ver apenas meses.

```
dt.to_period('M')
```

Ou, então, para dias, usando:

```
dt.to_period('D')
```

Como tudo funcionou até o momento, era de se esperar que também a função "to_period( )" funcionasse adequadamente dentro da Pandas. Podemos tentar visualizar os dados agrupados com as datas somente com os meses com o comando:

```
df.groupby(df['data'].dt.to_period('M')).sum()
```

Mas quando usamos esse comando com a "Datetime", vemos o diabo mostrando toda a sua força a seguir:

```
In [16]: df.groupby(df['data'].dt.to_period('M')).sum()
Traceback (most recent call last):

  File "<ipython-input-16-21e4eb941728>", line 1, in <module>
    df.groupby(df['data'].dt.to_period('M')).sum()

  File "C:\Users\Dell\AppData\Roaming\Python\Python37\site-packages\pandas\core
\generic.py", line 5458, in __getattr__
    return object.__getattribute__(self, name)

  File "C:\Users\Dell\AppData\Roaming\Python\Python37\site-packages\pandas\core
\accessor.py", line 180, in __get__
    accessor_obj = self._accessor(obj)

  File "C:\Users\Dell\AppData\Roaming\Python\Python37\site-packages\pandas\core
\indexes\accessors.py", line 494, in __new__
    raise AttributeError("Can only use .dt accessor with datetimelike values")

AttributeError: Can only use .dt accessor with datetimelike values
```

Podemos pensar que talvez seja porque os meses são poucos, ou diferentes, e tentamos usar o agrupamento para que mostre apenas os dias:

```
df.groupby(df['data'].dt.to_period('D')).sum()
```

Mas, novamente, o diabo insiste em enviar mensagens de erro onde não esperaríamos. Se, desde o início, quando entramos com o formato de "string" para as datas, os erros tivessem aparecido, teríamos uma noção mais clara do problema. No entanto, até então, tudo estava funcionando com o agrupamento.

```
In [17]: df.groupby(df['data'].dt.to_period('D')).sum()
Traceback (most recent call last):

  File "<ipython-input-17-ace4b5500e3a>", line 1, in <module>
    df.groupby(df['data'].dt.to_period('D')).sum()

  File "C:\Users\Dell\AppData\Roaming\Python\Python37\site-packages\pandas\core
\generic.py", line 5458, in __getattr__
    return object.__getattribute__(self, name)

  File "C:\Users\Dell\AppData\Roaming\Python\Python37\site-packages\pandas\core
\accessor.py", line 180, in __get__
    accessor_obj = self._accessor(obj)

  File "C:\Users\Dell\AppData\Roaming\Python\Python37\site-packages\pandas\core
\indexes\accessors.py", line 494, in __new__
    raise AttributeError("Can only use .dt accessor with datetimelike values")

AttributeError: Can only use .dt accessor with datetimelike values
```

### 4.4.1 A Pandas derruba o diabo

O problema é que a "Datetime", antes de ser chamada pela Pandas, precisa transformar as datas do formato "string" para o formato "date". Para algumas atividades de agrupamento, a Pandas e a "Datetime" funcionam perfeitamente, mas para outras, não. A solução da Pandas, para evitar o diabo nos dados, é usar, após a criação do DataFrame:

```
df['data']=pd.to_datetime(df['data'])
```

Antes de todos os tipos de agrupamento, por segurança, transformamos a coluna "data" para o formato de calendário, e, assim, evitamos que ora nosso agrupamento funcione, ora não funcione, a bel-prazer do diabo. Quando fazemos essa modificação e pedimos um agrupamento que mostre apenas meses e anos, temos o resultado correto e sem erros.

Observamos que no comando da linha "In [18]" a seguir, acionamos a Pandas; e, usando "to_datetime", transformamos as datas no formato "date" e jogamos em cima dos dados, que anteriormente estavam com formato "string".

```
In [18]: df['data']=pd.to_datetime(df['data'])

In [19]: df.groupby(df['data'].dt.to_period('M')).sum()
Out[19]:
         investimento
data
2023-01             7
2023-04             4
2023-05             8
2023-10             9
```

Se desejarmos ver no agrupamento por dias:

```
In [21]: df.groupby(df['data'].dt.to_period('D')).sum()
Out[21]:
            investimento
data
2023-01-02             7
2023-04-06             4
2023-05-07             8
2023-10-11             9
```

Se quisermos ver agrupamentos por ano, também é possível, basta colocar "Y" no parêntesis do "to_period":

```
In [22]: df.groupby(df['data'].dt.to_period('Y')).sum()
Out[22]:
      investimento
data
2023            28
```

Observamos que, nesse caso, o número 28 ao final é a soma de todos os investimentos agrupados por data. Quando pedimos que o DataFrame nos retorne os investimentos do ano, como a função foi "sum( )", o resultado é a soma total dos investimentos de 7 + 4 + 8 + 9 = 28.

O código completo facilitará a compreensão, melhor do que no console do Python. A linha "vitoriosa" da Pandas é a linha 11, que exclui nossos problemas sobre o agrupamento com o uso de datas, para qualquer tipo de consulta no DataFrame.

A título de exemplo, na linha 30, colocamos um agrupamento por média apenas para mostrarmos que o agrupamento com datas continua funcionando para todas as funções do "groupby".

```
import pandas as pd

df=pd.DataFrame(columns=['clientes','data','investimento'])
df.clientes=['João','Maria','Pedro','Luiza','João','João','Luiza','Maria']
df.data=['1-2-2023','1-2-2023','4-6-2023','5-7-2023','1-2-2023',
    '10-11-2023','5-7-2023','10-11-2023']

df.investimento=[2,3,4,1,2,8,7,1]
print(df)

df['data']=pd.to_datetime(df['data'])

print(df.groupby('clientes').sum())
print('')
print('++++++++++++++++++++++++++++++++')
print(df.groupby('clientes').sum().index)
print('')
print('++++++++++++++++++++++++++++++++')
print(df.groupby('clientes').sum().investimento.values)
print('')
print('++++++++++++++++++++++++++++++++')
##### agrupamento por meses ######
print('')
print('++++++++++++++++++++++++++++++++')
print(df.groupby(df['data'].dt.to_period('M')).sum())

##### agrupamento por dias ######
print('')
print('++++++++++++++++++++++++++++++++')
print(df.groupby(df['data'].dt.to_period('D')).mean())
```

## 4.5 EXERCÍCIOS

**(4.1)** Crie um programa, inserindo a tabela a seguir no formato de DataFrame com a biblioteca Pandas:

| Índice | receita | prejuízo |
|---|---|---|
| D1 | 500 | 20 |
| D2 | 400 | 18 |
| D3 | 70 | 9 |

Então, descreva como o programa deverá ter os seguintes comandos nas linhas:

(a) Escreva, aqui, as linhas do início do programa para criar o DataFrame.

(b) Comando para encontrar a média de receita.

(c) Comando para encontrar o dia de maior prejuízo.

(d) Comando para encontrar o dia de menor prejuízo.
(e) Comando para encontrar a receita do dia "D3".

**(4.2)** Uma corretora possui um DataFrame com nomes dos clientes, data de investimento e o valor do aporte de cada um. Percebe-se que os clientes e as datas de investimento estão repetidos na listagem. Use o "groupby" para agrupar informações e responder caso a caso as questões a seguir.

| clientes | data | investimento |
|---|---|---|
| João | 1-2-2023 | 2 |
| Maria | 1-2-2023 | 3 |
| Pedro | 4-6-2023 | 4 |
| Luiza | 5-7-2023 | 1 |
| João | 1-2-2023 | 2 |
| João | 10-11-2023 | 8 |
| Luiza | 5-7-2023 | 7 |
| Maria | 10-11-2023 | 1 |

(a) Agrupe a tabela por nomes, usando o critério da SOMA, e diga o máximo valor da cliente Luiza.
(b) Agrupe a tabela por nomes, usando o critério da SOMA, e mostre apenas os nomes não repetidos após o agrupamento.
(c) Agrupe a tabela por nomes, usando o critério da SOMA, e mostre apenas os investimentos no formato de array (vetor).
(d) Percebe-se que as datas também estão repetidas na tabela. Trabalhar com datas, como explicado neste Capítulo, é bastante delicado no Python. O formato precisa ser preciso e adequado.

O primeiro passo é transformar todas as datas com a função da Pandas chamada "to_datetime" antes de qualquer agrupamento com groupby. Então:
– Transforme as datas de texto para "datas", usando a função "to_datetime" antes dos agrupamentos e faça:

```
df['data'] = pd.to_datetime(df['data'])
```

Repare que, agora, as datas estarão em formato de "data" do Python. Dentro do comando groupby( ), em vez de se usar apenas o nome da coluna, pode-se colocar o DataFrame inteiro com a função de separação por dia, mês e ano:

**Para dia:**

```
df.groupby(df['data'].dt.to_period('D')).sum()
```

**Para mês:**

```
df.groupby(df['data'].dt.to_period('M')).sum()
```

**Para ano:**

```
df.groupby(df['data'].dt.to_period('Y')).sum()
```

Com essas informações, agrupe a tabela pelos meses e imprima a tabela resultante com critério de SOMA no investimento.
(e) Faça outro agrupamento, agora usando groupby, pelos dias e critério de MÉDIA.

**(4.3)** A tabela a seguir apresenta gols de alguns times do Campeonato Brasileiro de 2023 com suas respectivas datas. Repara-se que os times e datas estão repetidos.

| times | data | gols |
|---|---|---|
| Santos | 4-2-2023 | 2 |
| Corinthians | 4-2-2023 | 1 |
| Palmeiras | 5-6-2023 | 1 |
| Flamento | 5-6-2023 | 2 |
| Santos | 5-6-2023 | 4 |
| Santos | 8-9-2023 | 2 |
| Palmeiras | 8-9-2023 | 1 |
| Palmeiras | 10-11-2023 | 3 |

Use a informação do exercício anterior e:
(a) Imprima o agrupamento da tabela pelos nomes dos times, usando o critério de soma dos gols.
(b) Imprima a tabela resultante do agrupamento pelos nomes dos times e critério de soma anterior para mostrar apenas os times sem repetição.
(c) Imprima os gols agrupados da tabela anterior em formato de array (vetor).
(d) Agrupe e imprima a tabela original pelos meses, usando como método a SOMA dos gols.
(e) Agrupe, agora, a tabela original pelos dias e use o método MÉDIA para os gols, imprimindo o resultado no console.

**(4.4)** Essa questão é para ser feita em Python e usando a Pandas. Observe a seguinte tabela, que deverá ser criada num DataFrame. Observe que as datas são o índice de DataFrame.

| | Preço |
|---|---|
| *2022-5-1* | 2,3 |
| *2022-5-2* | 2,5 |
| *2022-5-3* | 2,7 |
| *2022-5-4* | 2,3 |
| *2022-5-5* | 2,9 |
| *2022-5-6* | 2,6 |
| *2022-5-7* | 2,7 |
| *2022-5-8* | 2,8 |

Supondo que a tabela se refira aos preços de uma ação, o que se deseja é criar um novo sensor para medir seu desempenho. O novo sensor deverá usar o método *rolling()* e obedecer à seguinte fórmula:

$$sensor = \frac{med3 - med2}{Preço},$$

em que *med3* é média móvel de 3 dias, e *med2* é média móvel de 2 dias. A dica é criar novas colunas no DataFrame com essas médias, depois, e criar somente a coluna "sensor".

Então, o seu programa deverá seguir os seguintes passos:

1. Criar DataFrame.
2. Criar as colunas necessárias para o sensor.
3. Criar a coluna do sensor.
4. Imprimir a busca, usando "loc" ou outro método que responda "quais as datas o sensor foi negativo?".
5. Imprimir a busca, usando "loc" ou outro método que responda "quais as datas o sensor ficou acima de 0.01?".

(a) Coloque, aqui, o programa completo para os passos anteriores.

(b) Em quais datas o sensor foi negativo? Coloque as datas que o programa achou.

(c) Em quais datas o sensor ficou acima de 0.01? Coloque as datas que o programa achou.

**(4.5)** Utilizando uma variável do tipo DataFrame da biblioteca Pandas, chamada "df", monte a seguinte tabela e, então, responda às questões abaixo com os códigos necessários para gerar as saídas pedidas. Coloque no DataFrame os nomes dos países como índice (e não coluna) para as buscas.

| Índice do df | Área | Pop | PIB | IDH |
|---|---|---|---|---|
| Lux | 2.59 | 599 | 103 | 0.909 |
| Noruega | 385 | 5282 | 61 | 0.954 |
| EUA | 9831 | 325719 | 59 | 0.920 |
| Islândia | 103 | 341 | 53 | 0.938 |
| Áustria | 83.87 | 8809 | 52 | 0.914 |
| Alemanha | 357.38 | 82695 | 50 | 0.939 |
| Canadá | 9.98 | 36708 | 46 | 0.922 |

Fonte: Banco Mundial.

(a) Usando obrigatoriamente a função loc, qual o comando para buscar e imprimir os países que tenham IDH maior ou igual a 0.93?
(b) Coloque qual comando SEM a função loc para buscar e imprimir o mínimo PIB da tabela df.
(c) Coloque qual comando SEM a função loc para buscar e imprimir a máxima população da tabela df.
(d) Coloque qual comando SEM a função loc para buscar e imprimir a média das áreas da tabela df.].
(e) Usando obrigatoriamente a função loc, qual o comando para imprimir o nome do país com o mínimo PIB?
(f) Usando obrigatoriamente a função loc, qual o comando para buscar país com PIB maior que 60 e IDH menor que 0.92?

**(4.6)** Foi solicitado ao analista financeiro que tabulasse a seguinte tabela como DataFrame na biblioteca Pandas, contendo dados dos preços das ações, das opções e da corretagem paga pela operação de compra e venda.

| | Nomes | Preço_ação | Preço_opção | Corretagem |
|---|---|---|---|---|
| Dia1 | PETR4 | 2,1 | 10,0 | 0,5 |
| Dia2 | BBAS3 | 7,3 | 15,0 | 1,3 |
| Dia3 | VALE3 | 5,4 | 3,0 | 0,7 |
| Dia4 | USIM5 | 10,9 | 2,0 | 2,0 |
| Dia5 | GGBR4 | 6,0 | 20,0 | 2,0 |

O analista fez o seguinte programa em Python:

```
1 #biblioteca pandas
2
3 import pandas as pd
4 df=pd.DataFrame({'Nomes':['PETR4','BBAS3','VALE3','USIM5','GGBR4'],
5                  'Preço_ação':[2.1,7.3,5.4,10.9,6],
6                  'Preço_opção':[10,15,3,2,20],
7                  'Corretagem':[0.5,1.3,0.7,2,2]})
8
9 print(df.loc['Dia3'].Preço_ação)
```

Ao fazer uma consulta sobre qual o preço da ação no terceiro dia, o programa apresenta um erro. Escolha a alternativa a seguir que represente o que **está errado** nesse programa:

(a) não se pode usar acentuação como variável no DataFrame e está errado colocar "Preço_ação" na linha 9;
(b) o "loc" não permite print;
(c) faltou cadastrar o Preço_ação;
(d) faltou cadastrar os dias como índices;
(e) tem um colchete a mais na linha 7.

**(4.7)** Observe a seguinte tabela de cães levados ao veterinário, que deve ser inserida num DataFrame na biblioteca Pandas do Python.

| Índice do DataFrame | Idade | Cor | Nome |
|---|---|---|---|
| 123 | 4 | Marrom | Tufão |
| 456 | 3 | Cinza | Lassie |
| 821 | 6 | Dourado | Gabe |
| 198 | 4 | Cinza | Thor |
| 3 | 2 | Preto | Mel |
| 42 | 5 | marrom | chester |

Escolha a alternativa na linha do programa que contém o DataFrame que seja correto para responder à seguinte questão: *qual é o nome do cão mais antigo levado ao veterinário?*

(a) print(df['Idade'].max())
(b) print(df.loc[df['Idade'].max()]['Nome'])
(c) print(df.loc[df['Idade'].idxmax()]['Nome'])
(d) print(df.groupby('Idade').max())

# CAPÍTULO 5
# Concatenação – Agrupando as diferenças

## 5.1 JUNTANDO ALHOS COM BUGALHOS

Um dos grandes problemas do mundo acadêmico desde os primórdios da programação de computadores foi que, ao se criarem estruturas de banco de dados, como os valores poderiam vir de fontes distintas, as informações muitas vezes não coincidiam ou, então, para os mesmos experimentos de coletas em dias diferentes, faltavam dados.

A área, criada sob o nome de processamento de dados, dividiu-se em diversas especialidades, sendo esta a mais promissora e a que se sobressaiu à área de banco de dados. Muitas empresas se interessaram por programas e algoritmos que tratam todo tipo de dados, desde dados de seguros, planos de saúde, finanças, aeroespaciais e siderurgias até dados confidenciais sob a tutela do Estado em agências de segurança.

No Excel, por exemplo, existe uma função bem simples para agrupar informações separadas e coloca-las numa mesma célula, tratando de múltiplas formas de junção dos dados em colunas distintas. Por exemplo, vamos supor que tenhamos informações sobre os nomes de pessoas separadas como na Figura 5.1.

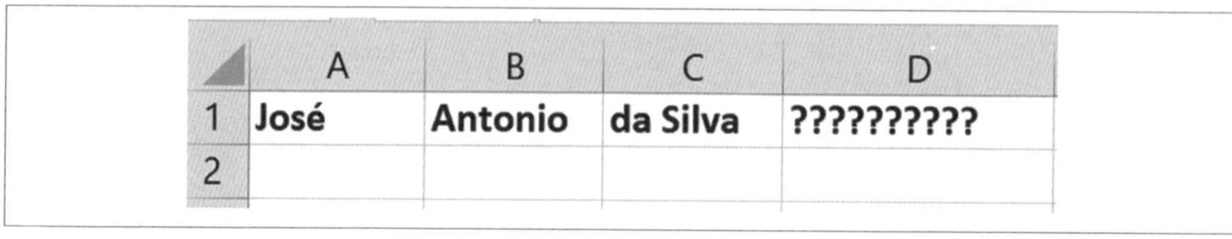


Figura 5.1 Informações separadas em células do Excel.

O que desejamos é ver os nomes completos, sem separação de células, para armazenarmos de alguma maneira. Num banco de dados de clientes, por exemplo, desejamos saber o histórico por nome, endereço e outras informações, mas não com separação de nomes por partes.

Esse tipo de separação é comum quando temos um formato com dados advindos de algum website que foi importado como texto (ou, no caso Excel, em "csv"). A função do Excel que consegue agrupar e reformatar esses campos é a função *concatenar*. Então, poderemos colocar na coluna D do Excel, Figura 5.1, e pedir para esse programa concatenar (juntar) os dados das células que estão nas colunas A, B e C. A Figura 5.2 demonstra como colocar essa função; como é uma função, precisa do sinal "=".

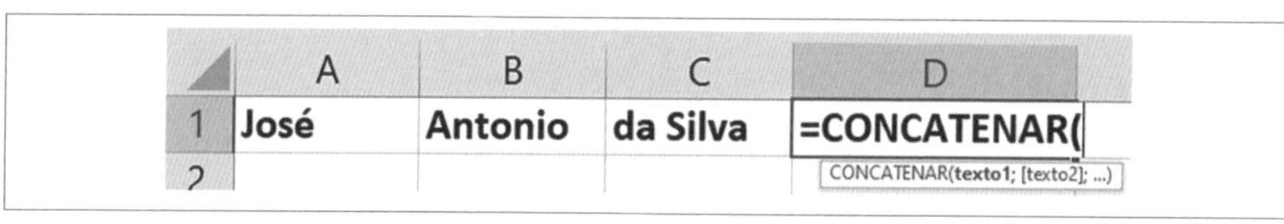


Figura 5.2 Função "concatenar" do Excel.

Então, dentro da função, escolhemos quais as células deverão ser agrupadas para formarem um novo dado completo na célula D1. Colocamos as células A1, B1 e C1; e usamos " " para separar as informações dessas células. Caso não se usem " ", a célula D1 ficaria com o nome completo "JoséAntoniodaSilva". As aspas com espaço em branco separam corretamente a informação, como apresentado na Figura 5.3.

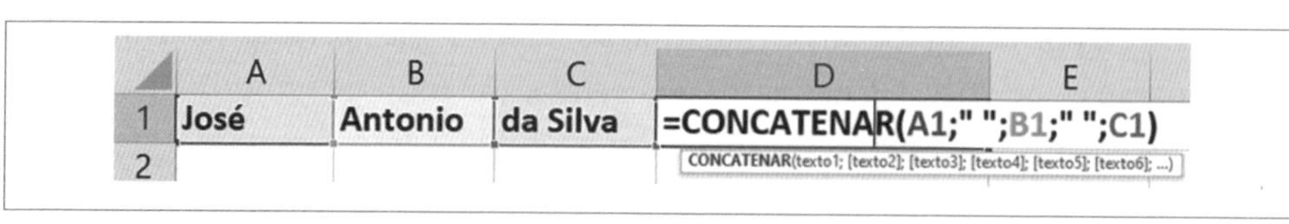


Figura 5.3 Implementação da função "concatenar" no Excel.

O resultado final nos fornecerá o nome completo, que antes estava separado em cada célula do Excel (Figura 5.4). Esse tipo de algoritmo para juntar informações foi desenvolvido ainda quando as linguagens de programação estavam no início e precisávamos criar grandes bancos de dados para interpretar experimentos distintos.

| | A | B | C | D |
|---|---|---|---|---|
| 1 | **José** | **Antonio** | **da Silva** | **José Antonio da Silva** |

Figura 5.4 Resultado final da função "concatenar" do Excel.

No Python, essas funções de agrupamento foram diversificadas e existem muitas formas de agrupar informações que estão em bancos de dados distintos. Vamos ver as mais comuns.

## 5.2 A FUNÇÃO INTERSECTION()

Em diversas ocasiões, a comparação de dados de diferentes índices tem o problema de falta de dados. Pode ocorrer de um arquivo ter mais dados do que outro, e , por isso, as medidas estatísticas ficam prejudicadas, pois é necessário que os dados estejam pareados. Ou seja, os dados devem estar em pares de ocorrência para a maioria das análises quantitativas.

Um problema muito comum é quando se deseja comparar dados ou informações sobre datas de experimentos comuns, mas que estão em datas diferentes entre países. Como cada banco de dados tem sua data de experimento, ou resultados com variáveis distintas para o mesmo problema, é comum se deparar com o problema de que, ao final da programação, um arquivo (ou banco de dados) tenha mais valores do que outro.

A resolução comum é eliminar dados em datas em que os experimentos não existem ou que não coincidam. Vamos supor que nossa intenção é parear informações com a mesma data de execução. A primeira maneira é observar as datas e, caso sejam poucas, eliminar as linhas dos dados. Outra forma é programar um algoritmo em alguma linguagem para varrer os arquivos e eliminar dados ou valores de datas não coincidentes.

No Python, uma função muito interessante é a função *.*intersection*( ), que elimina e coloca os dados pareados entre arquivos. Suponha que tenhamos dois arquivos [arq1, arq2], em que arq2 tem menos dados do que arq1. Então, o formato seguinte elimina dados de arq1 para que seja coincidente com arq2:

```
arq2.index.intersection(arq1.index)
```

Vamos admitir que nossos dois arquivos são como se segue:

| | **Arq1** |
|---|---|
| 10/1/2024 | *5* |
| 12/1/2024 | *7* |
| 13/1/2024 | *2* |
| 15/1/2024 | *-8* |

| | **Arq2** |
|---|---|
| 10/1/2024 | *30* |
| 15/1/2024 | *26* |
| 17/1/2024 | *-12* |
| 19/1/2024 | *90* |

Como podemos observar os arquivos estão na forma de séries, um formato mais simples tipo DataFrame, mas não precisamos nomear as colunas. No arq1, não temos as datas 17 e 19 de janeiro; e, no *arq2*, não temos 12 e 13 de janeiro, que estão no arq1. As linhas a seguir demonstram como utilizar a função "intersection".

```
# Algoritmo básico para usar intersection entre arquivos

import pandas as pd

arq1 = pd.Series([5, 7, 2, -8],
         index = ['10/1/2024', '12/1/2024', '13/1/2024', '15/1/2024'])

arq2 = pd.Series([30, 26, -12, 90],
         index = ['10/1/2024', '15/1/2024', '17/1/2024', '19/1/2024'])

juntos = arq2.index.intersection(arq1.index)

arq1_novo = arq1.loc[juntos]
arq2_novo = arq2.loc[juntos]

print('++++++++++++++++')
print(arq1_novo)
print('++++++++++++++++')
print(arq2_novo)
```

As linhas 5 e 8 criam a estrutura dos bancos de dados com os nomes *arq1* e *arq2*. Os índices são as datas para cada um dos DataFrames. A linha 11 faz a intersecção entre os dois DataFrames, indicando que a série *arq1*, que está dentro dos parênteses deve ser a referência com seus índices para o pareamento da série *arq2*.

Após o ajuste dos índices, a função intersection apenas selecionou os índices para que as mesmas datas estejam nas duas séries. O próximo passo é indicar para as séries quais datas devem permanecer e quais devem sair. Nesse ponto, as duas linhas, 13 e 14, modificam as séries *arq1* e *arq2* para que permaneçam as mesmas datas da intersecção entre eles. Para isso, as datas de intersecção são localizadas pela função "*loc*", que modifica o índice de cada série e transfere os dados existentes para as datas localizadas na variável que armazenou os índices de intersecção, chamada de "*juntos*", na linha 11.

Ao final, as duas séries ficam na seguinte formatação:

```
++++++++++++++++
10/1/2024     5
15/1/2024    -8
dtype: int64
++++++++++++++++
10/1/2024    30
15/1/2024    26
dtype: int64
```

Como era esperado, observa-se que os dados das datas 12 e 13 foram eliminados da série *arq1*, e os dados de 17 e 19 de janeiro foram eliminados da série *arq2*.

## 5.3 O DIABO ASSOMBRA COM AS DATAS

Trabalhar com datas nos índices, como fizemos na função "intersection", pode sempre apresentar problemas inesperados. Seja porque entramos com os dados no formato texto, seja porque importamos de algum formato de texto; enfim, devemos nos lembrar de que data tem seu formato específico com a função datetime.

Vamos supor que nossos dois arquivos anteriores que nomeamos de arq1 e arq2 não estão em formato de séries na biblioteca Pandas, mas no formato de DataFrame, como fizemos nos Capítulos anteriores. Então, primeiro criamos as colunas, como visto nas linhas 5 e 6 do algoritmo a seguir. Com as colunas de nome "valor" criadas nos dois DataFrames, inserimos os dados em 8 e 14.

Ao contrário das séries, queremos nomear a coluna de índices para usarmos a intersecção e, no resultado final, termos os nomes das colunas "datas". Assim, primeiro inserimos em 9 as datas para os índices do arq1 e, depois, as datas em 15 para o arq2. Somente após criarmos os valores é que podemos inserir os títulos nos índices, o que é feito nas linhas 12, para o arq1, e 17, para o arq2.

```
1  # Algoritmo básico para usar intersection entre arquivos
2
3  import pandas as pd
4
5  arq1=pd.DataFrame(columns=['valor'])
6  arq2=pd.DataFrame(columns=['valor'])
7
8  arq1['valor'] = [5, 7, 2, -8]
9  arq1.index= ['10/1/2024', '12/1/2024', '13/1/2024', '15/1/2024']
10
11
12 arq1.index.name = 'data'
13
14 arq2['valor'] = [30, 26, -12, 90]
15 arq2.index = ['10/1/2024', '15/1/2024', '17/1/2024', '19/1/2024']
16
17 arq2.index.name = 'data'
18
19 juntos = arq2.index.intersection(arq1.index)
20
21 arq1_novo = arq1.loc[juntos]
22 arq2_novo = arq2.loc[juntos]
23
24 print('+++++++++++++++++')
25 print(arq1_novo)
26 print('+++++++++++++++++')
27 print(arq2_novo)
```

Para juntarmos os dados com os índices comuns (as mesmas datas), seguimos o procedimento da Seção anterior, usando "intersection" em 19 para escolher as mesmas datas e, depois, em 21 e 22, para filtrar. O resultado final é o mesmo do anterior, mas com o detalhe de que, agora, temos os nomes das colunas dos índices, como visto a seguir.

O título "data" aparece tanto no arq1 já filtrado como no arq2, tudo parece correto e perfeito. Mas temos um problema escondido: se observarmos as datas que estão no índice, temos, por exemplo, o formato "10/1/2024".

```
++++++++++++++++
              valor
data
10/1/2024         5
15/1/2024        -8
++++++++++++++++
              valor
data
10/1/2024        30
15/1/2024        26
```

Vamos supor que, depois de toda a filtragem, gostaríamos de buscar valores específicos para alguma data, mas desejamos ver os resultados mensais devido à enorme quantidade de dados. Uma maneira bem prática de verificar dados apenas separados por meses é usar *to_period('M')*. Para o nosso arquivo arq1, poderíamos tentar trocar os índices da seguinte forma:

**arq1.index =arq1.index.to_period('M')**

Mas o diabo prega uma peça em nosso pensamento. No Python, em que tudo parecia correto, com nossas informações correspondendo perfeitamente com as datas quando tentamos o comando anterior, fornece o seguinte resultado no console:

```
In [6]: arq1.index =arq1.index.to_period('M')
Traceback (most recent call last):

  File "<ipython-input-6-903ea41deb08>", line 1, in <module>
    arq1.index =arq1.index.to_period('M')

AttributeError: 'Index' object has no attribute 'to_period'
```

Por que isso ocorre? Por exemplo, se fizermos uma busca usando o "loc", tudo funciona perfeitamente. Se buscarmos dados apenas do dia 10 de janeiro, o Python responde:

```
In [7]: arq1.loc[arq1.index=='10/1/2024']
Out[7]:
           valor
data
10/1/2024      5
```

O problema é que, o que parece, não é. O formato de data expresso como texto não funciona para buscas e filtragens mais eficientes da biblioteca Pandas. É necessário, antes, fazer o Python entender que aquele texto em que entramos em datas é, na verdade, uma data no formato universal. E, para isso, precisamos sempre, para evitarmos problemas que nos tomem muito tempo, usar o "datetime" após a inserção, importação ou intersecção de dados. No caso do arq1, seria:

```
pd.to_datetime(arq1.index)
```

Então, inserindo em nosso algoritmo original, nas linhas 10 e 16, o datetime, a biblioteca Pandas afasta o diabo de nossa programação e o programa fica parecendo perfeito para qualquer tipo de busca.

```
1  # Algoritmo básico para usar intersection entre arquivos
2
3  import pandas as pd
4
5  arq1=pd.DataFrame(columns=[‘valor’])
6  arq2=pd.DataFrame(columns=[‘valor’])
7
8  arq1[‘valor’] = [5, 7, 2, -8]
9  arq1.index= [‘10/1/2024’, ‘12/1/2024’, ‘13/1/2024’, ‘15/1/2024’]
10 arq1.index=pd.to_datetime(arq1.index)
11
12 arq1.index.name = ‘data’
13
14 arq2[‘valor’] = [30, 26, -12, 90]
15 arq2.index = [‘10/1/2024’, ‘15/1/2024’, ‘17/1/2024’, ‘19/1/2024’]
16 arq2.index=pd.to_datetime(arq2.index)
17 arq2.index.name = ‘data’
18
19 juntos = arq2.index.intersection(arq1.index)
20
21 arq1_novo = arq1.loc[juntos]
22 arq2_novo = arq2.loc[juntos]
23
24 print(‘++++++++++++++++’)
25 print(arq1_novo)
26 print(‘++++++++++++++++’)
27 print(arq2_novo)
```

Rodando o programa e imprimindo no console os dois arquivos, teremos como resultado o seguinte print:

```
+++++++++++++++++
            valor
data
2024-10-01      5
2024-01-15     -8
+++++++++++++++++
            valor
data
2024-10-01     30
2024-01-15     26
```

Podemos fazer um teste, usando "loc" para buscarmos dados de alguma data, por exemplo, 10/1/2024 para o arq1:

```
In [19]: arq1.loc[arq1.index=='10/1/2024']
Out[19]:
            valor
data
2024-10-01      5
```

Realmente, parece que tudo está correto e que podemos seguir com nossa pesquisa sobre o agrupamento. Mas o demônio não foi embora. Para descobrirmos que ele insiste em tentar derrubar as técnicas da Pandas, pedimos para mostrar os dados do arq1 apenas com as datas mostrando meses e anos:

```
In [20]: arq1.index =arq1.index.to_period('M')

In [21]: arq1
    ...:
Out[21]:
         valor
data
2024-10      5
2024-12      7
2024-01      2
2024-01     -8
```

E, então, os erros aparecem. Como pode ser revisto, em nossos arquivos originais, todos os dados se referem a janeiro de 2024, mas a resposta aparece 2024-10, isto é, outubro de 2024. E todas as outras estão erradas também. Por um descuido muito pequeno, todo trabalho que poderia estar envolvendo *big data* estaria errado, muito errado, por um deslize de formatação.

O problema é que, quando colocamos os dados dos índices como datas usando o datetime, se não prestarmos atenção, vamos ver que o formato não é o universal, mas sim o formato que usamos no Brasil. Em vez de ano/mês/dia, aqui no Brasil, usamos dia/mês/ano. Assim, precisamos informar isso para o DataFrame quando formatamos pelo datetime da Pandas. O comando correto para datas, além do datetime nas linhas 10 e 16, precisa dizer qual é o formato usado na data dos dados. Ou seja,

***arq1.index=pd.to_datetime(arq1.index, format = '%d/%m/%Y')***

em que "d" se refere ao dia, "m" se refere ao mês, e "Y" se refere ao ano (com letra maiúscula). Então, vamos alterar o algoritmo anterior e colocar essa informação nas linhas 10 e 16.

```
1   # Algoritmo básico para usar intersection entre arquivos
2
3   import pandas as pd
4
5   arq1=pd.DataFrame(columns=['valor'])
6   arq2=pd.DataFrame(columns=['valor'])
7
8   arq1['valor'] = [5, 7, 2, -8]
9   arq1.index= ['10/1/2024', '12/1/2024', '13/1/2024', '15/1/2024']
10  arq1.index=pd.to_datetime(arq1.index, format = '%d/%m/%Y')
11
12  arq1.index.name = 'data'
13
14  arq2['valor'] = [30, 26, -12, 90]
15  arq2.index = ['10/1/2024', '15/1/2024', '17/1/2024', '19/1/2024']
16  arq2.index=pd.to_datetime(arq2.index, format = '%d/%m/%Y')
17  arq2.index.name = 'data'
18
19  juntos = arq2.index.intersection(arq1.index)
20
21  arq1_novo = arq1.loc[juntos]
22  arq2_novo = arq2.loc[juntos]
23
24  print('++++++++++++++++')
25  print(arq1_novo)
26  print('++++++++++++++++')
27  print(arq2_novo)
```

Ao formatarmos novamente o arq1 para vermos apenas as datas com ano e mês, revela-se o seguinte resultado:

```
In [23]: arq1.index =arq1.index.to_period('M')

In [24]: arq1
Out[24]:
         valor
data
2024-01      5
2024-01      7
2024-01      2
2024-01     -8
```

Agora, sim, temos certeza de que nos livramos do diabo escondido nos comandos do Pyhton e temos uma formatação perfeita envolvendo os índices com formato de datas corretos e prontos para qualquer tipo de busca. Como dissemos no início do capítulo, "O diabo se esconde nos mínimos detalhes".

## 5.4 A FUNÇÃO CONCAT()

A função "concat" da biblioteca Pandas é muito interessante e oferece diversos tipos de agrupamentos para muitas situações complicadas. Vamos supor que desejamos não apenas correlacionar índices (datas, por exemplo) e manter nossos arquivos separados como no caso da função "intersection" anterior. Desejamos colocar num arquivo comum diversos arquivos com experimentos semelhantes ou não.

Aproveitando nossos arquivos (arq1 e arq2) dos algoritmos da Seção anterior, desejamos criar um DataFrame que, aqui, vamos chamar de "df", de modo que esse arquivo seja a junção de arq1 e arq2.

arq1 =

```
            valor
data
2024-01-10      5
2024-01-12      7
2024-01-13      2
2024-01-15     -8
```

arq2 =

```
            valor
data
2024-01-10     30
2024-01-15     26
2024-01-17    -12
2024-01-19     90
```

Então, para criar o arquivo "df", que seja a junção de arq1 e arq2, poderemos ter as seguintes situações:

**(1)** df = pd.concat([arq1,arq2])
**(2)** df = pd.concat([arq1,arq2],axis = 1)
**(3)** df = pd.concat([arq1,arq2],join = 'outer', axis = 1)
**(4)** df = pd.concat([arq1,arq2],join = 'inner', axis = 1)
**(5)** df = pd.concat([arq1,arq2],ignore_index = True)

**Situação (1):** nesse caso, é apenas uma junção simples, sem preocupação com as datas repetidas. O resultado para "df" seria:

```
++++++++++++++++
           valor
data
2024-01-10     5
2024-01-12     7
2024-01-13     2
2024-01-15    -8
2024-01-10    30
2024-01-15    26
2024-01-17   -12
2024-01-19    90
++++++++++++++++
```

O leitor poderá observar que, ao contrário dos resultados com "intersection", as datas permaneceram repetidas, e as datas que eram diferentes, também. O código, nesse caso, seria:

```
# Algoritmo básico para usar CONCAT entre arquivos

import pandas as pd

arq1=pd.DataFrame(columns = ['valor'])
arq2=pd.DataFrame(columns = ['valor'])

arq1['valor'] = [5, 7, 2, -8]
arq1.index= ['10/1/2024', '12/1/2024', '13/1/2024', '15/1/2024']
arq1.index=pd.to_datetime(arq1.index,format = '%d/%m/%Y')

arq1.index.name = 'data'

arq2['valor'] = [30, 26, -12, 90]
arq2.index = ['10/1/2024', '15/1/2024', '17/1/2024', '19/1/2024']
arq2.index=pd.to_datetime(arq2.index,format = '%d/%m/%Y')
arq2.index.name = 'data'

df = pd.concat([arq1,arq2])


print('++++++++++++++++')
print(df)
print('++++++++++++++++')
```

A parte da junção, ou concatenação, está na linha 19. As demais linhas são todas para a formatação dos arquivos com datas, o que foi discutido nas seções anteriores.

**Situação (2):** nesse caso, desejamos que os valores sejam distintos, colocados em colunas diferentes, para que possamos identificar quais valores vieram de quais arquivos. Então, o uso do "axis = 1" faz esse trabalho. O resultado é:

```
++++++++++++++++
              valor  valor
data
2024-01-10      5.0   30.0
2024-01-12      7.0    NaN
2024-01-13      2.0    NaN
2024-01-15     -8.0   26.0
2024-01-17      NaN  -12.0
2024-01-19      NaN   90.0
++++++++++++++++
```

Como se pode notar, a coluna 1 é o índice com as datas dos dois arquivos arq1 e arq2; a coluna 2, são os valores de arq1; e a coluna 3, os valores de arq2. É interessante, inclusive, nomear as colunas com nomes diferentes antes da concatenação para deixar mais claro de onde partiram os dados. O código é o mesmo do inicial, apenas alterando a linha 19.

```
1   # Algoritmo básico para usar CONCAT entre arquivos
2
3   import pandas as pd
4
5   arq1=pd.DataFrame(columns = ['valor'])
6   arq2=pd.DataFrame(columns = ['valor'])
7
8   arq1['valor'] = [5, 7, 2, -8]
9   arq1.index= ['10/1/2024', '12/1/2024', '13/1/2024', '15/1/2024']
10  arq1.index=pd.to_datetime(arq1.index,format = '%d/%m/%Y')
11
12  arq1.index.name = 'data'
13
14  arq2['valor'] = [30, 26, -12, 90]
15  arq2.index = ['10/1/2024', '15/1/2024', '17/1/2024', '19/1/2024']
16  arq2.index=pd.to_datetime(arq2.index,format = '%d/%m/%Y')
17  arq2.index.name = 'data'
18
```

```
19 df = pd.concat([arq1,arq2], axis=1)
20
21
22 print('++++++++++++++++')
23 print(df)
24 print('++++++++++++++++')
```

**Situação (3):** o uso do "Join" é importante, pois podemos colocar dados indicando se os desejamos completos sem a intersecção de valores, ou apenas valores que existam com o mesmo índice. Nessa situação, com o uso de "outer", o resultado é o mesmo da situação (2):

```
++++++++++++++++
             valor  valor
data
2024-01-10     5.0   30.0
2024-01-12     7.0    NaN
2024-01-13     2.0    NaN
2024-01-15    -8.0   26.0
2024-01-17     NaN  -12.0
2024-01-19     NaN   90.0
++++++++++++++++
```

Basta apenas colocar df = pd.concat([arq1,arq2],join='outer',axis=1) na linha 19. Já com join = 'inner', o resultado é bem diferente.

**Situação (4):** o uso do "Join" com "inner" é diferente e serve como um tipo de filtros para valores, sendo que no mesmo índice (ou datas) não existem ocorrência de vazios sem valores de dados. Esse tipo de agrupamento deixa apenas linhas entre as colunas que existam dados. O resultado para nosso caso seria:

```
++++++++++++++++
             valor  valor
data
2024-01-10       5     30
2024-01-15      -8     26
++++++++++++++++
```

Por que o resultado anterior apresenta apenas duas linhas? É porque, nessas datas, nos dois arquivos havia resultados, e não as linhas não ficaram com vazios (NaN). O algoritmo também altera apenas a linha 19 do código original, como apresentado a seguir.

```
# Algoritmo básico para usar CONCAT entre arquivos

import pandas as pd

arq1=pd.DataFrame(columns=['valor'])
arq2=pd.DataFrame(columns=['valor'])

arq1['valor'] = [5, 7, 2, -8]
arq1.index= ['10/1/2024', '12/1/2024', '13/1/2024', '15/1/2024']
arq1.index=pd.to_datetime(arq1.index,format = '%d/%m/%Y')

arq1.index.name = 'data'

arq2['valor'] = [30, 26, -12, 90]
arq2.index = ['10/1/2024', '15/1/2024', '17/1/2024', '19/1/2024']
arq2.index=pd.to_datetime(arq2.index,format = '%d/%m/%Y')
arq2.index.name = 'data'

df = pd.concat([arq1,arq2], join='inner',axis=1)


print('+++++++++++++++++')
print(df)
print('+++++++++++++++++')
```

**Situação (5):** em muitos casos, não estamos interessados nos índices, pois são usados apenas para armazenar dados. Podemos ter casos em que os índices têm códigos binários, dias da semana, ... enfim, não precisamos deles para nossas pesquisas. Nesse caso, poderemos ignorá-los. Para tanto, usamos essa informação dentro da "concat" com ignore_index = True. O resultado, como pode ser visto a seguir, é um arquivo no qual as datas originais foram apagadas pela "concat".

```
+++++++++++++++++
   valor
0      5
1      7
2      2
3     -8
4     30
5     26
6    -12
7     90
+++++++++++++++++
```

Novamente, a alteração é apenas na linha 19, colocando a informação para ignorar o índice:

```
1  # Algoritmo básico para usar CONCAT entre arquivos
2
3  import pandas as pd
4
5  arq1= pd.DataFrame(columns=[‘valor’])
6  arq2 = pd.DataFrame(columns=[‘valor’])
7
8  arq1[‘valor’] = [5, 7, 2, -8]
9  arq1.index = [‘10/1/2024’, ‘12/1/2024’, ‘13/1/2024’, ‘15/1/2024’]
10 arq1.index = pd.to_datetime(arq1.index,format = ‘%d/%m/%Y’)
11
12 arq1.index.name = ‘data’
13
14 arq2[‘valor’] = [30, 26, -12, 90]
15 arq2.index = [‘10/1/2024’, ‘15/1/2024’, ‘17/1/2024’, ‘19/1/2024’]
16 arq2.index = pd.to_datetime(arq2.index,format = ‘%d/%m/%Y’)
17 arq2.index.name = ‘data’
18
19 df = pd.concat([arq1,arq2], ignore_index = True)
20
21
22 print(‘+++++++++++++++++’)
23 print(df)
24 print(‘+++++++++++++++++’)
```

## 5.5 O MÉTODO PARA ELIMINAR NAN NO AGRUPAMENTO

Quando usamos a situação (3) na função “concat” com “join = outer”, obtivemos o resultado:

```
+++++++++++++++++
            valor  valor
data
2024-01-10    5.0   30.0
2024-01-12    7.0    NaN
2024-01-13    2.0    NaN
2024-01-15   -8.0   26.0
2024-01-17    NaN  -12.0
2024-01-19    NaN   90.0
+++++++++++++++++
```

Essa é uma situação não muito interessante em diversos estudos. Por exemplo, as linhas com espaço vazio (NaN) podem fornecer erros numéricos, como na construção de classes para um boxplot, erros para treinamento de dados *em machine learning* ou erros em métodos de *deep learning*. Enfim, são situações de muitos problemas. Mas como eliminar, se precisamos das datas arquivadas e não podemos eliminá-las do índice?

Se tivermos poucas linhas vazias, uma solução é repetir alguns dados, desde que as amostragens sejam sempre muito próximas. O Python tem um método para "eliminar" os espaços vazios com dois tipos de preenchimentos com a função fillna( ).

## 5.5.1 Método *ffill*

Esse método propaga os resultados existentes para a frente, sempre para o próximo local vazio. O nome vem de *forward* ("para a frente", em língua inglesa). Podemos ver, a seguir, como é o arquivo sem o método e como fica com o método *ffill.*

Como se pode observar, na segunda coluna existiam valores vazios para as datas 17/1 e 19/1. O método preencheu com o valor -8.0 para os valores abaixo, pois *ffill* preenche "à frente" do último dado preenchido. O mesmo ocorreu na terceira coluna com o valor 30.0, preenchendo as datas 12/1 e 13/1 que estavam com NaN.

**SEM *ffill***

```
++++++++++++++++
            valor  valor
data
2024-01-10    5.0   30.0
2024-01-12    7.0    NaN
2024-01-13    2.0    NaN
2024-01-15   -8.0   26.0
2024-01-17    NaN  -12.0
2024-01-19    NaN   90.0
++++++++++++++++
```

**COM *ffill***

```
++++++++++++++++
            valor  valor
data
2024-01-10    5.0   30.0
2024-01-12    7.0   30.0
2024-01-13    2.0   30.0
2024-01-15   -8.0   26.0
2024-01-17   -8.0  -12.0
2024-01-19   -8.0   90.0
++++++++++++++++
```

No algoritmo, o comando é colocado na linha 20:

```
1   # Algoritmo básico para usar CONCAT entre arquivos
2
3   import pandas as pd
4
5   arq1 = pd.DataFrame(columns = ['valor'])
6   arq2 = pd.DataFrame(columns = ['valor'])
7
8   arq1['valor'] = [5, 7, 2, -8]
9   arq1.index = ['10/1/2024', '12/1/2024', '13/1/2024', '15/1/2024']
10  arq1.index = pd.to_datetime(arq1.index,format = '%d/%m/%Y')
11
```

```
12 arq1.index.name = 'data'
13
14 arq2['valor'] = [30, 26, -12, 90]
15 arq2.index = ['10/1/2024', '15/1/2024', '17/1/2024', '19/1/2024']
16 arq2.index = pd.to_datetime(arq2.index,format = '%d/%m/%Y')
17 arq2.index.name = 'data'
18
19 df = pd.concat([arq1,arq2], join='outer', axis=1)
20 df=df.fillna(method="ffill")
21
22 print('++++++++++++++++')
23 print(df)
24 print('++++++++++++++++')
```

## 5.5.2 Método *bfill*

Esse método tem o mesmo sentido do anterior, mas propaga os resultados existentes para antes do último preenchido. No caso, *bfill* vem de *back* ("anterior", na língua inglesa). Para o nosso exemplo, esse método não funciona muito bem, pois, nas primeiras linhas com as datas 12/1 e 13/1, ele preenche com o valor abaixo, que está na linha de 15/1 com valor 26.0. Mas, nas duas últimas linhas, ele não consegue preencher, pois não existem mais valores na tabela, deixando, assim, a palavra NaN como estava antes.

**SEM *bfill***

```
++++++++++++++++
            valor  valor
data
2024-01-10    5.0   30.0
2024-01-12    7.0    NaN
2024-01-13    2.0    NaN
2024-01-15   -8.0   26.0
2024-01-17    NaN  -12.0
2024-01-19    NaN   90.0
++++++++++++++++
```

**COM *bfill***

```
++++++++++++++++
            valor  valor
data
2024-01-10    5.0   30.0
2024-01-12    7.0   26.0
2024-01-13    2.0   26.0
2024-01-15   -8.0   26.0
2024-01-17    NaN  -12.0
2024-01-19    NaN   90.0
++++++++++++++++
```

A modificação novamente é na linha 20, para uso desse método.

```
# Algoritmo basico para usar CONCAT entre arquivos

import pandas as pd

arq1=pd.DataFrame(columns=['valor'])
arq2=pd.DataFrame(columns=['valor'])

arq1['valor'] = [5, 7, 2, -8]
arq1.index= ['10/1/2024', '12/1/2024', '13/1/2024', '15/1/2024']
arq1.index=pd.to_datetime(arq1.index,format='%d/%m/%Y')

arq1.index.name = 'data'

arq2['valor'] = [30, 26, -12, 90]
arq2.index = ['10/1/2024', '15/1/2024', '17/1/2024', '19/1/2024']
arq2.index=pd.to_datetime(arq2.index,format='%d/%m/%Y')
arq2.index.name = 'data'

df = pd.concat([arq1,arq2], join='outer',axis=1)
df=df.fillna(method="bfill")

print('+++++++++++++++++')
print(df)
print('+++++++++++++++++')
```

## 5.6 A FUNÇÃO MERGE()

Assim como "intersection" e "concat", a função "merge( )" tem como objetivo agrupar dados de arquivos diferentes e filtrar informações para deixar uma Série ou um DataFrame "limpos" para estudos e pesquisas em banco de dados. No caso, vamos novamente usar nossos dois arquivos de exemplo, arq1 e arq2, e desejamos juntá-los com o uso do merge( ). A forma de escrever esse comando no Python é:

**df = pd.merge(arq1, arq2, on='data')**

O *on* = 'data' se refere ao que devemos apresentar de dados em comum entre os arquivos para que o merge funcione. Ele se baseia automaticamente nessa coluna "data" para agrupar e eliminar dados inconsistentes. No caso, "data" é nosso índice que nomeamos após a construção de arq1 e arq2, mas poderia ser qualquer coluna em comum.

Então, para nossos arquivos arq1 e arq2:

arq1 =
```
                valor
data
2024-01-10          5
2024-01-12          7
2024-01-13          2
2024-01-15         -8
```

arq2 =
```
                valor
data
2024-01-10         30
2024-01-15         26
2024-01-17        -12
2024-01-19         90
```

Quando usarmos a função *merge( )*, teremos a resposta:

```
++++++++++++++++
            valor_x  valor_y
data
2024-01-10        5       30
2024-01-15       -8       26
++++++++++++++++
```

Podemos ver que, apesar de a resposta ser a mesma da função *concat( )*, não precisamos de métodos "extra" para limpar as linhas vazias, como apresentamos na Seção anterior. Automaticamente, a *merge( )* reconhece as linhas vazias e elimina-as para uma resposta filtrada. O algoritmo terá essa função na linha 19 e, nesse caso, ficará:

```
1   # Algoritmo basico para usar MERGE entre arquivos
2
3   import pandas as pd
4
5   arq1=pd.DataFrame(columns=['valor'])
6   arq2=pd.DataFrame(columns=['valor'])
7
8   arq1['valor'] = [5, 7, 2, -8]
9   arq1.index= ['10/1/2024', '12/1/2024', '13/1/2024', '15/1/2024']
10  arq1.index=pd.to_datetime(arq1.index,format='%d/%m/%Y')
11
```

```
12  arq1.index.name = 'data'
13
14  arq2['valor'] = [30, 26, -12, 90]
15  arq2.index = ['10/1/2024', '15/1/2024', '17/1/2024', '19/1/2024']
16  arq2.index=pd.to_datetime(arq2.index,format='%d/%m/%Y')
17  arq2.index.name = 'data'
18
19  df = pd.merge(arq1, arq2, on='data')
20
21  print('++++++++++++++++')
22  print(df)
23  print('++++++++++++++++')
```

## 5.6.1 A variação com a função merge_asof( )

Existe uma modificação que é tida como uma das melhores funções para se agruparem (ou "mergear", no jargão popular) arquivos. É a função merge_asof( ), que realmente nos salva em muitas situações das provocações do diabo escondido nos dados.

Ela não somente encontra as linhas em comum como preenche os espaços vazios com NaN usando valores mais próximos, tanto na frente quanto atrás, sem a necessidade de *ffill* ou *bfill*, vistos anteriormente. A linha de comando é:

*df = pd.merge_asof(arq1, arq2, left_on='data', right_on= 'data', direction = 'nearest')*

O resultado dentre todos os que apresentamos antes é o mais interessante com uma ótima filtragem. Para nossos arquivos arq1 e arq2, teremos a resposta:

```
++++++++++++++++
        data  valor_x  valor_y
0 2024-01-10        5       30
1 2024-01-12        7       30
2 2024-01-13        2       26
3 2024-01-15       -8       26
++++++++++++++++
```

Podemos observar que a *merge_asof( )* repete o resultado da merge( ), mas ainda preenche as linhas de 12/1 e 13/1, que, originalmente, estariam eliminadas, ou no caso da *concat( )*, preenchidas com NaN. Novamente, a simples substituição da linha 19 fornece o resultado rápido e simples para o agrupamento com *merge_asof( )* no código anterior.

```
# Algoritmo básico para usar MERGE_ASOF entre arquivos

import pandas as pd

arq1= pd.DataFrame(columns = ['valor'])
arq2 = pd.DataFrame(columns = ['valor'])

arq1['valor'] = [5, 7, 2, -8]
arq1.index = ['10/1/2024', '12/1/2024', '13/1/2024', '15/1/2024']
arq1.index = pd.to_datetime(arq1.index,format = '%d/%m/%Y')

arq1.index.name = 'data'

arq2['valor'] = [30, 26, -12, 90]
arq2.index = ['10/1/2024', '15/1/2024', '17/1/2024', '19/1/2024']
arq2.index=pd.to_datetime(arq2.index,format='%d/%m/%Y')
arq2.index.name = 'data'

df=pd.merge_asof(arq1,arq2,
             left_on='data',
             right_on='data',
             direction='nearest')

print('+++++++++++++++++')
print(df)
print('+++++++++++++++++')
```

## 5.7 O DIABO SE ESPREITA NA PRESSA

Vivemos dias muito tumultuados, com informações chegando a todo instante sob nossos olhos. Com as redes sociais e os celulares, as informações chegam de diversas maneiras, sobre muitos assuntos, que sempre nos dispersam dos nossos afazeres. Às vezes, um pequeno erro tomará longa parte do dia de trabalho, podemos sentir o diabo nas costas, rindo das travessuras.

Por exemplo, se, na pressa, escrevermos o comando merge_asof( ) assim:

*df = pd.merge_asof([arq1, arq2], left_on='data', right_on= 'data', direction = 'nearest') ,*

a resposta no console do Python será:

```
Traceback (most recent call last):

  File "<ipython-input-48-960a5aafd2ce>", line 1, in <module>
    runfile('D:/trabalho/Livro Pandas e Diabo/Cap_5/Ex1_tutorial_Merge_Simples.py', wdir='D:/trabalho/Livro
Pandas e Diabo/Cap_5')

  File "C:\Users\Dell\Anaconda3\lib\site-packages\spyder_kernels\customize\spydercustomize.py", line 827, in
runfile
    execfile(filename, namespace)

  File "C:\Users\Dell\Anaconda3\lib\site-packages\spyder_kernels\customize\spydercustomize.py", line 110, in
execfile
    exec(compile(f.read(), filename, 'exec'), namespace)

  File "D:/trabalho/Livro Pandas e Diabo/Cap_5/Ex1_tutorial_Merge_Simples.py", line 19, in <module>
    df = pd.merge_asof([arq1, arq2], left_on='data', right_on= 'data', direction = 'nearest')

TypeError: merge_asof() missing 1 required positional argument: 'right'
```

Como assim? Tudo parece como antes!

O problema é que, quando usamos a função *concat( )*, ela exige que os arquivos entrem como lista usando [ ]. Se usarmos em diversos códigos a *concat( )* e, de repente, resolvermos mudar de método e usar a *merge_asof( )*, vamos ter a tendência de mudar apenas o nome, alguns comandos internos e continuarmos com [ ] para os dois arquivos arq1 e arq2 (ou outros mais).

Acontece que, na função *merge_asof( )*, não se usa lista com [ ], mas apenas vamos colocando os arquivos a serem mergeados, ao contrário da função *concat( )*. E, quando usamos o formato de lista com [ ], a *merge_asof( )* se perde e não reconhece o comando. É um erro muito simples, e pode ser que o leitor nunca passe por isso, mas é muito comum encontrarmos erros desse jeito na correria do dia a dia, e isso leva um enorme tempo para percebermos.

Mas como o Python é dinâmico, pode ser que, em versões futuras e mais avançadas, esse tipo de erro não apareça mais. Fica aqui apenas como um alerta para o leitor sobre como a pressa pode nos tomar muito tempo com pequenos erros.

# CAPÍTULO 6
# A função lambda

## 6.1 A IDEIA INICIAL

Um dos grandes matemáticos do século XX, David Hilbert (Livio, 2009; Roque, 2012; Penrose, 2023), propôs uma lista de 23 problemas de matemática que clamavam por soluções definitivas. Essa lista foi lida no Congresso Internacional de Matemáticos, em Paris, em uma época de ouro para a ciência, com diversas invenções, descobertas e corridas para maiores desenvolvimentos tecnológicos.

Hilbert listou, por exemplo, o problema da necessidade da descrição de um processo algorítmico que sempre seria afirmativo em caso de solução de uma equação (no caso, era a equação diofantina), ou negativo, no caso de não haver solução. O que ele propunha era uma maneira de se entrar com uma função numa caixa-preta, e que na saída aparecesse "sim" ou "não" para a solução da função.

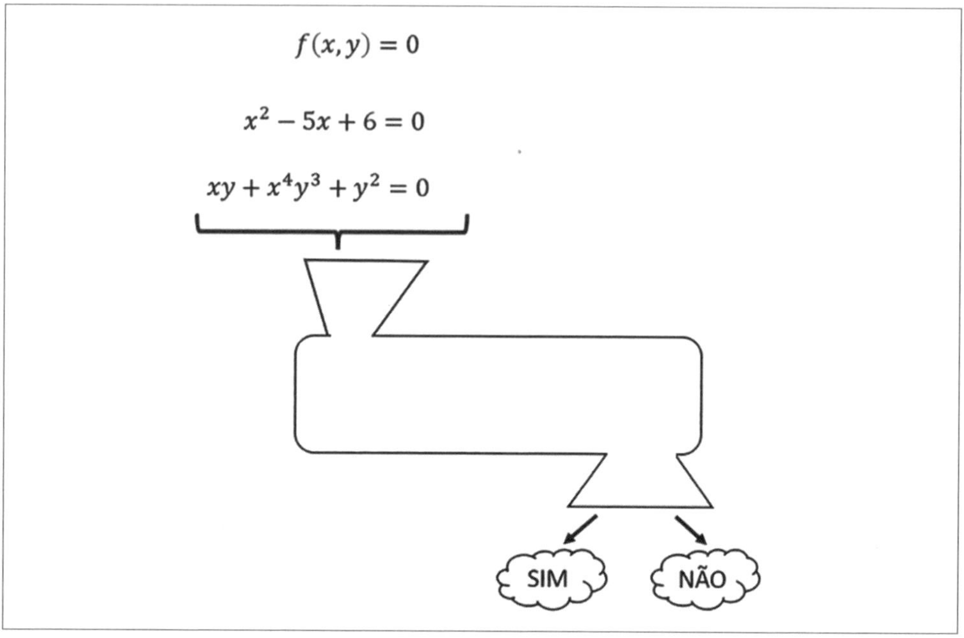


**Figura 6.1** Descrição de um processo algorítmico segundo Hilbert.

Contudo, no início da década de 1930, Alonzo Church provou (Penrose, 2023) que existem problemas que não possuem soluções por meio de algoritmos. Existirão problemas que entrarão em modo recursivo infinito e nunca fornecerão soluções, deixando em aberto se uma solução existe, mas está no infinito, ou se a solução não existe, por mais que se tente.

Kurt Gödel e Alan Turing chegaram ao mesmo resultado de forma independente e criativa, resolveram o grande problema de paradoxos que estavam deixando o formalismo matemático em desespero. Gödel provou o que se tornou conhecido como os dois teoremas da incompletude:

- em uma teoria consistente, sempre há proposições que não podem ser demonstradas nem verdadeiras, nem falsas;
- é impossível, dentro do próprio formalismo, uma teoria provar se ela é inconsistente ou consistente.

Para as questões sobre a teoria da computação, Church, Gödel e Turing usaram o conceito geral sobre funções. Eles não se preocupavam nas suas proposições com funções específicas do tipo f(x), g(x,y), h(t), ou seja, em teoria, existe um pensamento algorítmico geral (chamado de *função autônoma*) que independe se a função tem nome "f", "g" ou "h". Se provarmos que os procedimentos lógicos são sempre válidos de forma algorítmica para uma função, eles serão válidos para qualquer função.

Daí surge o conceito de função anônima, conhecida como *função lambda* (λ), cujo cálculo passou a ser conhecido como Cálculo-λ. Por exemplo, vamos supor que tenhamos a função

$$f(x) = x$$

Numa função anônima, informamos que a aplicação de toda função à variável "x" levará ao resultado da própria variável "x". Do ponto de vista formal, escreve-se esse tipo de regra na teoria da computação como

$$\lambda x.x$$

A letra grega λ (lambda) representa qualquer função que é aplicada a uma variável (usando a notação de ponto [.]). Essa é a ideia para a função lambda, que nos indica que não precisamos criar uma função (uma *def function* no Python, por exemplo), basta, para isso, criar essa função lambda, que pode ser chamada com qualquer nome e estar em qualquer lugar do programa.

Por exemplo, a função $f(x) = x + 1$ indica que, numa caixa-preta, entra "x" e sai como resposta o valor de "x + 1".

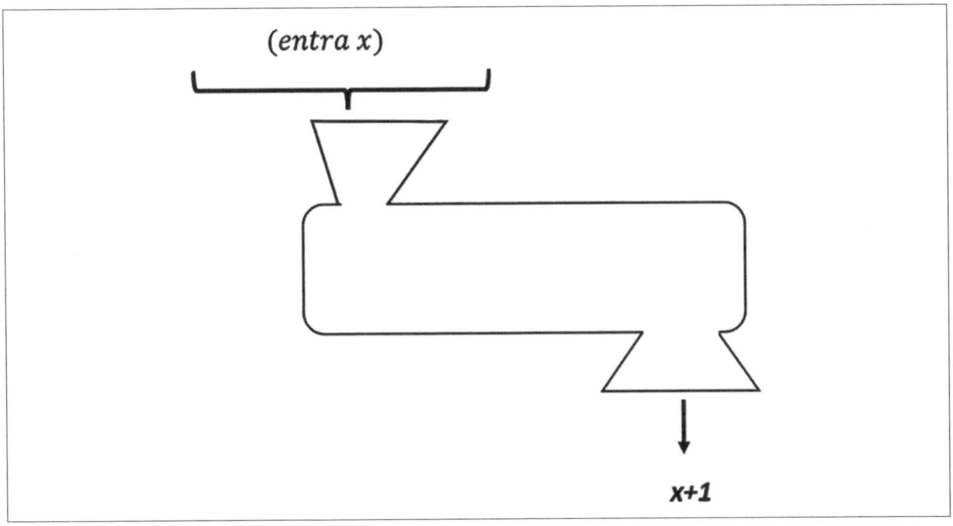


**Figura 6.2** Representação da função f (x) = x + 1.

Em termos de sistema formal com função lambda, a mesma função seria escrita da seguinte forma:

$$\lambda x.(x+1)$$

Se quisermos saber algum valor específico para x, por exemplo, x = 5, para a função "f", teremos:

$$f(5)=5+1 \Rightarrow f(5)=6$$

Para a função lambda, representamos a regra de "f" como:

$$(\lambda x.(x+1))(5)=6$$

## 6.2 A FUNÇÃO APPLY

A função lambda no Python necessita do uso de uma função que vai ativá-la nos cálculos. Essa função é conhecida como função apply( ). Vamos observar seu uso, supondo que tenhamos a seguinte tabela:

| a | b |
|---|---|
| 2 | 5 |
| 3 | 10 |
| 4 | 8 |
| 5 | 7 |

Primeiramente, no Python, criamos o DataFrame desta tabela:

```
# Uso do apply
import pandas as pd
import numpy as np

df=pd.DataFrame({'a':[2,3,4,5],
          'b':[5,10,8,7]})
```

Após criarmos o DataFrame, vamos supor que desejamos criar uma coluna "c" que seja a soma de todos os elementos, separados a cada linha de "a" e "b". Ou seja, queremos uma coluna c = a + b. A maneira de fazermos isso é usarmos a biblioteca que trabalha com array (a biblioteca NumPy) e que, automaticamente, usa a função “sum” para somar os elementos. Para essa soma, precisaremos que a regra seja colocada dentro da função apply( ), mas, para que a função entenda que deve ser linha a linha, precisaremos indicar que axis = 1.

```
1   # Uso do apply
2   import pandas as pd
3   import numpy as np
4
5   df=pd.DataFrame({‘a’:[2,3,4,5],
6           ‘b’:[5,10,8,7]})
7
8   ##### criando coluna c = a + b
9   df[‘c’]=df.apply(np.sum, axis=1)
```

O uso do axis = 1 estabelece que a soma automática deverá ser por linhas, com np.sum sendo aplicada para todas as colunas do DataFrame, mas rodando linha após linha. O resultado dessa operação na linha 9 do algoritmo anterior será:

| | a | b | c |
|---|---|---|---|
| 0 | 2 | 5 | 7 |
| 1 | 3 | 10 | 13 |
| 2 | 4 | 8 | 12 |
| 3 | 5 | 7 | 12 |

O diabo pode aparecer, impondo-nos uma pressa descomunal, e, de repente, podemos nos esquecer de colocar axis = 1. O que acontece? As linhas da coluna “c” ficarão vazias!

| | a | b | c |
|---|---|---|---|
| 0 | 2 | 5 | NaN |
| 1 | 3 | 10 | NaN |
| 2 | 4 | 8 | NaN |
| 3 | 5 | 7 | NaN |

A função apply( ) aplica uma regra matemática no DataFrame, mas, necessariamente, essa regra deverá depender formalmente de funções existentes no Python. Por exemplo, se desejarmos a média das colunas “a”, “b” e “c”, criando, para isso, uma coluna "d", podemos usar a função média da NumPy (np.mean), indicando que queremos uma nova coluna como média das demais. Em nosso algoritmo anterior, colocamos essa nova regra na linha 12 a seguir.

```
1   # Uso do apply
2   import pandas as pd
3   import numpy as np
4
5   df=pd.DataFrame({'a':[2,3,4,5],
6           'b':[5,10,8,7]})
7
8   ##### criando coluna c = a + b
9   df['c']=df.apply(np.sum, axis=1)
10
11  ##### media das colunas a, b, c
12  df['d']=df.apply(np.mean, axis=1)
```

O resultado para essa alteração no DataFrame é:

| | a | b | c | d |
|---|---|---|---|---|
| 0 | 2 | 5 | 7 | 4.666667 |
| 1 | 3 | 10 | 13 | 8.666667 |
| 2 | 4 | 8 | 12 | 8.000000 |
| 3 | 5 | 7 | 12 | 8.000000 |

E se não quisermos todas as colunas? Em muitos casos, queremos criar novas colunas, com base nos dados já existentes, porém, precisamos somente de algumas colunas específicas, não de todas. Nesse caso, podemos indicar que não desejamos a aplicação no "df" inteiro, mas especificamos as colunas desejadas usando dois colchetes df[[xxx,yyy,zzz,...]] na função apply.

Por exemplo, se desejarmos criar uma coluna "e" como média de apenas os dados da coluna "a" e "b", mas não usar nada de "c", colocamos a regra na linha 15 a seguir.

```
1   # Uso do apply
2   import pandas as pd
3   import numpy as np
4
5   df=pd.DataFrame({'a':[2,3,4,5],
6           'b':[5,10,8,7]})
7
```

```
##### criando coluna c = a + b
df['c']=df.apply(np.sum, axis=1)

##### media das colunas a, b, c
df['d']=df.apply(np.mean, axis=1)

##### media somente de a e b
df['e']=df[['a','b']].apply(np.mean, axis=1)

print('++++++++++++++++++++++++++')
print(df)
```

O resultado será:

```
++++++++++++++++++++++++++++++
   a   b   c         d    e
0  2   5   7  4.666667  3.5
1  3  10  13  8.666667  6.5
2  4   8  12  8.000000  6.0
3  5   7  12  8.000000  6.0
```

Nota-se que o apply cria e amplia o poder do DataFrame, usando funções conhecidas do Python. Se tivermos uma regra geral, por exemplo, se desejamos criar uma coluna "c" composta pela regra $x^2 + 1$ para os dados da coluna "a"? Essa é uma função que não existe pronta no Python, mas ela é algorítmica, e, por isso, pode ser criada por uma descrição de função geral. E é nesse ponto que usamos a engenhosidade criada por Church, Gödel e Turing da função lambda.

## 6.3 A FUNÇÃO LAMBDA

Como vimos, a lambda deve ser sempre usada quando temos regras específicas sobre colunas, regras estas que não estão prontas em nenhuma função da biblioteca NumPy, por exemplo, se desejarmos aplicar a função $f(x) = x + 1$ somente aos elementos da coluna "a" e salvar, linha a linha, na coluna "c". Para ilustrar vamos usar nossa tabela do exemplo anterior:

| a | b |
|---|---|
| 2 | 5 |
| 3 | 10 |
| 4 | 8 |
| 5 | 7 |

Nesse caso, colocaríamos a função lambda na linha 7. Como se pode perceber, na linha 7, criamos uma regra geral, e, por isso, a função lambda é conhecida como anônima. Ela não tem nome específico e também possui uma variável geral chamada de "x", em que "x" pode ser qualquer coisa, qualquer coluna, desde que computável para o cálculo necessário.

```
1 # Uso do apply
2 import pandas as pd
3 df=pd.DataFrame({'a':[2,3,4,5],
4           'b':[5,10,8,7]})
5
6 ##### criando coluna c = a + 1
7 df['c']=df['a'].apply(lambda x:x+1)
```

O resultado para a nova coluna "c", sendo cada elemento de "a" adicionado de 1, é apresentado a seguir. Devemos reparar também que, quando usamos a função lambda, não usamos a informação axis = 1 da qual fizemos uso anteriormente.

| | a | b | c |
|---|---|---|---|
| 0 | 2 | 5 | 3 |
| 1 | 3 | 10 | 4 |
| 2 | 4 | 8 | 5 |
| 3 | 5 | 7 | 6 |

E se quisermos que a coluna "c" seja do tipo g(x) = cos(x) + 1? Essa função não existe pronta na NumPy, apenas a função cosseno. Mas podemos chamar a biblioteca Math do Python e usar a função cosseno. Mas por que a biblioteca Math, e não a biblioteca NumPy?

```
# Uso da funcao lambda
import pandas as pd
import math as mt

df=pd.DataFrame({'a':[2,3,4,5],
          'b':[5,10,8,7]})

##### criando coluna c = cos(a) + 1
df['c']=df['a'].apply(lambda x:mt.cos(x)+1)
```

Na linha 9, colocamos mt.cos(x), pois x é genérica e a função cosseno depende de alguma biblioteca. Como na função lambda, o valor de x entra um a um (e não na forma vetorial), a biblioteca Math deve ser usada. O resultado é:

| | a | b | c |
|---|---|---|---|
| 0 | 2 | 5 | 0.583853 |
| 1 | 3 | 10 | 0.010008 |
| 2 | 4 | 8 | 0.346356 |
| 3 | 5 | 7 | 1.283662 |

Mas poderíamos usar a função cosseno da biblioteca NumPy? Sim, sem problema algum, pois a NumPy engloba a biblioteca Math. O leitor deverá lembrar que o que vale para a Math pode ser ampliado de forma vetorial para a NumPy; mas o contrário, não.

Então, a mudança é simples no algoritmo a seguir, em que importamos na linha 3 a NumPy, e substituímos na linha 9 mt.cos(x) por np.cos(x), cuja resposta será a mesma anterior para a nova coluna “c”.

```
1   # Uso da funcao lambda
2   import pandas as pd
3   import numpy as np
4
5   df=pd.DataFrame({'a':[2,3,4,5],
6           'b':[5,10,8,7]})
7
8   ##### criando coluna c = cos(a) + 1
9   df['c']=df['a'].apply(lambda x:np.cos(x)+1)
```

Para a regra $f(x)=\sqrt{x+1}$, podemos fazer a substituição na mesma linha 9, o que tornará o algoritmo da seguinte forma:

```
1   # Uso da funcao lambda
2   import pandas as pd
3   import numpy as np
4
5   df=pd.DataFrame({'a':[2,3,4,5],
6           'b':[5,10,8,7]})
7
8   ##### criando coluna c
9   df['c']=df['a'].apply(lambda x:np.sqrt(x+1))
```

Teremos este resultado:

| | a | b | c |
|---|---|---|---|
| 0 | 2 | 5 | 1.732051 |
| 1 | 3 | 10 | 2.000000 |
| 2 | 4 | 8 | 2.236068 |
| 3 | 5 | 7 | 2.449490 |

## 6.4 A FUNÇÃO LAMBDA PARA DUAS OU MAIS COLUNAS

Para uma única coluna dentro da função lambda, basta usar a variável genérica "x" e a função desejada. E quando cada um dos dados vier de alguma coluna específica?

Nesse caso, como é genérica essa variável x, podemos usar x['a'], x['b'], e assim por diante, adotando "x" como se fosse um DataFrame, mas, na realidade, sendo uma variável na qual indicamos a procedência numérica.

```
1 # Uso da funcao lambda para duas colunas
2 import pandas as pd
3 df=pd.DataFrame({'a':[2,3,4,5],
4           'b':[5,10,8,7]})
5
6 ##### criando coluna c = a + b
7 df['c']=df.apply(lambda x: x['a'] + x['b'], axis=1)
```

O que se pode notar no algoritmo é que, como estamos tomando dados de colunas diversas, ao usar o nome das colunas para a variável genérica "x" da função lambda, precisaremos voltar a usar o comando axis = 1. Por que isso? Para que a lambda tome corretamente dados de cada coluna, mas respeitando o fato de ser linha após linha. Por isso, na linha 7, ao criarmos a nova coluna, usamos na apply novamente a definição de axis = 1. O resultado é o seguinte:

| | a | b | c |
|---|---|---|---|
| 0 | 2 | 5 | 7 |
| 1 | 3 | 10 | 13 |
| 2 | 4 | 8 | 12 |
| 3 | 5 | 7 | 12 |

Se quisermos uma coluna "d" como sendo uma soma de cada dado de "a", "b" e "c" usando a definição $d = a*b - c^2$ na linha 9, podemos ter o seguinte algoritmo:

```
# Uso da funcao lambda para duas colunas
import pandas as pd
df=pd.DataFrame({'a':[2,3,4,5],
         'b':[5,10,8,7]})

##### criando coluna c = a + b
df['c']=df.apply(lambda x: x['a'] + x['b'],axis=1)

df['d']=df.apply(lambda x: x['a']*x['b']-x['c']**2, axis=1)

print(df)
```

Também podemos usar na função lambda, funções definidas dentro do Python ou função já definidas num array? Sim, por exemplo, podemos usar x.mean( ) para a média de dados de um array para nossa variável genérica "x". Ou, ainda, x.std( ) para o desvio-padrão.

Vamos supor que desejamos normalizar toda a nossa matriz usando a conhecida fórmula de normalização:

$$z = \frac{x - \overline{x}}{\sigma}$$

Partindo-se, então, de nossa tabela

| a | b |
|---|---|
| 2 | 5 |
| 3 | 10 |
| 4 | 8 |
| 5 | 7 |

teremos a tabela normalizada

```
          a         b
0 -1.161895 -1.200961
1 -0.387298  1.200961
2  0.387298  0.240192
3  1.161895 -0.240192
```

Devemos observar que o comando normalizou a tabela toda, ou seja, a média foi geral, e o desvio-padrão, também. Isso é o que podemos ver na linha 7 a seguir.

```
1   # Uso da funcao lambda para normalizar dados
2   import pandas as pd
3   df=pd.DataFrame({'a':[2,3,4,5],
4            'b':[5,10,8,7]})
5
6   ##### normaliza os dados
7   df=df.apply(lambda x: (x-x.mean())/x.std())
8
9   print(df)
```

E se quisermos uma coluna específica? Por exemplo, não desejamos usar a função lambda para toda a tabela, apenas para a coluna "a". Nesse caso, poderemos usar a noção de iloc, já vista antes, uma vez que, com a regra geral, computacionalmente é melhor a noção de matriz como um array.

Na linha 7 do algoritmo modificado, podemos ver que definimos a mudança no DataFrame como [: , 0:1], pois queremos todas as linhas da coluna "a", ou seja, a coluna "0". Por isso, devemos usar o formato de iloc.

```
1   # Uso da funcao lambda para normalizar dados
2   import pandas as pd
3   df=pd.DataFrame({'a':[2,3,4,5],
4            'b':[5,10,8,7]})
5
6   ##### normaliza os dados
7   df.iloc[: , 0:1]=df.iloc[:, 0:1].apply(lambda x: (x-x.mean())/x.std())
8
9   print(df)
```

O resultado para a normalização somente da coluna "a" é (observar que a coluna "b" ficou intacta):

| | a | b |
|---|---|---|
| 0 | -1.161895 | 5 |
| 1 | -0.387298 | 10 |
| 2 | 0.387298 | 8 |
| 3 | 1.161895 | 7 |

O diabo fica nos atentando a usarmos apenas a representação normal com o título "a" da coluna do tipo seguinte:

```
df['a'] = df['a'].apply(lambda x: ( x - x.mean() )/x.std() )
```

Mas não devemos acreditar nisso; devemos manter a notação de iloc. Se alterarmos, como o "diabo" deseja, teremos a seguinte resposta do Python, o que vai nos desesperar demais! Porque ele não reconhece a função média:

```
File "C:\Users\Dell\Anaconda3\lib\site-packages\spyder_kernels\customize\spydercustomize.py", line 827, in runfi
  execfile(filename, namespace)

File "C:\Users\Dell\Anaconda3\lib\site-packages\spyder_kernels\customize\spydercustomize.py", line 110, in execf
  exec(compile(f.read(), filename, 'exec'), namespace)

File "D:/trabalho/Livro Pandas e Diabo/Cap_6/Uso_lambda_Normalizacao_Apenas1_coluna.py", line 7, in <module>
  df['a']=df['a'].apply(lambda x: (x-x.mean())/x.std())

File "C:\Users\Dell\AppData\Roaming\Python\Python37\site-packages\pandas\core\series.py", line 4135, in apply
  mapped = lib.map_infer(values, f, convert=convert_dtype)

File "pandas\_libs\lib.pyx", line 2467, in pandas._libs.lib.map_infer

File "D:/trabalho/Livro Pandas e Diabo/Cap_6/Uso_lambda_Normalizacao_Apenas1_coluna.py", line 7, in <lambda>
  df['a']=df['a'].apply(lambda x: (x-x.mean())/x.std())

AttributeError: 'int' object has no attribute 'mean'
```

## 6.5 EXERCÍCIOS

**(6.1)** Gere pela biblioteca NumPy um array x com distribuição de probabilidade normal, média 10 e desvio-padrão 2, contendo 100 valores. Crie um DataFrame que tenha uma coluna com título "x", usando os dados do array. A normalização, como visto no texto, segue a fórmula:

$$z = \frac{x - \overline{x}}{\sigma}$$

(a) Coloque o script do programa.
(b) Use a função lambda para normalizar os dados da coluna "x", criando uma nova coluna com os dados normalizados.
(c) Faça um gráfico de subplot na biblioteca Pandas, com duas linhas e uma coluna de janelas (2,1). Na primeira janela, coloque o gráfico original de "x". Na segunda janela, coloque os valores normalizados da segunda coluna do DataFrame gerados pela função lambda.

**(6.2)** O mesmo problema anterior, mas, agora, gerando distribuição de probabilidade normal, média 50 e desvio-padrão 5, com 500 pontos. Compare o histograma dos dados originais em "x" com os dados normalizados.
(a) Como será o programa em Python?
(b) Faça o gráfico dos dois histogramas.
(c) Repita o programa, mas altere para 100 classes, em vez do automático gerado pelo DataFrame.

**(6.3)** Gere duas séries de números reais usando a biblioteca NumPy, contendo 10 números cada uma. A primeira deverá ser de números aleatórios com distribuição normal, média 0 e desvio-padrão 1. A segunda deverá ter distribuição aleatória entre 0 e 1. Coloque as duas séries no mesmo DataFrame em colunas diferentes. Crie uma nova coluna que seleciona, linha a linha, o maior dos elementos e coloca-o numa outra coluna do DataFrame.

**(6.4)** Gere duas séries de números reais aleatórios com a biblioteca NumPy, com 10 números cada. A primeira deverá ter distribuição normal, média 0 e desvio-padrão 1. A segunda deverá ter distribuição normal, com média 1 e desvio-padrão 3. Coloque as duas séries num DataFrame df. Usando a função lambda, crie uma coluna "c" cujos elementos serão a soma linha a linha do valor absoluto da primeira coluna com o valor ao quadrado da segunda coluna.

**(6.5)** Gere duas séries x e y com a biblioteca NumPy, em que x tenha distribuição normal, média 0 e desvio-padrão 1, com 5 números. A segunda série, também com 5 números, deverá ser normal com média 2 e desvio-padrão 1. Coloque as duas séries num DataFrame df. Imprima o DataFrame e, em seguida, modifique as colunas geradas da seguinte forma: cada coluna deverá subtrair do maior elemento de sua coluna o valor absoluto de cada elemento. Isso deverá ser feito para as duas colunas. Ao final, imprima como ficará o novo DataFrame, chamado de df2.

**(6.6)** Gere duas séries x e y com a biblioteca NumPy, em que x tem distribuição normal, média 4 e desvio-padrão 1, com 5 números. A segunda série, também com 5 números, deverá ser normal, com média 1 e desvio-padrão 1. Coloque as duas séries num DataFrame df. Imprima o DataFrame e, em seguida, modifique as colunas geradas da seguinte forma:

- em primeiro lugar, transforme a coluna "a", para que seja o valor absoluto de cada elemento somado ao máximo da coluna "a", e salve numa nova coluna "c";
- em seguida, adicione a coluna "c" criada, os elementos da coluna "b", elemento a elemento.

# CAPÍTULO 7
# Seaborn – Uma grande aliada da Pandas

## 7.1 REVISITANDO GRÁFICOS BÁSICOS

A biblioteca Pandas tem um enorme diferencial em relação às outras bibliotecas no que se refere à apresentação gráfica. Uma grande ferramenta auxiliar que trabalha muito bem com a Pandas é a biblioteca Seaborn. Essa biblioteca já foi utilizada em programas citados nos primeiros capítulos devido a sua grande facilidade em construir gráficos. Quando fazemos gráficos básicos, nem sempre conseguimos notar diferença em relação à informação. Notamos, sim, muita diferença no aspecto da estrutura e da representação, que, no caso da Seaborn, são muito interessantes.

Quando precisamos de uma disposição com divulgação mais ampla, a biblioteca Seaborn consegue sanar alguns problemas que apresentam algumas disposições gráficas na Pandas. A Seaborn atua como uma grande técnica de auxílio na resolução de problemas por parte da Pandas.

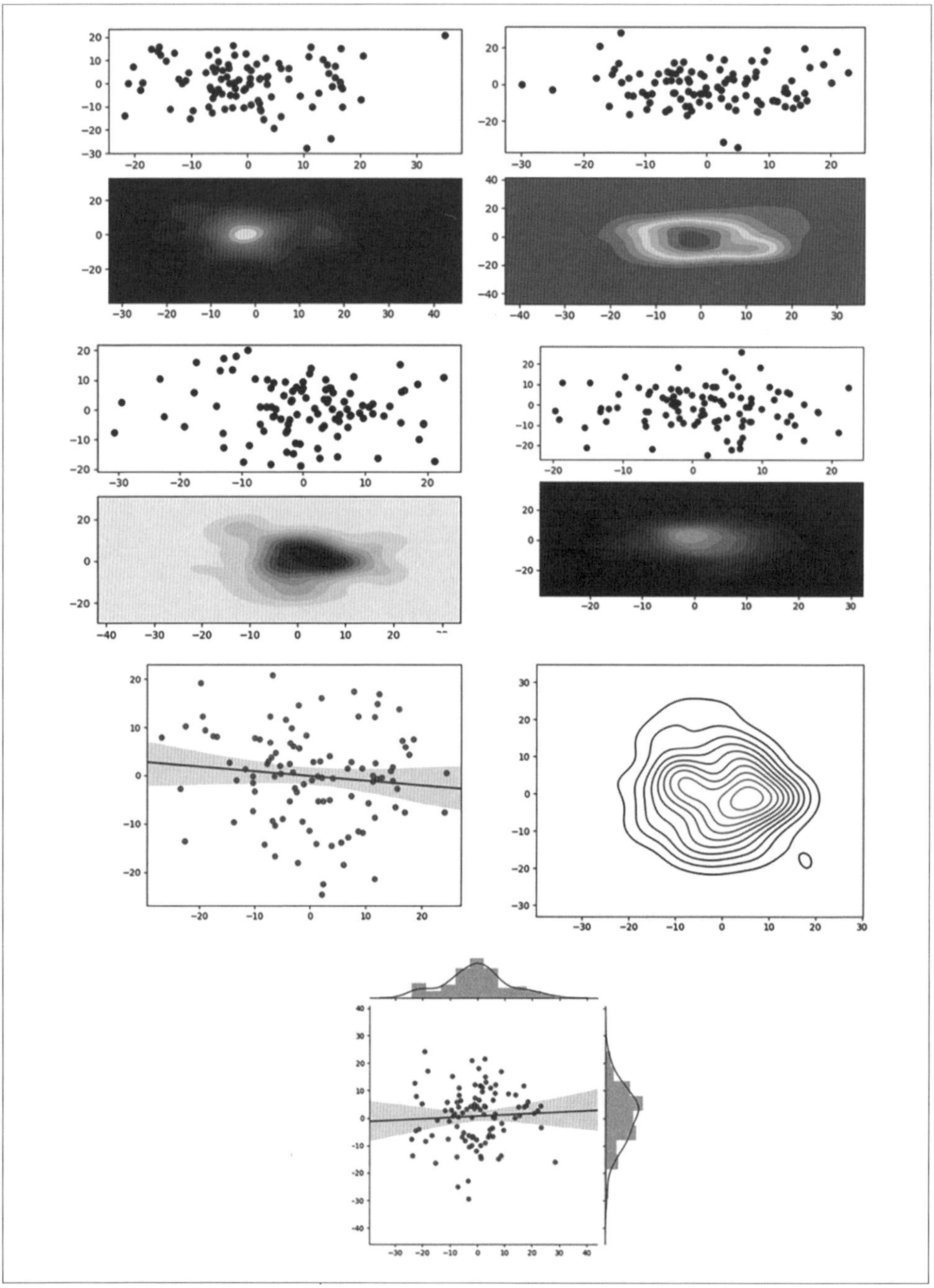

Figura 7.1 Alguns tipos de gráficos disponíveis na biblioteca Seaborn.

Um dos gráficos mais básicos da Seaborn é o gráfico de linhas, apresentado na Figura 7.2. O comando na Seaborn para esse tipo de gráfico é o lineplot( ), em que, dentro dos parêntesis, colocamos o DataFrame que vem da biblioteca Pandas. Vamos supor que tenhamos a seguinte tabela, entrando no Python no formato de DataFrame. Se admitirmos que importamos a biblioteca Seaborn como "sns", então, na linha do código, esse gráfico deverá ter

**sns.lineplot ( data = df )**

em que "df" é o DataFrame advindo da seguinte tabela:

| a | b |
|---|---|
| *3* | *20* |
| *4* | *25* |
| *2* | *24* |
| *3* | *30* |
| *5* | *35* |
| *8* | *40* |
| *9* | *38* |

```
#biblioteca seaborn
import seaborn as sns
import pandas as pd

df=pd.DataFrame({'a':[3,4,2,3,5,8,9],
        'b':[20,25,24,30,35,40,38]})
sns.lineplot(data=df)
```

O resultado gráfico desse DataFrame é apresentado na Figura 7.2. É interessante notar que o lineplot automaticamente separa os dados das colunas "a" e "b", coloca a legenda, usa cores diferentes e completa com tipos de linha que facilitam a leitura por parte do usuário. Em outras bibliotecas, todas essas especificações teriam de ser feitas à parte.

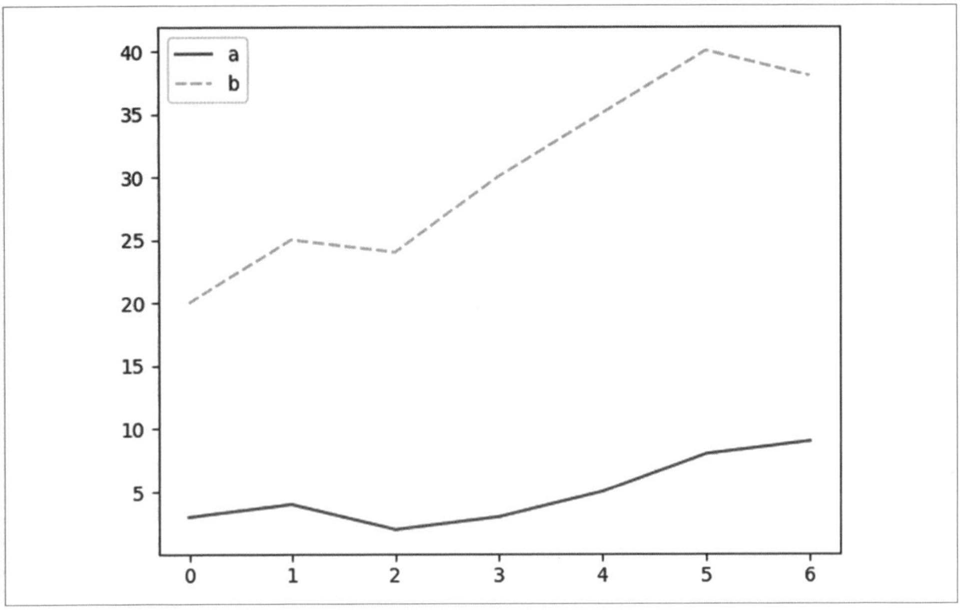


**Figura 7.2** Gráfico lineplot para o DataFrame.

Outro formato possível que resultará no mesmo gráfico é de uso de lista para colocar as colunas do DataFrame separadamente. Isso é útil quando não queremos o gráfico com todas as colunas como na Figura 7.2, mas de algumas colunas específicas. Para tanto, escrevemos o seguinte comando na linha 7 do código anterior:

**sns.lineplot(data = [ df['a'], df['b'] ])**

```
1  #biblioteca seaborn
2  import seaborn as sns
3  import pandas as pd
4
5  df=pd.DataFrame({'a':[3,4,2,3,5,8,9],
6            'b':[20,25,24,30,35,40,38]})
7  sns.lineplot(data=[df['a'],df['b']])
```

Ainda temos uma terceira forma de representar esses dados do DataFrame, especificando quem será o eixo-x e quem será o eixo-y. Com isso, não teremos duas linhas no gráfico, mas apenas a linha da coluna escolhida. Por exemplo, se usarmos a notação de df.index para o eixo-x, nele será colocado o índice do DataFrame, como visto na linha 7 a seguir. Se forem datas, nesse índice, elas aparecerão.

```
#biblioteca seaborn
import seaborn as sns
import pandas as pd

df=pd.DataFrame({'a':[3,4,2,3,5,8,9],
        'b':[20,25,24,30,35,40,38]})
sns.lineplot(x = df.index, y = df['a'])
```

O resultado gráfico é apresentado na Figura 7.3.

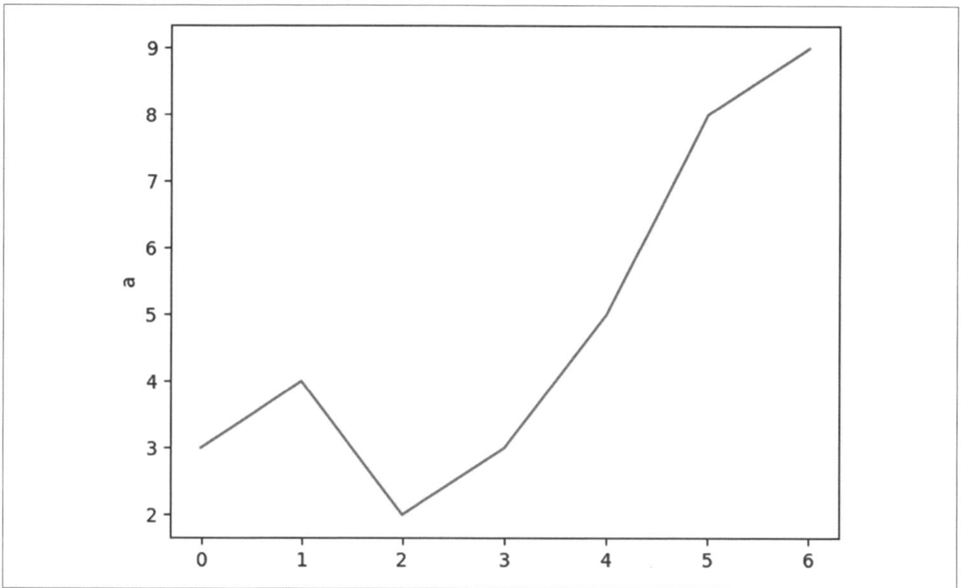


**Figura 7.3** Resultado com apenas a coluna "a" em lineplot.

## 7.2 GRÁFICOS PARA CATEGORIAS

O ponto forte da biblioteca Seaborn são os gráficos que separam as categorias, colocando colunas e realçando as diferenças entre elas. Esse tipo de gráfico se chama *scatter*. O eixo-x, em vez de ser índice, será uma coluna escolhida para ser comparada com outra do DataFrame. O comando mais simples é

**sns.scatterplot( data = df)**,

que está inserido na linha 7 a seguir.

```
#biblioteca seaborn
import seaborn as sns
import pandas as pd

df=pd.DataFrame({'a':[3,4,2,3,5,8,9],
        'b':[20,25,24,30,35,40,38]})
sns.scatterplot(data=df)
```

O resultado é visto na Figura 7.4, em que os símbolos representam categorias diferentes, que, nesse caso mais simples, são as colunas "a" e "b" do DataFrame "df".

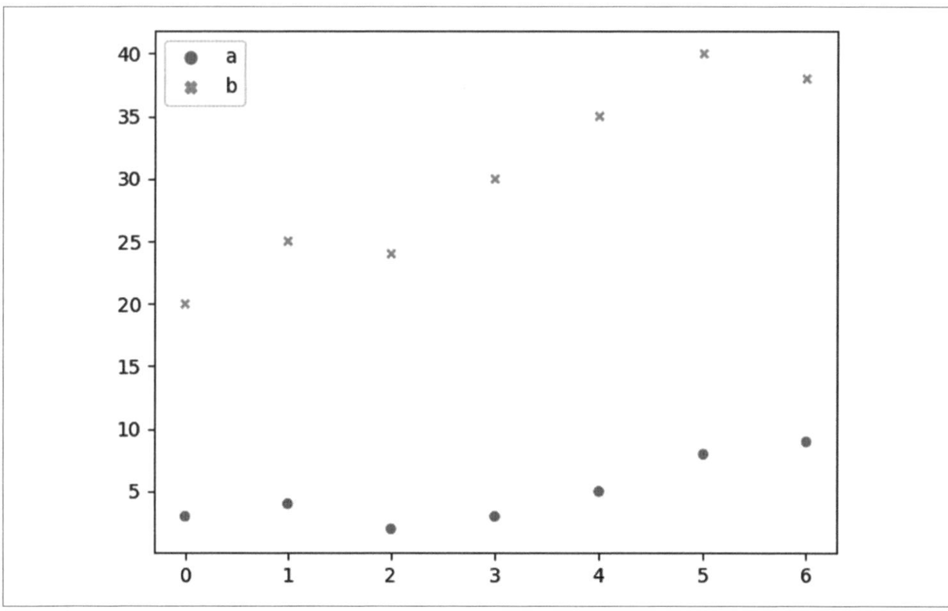


**Figura 7.4** Resultado com *scatterplot*.

Outro ponto muito interessante é que, além de separar por símbolos, pode-se ainda separar por cores, estilos e figuras, dependendo de valores numéricos de alguma outra coluna. Por exemplo, vamos criar uma tabela com três colunas, sendo a última composta de estados brasileiros.

| | a | b | estado |
|---|---|---|---|
| 0 | 3 | 20 | sp |
| 1 | 4 | 25 | rj |
| 2 | 2 | 24 | pr |
| 3 | 3 | 30 | mt |

Essa tabela foi criada a partir do código a seguir. Podemos observar que a construção do DataFrame é a mesma de sempre. Já a disposição do *scatter* fica em torno da escolha de como vamos dispor as variáveis no gráfico. No caso, ao escolher a linha 8 style='estado', estamos pedindo para a Seaborn variar os símbolos que foram escolhidos no gráfico a partir dos diferentes estados. Cada estado tem seu símbolo no gráfico da Figura 7.5.

```
1  #biblioteca seaborn
2  import seaborn as sns
3  import pandas as pd
4
5  df=pd.DataFrame({'a':[3,4,2,3],
6           'b':[20,25,24,30],
7           'estado':['sp','rj','pr','mt']})
8  sns.scatterplot(data=df, x='a', y='b', style='estado')
```

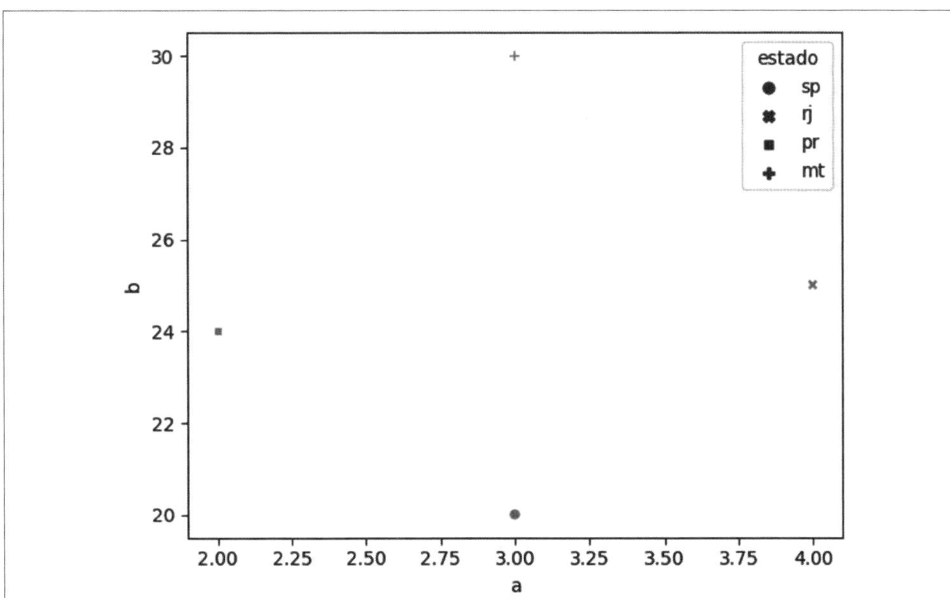


**Figura 7.5** Resultado com *scatterplot*, com variação dos símbolos por estado.

Podemos, ainda, usando função *hue* para estilos de cores, manter o mesmo símbolo para todos os estados, mas mudando as cores para cada estado diferente. O gráfico ficaria um pouco diferente do anterior, como apresentado na Figura 7.6. Os símbolos são círculos, mas as cores mudam de estado para estado. O código, nesse caso, fica o seguinte, aparecendo, na linha 8, as mudanças das cores na variável *hue*:

```
1   #biblioteca seaborn
2   import seaborn as sns
3   import pandas as pd
4
5   df=pd.DataFrame({'a':[3,4,2,3],
6            'b':[20,25,24,30],
7            'estado':['sp','rj','pr','mt']})
8   sns.scatterplot(data=df, x='a', y='b', hue='estado')
```

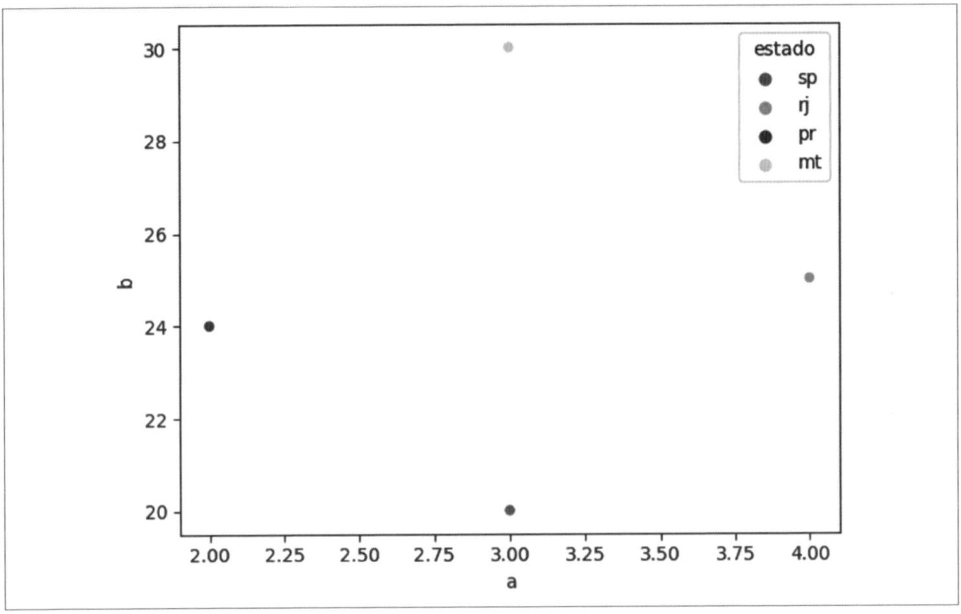


**Figura 7.6** Resultado com *scatterplot* e cores diferentes para os estados.

Podemos trocar os marcadores e escolher apenas um de nosso gosto? Sim, claro! Para tanto, basta colocarmos a função marker = '+' para sair o símbolo '+' na linha 8.

```
1  #biblioteca seaborn
2  import seaborn as sns
3  import pandas as pd
4
5  df=pd.DataFrame({'a':[3,4,2,3],
6         'b':[20,25,24,30],
7         'estado':['sp','rj','pr','mt']})
8  sns.scatterplot(data=df, x='a', y='b', marker = '+')
```

## 7.3 GRÁFICOS DE DENSIDADE (KDEPLOT)

O gráfico de densidade é interessante pois nos apresenta curvas de níveis de valores que estão no mesmo gráfico e possuem mesmo valor, apesar de distante em sua disposição. O gráfico na Seaborn se chama "kdeplot". A sigla KDE vem de *Kernel Density Estimate*, uma técnica para distribuir os dados por meio da densidade e de suas frequências de aparecimentos.

Vamos construir uma amostra com duas categorias, que chamaremos de "x" e "y", compostas por 100 números aleatórios. Nesse caso, a melhor geração está por conta da biblioteca NumPy, com a função Random. Usaremos a distribuição de probabilidade Normal, também conhecida como gaussiana, adotando média nula e desvio-padrão 1. Para o leitor não íntimo de probabilidade, recomendo uma boa leitura em clássicos livros de probabilidades, como Meyer (1984), Navidi (2012), Prado (2014), Papoulis (1991), Magalhães (2000), Spiegel (1994), entre outros.

A construção das amostras apresenta uma disposição que não é totalmente aleatória de forma intencional. Como pode ser notado na linha 6 do algoritmo a seguir, forçamos que a variável y dependa linearmente da variável x, somando seus números aos aleatórios gerados por y.

```
1  #biblioteca seaborn kdeplot
2  import seaborn as sns
3  import numpy as np
4
5  x=np.random.randn(100)
6  y=np.random.randn(100) + 2*x
7
8  sns.kdeplot(x,y)
```

O resultado é ilustrado na Figura 7.7, na qual se notam as curvas concêntricas com a composição dos valores aleatórios gerados nas linhas 5 e 6. Em sua versão mais simples, o kdeplot coloca x no eixo das abscissas e y no eixo das ordenadas.

O aspecto na diagonal da figura acontece porque colocamos uma dependência de y a x ao somarmos 2*x para cada aleatório gerado. Caso gerássemos apenas dados aleatórios, teríamos as curvas de nível com aspecto de círculos.

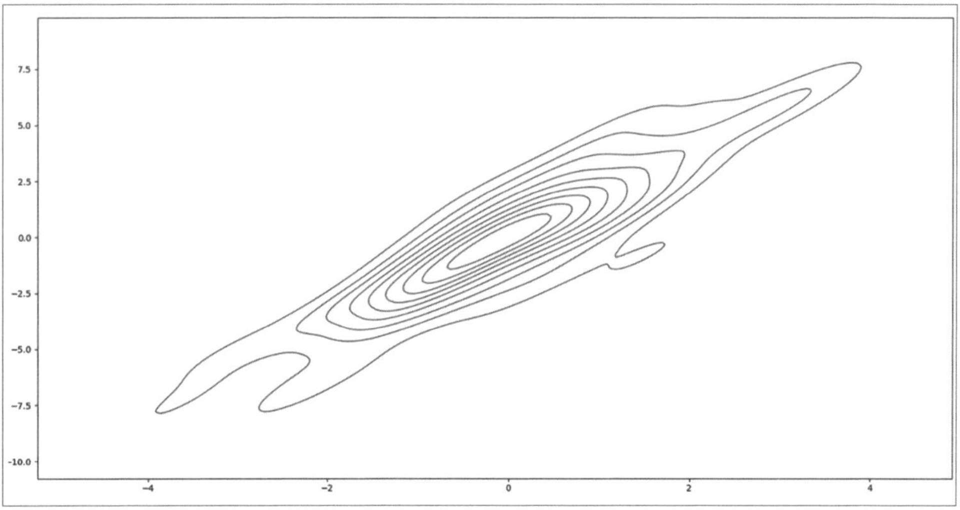


**Figura 7.7** Resultado com kdeplot para dados aleatórios.

É interessante não apenas observar os dados em kdeplot, mas, também, ver a característica dos dados dispostos nos índices de seus aparecimentos. Na intenção de usarmos a função anterior já descrita para gráfico de linhas, ficamos tentados pelo diabo a usarmos o lineplot da seguinte forma:

```
sns.lineplot(y=[x,y])
```

Mas isso é só uma tentação, pois o lineplot precisa da biblioteca pandas, no formato do uso com DataFrame. Se colocarmos o comando anterior, o Python não o reconhece e soltará no console a seguinte informação de erro:

```
File "C:\Users\Dell\Anaconda3\lib\site-packages\seaborn\relational.py", line 708, in lineplot
  p._attach(ax)

File "C:\Users\Dell\Anaconda3\lib\site-packages\seaborn\_core.py", line 1137, in _attach
  seed_data = categorical_order(seed_data)

File "C:\Users\Dell\Anaconda3\lib\site-packages\seaborn\_core.py", line 1483, in categorical_order
  order = vector.unique()

File "C:\Users\Dell\AppData\Roaming\Python\Python37\site-packages\pandas\core\series.py", line 1870, in unique
  result = super().unique()

File "C:\Users\Dell\AppData\Roaming\Python\Python37\site-packages\pandas\core\base.py", line 1047, in unique
  result = unique1d(values)

File "C:\Users\Dell\AppData\Roaming\Python\Python37\site-packages\pandas\core\algorithms.py", line 407, in unique
  uniques = table.unique(values)

File "pandas\_libs\hashtable_class_helper.pxi", line 4719, in pandas._libs.hashtable.PyObjectHashTable.unique

File "pandas\_libs\hashtable_class_helper.pxi", line 4666, in pandas._libs.hashtable.PyObjectHashTable._unique

TypeError: unhashable type: 'numpy.ndarray'
```

Então, o passo mais correto e didático é gerar aleatórios ou outras funções para uma disposição em DataFrame. Depois, reescrevemos o código usando lineplot e comparando o resultado com kdeplot. Mas como separar esses gráficos? Se tentarmos gerar os dois gráficos em linhas separadas, a Seaborn vai juntá-los numa única janela.

Por isso, o melhor a se fazer é chamar a biblioteca Matplotlib, apenas como um auxiliar para criar uma nova janela gráfica por meio de figure( ), como colocado na linha 15 do código a seguir. Com essa alteração, na linha 14, geramos os gráficos de linhas para as variáveis aleatórias “x” e “y”, que estão no DataFrame “df” (linhas 10, 11 e 12). E, após criarmos uma nova janela na linha 15, rodamos a função kdeplot na linha 16.

```
1   #biblioteca seaborn kdeplot
2   import seaborn as sns
3   import numpy as np
4   import pandas as pd
5   import matplotlib.pyplot as fig
6
7   x=np.random.randn(100)
8   y=np.random.randn(100) + 2*x
9
10  df=pd.DataFrame(columns=['x','y'])
11  df['x']=x
12  df['y']=y
13
14  sns.lineplot(data=df)
15  fig.figure()
16  sns.kdeplot(df['x'],df['y'])
```

Resultando nos gráficos das Figuras 7.8 e 7.9.

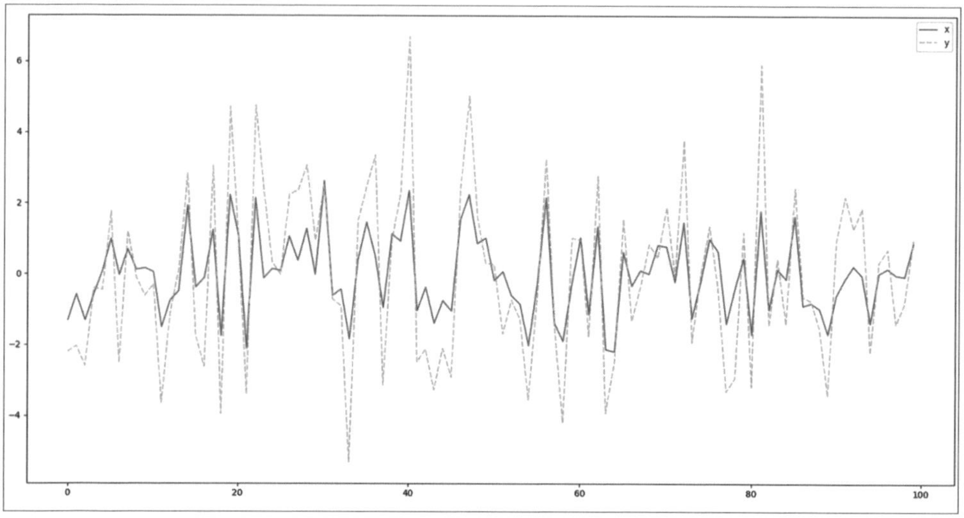


**Figura 7.8** Variáveis aleatórias "x" e "y".

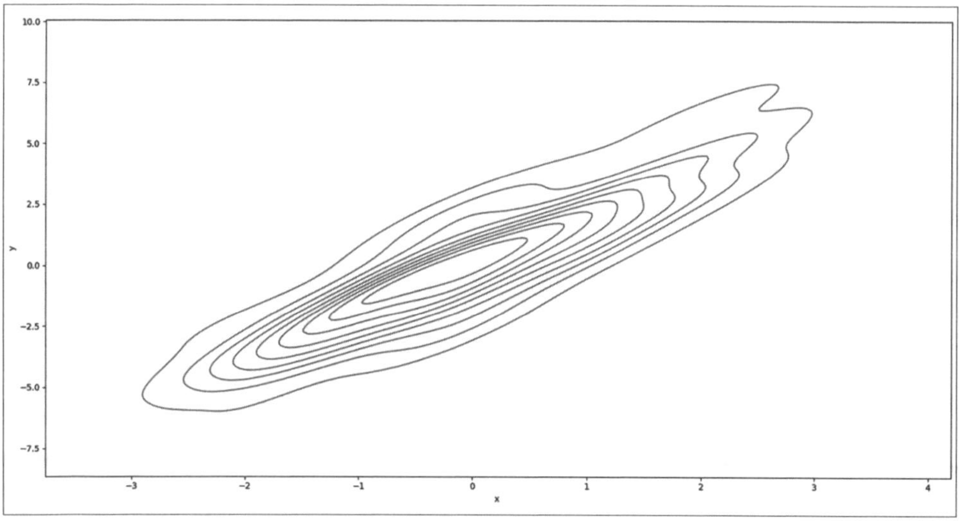


**Figura 7.9** Kdeplot para as variáveis "x" e "y" representadas pelo DataFrame.

Temos, no entanto, uma limitação. Geramos dados aleatórios com média zero e desvio-padrão 1. E se desejássemos outras médias ou desvios-padrão? Nesse caso, poderíamos usar a função *random.normal( )* da biblioteca NumPy. Nela, podemos escolher a média, o desvio-padrão e a quantidade de pontos a serem gerados.

```
1   #biblioteca seaborn kdeplot
2   import seaborn as sns
3   import numpy as np
4   import pandas as pd
5   import matplotlib.pyplot as fig
6
7   x=np.random.normal(0,1,100)
8   y=np.random.normal(5,1,100) + 2*x
9
10  df=pd.DataFrame(columns=['x','y'])
11  df['x']=x
12  df['y']=y
13
14  sns.lineplot(data=df)
15  fig.figure()
16  sns.kdeplot(df['x'],df['y'])
```

Nesse caso, a função normal é reescrita para as duas variáveis "x" e "y" nas linhas 7 e 8 do código a seguir. Para a variável "x", usamos média zero e desvio-padrão 1; mas, para "y", agora geramos dados com média 5 e desvio-padrão 1 com a mesma quantidade de 100 dados.

O resultado está na Figura 7.10 para as variáveis e na Figura 7.11 para o kdeplot. Pode-se ver que existe um claro deslocamento de "y" em relação a "x" na Figura 7.10 por conta da alteração da média.

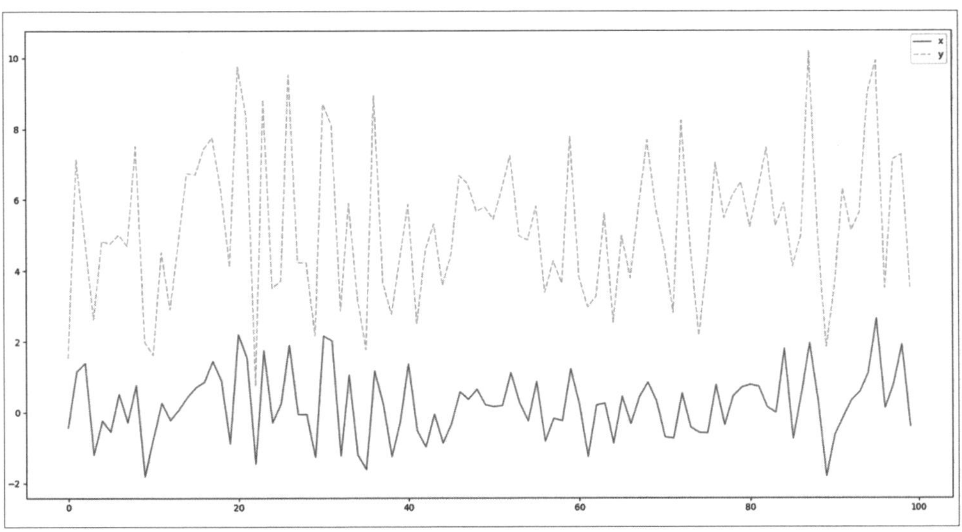


**Figura 7.10** Variáveis aleatórias geradas pela função *random.normal( )*.

Uma vez que temos os dados gerados em DataFrame, todas as medidas estatísticas importantes podem ser calculadas pela biblioteca Pandas e auxiliar no entendimento ilustrado pelos gráficos. Por exemplo, podemos estudar a correlação entre as variáveis, e, caso seja significativa, explicará a tendência dos gráficos de linha, ou mesmo a inclinação ocorrida pelas curvas de nível do kdeplot.

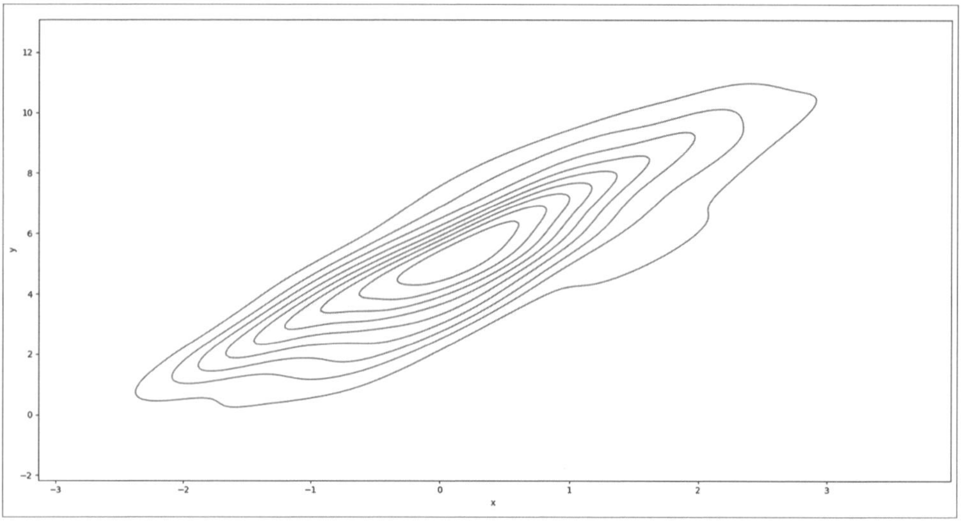


**Figura 7.11** Kdeplot para geração de dados com a função *random.normal( )*.

A correlação medida pela Pandas pode ser feita com a função corr(). Para os dados das Figuras 7.10 e 7.11, se colocarmos essa função no console, veremos que existe uma grande correlação entre "x" e "y" (claro, forçamos para que isso ocorresse). Usando df.corr( ), observa-se que a correlação entre as duas variáveis é de 86.91%.

```
In [18]: df.corr()
Out[18]:
          x         y
x  1.000000  0.869135
y  0.869135  1.000000
```

Um outro formato é escolher de qual coluna desejamos comparar a correlação com os dados. Por exemplo, df['x'].corr(df['y']) também funcionará da mesma maneira. A única diferença é que não será apresentada a matriz de correlação entre todas as variáveis, mas a correlação entre as duas colunas escolhidas.

```
In [19]: df['x'].corr(df['y'])
Out[19]: 0.8691354757261432
```

## 7.4 REGRESSÃO LINEAR COM JOINTPLOT

Em outras bibliotecas gráficas, várias vezes precisamos de muitas linhas para compor dados da distribuição entre as colunas de dados e visualizarmos alguma informação importante do ponto de vista estatístico.

A função *jointplot( )* agrupa todas as informações mais relevantes numa única janela gráfica interessante e bastante informativa. A disposição mais simples da função é apenas informar que existe um DataFrame, colocando data = <nome do DataFrame>. Por exemplo, como em nosso caso temos um DataFrame chamado de "df", colocamos

**sns.jointplot(data = df)**

e teremos como resultado a Figura 7.12. Nessa disposição básica, teremos, no centro, a disposição dos dados no formato de *scatter*, e, nos eixos laterais, as densidades de probabilidades das variáveis. No eixo vertical da direita do gráfico da Figura 7.12, temos as densidades de probabilidades separadas para "x" e "y". E, no eixo acima, temos a densidade de probabilidade conjunta para f(x,y).

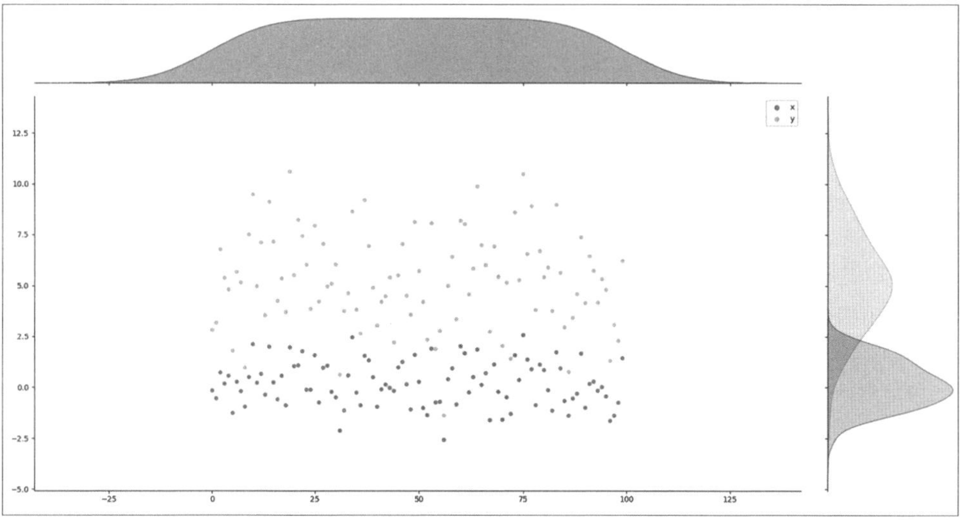


**Figura 7.12** Jointplot para o DataFrame com as variáveis aleatórias.

O código completo para gerar a Figura 7.12 é apresentado a seguir, e o comando para o jointplot está na linha 14.

```
1   #biblioteca seaborn jointplot
2   import seaborn as sns
3   import numpy as np
4   import pandas as pd
5
6
7   x=np.random.normal(0,1,100)
8   y=np.random.normal(5,1,100) + 2*x
9
10  df=pd.DataFrame(columns=['x','y'])
11  df['x']=x
12  df['y']=y
13
14  sns.jointplot(data=df)
```

Apenas uma observação de pontos no centro do gráfico não ajuda muito a entender o comportamento dos dados. Outras disposições na linha 14 podem ser alteradas para permitir medidas estatísticas melhores. Por exemplo, para uma regressão linear, alteramos a linha 14 do código anterior para

**sns.jointplot(data=df, x='x', y='y', kind='reg')**

Nessa nova disposição, incluímos os nomes das colunas para separarmos em quais desejamos ver a reta de regressão linear. Se as colunas tivessem outros nomes, como "a" ou "b", o comando seria x = "a" e y = "b". As letras x e y à esquerda do sinal de igual são palavras reservadas da função jointplot para suas variáveis e, por isso, estão sem apóstrofos.

Já a última variável indica qual medida estatística queremos observar. O kind = 'reg' informa isso, que desejamos a reta de regressão, pois seu símbolo na Seaborn é 'reg'. O resultado é o apresentado na Figura 7.13.

Essa é uma figura bem mais interessante, pois, no centro, podemos observar se existe ou não uma tendência para os dados escolhidos. No caso desse exemplo, vemos a tendência linear positiva entre "x" e "y", com a densidade de probabilidade nos eixos e também o histograma das frequências de classes, o que torna a análise praticamente completa.

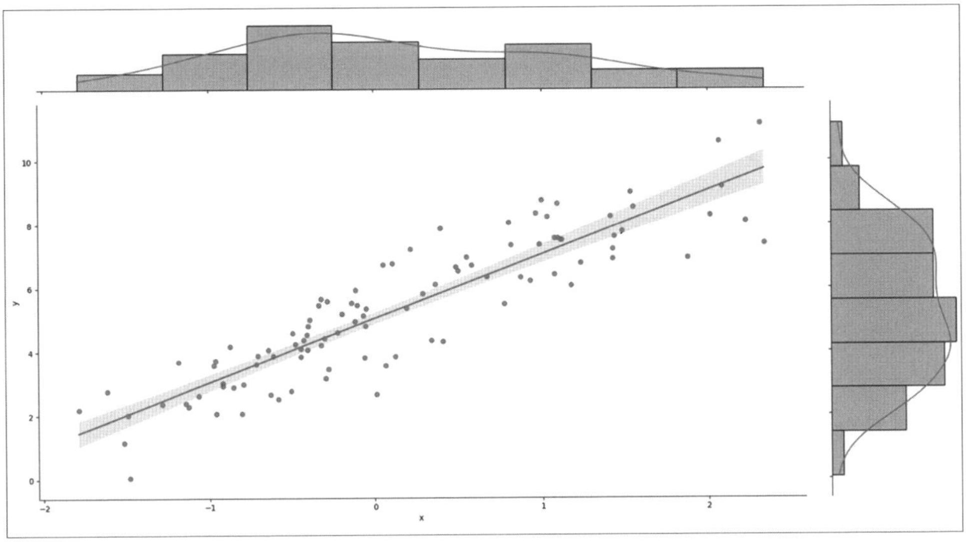

**Figura 7.13** Jointplot para o DataFrame com regressão linear.

Além de visualizar a linha que representa a reta de regressão da Figura 7.13, não informa quantitativamente o que acontece com os dados. Desejamos saber numericamente qual é essa reta ou quais são os parâmetros da reta. Para tanto, podemos chamar a biblioteca SciPy, na qual podemos estimar os valores de "a" e "b" da reta y = ax + b. Colocamos essa informação em dois pontos do código a seguir. Na linha 5, importamos a função "stats" da biblioteca SciPy, e, na linha 15, calculamos a estimativa para os coeficientes "a" (angular), "b" (linear) e "r"(coeficiente de regressão linear).

```
1   #biblioteca seaborn jointplot
2   import seaborn as sns
3   import numpy as np
4   import pandas as pd
5   from scipy import stats
6
7   x=np.random.normal(0,1,100)
8   y=np.random.normal(5,1,100) + 2*x
9
10  df=pd.DataFrame(columns=['x','y'])
11  df['x']=x
12  df['y']=y
13
14  sns.jointplot(data=df,x='x', y='y',kind='reg')
15  a, b, r, p_valor, erro = stats.linregress(df['x'],df['y'])
16
17  print('+++++++ reta y = ax + b ++++++')
18  print('a = ', a)
19  print('b = ', b)
20  print('coef. regressao = ',r)
```

Os valores impressos no console são:

```
+++++++ reta y = ax + b ++++++
a =  1.911430309461613
b =  5.054330584071504
coef. regressao =  0.888809758761466
```

Podemos, ainda, observar o kdeplot no centro do jointplot, alterando a linha 14 para

**sns.jointplot(data=df,x='x', y='y',kind='kde')**

O resultado é visto na Figura 7.14, com a disposição das linhas do kde no centro da Figura.

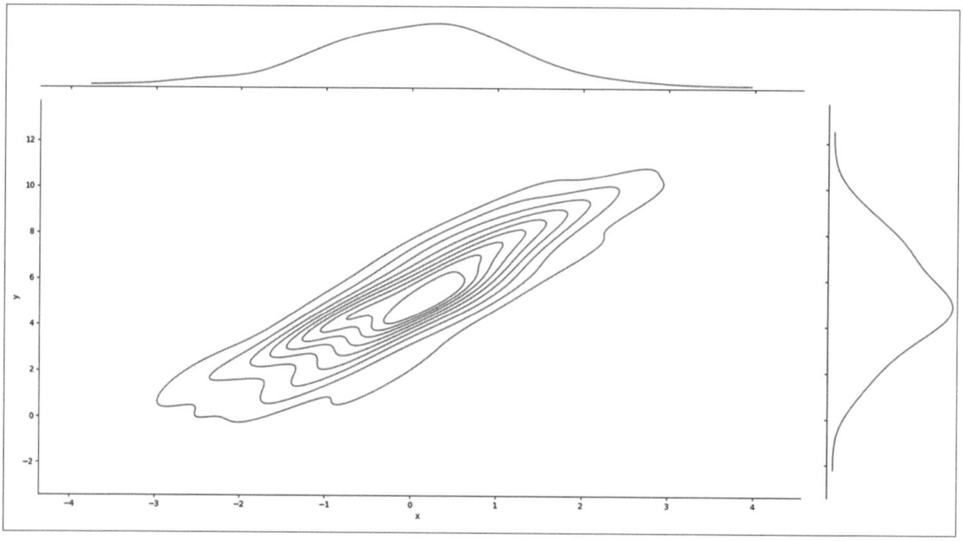

Figura 7.14 Jointplot para o DataFrame com kde.

## 7.5 ANÁLISE DE CATEGORIAS USANDO JOINTPLOT

Até este momento, apresentamos análises com jointplot apenas com valores numéricos. Mas, por meio de experimentos com *bigdata*, é muito frequente o aparecimento de muitas classes com letras, palavras, enfim, variáveis que chamamos de string. Por exemplo, para gerarmos letras aleatórias, podemos usar a NumPy com a função "choice" para escolher quais as letras desejamos colocar no DataFrame.

Isso nos ajudará a simular o comportamento de uma análise real quando envolver palavras repetidas inúmeras vezes.

**np.random.choice( ['a','b'] , 100)**

Esse comando para simular letras foi colocado na linha 12 do código a seguir, com a mesma quantidade de números aleatórios dos programas anteriores. O código tem muitas partes interessantes, pois poderemos agrupar kdeplot, com os pontos reais e, ainda, a marcação com os dados dispostos nos eixos, usando função marginals( ).

A função na linha 22 cria pequenas barras nos eixos, indicando a localização dos pontos diante das curvas de nível do kdeplot. Essa função de pequenas barras se chama rugplot( ). O leitor poderá observar que, agora, salvamos os gráficos com o nome de "g" para irmos adicionando as diversas funções e agregando informações sobre a disposição básica original. O início está na linha 16 do código a seguir.

```
1   import pandas as pd
2   import seaborn as sns
3   import numpy as np
4   df=pd.DataFrame(columns=['x','y'])
5   df['x']=np.random.normal(0,1,100)
6   df['y']=np.random.normal(5,1,100)
7
8   ### para juntar com kdeplot precisa de pelo menos 3 amostras por
9   ####  classe. Nesse caso temos 3 tipos "a" e 4 tipos "b".
10  #### se usar menos dará problema no kdeplot
11
12  df['letras'] = np.random.choice(['a','b'], 100) ## gerar classe aleatoria
13                          ## com apenas 2 letras
14
15  # grafico basico
16  g=sns.jointplot(data=df, x='x', y='y', hue='letras')
17  #++++++++++ primeiro anexo ao grafico anterior
18  g.plot_joint(sns.kdeplot)
19  #++++++++++ segundo anexo ao grafico anterior
20  # rug sao as barras marcando cada ponto no grafico
21
22  g.plot_marginals(sns.rugplot,color = 'r', height=-.25, clip_on = False)
23  #++++ correlacao ++++++
24  correlacao=df['x'].corr(df['y'])
25  print(correlacao)
```

O resultado completo está na Figura 7.15, mostrando as barras e as densidades de probabilidades nas laterais com o kde e pontos reais no centro da figura.

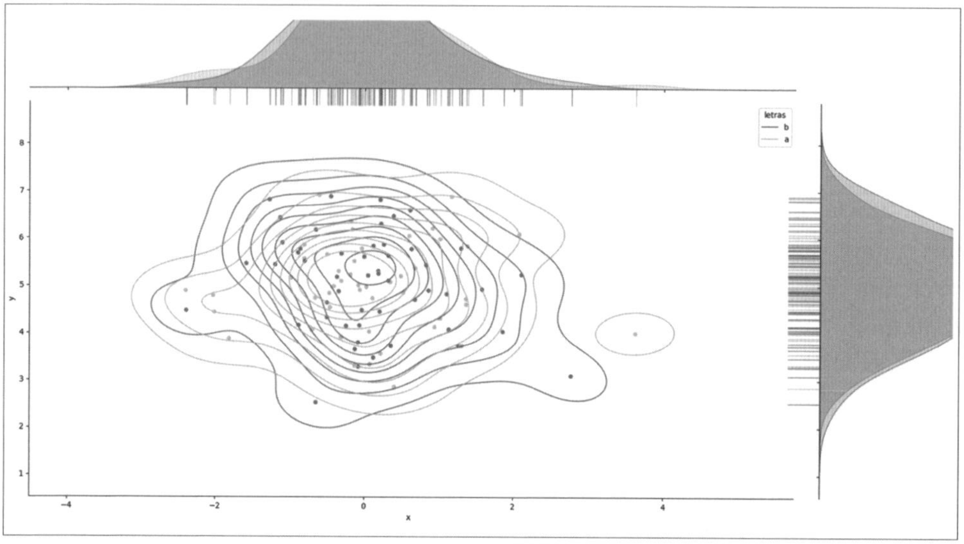


Figura 7.15 Jointplot completo.

O DataFrame gerado pelos números aleatórios e letras "a" e "b" de forma aleatória é, nesse caso,

```
           x         y letras
0  -0.000890  5.604521      b
1   1.021723  5.979415      a
2  -0.455706  6.883218      b
3   1.367222  4.714553      a
4  -0.083619  3.792884      b
..       ...       ...    ...
95 -2.392661  4.468556      b
96  0.407676  2.853098      a
97  0.110886  4.728557      a
98  1.019801  4.302211      a
99  0.193538  5.248786      b

[100 rows x 3 columns]
```

No código que gerou a Figura 7.15, vemos a importância das classes ['a', 'b'], pois a disposição das cores por meio de *hue* (linha 16) acontece conforme as letras se alternam. Por exemplo, "a" poderia ser uma empresa, "b", outra, gostaríamos de ver o comportamento das duas com relação a vendas, lucros, prejuízos, para isso, um único gráfico nos diz tudo sobre essas informações. Se mais letras tivessem sido criadas, por exemplo, ['a', 'b', 'c', 'd'], teríamos quatro cores, e não duas, como nesse gráfico.

E, ao final, na linha 24, ainda calculamos a correlação entre "x" e "y", que, nesse caso, foi de -9,7%.

## 7.6 HISTOGRAMAS NA SEABORN

Vimos que a biblioteca Pandas cria histogramas de frequência com muita facilidade com o uso de DataFrame. No caso da Seaborn, também temos um resultado muito bom e com cálculo bastante fácil.

Para gerar histograma, a mais simples disposição usando nosso DataFrame com valores aleatórios em df ocorre por conta da função displot( ) (em outras versões do Python pode ser nome diferente):

**sns.displot(data = df)**

Esse comando é colocado na linha 8 do código a seguir e vai gerar o gráfico da Figura 7.16. Nesta figura, há dois histogramas de classes: um para a variável "x" e outro para a variável "y".

```
1  import pandas as pd
2  import seaborn as sns
3  import numpy as np
4  df=pd.DataFrame(columns=['x','y'])
5  df['x']=np.random.normal(0,1,100)
6  df['y']=np.random.normal(5,1,100)
7
8  sns.displot(data=df)
```

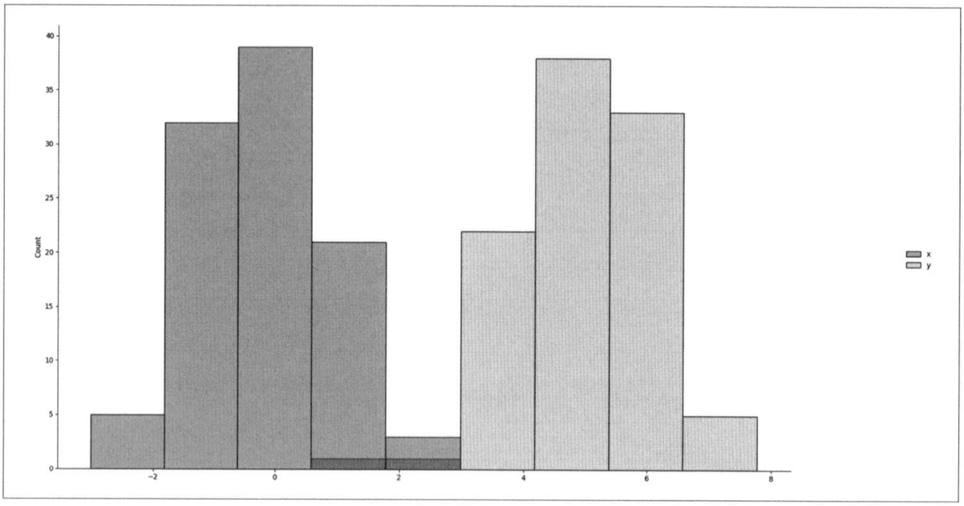


Figura 7.16 Displot básico para o DataFrame "df".

Variações do displot podem ocorrer e substituir a linha 8 do código para cada tipo de visualização. Para vermos apenas as densidades de probabilidades fornecidas pelo kde, usamos a informação com "kind" na linha 8 da seguinte forma:

```
sns.displot(data=df, kind='kde')
```

O resultado é o que se observa na Figura 7.17. Cada curva representa a densidade de sua variável, sendo a da esquerda para a variável "x", e da direita para a variável "y".

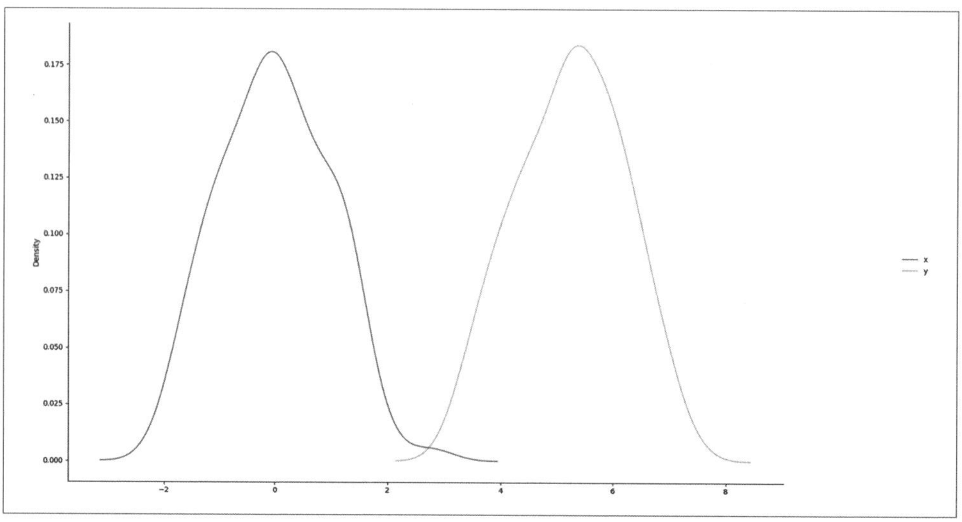


Figura 7.17 Displot para densidade kde.

E se quisermos ver a densidade e seu respectivo histograma? Seria possível? Claro, e, por sinal, é muito mais fácil do que qualquer outra biblioteca. Basta colocarmos na linha 8 o comando

```
sns.displot(data = df, kind = 'hist', kde = True)
```

Quando se usa o kind, indicando histograma, informamos que a densidade via kde deverá ser True para que o gráfico seja como apresentado na Figura 7.18.

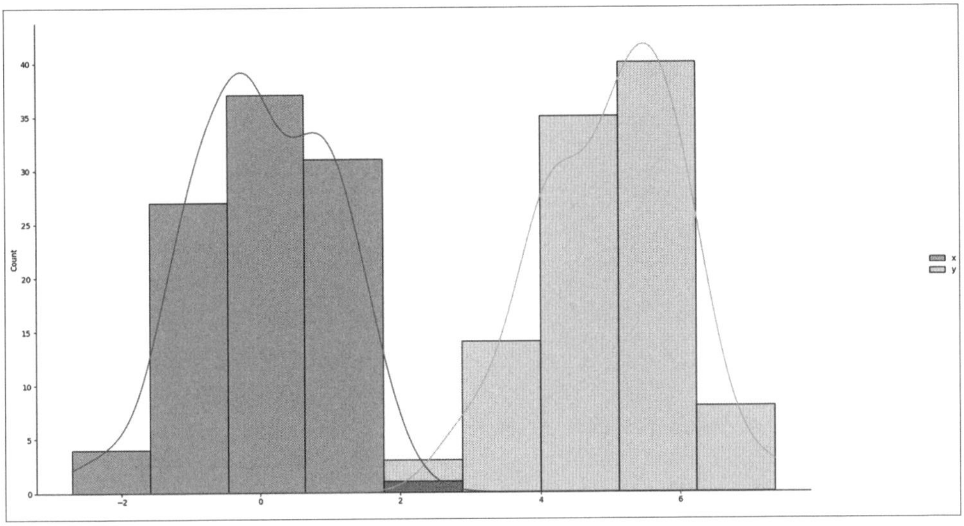


Figura 7.18 Displot para densidade kde junto com seus respectivos histogramas.

Mas temos histogramas na Pandas, como já vimos. Apenas como comparação, podemos ter os comandos de histograma no DataFrame, mas o resultado gráfico é mais detalhado na Seaborn. Para a biblioteca Pandas, construímos histogramas usando qualquer um desses comandos para um DataFrame "df":

```
df.hist()

df.hist( bins=5)

df.hist( column = 'x')

df['x'].plot(kind = 'hist', bins = 5 )

df.plot(kind = 'hist', bins = 5, subplots = True)

df.plot.hist()
```

Às vezes, é bastante interessante ver no formato subplot da biblioteca Matplotlib, o gráfico de linha de algum experimento e, ao mesmo tempo, como é a disposição em termos de histograma. Além do displot, algumas versões permitem uma outra função, chamada de histplot, que aceita a composição de onde colocar os eixos do histograma em formato de subplot.

O resultado para um DataFrame como o "df" com as variáveis aleatórias "x" e "y" pode ser visto na Figura 7.19. O código é apresentado a seguir, com a linha 10 construindo a figura no formato de matriz 2 x 2, e as linhas 12 a 15 dispondo os gráficos de linhas e seus histogramas como na Figura 7.19. Mas o leitor deverá ter atenção, pois, às vezes, o Python troca as funções da Seaborn, que podem não mais comportar essa distribuição dos eixos no formato de matriz ax = ax1[0,0].

```
1   import pandas as pd
2   import seaborn as sns
3   import numpy as np
4   import matplotlib.pyplot as fig
5
6   df=pd.DataFrame(columns=['x','y'])
7   df['x']=np.random.normal(0,1,100)
8   df['y']=np.random.normal(5,1,100)
9
10  figura, ax1 = fig.subplots(nrows=2, ncols=2)
11
12  sns.lineplot(data=df, x=df.index, y='x', ax=ax1[0,0])
13  sns.lineplot(data=df, x=df.index, y='y', ax=ax1[0,1])
14  sns.histplot(data=df, x='x', ax=ax1[1,0])
15  sns.histplot(data=df, x='y', ax=ax1[1,1])
```

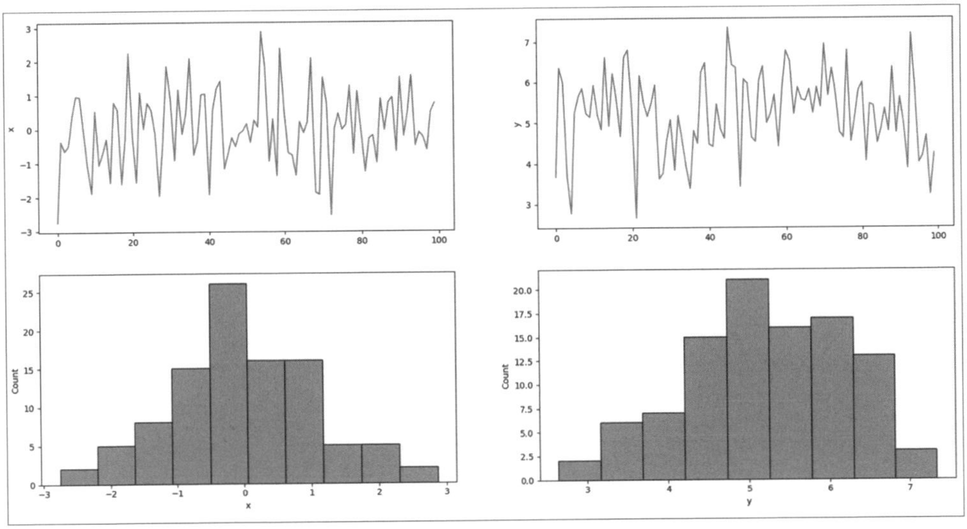

Figura 7.19 Histplot para uso com subplot da biblioteca Matplotlib.

## 7.7 EXERCÍCIOS

Os exercícios são para reforçar o aprendizado dos conceitos introduzidos neste capítulo. Antes de consultar as respostas, incentivamos que o leitor tente antes resolvê-los sozinho.

**(7.1)** Segundo um levantamento nos registros de votações no parlamento de um determinado país, apurou-se a seguinte tabela, que representa as votações de projetos:

| Mês | Aprovação | Votantes |
|---|---|---|
| **1** | 30% | 437 |
| **1** | 36% | 494 |
| **2** | 76% | 415 |
| **3** | 36% | 481 |
| **3** | 89% | 454 |
| **4** | 35% | 326 |
| **4** | 97% | 386 |
| **5** | 52% | 441 |
| **6** | 41% | 365 |
| **6** | 96% | 346 |

(a) Insira essa tabela num DataFrame da biblioteca Pandas.

(b) Faça o gráfico de *scatter* da biblioteca Seaborn, em que x será "Mês" e y será a coluna "Aprovação".

(c) Aumente o tamanho dos pontos do *scatter* para 100.
(d) Faça o gráfico de *scatter* da Seaborn, em que x é "Mês" e y é "Votantes".
(e) Faça as curvas de níveis bidimensionais para o kdeplot das colunas "Aprovação" e "Votantes".

**(7.2)** Um investidor possui o seu patrimônio aplicado nos tipos de investimentos FI, EQ e FX, conforme tabela a seguir.

| Banco | Tipo | Classe | Cotas | Saldo |
|---|---|---|---|---|
| Banco A | FI | C | 120 | R$ 600,00 |
| Banco A | EQ | A | 370 | R$ 2.590,00 |
| Banco A | FX | M | 260 | R$ 4.680,00 |
| Banco B | FI | C | 260 | R$ 1.820,00 |
| Banco B | EQ | M | 480 | R$ 4.320,00 |
| Banco B | FX | M | 430 | R$ 5.590,00 |
| Banco C | FI | M | 280 | R$ 5.600,00 |
| Banco C | EQ | A | 200 | R$ 2.600,00 |
| Banco C | FX | A | 280 | R$ 2.800,00 |

Faça o gráfico das curvas de níveis usando o kdeplot da biblioteca Seaborn, colocando no eixo x o saldo e no eixo y, as cotas.

**(7.3)** Considere os seguintes dados da tabela de filiais de uma empresa, na qual constam as vendas por região.

| Cod_Venda | Tipo Pagamento | Preco_un | | Secao | Cidade |
|---|---|---|---|---|---|
| 7 | Boleto | R$ | 8 | Brinquedos | São Paulo |
| 74 | Boleto | R$ | 10 | Brinquedos | Bauru |
| 86 | Boleto | R$ | 30 | Brinquedos | São Paulo |
| 6 | Cartao | R$ | 1.700 | Eletronicos | Barretos |
| 4 | Cartao | R$ | 3.000 | Celulares | Brotas |
| 56 | Cartao | R$ | 6.000 | Eletronicos | São Paulo |
| 72 | Deposito | R$ | 1.400 | Eletronicos | São Paulo |
| 67 | Transferencia | R$ | 2.000 | Eletronicos | Barretos |

(a) Construa um DataFrame apenas com as colunas "Código", "Preço", "Seção" e "Cidade".

(b) Faça o gráfico de *scatter*, em que, no eixo x, colocam-se as cidades e, no y, o código. Deseja-se que as cores em *hue* vão se alterando conforme os valores da coluna "Preço". Coloque um tamanho grande nesses pontos, por exemplo 500 pixels.
(c) Lembre-se das condições lógicas do DataFrame e construa outro DataFrame dessa tabela, que constem apenas as cidades das quais os preços estiveram acima de R$ 1.500,00. Faça um *scatter* desse novo DataFrame.

**(7.4)** Olhe com atenção os dois gráficos que representam a emissão de $CO_2$ nos Estados Unidos e na Europa, de 1989 até 1996. O segundo gráfico mostra a taxa de crescimento econômico. Os especialistas dizem que há uma grande correlação entre essas duas variáveis. Os dados de $CO_2$ são em milhares de toneladas de carbono (1.428 representa mil quatrocentos e vinte e oito toneladas de carbono emitidos).

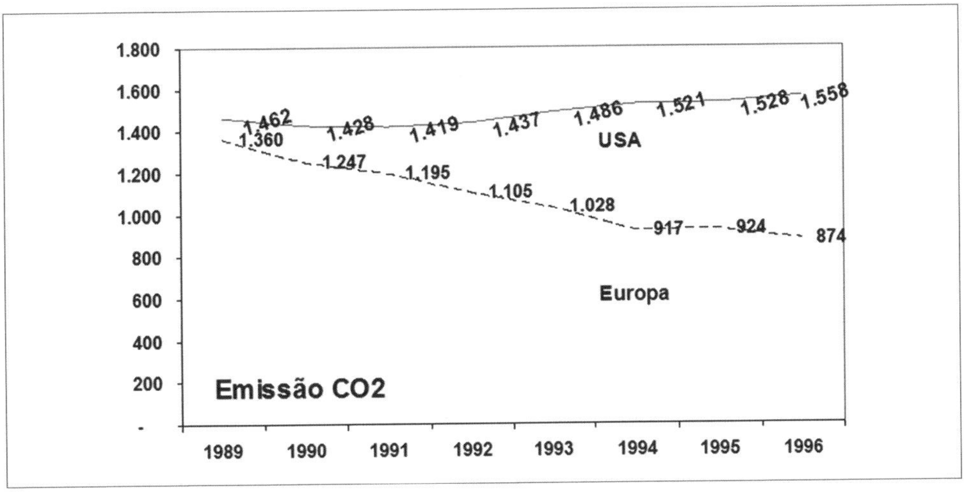


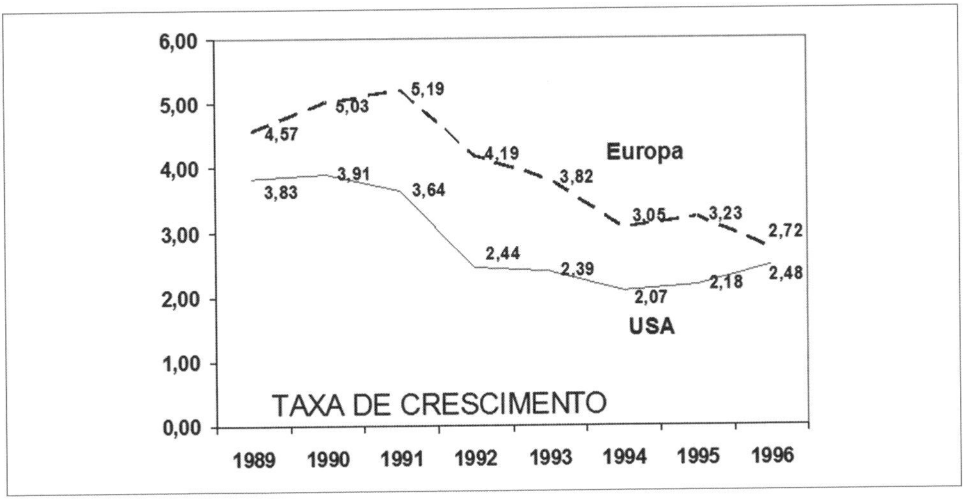

(a) Com base nas duas variáveis anteriores, '$CO_2$' e 'CRESCIMENTO', crie um DataFrame com cinco colunas: ano, co2EU, co2US, crescEU, crescUS, colocando os dados dos gráficos anteriores para EU (Europa) e USA (Estados Unidos).
(b) Faça um gráfico de linha na Seaborn colocando no eixo x o ano; e no eixo y, $CO_2$ para Europa e Estados Unidos. Na outra figura, o crescimento para Europa e Estados Unidos. Faça os gráficos em subplot.
(c) Faça o gráfico de jointplot da biblioteca Seaborn, em que o eixo x será $CO_2$ da Europa e, eixo y, crescimento econômico europeu.
(d) Utilizando a função df.corr(), calcule a correlação entre a emissão de $CO_2$ nos Estados Unidos e o crescimento dos Estados Unidos. Quando se deseja calcular a correlação entre 'a' e 'b', usamos a função da seguinte forma: df['a'].corr( df['b'] ).

**(7.5)** Alguns especialistas da área afirmam que o crescimento do PIB de um país está atrelado ao investimento feito em educação, criando-se a hipótese de que existe uma correlação positiva entre esses dois investimentos. O gráfico a seguir mostra a oscilação do investimento em educação e a oscilação do PIB entre os anos de 2009 e 2018.

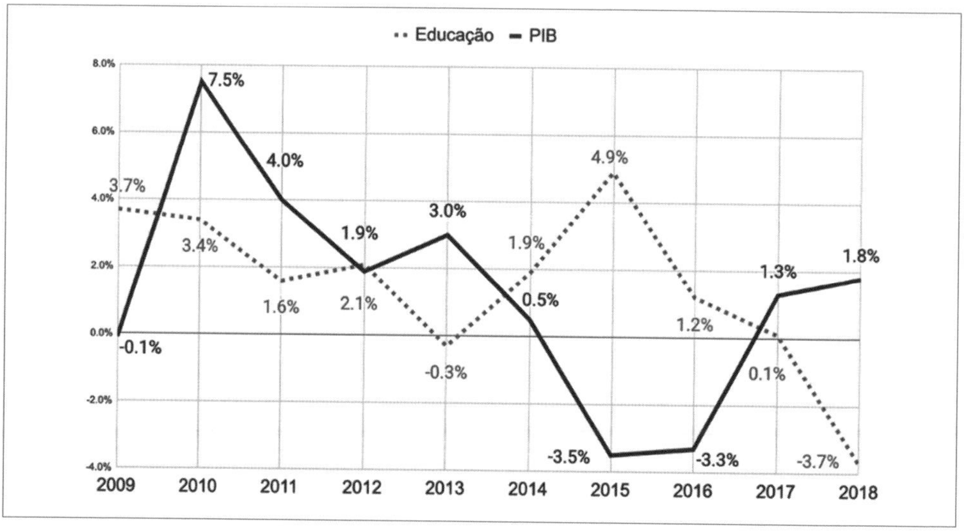


(a) Escreva a seguir as linhas desde a importação das bibliotecas até a criação do DataFrame df para os dados do gráfico anterior. Não use símbolo de %, entre com os dados na forma decimal (por exemplo, para 3.7%, use 3.7; para 1.9%, 1.9; e assim por diante). Use os anos como index do DataFrame.

(b) Escreva a linha de comando para fazer o gráfico lineplot da "Educação" e "PIB" de forma simultânea, em que o eixo x representa os anos da tabela.
(c) E se for desejado ver um gráfico de lineplot apenas com a coluna "PIB" e o eixo x como os anos, como fica o comando para esse tipo de gráfico?
(d) Na biblioteca Seaborn existe um comando pronto para fazer automaticamente o gráfico a seguir, com a reta de regressão linear e os histogramas nas laterais junto com as densidades de probabilidades.
Escreva o comando para repetir esse gráfico, com a reta de regressão junto com os histogramas, em que o eixo x é a "educação" e o eixo y é o "PIB".

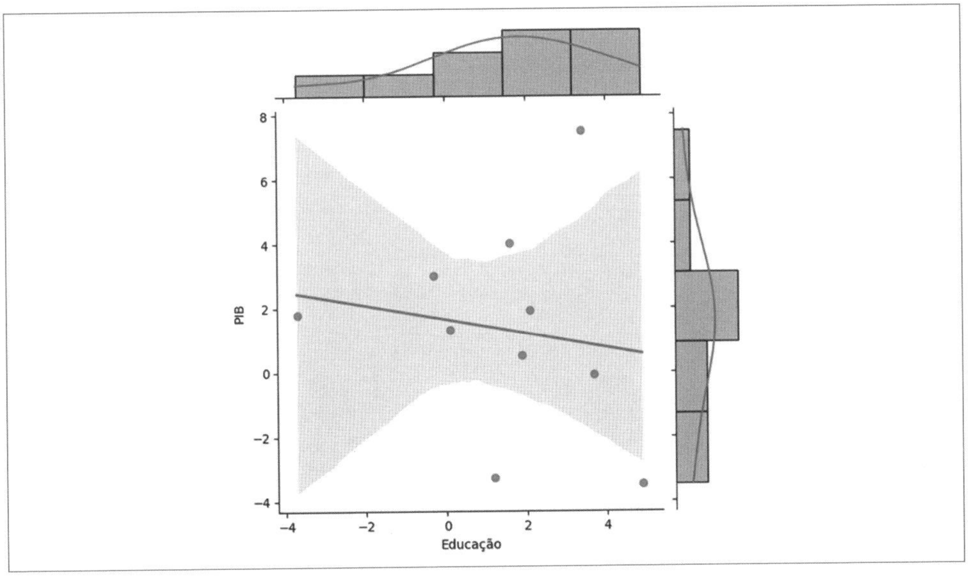


(e) Utilizando a função linregress, da biblioteca SciPy, imprima no console o coeficiente de correlação "r" e calcule a reta de regressão entre as colunas "educação" e "PIB". Encontre e imprima também os valores de a e b para a reta de regressão $y = ax + b$. Coloque aqui o programa completo, incluindo os comandos para esses cálculos.
(f) Quais os valores encontrados (quatro casas decimais) para a, b e o coeficiente de correlação "r"?

# CAPÍTULO 8
# Falhas – Detalhes estatísticos

## 8.1 O CONCEITO DE PROBABILIDADE DE FALHAS

Eventos catastróficos sempre ocorrem e sempre ocorreram no Universo, seja em nosso planeta, seja em qualquer lugar de outras galáxias. Planetas são destruídos por grandes asteroides; galáxias são atingidas por outras galáxias; estrelas explodem; enfim, o que chamamos de eventos catastróficos são eventos naturais no universo desde a explosão primordial do *Big Bang* (segundo a cosmologia).

O fato é que associamos eventos naturais a desastres, pois o planeta onde vivemos foi concebido em nossa memória, quando crianças, de um lar perfeito e imutável. Mas, conforme crescemos, todos os dias vemos que estamos no meio do perigo em todos os momentos de nossa vida. Basta um descuido qualquer para momentos felizes se transformarem em tragédia.

Para equipamentos, esses momentos catastróficos também são declarados como "momentos finais" em suas vidas. Dizemos constantemente que um equipamento "morreu", que o motor se "apagou", que nosso computador "se foi" e precisamos comprar outro, que a lâmpada "queimou", enfim, associamos equipamentos mecânicos e eletrônicos com palavras de nosso cotidiano.

A área de estatística passou, então, a medir as chances de uma catástrofe ocorrer com base em amostragens. Existe até uma teoria (teoria das falhas) que estuda as melhores curvas de medidas de probabilidades das "vidas" dos equipamentos, as distribuições de probabilidades que conseguem captar falhas e informar-nos qual a probabilidade de algo dar errado (para estudar essa teoria: Helstrom, 1991; Meyer, 1994; e Papoulis, 1991).

Dentro da área de estatística, existem muitas distribuições de probabilidades, no entanto, nosso foco neste capítulo não é a comparação de qual método é melhor e para qual situação. Existem excelentes textos na literatura especializada que nos remetem a como podemos adaptar nossos experimentos e ajustar parâmetros para cada caso. Nosso intuito, aqui, é demonstrar como a biblioteca Pandas, junto com a SciPy (que possui um montante enorme de distribuições estatísticas), pode oferecer uma grande ajuda na prevenção e previsão de falhas.

Assim, vamos nos ater à distribuição de Ernst Hjalmar Waloddi Weibull, professor que, inicialmente, era marinheiro da Marinha da Suécia e que defendeu sua tese de doutorado em 1932, ingressando na Universidade Upsália. Foi um consultor e especialista em engenharia, sobretudo em rolamentos, ferramentas mecânicas, explosivos entre tantos outros assuntos.

Especializado em resistência de materiais, o professor Weibull desenvolveu o que conhecemos hoje como a *distribuição das falhas de Weibull*, usada para calcular a probabilidade de falhas em equipamentos, mas adaptada a muitas outras áreas, como tratamentos de doenças, espalhamentos de epidemias, desabamentos, terremotos, furacões, enfim, eventos que podem "falhar" com nossa normalidade aparente (Helstrom, 1991).

O conceito de falhas parte da premissa de que, antes, temos de coletar informações sobre o evento analisado, anotando os dias corridos desde a última falha. Uma vez possuindo essas informações, calculamos as probabilidades das falhas ou desastres com base no intervalo de tempo entre tragédias anteriores (ou falhas anteriores), como visto na Figura 8.1.

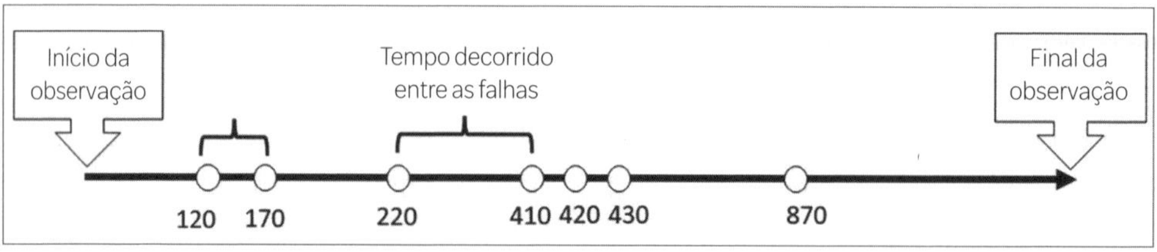


**Figura 8.1** Tempo entre as falhas de um evento.

Com esses dias anotados, estimamos, baseados na distribuição de Weibull, parâmetros importantes que descrevem o comportamento das falhas, criando curva de probabilidade de falhas e também curvas de confiabilidade, muito utilizadas em indústrias.

## 8.2 A DISTRIBUIÇÃO DE WEIBULL

A função densidade de probabilidade de Weibull mais completa e clássica é definida pela seguinte função:

$$f(t) = \frac{\beta}{\eta}\left(\frac{t-\gamma}{\eta}\right)^{\beta-1} \tag{8.1}$$

em que $t$ é o intervalo de tempo entre as falhas; $\gamma$ é o tempo de "vida mínima", isto é, o tempo mínimo em que ocorreu uma falha; $\eta$ é a "vida característica" e chamado de parâmetro de escala, mas que podemos associar com o tempo médio das falhas; e, finalmente, o parâmetro $\beta$, que define a forma da curva.

Podemos supor, sem perda de generalidade, que, às vezes, começamos a medir um experimento e, assim que ligamos, ele falha, tornando o parâmetro $\gamma = 0$, o que nos leva à Equação (8.2) de Weibull mais simplificada:

$$f(t) = \frac{\beta}{\eta}\left(\frac{t}{\eta}\right)^{\beta-1} \tag{8.2}$$

Quando calculamos os diversos valores de f(t), podemos acumular sua soma construindo nossa curva de probabilidade cumulativa, que nos informará a probabilidade de falha grave em cada dia. Matematicamente, essa densidade de probabilidade acumulada tem a forma:

$$F(t) = \int_0^t \frac{\beta}{\eta}\left(\frac{t}{\eta}\right)^{\beta-1} dt \tag{8.3}$$

em que seu complemento 1-F(t) representará o que chamamos de curva de confiabilidade ou, ainda, esse complemento nos dirá qual será a probabilidade do evento não falhar até o limite em "t" dias.

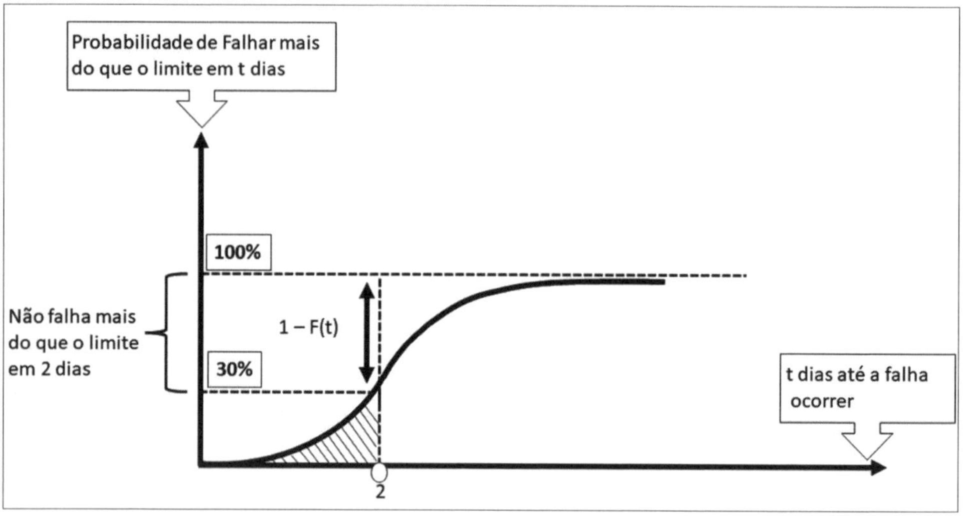


**Figura 8.2** Curva de probabilidade de falhas até um limite "L" em até "t" dias.

Na Figura 8.2, temos uma curva de probabilidade de falhas padrão, indicando, por exemplo, que a probabilidade de um evento falhar em até dois dias é de 30%. Podemos ver que, à medida que os dias aumentam, a curva sobe, estacionando próximo dos 100% de probabilidade de falhas. Ainda nessa figura, no dia 2, a probabilidade de não falhar seria de 1-F(t) = 1-0.3 = 0.7, ou seja, 70% de não falhar em até dois dias.

Uma outra curva de análise importante é sobre o parâmetro β, que nos diz sobre o comportamento do evento, chamado de *fator de forma*. Ele indica um índice de padrão de falha, que pode ser dividido da seguinte forma. Valores de β muito menores do que 1.0 são também conhecidos como *mortalidade infantil* (do equipamento, do evento analisado etc.):

$$\begin{cases} \beta < 1: & \textit{falha muito cedo} \\ \beta = 1: & \textit{falha aleatória} \\ 1 < \beta < 4: & \textit{falha por desgaste} \\ \beta \geq 4: & \textit{falha muito rápida por desgaste} \end{cases}$$

Esses valores nos levam à conhecida curva de "banheira" para o comportamento do parâmetro β, que representa a taxa de falha do evento em relação ao tempo, uma curva típica representada de maneira pitoresca na Figura 8.3.

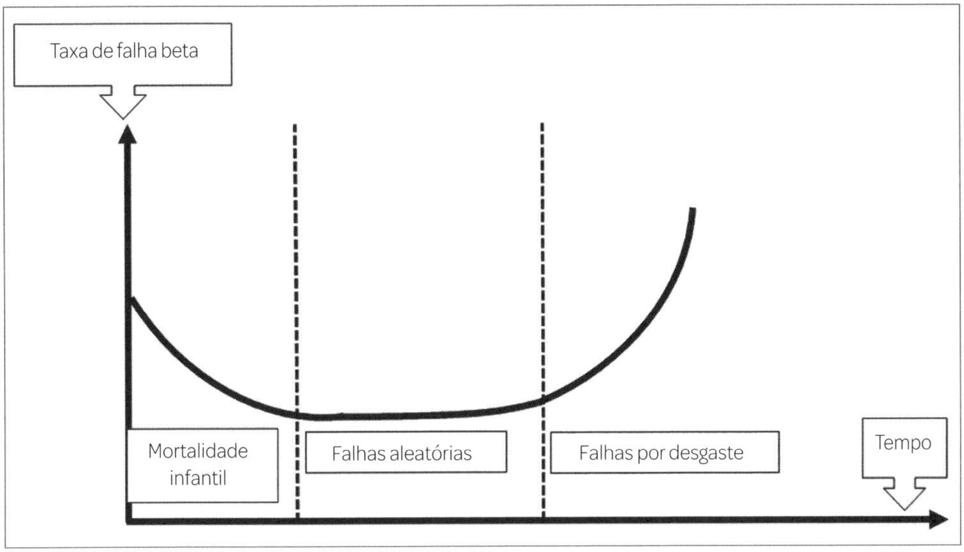


**Figura 8.3** Curva do comportamento do parâmetro β.

## 8.3 ANÁLISE DE FALHAS NA PANDAS

Antes de usar a função de densidade de probabilidade de Weibull, alguns passos importantes precisam ser realizados para a entrada adequada dos dados. Não basta colocar dados dentro da função e rodar o programa para obter resultados, isso levaria à aparição do diabo dos dados, provocando-nos com seus erros.

Vamos supor que temos muitas medidas durante um dia, sendo essas medidas relativas a algum tipo de experimento, seja por equipamentos eletrônicos e mecânicos, seja por eventos naturais, como deslizamentos de terra, chuvas torrenciais, terremotos, furacões, enfim, qualquer tipo de evento que podemos tratar como falhas de algo que ocorre naturalmente.

Essas medidas foram cadastradas como apresentadas na Tabela 8.1. Nela, temos a coluna "Dia" e a coluna de número de falhas. Podemos observar que, às vezes, temos valores repetidos para "Dia", os quais indicam que a amostragem foi feita mais de uma vez no experimento.

Tabela 8.1 Amostra de falhas

| Dia | Número de falhas |
|---|---|
| 1 | 1 |
| 1 | 11 |
| 2 | 7 |
| 2 | 5 |
| 3 | 2 |
| 4 | 2 |
| 4 | 3 |
| 5 | 5 |
| 5 | 4 |
| 5 | 8 |
| 6 | 1 |
| 6 | 2 |
| 6 | 5 |
| 6 | 1 |
| 7 | 1 |
| 7 | 5 |
| 8 | 10 |
| 8 | 5 |
| 9 | 5 |
| 9 | 1 |
| 9 | 2 |
| 10 | 2 |
| 10 | 1 |
| 11 | 5 |
| 11 | 6 |
| 11 | 1 |
| 12 | 8 |
| 12 | 8 |

O primeiro passo para a preparação dos dados é agruparmos os dados de falha por dia. Precisamos, assim, somar as falhas para que, diariamente, nós tenhamos o total de falhas para a função de Weibull. O intervalo de tempo “t”, nesse caso, será em número de dias.

```
1   import matplotlib.pyplot as fig
2   import seaborn as sns
3   import pandas as pd
4   import numpy as np
5
6   ############ ENTRADA COM A BASE DE DADOS NO FORMATO DATAFRAME
7   df=pd.DataFrame(columns=['dia','valor'])
8   df['dia']=np.array([1,1,1,2,2,3,3,3,4,4,5,5,5,6,6,6,6,7,7,8,8,9,9,9,10,10,11,11,11,12,12])
9   df['valor']=np.array([1,11,2,7,5,2,1,1,2,3,5,4,8,1,2,5,1,1,5,10,5,5,1,2,2,1,5,6,1,8,8])
10
11
12  ##### COLETA E ACUMULA SOMANDO OS DADOS PARA OS MESMOS DIAS
13  df_acumul=df.groupby(['dia']).sum()
14
15
```

As linhas 8 e 9 do código se referem à entrada de dados para as duas colunas, "dia" e "valor", referentes às falhas da Tabela 8.1. A linha 13 é a programação para o agrupamento dos dados, somando-os para termos um total de falhas diárias.

O resultado para esse agrupamento por meio da função *groupby( ).sum( )* é apresentado a seguir. O novo DataFrame a ser trabalhado será, agora, *df_acumul* da linha 13 do código.

```
     valor
dia
1       14
2       12
3        4
4        5
5       17
6        9
7        6
8       15
9        8
10       3
11      12
12      16
```

Uma vez que temos as falhas, em certos casos, poderemos ter intervalos limitantes de normalidade de operação. São falhas pequenas ou espaçadas ao longo do processo, que não chegam a atrapalhar determinada operação. Por exemplo, após um grande terremoto, são verificados pequenos tremores decorrentes do fenômeno, mas que não causam mortes ou destruições relevantes, como no caso do terremoto inicial.

Para nosso exemplo, em observação ao total de falhas diárias, podemos colocar como limitante a quantidade de 15 falhas, visto que raramente aparece quantidade maior. No DataFrame *df_acumul* que criamos, podemos limitar os dados e criar um novo DataFrame, chamado *df_risco* da biblioteca Pandas da seguinte maneira:

```
df_risco=df_acumul[df_acumul['valor']<16]
```

Pode-se observar que usamos a lógica de condição explicada nos capítulos básicos da biblioteca Pandas, usando "< 16", isso permite que até 15 falhas, incluindo o número 15, serão parte de nossa amostra. Essa forma de filtro nos fornece o seguinte resultado:

```
In [4]: df_risco
Out[4]:
     valor
dia
1       14
2       12
3        4
4        5
6        9
7        6
8       15
9        8
10       3
11      12
```

Como a distribuição de Weibull se refere à "espera" de dias até a ocorrência de falhas catastróficas, não podemos usar a variável "dia" do DataFrame. Temos de obter informação sobre qual a separação entre os dias em que ocorreram as falhas.

Por exemplo, tivemos falhas no dia quatro, que só apareceram no dia seis. Então, temos um intervalo de dois dias até uma falha. Assim, precisamos coletar essa informação, disponível no comando "diff( )" do DataFrame, mas que poderá nos causar problemas.

Se usarmos diretamente sobre nosso índice do DataFrame df_risco, esse comando não funcionará – e o "diabo" novamente estará sorrindo sobre nossos ombros. O comando df_risco.index.diff() apresenta o seguinte erro:

```
In [5]: df_risco.index.diff()
Traceback (most recent call last):

  File "<ipython-input-5-240570c05726>", line 1, in <module>
    df_risco.index.diff()

AttributeError: 'Int64Index' object has no attribute 'diff'
```

Na realidade, o comando "diff( )" precisará de dados fora da estrutura do DataFrame para transformar os índices em array para só então fazer a diferença entre eles. Deslocando esse formato momentaneamente para Series, da Pandas, teremos o seguinte resultado:

```
In [10]: df_risco.index.to_series().diff()
Out[10]:
dia
1      NaN
2      1.0
3      1.0
4      1.0
6      2.0
7      1.0
8      1.0
9      1.0
10     1.0
11     1.0
Name: dia, dtype: float64
```

Podemos perceber que jogar os dados do DataFrame para o formato de Series, da Pandas, faz com que as diferenças entre os dias de falhas sejam calculadas corretamente. Mas ainda temos um problema, que vai acarretar erro na função de Weibull.

Na primeira linha, apareceu "NaN", indicando espaço vazio, o que era de esperar, visto que, no primeiro dia, não conseguiremos fazer a diferença com um dia anterior, pois ele é o primeiro.

```
df_risco2=df_risco.copy()
df_risco2['delta_dia']=df_risco.index.to_series().diff()
df_risco2.dropna(inplace=True)
```

Então, criamos um segundo DataFrame de risco chamado *df_risco2* para armazenar as diferenças entre as falhas, adicionando, para isso, a coluna "delta_dia" no novo DataFrame. Como teremos a linha com valor "NaN", deletamos todos os valores que estejam em branco, usando função dropna( ), como pode ser visto na linha 26 anterior. O novo DataFrame df_risco2 terá o seguinte resultado:

```
     valor  delta_dia
dia
2       12        1.0
3        4        1.0
4        5        1.0
6        9        2.0
7        6        1.0
8       15        1.0
9        8        1.0
10       3        1.0
11      12        1.0
```

A coluna "delta_dia" é exatamente o intervalo de dias entre as falhas. Depois dessa preparação, que será sempre necessária, uma vez que a distribuição de Weibull se baseia na distância entre as falhas, estaremos prontos para chamar a biblioteca SciPy e colocar essas informações na distribuição.

```
29 ####### Faz ajuste do modelo de falhas de Weibull #############
30
31 from scipy import stats
32
33 beta,loc,etha = stats.weibull_min.fit(df_risco2['delta_dia'], floc = 0)
34 print('beta(slope)= ',beta,' etha(media)= ',etha)
```

A distribuição de falhas de Weibull é calculada na linha 33 anterior, na qual usamos a função "fit", necessária para a estimação dos parâmetros β e η já apresentados anteriormente. O resultado para esse exemplo é:

```
beta(slope) = 3.28845     etha(media) = 1.22984
```

O que ele nos diz? Pelo valor de β, como vimos na Figura 8.3 e nas relações de valores condicionais, as falhas são causadas tipicamente por desgaste. E a variável η nos informa que essas falhas ocorrem pelo menos a cada dois dias, pois seu valor de 1.229 está acima de 1.0. O que é realmente verdade, se observamos os valores do DataFrame *df_risco2.*

O gráfico representativo das falhas da Figura 8.2 foi reproduzido com os dados do exemplo anterior da Figura 8.4 e pode ser obtido pelas seguintes linhas de código:

```
36  ##### grafico da densidade de Weibull acumulada cdf
37  ### eixo x é quantos dias demora ate variacao tornar-se acima do limite
38  ### o eixo y eh a probabilidade de romper(falhar) o limite (15) ate o dia x
39
40  fig.figure(figsize = (15,10))
41
42  x = np.arange(0, df_risco2['delta_dia'].max(), 0.1)
43  dens = stats.weibull_min.cdf(x, beta, loc = loc, scale = etha)
44
45  ax = sns.lineplot(x = x, y = dens, label = 'mais de 15' )
46
47  fig.xlabel('dias até a variação romper limite')
48  fig.ylabel('probabilidade acumulada de romper o limite após o dia x')
49  fig.grid()
50  fig.show()
```

Colocamos num array os valores de x para termos o eixo das abscissas, que serão os intervalos entre os dias de falhas na linha 42. Por isso, a construção usando np.arange() (visto no Capítulo 1) se inicia em zero e vai até o valor máximo, com passo de 0.1 em 0.1 dia. Depois, salvamos os dados das probabilidades na linha 43 como variável *dens,* gerando o gráfico, usando a biblioteca Seaborn em 45. O resultado gráfico é apresentado na Figura 8.4.

O código completo é apresentado a seguir. Vamos supor que na Figura 8.4, escolhêssemos o valor x = 1. O valor na curva de probabilidade é de 0.4. Isso significa que a probabilidade de ocorrerem até 15 falhas de um dia para outro é de 40%. Já ao observamos o valor de x = 1.75, teremos que a probabilidade de ocorrerem até 15 falhas em 1.75 dia é de 0.98 (ou 98%).

E a probabilidade de falhar mais de 15 vezes em até 1.75 dia? Se observamos a Figura 8.2, veremos que é o complemento de 100%, na parte de cima da curva de sigmoide da Figura 8.4.

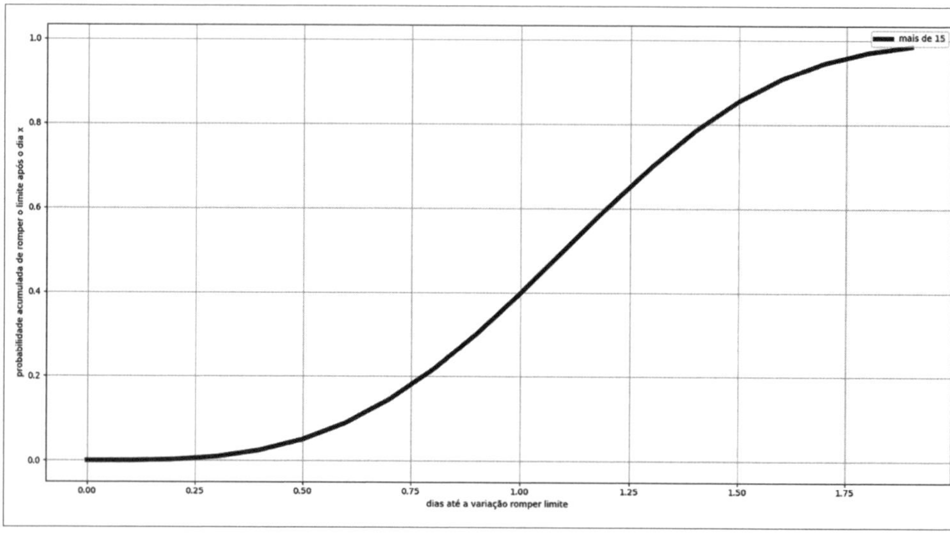


**Figura 8.4** Densidade de probabilidade de Weibull para o exemplo.

Logo, a probabilidade de se haver mais de 15 falhas em 1.75 dia é de apenas 2%, ou seja, 1 – F(t), como apresentado na Figura 8.2. Isso é decorrente do desgaste medido pelo parâmetro β, que indica fadiga e aumenta as chances de quebra do equipamento ou de qualquer outro evento medido no experimento. Para mais dias sem quebrar, a probabilidade de falha aumenta até estacionar próximo dos 100%.

```
import matplotlib.pyplot as fig
import seaborn as sns
import pandas as pd
import numpy as np

############ ENTRADA COM A BASE DE DADOS NO FORMATO DATAFRAME
df=pd.DataFrame(columns=['dia','valor'])
df['dia']=np.array([1,1,1,2,2,3,3,3,4,4,5,5,5,6,6,6,6,7,7,8,8,9,9,9,10,10,11,11,11,12,12])
df['valor']=np.array([1,11,2,7,5,2,1,1,2,3,5,4,8,1,2,5,1,1,5,10,5,5,1,2,2,1,5,6,1,8,8])


##### COLETA E ACUMULA SOMANDO OS DADOS PARA OS MESMOS DIAS
df_acumul=df.groupby(['dia']).sum()


############# DEFINE QUAL ANALISE ESTATISTICA #################
############ neste exemplo deseja saber quantos dias e prob para falhar acima de 16, por isso ################## escolhe-se valores abaixo de 16

df_risco=df_acumul[df_acumul['valor']<16]


```

```
############## Faz-se as diferencas entre os indices para saber quantos dias ################demorou ate o limite falhar

df_risco2=df_risco.copy()
df_risco2['delta_dia']=df_risco.index.to_series().diff()
df_risco2.dropna(inplace=True)


################### Faz ajuste do modelo de falhas de Weibull ############

from scipy import stats

beta,loc,etha = stats.weibull_min.fit(df_risco2['delta_dia'], floc = 0)
print('beta(slope) = ',beta,' etha(media) = ',etha)

##### grafico da densidade de Weibull acumulada cdf



fig.figure(figsize = (15,10))

x = np.arange(0,df_risco2['delta_dia'].max(), 0.1)
dens = stats.weibull_min.cdf(x, beta, loc = loc, scale = etha)

ax=sns.lineplot(x = x, y = dens, label='mais de 15', color = 'black', linewidth = 5 )

fig.xlabel('dias até a variação romper limite')
fig.ylabel('probabilidade acumulada de romper o limite após o dia x')
fig.grid()
fig.show()
```

## 8.4 DESLIZAMENTOS – QUANDO A NATUREZA FALHA

A frequência de chuvas torrenciais está aumentando em todo o mundo, em decorrência, segundo pesquisadores, das alterações climáticas severas. No Brasil, ligado ao Ministério da Ciência e Tecnologia, existe o Centro Nacional de Monitoramento e Alertas de Desastres Naturais (Cemaden), localizado em São José dos Campos (SP), que possui uma grande rede de estações pluviométricas que monitoram as chuvas no Brasil todo, utilizando índices que, inclusive, ajudam a prever desmoronamentos. Qualquer pessoa pode ter acesso aos arquivos em Excel no formato *.csv que o centro disponibiliza todos os dias.

Na página do Cemaden (http://www2.cemaden.gov.br/), em "mapa interativo", existe a aba "Download – Dados Pluviométricos". Para obter os arquivos, basta preencher os campos, ilustrados na Figura 8.5, com o nome do município desejado e clicar no botão "Download".

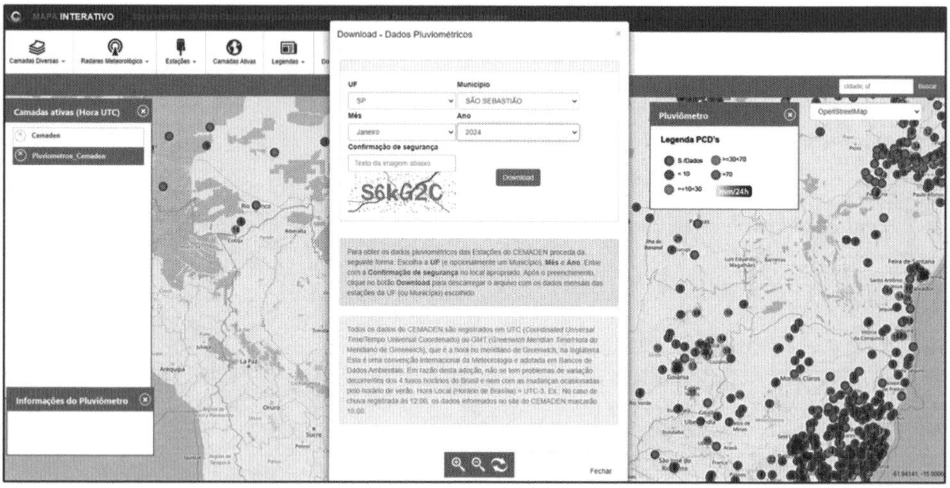


**Figura 8.5** Página do Cemaden para monitorar estações pluviométricas no Brasil.

Em 19 de fevereiro de 2023, bairros inteiros do município de São Sebastião, litoral de São Paulo, foram devastados pela chuva, o que levou a muitas mortes e semanas de isolamento, também em outras cidades e comunidades da região. Com as mudanças climáticas e outros acontecimentos relacionados ao clima, essa região de São Paulo passou a ter extremo risco de novos desabamentos e chuvas torrenciais.

## 8.4.1 Importando os dados de precipitação para o DataFrame

O formato do arquivo Excel com as medidas dos pluviômetros (ou pluviógrafos) é o da Figura 8.6. Para o mês de janeiro de 2024, o arquivo possui 16.400 linhas, e podemos reparar que o banco de dados precisa de tratamento prévio, como foi dito nas seções anteriores.

Por exemplo, a coluna "datahora", na coluna G do Excel, é um problema, pois está fora dos padrões do formato de datas da biblioteca Pandas. A coluna H é a coluna da medida de cada pluviômetro, às vezes, para os mesmos horários em bairros diferentes, o que deverá passar por um filtro para eliminar repetições dos nomes e localizações.

| | A | B | C | D | E | F | G | H | I |
|---|---|---|---|---|---|---|---|---|---|
| 1 | municipio | codEstacao | uf | nomeEstacao | latitude | longitude | datahora | valorMedida | |
| 2 | SÃO SEBASTIÃO | 355070402A | SP | Barra do Una | -23,758 | -45,764 | 2024-01-01 00:00:00.0 | 0 | |
| 3 | SÃO SEBASTIÃO | 355070402A | SP | Barra do Una | -23,758 | -45,764 | 2024-01-01 01:00:00.0 | 0 | |
| 4 | SÃO SEBASTIÃO | 355070402A | SP | Barra do Una | -23,758 | -45,764 | 2024-01-01 02:00:00.0 | 0 | |
| 5 | SÃO SEBASTIÃO | 355070402A | SP | Barra do Una | -23,758 | -45,764 | 2024-01-01 03:00:00.0 | 0 | |
| 6 | SÃO SEBASTIÃO | 355070402A | SP | Barra do Una | -23,758 | -45,764 | 2024-01-01 04:00:00.0 | 0 | |
| 7 | SÃO SEBASTIÃO | 355070402A | SP | Barra do Una | -23,758 | -45,764 | 2024-01-01 05:00:00.0 | 0 | |
| 8 | SÃO SEBASTIÃO | 355070402A | SP | Barra do Una | -23,758 | -45,764 | 2024-01-01 06:00:00.0 | 0 | |
| 9 | SÃO SEBASTIÃO | 355070402A | SP | Barra do Una | -23,758 | -45,764 | 2024-01-01 07:00:00.0 | 0 | |
| 10 | SÃO SEBASTIÃO | 355070402A | SP | Barra do Una | -23,758 | -45,764 | 2024-01-01 08:00:00.0 | 0 | |
| 11 | SÃO SEBASTIÃO | 355070402A | SP | Barra do Una | -23,758 | -45,764 | 2024-01-01 09:00:00.0 | 0 | |
| 12 | SÃO SEBASTIÃO | 355070402A | SP | Barra do Una | -23,758 | -45,764 | 2024-01-01 10:00:00.0 | 0 | |
| 13 | SÃO SEBASTIÃO | 355070402A | SP | Barra do Una | -23,758 | -45,764 | 2024-01-01 11:00:00.0 | 0 | |
| 14 | SÃO SEBASTIÃO | 355070402A | SP | Barra do Una | -23,758 | -45,764 | 2024-01-01 12:00:00.0 | 0 | |
| 15 | SÃO SEBASTIÃO | 355070402A | SP | Barra do Una | -23,758 | -45,764 | 2024-01-01 13:00:00.0 | 0 | |
| 16 | SÃO SEBASTIÃO | 355070402A | SP | Barra do Una | -23,758 | -45,764 | 2024-01-01 14:00:00.0 | 0 | |
| 17 | SÃO SEBASTIÃO | 355070402A | SP | Barra do Una | -23,758 | -45,764 | 2024-01-01 15:00:00.0 | 0 | |
| 18 | SÃO SEBASTIÃO | 355070402A | SP | Barra do Una | -23,758 | -45,764 | 2024-01-01 16:00:00.0 | 0 | |
| 19 | SÃO SEBASTIÃO | 355070402A | SP | Barra do Una | -23,758 | -45,764 | 2024-01-01 17:00:00.0 | 0 | |

**Figura 8.6** Formato do arquivo do Cemaden para o município de São Sebastião (SP).

Essa é uma região do estado de São Paulo com grande volume de precipitação nos meses de verão, visto que está localizada na encosta da Serra do Mar. Com os dados baixados do Cemaden para janeiro/2024, pode-se observar na Figura 8.7 que o total acumulado na região chegou a ficar num único dia acima de 1.200 mm de chuva.

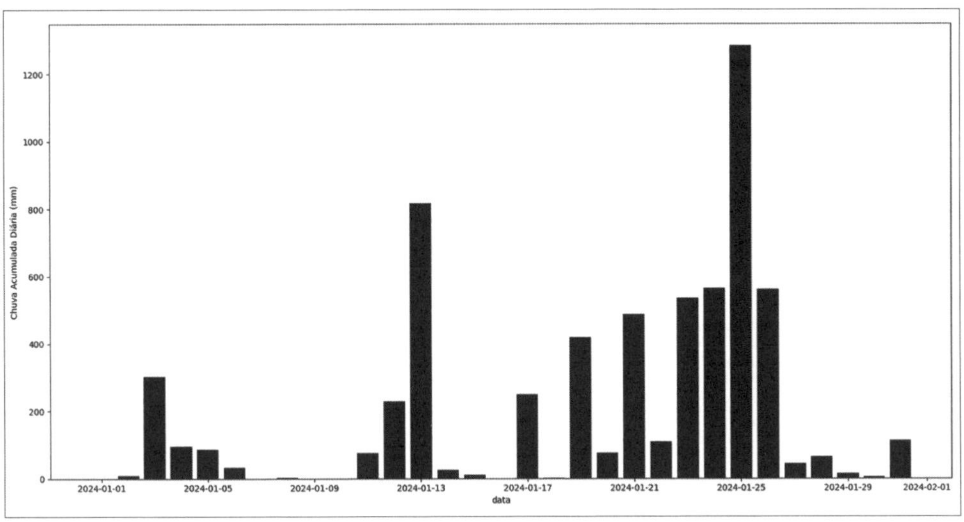


**Figura 8.7** Chuva acumulada diária em São Sebastião em janeiro/2024 (em mm).

Quando olhamos de forma isolada os bairros, obviamente não choveu toda essa quantidade, visto que ela é a soma dos índices pluviométricos de toda a cidade de São Sebastião, que está na Figura. Mesmo assim, para a região litorânea, existe um risco muito alto de deslizamentos de terras das encostas.

Nesses dias em que o total acumulado passou de 1.000 mm, as sirenes instaladas na região tocaram em alguns bairros, alertando para o risco de deslizamentos de terra.

Vamos ver que, apesar de termos informações importantes, muitos problemas aparecem quando estamos diante de sistemas de aquisição de dados reais, que salvam os dados em formatos de texto. Para chegarmos aos gráficos que descrevem a chuva na região e que calculam a probabilidade dos riscos acima do normal, a preparação do banco de dados deve ser cuidadosa.

A importação dos dados em *.csv pode ser feita apenas com a chamada da Pandas ***pd.read_csv(nome do arquivo)***, como já visto. O problema é que esse formato para os dados do Cemaden, sem uma delimitação antecipada da formatação, não é bom (e isso pode acontecer em qualquer banco de dados baixados da internet).

Os dados do Cemaden são baixados com o nome "data.csv". Se fizermos um código que leia apenas com read_csv, o "diabo" nos prepara uma enorme cilada. Vejamos o que aparece na memória do Python na Figura 8.8.

Parece que podemos sentir o "diabo" nos nossos ouvidos, rindo da confusão que se formou. O Python leu corretamente os dados do Cemaden, mas não respeitou as limitações impostas na geração do arquivo de texto.

| | | | municipio;codEstacao;uf;nomeEstacao;latitude;longitude;datahora;valorMedida |
|---|---|---|---|
| SÃO SEBASTIÃO;355070402A;SP;Barra do Una;-23 | 758;-45 | 764;2024-01-01 00:00:00.0;0 | 0 |
| | | 764;2024-01-01 01:00:00.0;0 | 0 |
| | | 764;2024-01-01 02:00:00.0;0 | 0 |
| | | 764;2024-01-01 03:00:00.0;0 | 0 |
| | | 764;2024-01-01 04:00:00.0;0 | 0 |
| ... | ... | ... | ... |
| SÃO SEBASTIÃO;355070420A;SP;Praia das Cigarras;-23 | 732;-45 | 403;2024-01-26 08:50:00.0;0 | 0 |
| | | 403;2024-01-26 09:50:00.0;0 | 20 |
| | | 403;2024-01-26 10:00:00.0;0 | 20 |
| | | 403;2024-01-26 10:30:00.0;0 | 20 |
| | | 403;2024-01-26 17:10:00.0;0 | 0 |

16418 rows × 1 columns

**Figura 8.8** Dados lidos pelo arquivo apenas usando a Pandas com pd.read_csv('data.csv').

As colunas se misturaram em linha, pois não demos informações de delimitadores. Logo, para uma perfeita importação e para manter o "diabo" longe, a estratégia da Pandas é exigir a leitura com o delimitador que vamos impor. Nesse caso, usamos:

```
Dados = pd.read_csv('data.csv', sep = ';' , decimal =',' , encoding = 'utf-8')
```

No código completo a seguir, essa linha é de número 13. Com isso, ao lermos o arquivo de dados com formatação de texto, informamos que o separador entre as colunas é ";" (ponto e vírgula), e o ponto decimal que desejamos usar é "," (vírgula) para os números.

O código "utf-8" se dá porque, muitas vezes, na hora de salvar com padrão *.csv, em vez de usar formato "ASCII", utiliza-se "utf-8". É o que ocorre nos dados do Cemaden e em muitos outros sites com dados para o Python.

Na Figura 8.9, podemos ver que, ao se colocar o formato "utf-8" e a impor delimitadores de coluna e ponto decimal, o arquivo é lido perfeitamente, respeitando-se as colunas, os valores numéricos e a disposição dos dados da tabela, no caso, do DataFrame.

| | municipio | codEstacao | uf | nomeEstacao | latitude | longitude | datahora | valorMedida |
|---|---|---|---|---|---|---|---|---|
| 0 | SÃO SEBASTIÃO | 355070402A | SP | Barra do Una | -23.758 | -45.764 | 2024-01-01 00:00:00.0 | 0.0 |
| 1 | SÃO SEBASTIÃO | 355070402A | SP | Barra do Una | -23.758 | -45.764 | 2024-01-01 01:00:00.0 | 0.0 |
| 2 | SÃO SEBASTIÃO | 355070402A | SP | Barra do Una | -23.758 | -45.764 | 2024-01-01 02:00:00.0 | 0.0 |
| 3 | SÃO SEBASTIÃO | 355070402A | SP | Barra do Una | -23.758 | -45.764 | 2024-01-01 03:00:00.0 | 0.0 |
| 4 | SÃO SEBASTIÃO | 355070402A | SP | Barra do Una | -23.758 | -45.764 | 2024-01-01 04:00:00.0 | 0.0 |
| ... | ... | ... | ... | ... | ... | ... | ... | ... |
| 16413 | SÃO SEBASTIÃO | 355070420A | SP | Praia das Cigarras | -23.732 | -45.403 | 2024-01-26 08:50:00.0 | 0.0 |
| 16414 | SÃO SEBASTIÃO | 355070420A | SP | Praia das Cigarras | -23.732 | -45.403 | 2024-01-26 09:50:00.0 | 0.2 |
| 16415 | SÃO SEBASTIÃO | 355070420A | SP | Praia das Cigarras | -23.732 | -45.403 | 2024-01-26 10:00:00.0 | 0.2 |
| 16416 | SÃO SEBASTIÃO | 355070420A | SP | Praia das Cigarras | -23.732 | -45.403 | 2024-01-26 10:30:00.0 | 0.2 |
| 16417 | SÃO SEBASTIÃO | 355070420A | SP | Praia das Cigarras | -23.732 | -45.403 | 2024-01-26 17:10:00.0 | 0.0 |

16418 rows × 8 columns

**Figura 8.9** Dados importados com código "uf-8" pela biblioteca Pandas.

## 8.4.2 Formatação das datas

Para esse tipo de problema de importação de dados, o "diabo" gosta de ficar saltitando ao nosso lado, rindo das situações em que nos colocamos. Outro problema que aparece somente após rodarmos o código, nessa parte, é sobre a data. Ao importarmos os dados, criamos um novo DataFrame, apenas com as variáveis de nosso interesse, que chamamos de "dad".

Quando transferimos os dados, achando que as datas estão em formato adequado, usando

```
dad = dados[ ['datahora', 'valorMedida'] ]

dad['datahora'] = pd.to_datetime( dad['datahora'] ),
```

acabamos recaindo no problema que já tínhamos resolvido sobre as datas, no comando *pd.to_datetime*( ), acreditamos, portanto, que as datas estão sem problemas. A Figura 8.10 ilustra que as datas estão com os dias, e também o formato completo de horas, minutos e segundos, o que vai complicar nosso gráfico.

Precisamos, nesse caso, colocar o formato Y-M-D h:m:s para a data com os dias Y-M-D (ano, mês, dia). Para fazer isso, precisamos novamente de uma passagem:

```
dad['datahora'] = dad['datahora'].dt.date
```

Essa linha com a função *datetime* da Pandas tem a função "date" no final da linha, que retira, assim, o formato de hora, minuto e segundo, deixando apenas o dia, que é o que nos interessa.

| | datahora | valorMedida |
|---|---|---|
| **0** | 2024-01-01 00:00:00 | 0.0 |
| **1** | 2024-01-01 01:00:00 | 0.0 |
| **2** | 2024-01-01 02:00:00 | 0.0 |
| **3** | 2024-01-01 03:00:00 | 0.0 |
| **4** | 2024-01-01 04:00:00 | 0.0 |
| ... | ... | ... |
| **16413** | 2024-01-26 08:50:00 | 0.0 |
| **16414** | 2024-01-26 09:50:00 | 0.2 |
| **16415** | 2024-01-26 10:00:00 | 0.2 |
| **16416** | 2024-01-26 10:30:00 | 0.2 |
| **16417** | 2024-01-26 17:10:00 | 0.0 |

16418 rows × 2 columns

**Figura 8.10** Problema na formatação das datas com pd.to_datetime().

Essas mudanças de formatação estão nas linhas 17, 18 e 19:

```
17   dad = dados[['datahora', 'valorMedida']]
18   dad['datahora'] = pd.to_datetime(dad['datahora'])
19   dad['datahora'] = dad['datahora'].dt.date
```

Essas linhas consertam nosso problema de datas, tornando-as corretas para usarmos em qualquer tipo de cálculo ou gráfico. O resultado, com essa mudança, faz nosso DataFrame se transformar corretamente na Figura 8.11.

| | datahora | valorMedida |
|---|---|---|
| **0** | 2024-01-01 | 0.0 |
| **1** | 2024-01-01 | 0.0 |
| **2** | 2024-01-01 | 0.0 |
| **3** | 2024-01-01 | 0.0 |
| **4** | 2024-01-01 | 0.0 |
| **...** | ... | ... |
| **16413** | 2024-01-26 | 0.0 |
| **16414** | 2024-01-26 | 0.2 |
| **16415** | 2024-01-26 | 0.2 |
| **16416** | 2024-01-26 | 0.2 |
| **16417** | 2024-01-26 | 0.0 |

**Figura 8.11** DataFrame correto com as datas formatadas para Y-M-D.

Mas o "diabo" insiste em nos deixar infelizes. Precisamos estar sempre ao lado da Pandas para combater os subterfúgios dele.

Se fizermos essas alterações, o DataFrame estará correto e perfeito para o gráfico. Mas, como usamos formatos que mudam a programação interna de linhas e colunas para se ajustarem às datas, dependendo da versão, erros podem acontecer, mesmo calculando-se corretamente.

Por exemplo, se fizermos *dt.date* no ambiente Jupyter de programação, em vez de usarmos editor do Spyder, ocorrerá o erro apresentado na Figura 8.12. Não é um erro que causa problema, mas é desagradável ficarmos tomando sustos no meio de uma programação. É, na verdade, apenas um alerta sobre possíveis problemas devido à formatação estar tentando copiar uma mudança dentro de um DataFrame já existente.

```
dad = dados[['datahora', 'valorMedida']]
dad['datahora'] = pd.to_datetime(dad['datahora'])
dad['datahora'] = dad['datahora'].dt.date
dad
```

```
C:\Users\Dell\Anaconda3\lib\site-packages\ipykernel_launcher.py:2: SettingWithCopyWarning:
A value is trying to be set on a copy of a slice from a DataFrame.
Try using .loc[row_indexer,col_indexer] = value instead

See the caveats in the documentation: https://pandas.pydata.org/pandas-docs/stable/user_gu
rsus-a-copy

C:\Users\Dell\Anaconda3\lib\site-packages\ipykernel_launcher.py:3: SettingWithCopyWarning:
A value is trying to be set on a copy of a slice from a DataFrame.
Try using .loc[row_indexer,col_indexer] = value instead

See the caveats in the documentation: https://pandas.pydata.org/pandas-docs/stable/user_gu
rsus-a-copy
  This is separate from the ipykernel package so we can avoid doing imports until
```

| | datahora | valorMedida |
|---|---|---|
| 0 | 2024-01-01 | 0.0 |
| 1 | 2024-01-01 | 0.0 |
| 2 | 2024-01-01 | 0.0 |
| 3 | 2024-01-01 | 0.0 |

**Figura 8.12** Alerta de erro no Jupiter, mesmo com o DataFrame correto.

Uma maneira de corrigirmos esses tipos de alertas é colocar no início do código um comando para não exibir alertas internos, assim, paramos de nos distrair com as sutilezas do "diabo". Isso represará e inibirá a quantidade de alertas de erros desnecessários. Assim, a linha 9 do código corrige esse problema:

```
pd.options.mode.chained_assignment = None
```

## 8.4.3 Agrupamento para o boxplot

Neste ponto, estamos prontos para fazermos o boxplot para vermos a variação diária das chuvas em todos os bairros de São Sebastião (SP). Como os pontos são repetidos, pois os pluviômetros (ou pluviógrafos) estão ligados captando dados o dia todo, temos automaticamente pela Seaborn o cálculo das médias e dos desvios-padrão das medidas. Ao chamarmos o boxplot da Seaborn, teremos como resultado o gráfico da Figura 8.13.

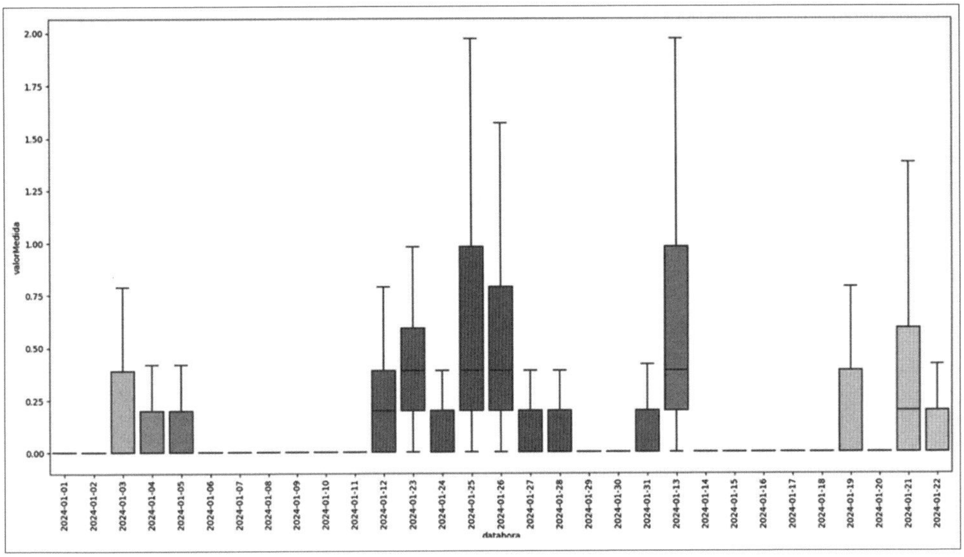


**Figura 8.13** Boxplot com a Seaborn para as chuvas em todos os dias de janeiro de 2024.

As linhas de código para a construção do boxplot estão entre as 23 e 25, construindo primeiro a área de figura e, depois, chamando o boxplot:

```
23  fig.figure(figsize=(15,10))
24  ax=sns.boxplot(x='datahora',y='valorMedida',data=dad, showfliers = False)
25  fig.xticks(rotation=90)
```

Pode-se observar que, até o presente momento, as medidas estão separadas por horas em que os equipamentos coletaram os dados. Mas, como visto antes, para o cálculo da probabilidade de falhas de Weibull, precisamos acumular dados, ou seja, ter a quantidade total de chuvas (em mm) por dia, agrupadas pelos valores mensurados.

O primeiro passo é somar para todos os dias os dados totais, e não usar apenas os individuais separados por hora, minuto e segundo. Para tanto, usamos a função groupby( ), vista antes, acumulando os dados pelas datas, da seguinte forma:

```
dad = dad.groupby( ['datahora'] ).sum()
```

Isso somará os dados, e teremos uma modificação no DataFrame para a seguinte disposição na Figura 8.14:

| | valorMedida |
|---|---|
| **datahora** | |
| **2024-01-01** | 0.00 |
| **2024-01-02** | 8.27 |
| **2024-01-03** | 302.30 |
| **2024-01-04** | 95.75 |
| **2024-01-05** | 86.48 |
| **2024-01-06** | 32.50 |
| **2024-01-07** | 0.00 |
| **2024-01-08** | 2.57 |
| **2024-01-09** | 0.00 |
| **2024-01-10** | 0.00 |
| **2024-01-11** | 74.11 |
| **2024-01-12** | 228.88 |
| **2024-01-13** | 816.16 |
| **2024-01-14** | 25.19 |
| **2024-01-15** | 9.46 |
| **2024-01-16** | 0.00 |

**Figura 8.14** Parte do DataFrame modificado pela função groupby( ) somando o total de chuva por data.

Agora podemos observar que o DataFrame "dad" tem em sua coluna os valores medidos não mais datas repetidas na coluna "data", mas datas diferentes com suas respectivas somas para a quantidade de chuva medida pelo pluviômetro.

### 8.4.4 Dias do ano

Precisaremos, agora, indicar para a Pandas quais são os dias de chuvas e de não chuvas, a ponto de podermos calcular as probabilidades. Como visto, para a densidade de probabilidade de Weibull, precisamos saber o espaçamento entre as falhas. Esse espaçamento será o número de dias em que não choveu, ou que a chuva não passou de um certo limite. Então, para termos o intervalo de dias sem chuvas, precisamos saber quais são os dias do ano em que as chuvas foram medidas.

Então, criamos uma nova coluna, chamada de "dia". Assim, dia 1/1/2024 será o primeiro dia do ano; dia 2/1/2024, o segundo dia; e assim por diante. O comando para transformamos a data em dia do ano está na linha 30:

```
dad['dia'] = pd.to_datetime(dad.index).day_of_year
```

A função day_of_year da Pandas nos devolve o dia do ano para a data que consta no índice. Precisamos dessa função, pois, se nos lembrarmos, nosso índice desapareceu com a função groupby( ). Poderíamos fazer um *reset* do índice, mas, dependendo do banco de dados, algumas datas podem não ter medidas, e erroneamente o índice pode estar colocando como um dia errado no ano.

O resultado do DataFrame é o apresentado na Figura 8.15.

| datahora | valorMedida | dia |
|---|---|---|
| 2024-01-01 | 0.00 | 1 |
| 2024-01-02 | 8.27 | 2 |
| 2024-01-03 | 302.30 | 3 |
| 2024-01-04 | 95.75 | 4 |
| 2024-01-05 | 86.48 | 5 |
| 2024-01-06 | 32.50 | 6 |
| 2024-01-07 | 0.00 | 7 |
| 2024-01-08 | 2.57 | 8 |
| 2024-01-09 | 0.00 | 9 |
| 2024-01-10 | 0.00 | 10 |
| 2024-01-11 | 74.11 | 11 |
| 2024-01-12 | 228.88 | 12 |
| 2024-01-13 | 816.16 | 13 |
| 2024-01-14 | 25.19 | 14 |

**Figura 8.15** Parte do DataFrame com a coluna marcando os dias do ano.

Agora, sim, estamos prontos para saber qual o intervalo de dias entre as chuvas, ou entre algum limite preestabelecido. Um número considerado muito alto em termos de precipitação é quando temos, em poucos dias, algo como 250 mm de chuva acumulada. Isso é uma grande ameaça de deslizamentos de encosta e tragédias.

Logo, vamos adotar para as nossas "falhas", valores que ultrapassam esse limite, ou seja, toda vez que a precipitação total ultrapassar 250 mm, teremos uma "falha" da natureza em termos de probabilidade de Weibull. Para nosso código, isso é representado na linha 33, ou seja,

```
df_risco1 = dad[ dad['valorMedida']<250 ]
```

Com isso, teremos os intervalos de dias em que a natureza "não falha", ou seja, não chove mais do que 250 mm. Começamos a ter nosso DataFrame quase pronto para calcular a probabilidade de Weibull, faltando ainda calcularmos os intervalos entre os dias de chuva. O resultado desse filtro anterior pode ser observado na Figura 8.16, em que, por exemplo, no dia 2 de janeiro, houve chuva dentro do limite, mas no dia 3, não, o que fez o DataFrame saltar do segundo dia do ano para o quarto dia do ano na coluna "dia".

| datahora | valorMedida | dia |
|---|---|---|
| 2024-01-01 | 0.00 | 1 |
| 2024-01-02 | 8.27 | 2 |
| 2024-01-04 | 95.75 | 4 |
| 2024-01-05 | 86.48 | 5 |
| 2024-01-06 | 32.50 | 6 |
| 2024-01-07 | 0.00 | 7 |
| 2024-01-08 | 2.57 | 8 |
| 2024-01-09 | 0.00 | 9 |
| 2024-01-10 | 0.00 | 10 |
| 2024-01-11 | 74.11 | 11 |
| 2024-01-12 | 228.88 | 12 |
| 2024-01-14 | 25.19 | 14 |
| 2024-01-15 | 9.46 | 15 |
| 2024-01-16 | 0.00 | 16 |
| 2024-01-17 | 248.59 | 17 |

**Figura 8.16** DataFrame com filtro de 250 mm de precipitação.

Temos, nesse ponto, que os dias não são corridos. A coluna "dia" tem apenas dias dentro do limite. Para nossos cálculos de probabilidade, precisamos descobrir automaticamente o intervalo entre as datas de chuvas.

## 8.4.5 Descobrindo intervalos entre os dias de precipitação

Para descobrirmos os intervalos, usamos a função da Pandas que faz a diferença entre índices, consecutivos ou não. Em nosso caso, usamos a função diff( ) para calcular os intervalos entre os dias de chuva, de acordo com a programação da linha 36:

```
df_risco1['delta_dia']=df_risco1['dia'].diff()
```

Isso produzirá uma nova coluna "delta_dia", que será a diferença entre os dias que choveram dentro do nosso limite de 250 mm. Como visto na Figura 8.17, essa coluna "delta_dia" com o uso da função diff( ) nos fornece os saltos entre os dias em que a precipitação total esteve no limite.

Podemos também perceber que, em janeiro de 2024, o intervalo com chuvas dentro do limite foi no máximo de dois dias. Os dias que não estão nessa coluna são aqueles nos quais a precipitação foi maior, e fará parte da nossa probabilidade de Weibull para o cálculo do risco de "falha", ou seja, com probabilidade de chover acima de 250 mm.

Ainda na Figura 8.17, o "diabo" se espreita novamente. Se não notarmos uma "pegada" do "demônio", problemas surgirão e nos farão perder um enorme tempo até descobrirmos onde se esconde o problema.

Na coluna "delta_dia" na Figura 8.17, existe uma linha vazia com "NaN" que, certamente, não é a única, e, com esse filtro usado, muitas linhas com "NaN" devem aparecer no nosso banco de dados.

Se não limparmos esses valores em branco, representados por "NaN", teremos problemas nos cálculos estatísticos. A função densidade de Weibull não consegue calcular a curva de probabilidade que representa nossos dados de falhas. No entanto, o problema não é com a função de Weibull, mas, sim, com os dados em branco, sorrateiramente colocados pelo "diabo".

| datahora | valorMedida | dia | delta_dia |
|---|---|---|---|
| 2024-01-01 | 0.00 | 1 | NaN |
| 2024-01-02 | 8.27 | 2 | 1.0 |
| 2024-01-04 | 95.75 | 4 | 2.0 |
| 2024-01-05 | 86.48 | 5 | 1.0 |
| 2024-01-06 | 32.50 | 6 | 1.0 |
| 2024-01-07 | 0.00 | 7 | 1.0 |
| 2024-01-08 | 2.57 | 8 | 1.0 |
| 2024-01-09 | 0.00 | 9 | 1.0 |
| 2024-01-10 | 0.00 | 10 | 1.0 |
| 2024-01-11 | 74.11 | 11 | 1.0 |
| 2024-01-12 | 228.88 | 12 | 1.0 |
| 2024-01-14 | 25.19 | 14 | 2.0 |
| 2024-01-15 | 9.46 | 15 | 1.0 |
| 2024-01-16 | 0.00 | 16 | 1.0 |
| 2024-01-17 | 248.59 | 17 | 1.0 |

**Figura 8.17** Cálculo do intervalo de dias entre as chuvas no limite de 250 mm.

Ao insistirmos e rodarmos a linha 43 do código completo, em que tentamos saber os parâmetros de Weibull, aparecerá o erro ilustrado na Figura 8.18, e a biblioteca SciPy não conseguirá nos ajudar com a estimação dos parâmetros de Weibull:

```
---------------------------------------------------------------------------
RuntimeError                              Traceback (most recent call last)
<ipython-input-13-48e3210f9f2b> in <module>
----> 1 beta,loc,etha=stats.weibull_min.fit(df_risco1['delta_dia'],floc=0)
      2 print('beta(slope)= ',beta,'  etha(media)= ',etha)

~\AppData\Roaming\Python\Python37\site-packages\scipy\stats\_distn_infrastructure.py in fit(self, data, *args, **kwds)
   2471 
   2472         if not np.isfinite(data).all():
-> 2473             raise RuntimeError("The data contains non-finite values.")
   2474 
   2475         start = [None]*2

RuntimeError: The data contains non-finite values.
```

**Figura 8.18** Erro sério causado no cálculo da densidade de Weibull devido a "NaN".

Logo, não se resolve esse problema observando-se possíveis erros de estatística, mas, sim, a configuração do banco de dados que apresenta muitos "NaN". Precisamos, então, limpar esses "NaN", usando a linha 40, ou seja,

```
df_risco1.dropna(inplace=True)
```

Quando fazemos isso, ou seja, deletamos todos os valores "NaN", temos o DataFrame pronto para os cálculos como na Figura 8.19.

| datahora | valorMedida | dia | delta_dia |
|---|---|---|---|
| 2024-01-02 | 8.27 | 2 | 1.0 |
| 2024-01-04 | 95.75 | 4 | 2.0 |
| 2024-01-05 | 86.48 | 5 | 1.0 |
| 2024-01-06 | 32.50 | 6 | 1.0 |
| 2024-01-07 | 0.00 | 7 | 1.0 |
| 2024-01-08 | 2.57 | 8 | 1.0 |
| 2024-01-09 | 0.00 | 9 | 1.0 |
| 2024-01-10 | 0.00 | 10 | 1.0 |
| 2024-01-11 | 74.11 | 11 | 1.0 |
| 2024-01-12 | 228.88 | 12 | 1.0 |
| 2024-01-14 | 25.19 | 14 | 2.0 |
| 2024-01-15 | 9.46 | 15 | 1.0 |
| 2024-01-16 | 0.00 | 16 | 1.0 |

**Figura 8.19** DataFrame completo e pronto para o cálculo dos parâmetros de Weibull.

### 8.4.6 Cálculo da probabilidade de precipitação acima do normal

Ao usarmos a função de estimação dos parâmetros de Weibull da linha 43

```
beta,loc,etha = stats.weibull_min.fit(df_risco1['delta_dia'], floc = 0)
```

teremos como resultado os seguintes valores:

```
beta(slope)=  1.753202890911993   etha(media)=  1.5472440108035714
```

Como observado antes, a média do intervalo de dias de chuvas dentro do limite é de 1.54 dia. A cada dois dias, as precipitações ficam dentro do limite, mas podemos também observar outro lado, que nos informa que a cada dois dias chuvas fortes atingem a região.

Fazendo o gráfico com o comando na linha 52 para a biblioteca Seaborn, temos a curva característica da densidade de probabilidade de Weibull:

```
ax1=sns.lineplot(x=x, y = dens, label='acima de 250 mm', color = 'black', linewidth = 5)
```

cujo resultado gráfico é apresentado na Figura 8.20.

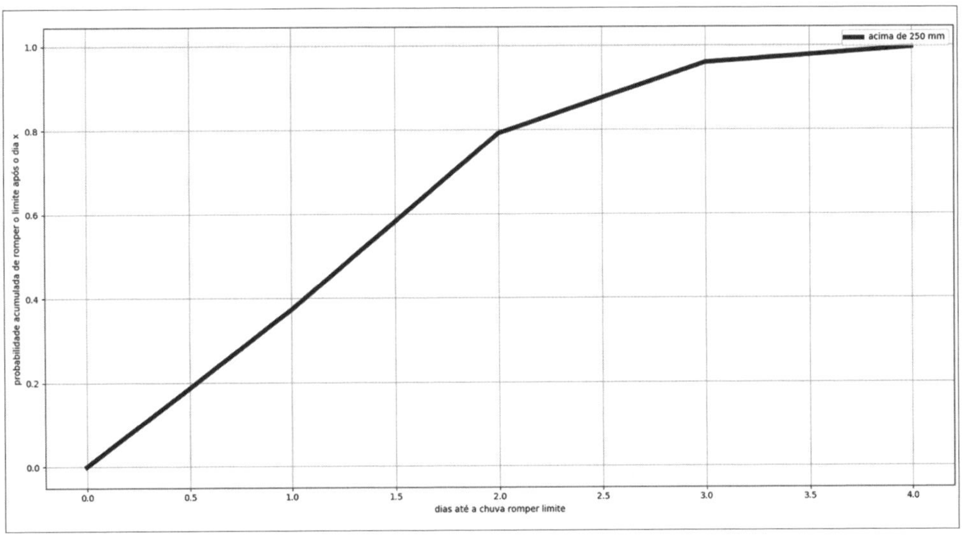


**Figura 8.20** Probabilidade de chuvas acima de 250 mm ao longo dos dias, em São Sebastião, em janeiro, com base nos dados de janeiro de 2024 (Cemaden).

Na Figura 8.20, podemos ver claramente que a probabilidade de chover até 250 mm com intervalo de dois dias é de 80%. O risco de chuvas estourarem o limite vai aumentando à medida que os dias vão passando. Para três dias, o risco de chover até o máximo de 250 mm chega a 98%, ou seja, é quase certo que as chuvas torrenciais ocorrerão a cada três dias na região.

Na linha 61, colocamos o comando para fazer nosso primeiro gráfico (Figura 8.7), que apresenta a precipitação acumulada diariamente na região de São Sebastião (SP), em janeiro de 2024.

O código completo está a seguir:

```
1  # Importando bibliotecas necessárias
2  import numpy as np
3  import matplotlib.pyplot as fig
4  from scipy import stats
5  import pandas as pd
6  import seaborn as sns
7
8  # Para remover os avisos do pandas e não precisar fazer cópias dos DataFrames
9  pd.options.mode.chained_assignment = None
10
11 # Importando os dados de janeiro/2024
12
13 dados = pd.read_csv('data.csv', sep=';', decimal=',', encoding='utf-8')
14
15
16
17 dad = dados[['datahora', 'valorMedida']]
18 dad['datahora'] = pd.to_datetime(dad['datahora'])
19 dad['datahora'] = dad['datahora'].dt.date
20
21
22
23 fig.figure(figsize=(15,10))
24 ax=sns.boxplot(x='datahora',y='valorMedida',data=dad,showfliers = False)
25 fig.xticks(rotation=90)
26
27 dad = dad.groupby(['datahora']).sum()
28
29
30 dad['dia'] = pd.to_datetime(dad.index).day_of_year
31
32
33 df_risco1=dad[dad['valorMedida']<250]
34
35
36 df_risco1['delta_dia']=df_risco1['dia'].diff()
37
38
39
40 df_risco1.dropna(inplace=True)
41
42
```

```
beta,loc,etha=stats.weibull_min.fit(df_risco1['delta_dia'],floc=0)
print('beta(slope)= ',beta,' etha(media)= ',etha)

##### grafico da densidade de Weibull
### eixo x é quantos dias demora ate chuvas acima de 250
fig.figure(figsize=(15,10))
x=np.arange(0,df_risco1['delta_dia'].max(),1)
dens=stats.weibull_min.cdf(x, beta, loc=loc, scale=etha)

ax1=sns.lineplot(x=x, y = dens, label='acima de 250 mm' , color = 'black', linewidth = 5)

fig.xlabel('dias até a chuva romper limite')
fig.ylabel('probabilidade acumulada de romper o limite após o dia x')
fig.grid()
fig.show()

figura, ax1 = fig.subplots(figsize=(15, 10))

ax1.bar(dad.index, dad['valorMedida'], color='black')
ax1.set_xlabel('data')
ax1.set_ylabel('Chuva Acumulada Diária (mm)', color='black')
ax1.tick_params(axis='y', labelcolor='black')
```

## 8.5 COMPARAÇÕES ENTRE BASE DE DADOS

Apenas observar o acumulado de precipitações não nos ajuda muito em termos de poder de previsão. A probabilidade é ótima informação como primeira tentativa de entendermos o fenômeno de grandes precipitações e deslizamentos na região de São Sebastião. Podemos melhorar mais a informação, tomando novamente do site do Cemaden outra base de dados, janeiro de 2023, para compararmos com janeiro de 2024. O gráfico da Figura 8.21 compara o volume de precipitação acumulado entre os dois anos, sendo as barras da esquerda para o ano de 2023 e as barras da direita para o ano de 2024. Observamos um grande volume de chuvas (cerca de 1.200 mm) em um certo dia de janeiro de 2024, muito mais alto do que em janeiro de 2023.

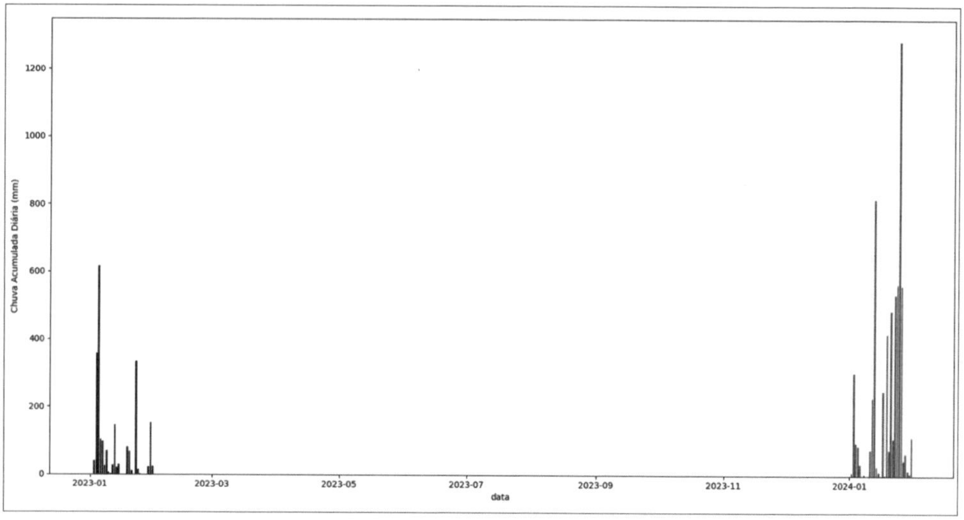


**Figura 8.21** Comparação da precipitação acumulada diária jan/2023 – jan/2024 em São Sebastião (SP).

Para efeito de comparação, precisamos antes importar o arquivo para janeiro de 2023 e incorporar ao DataFrame anterior para precipitação em janeiro de 2024. A maneira correta de agruparmos essas informações é usar a função concat( ) ou merge( ), discutida anteriormente.

Como esse é um arquivo simples, a função concat( ) resolve satisfatoriamente esse problema. Após a importação dos dados, usamos a concatenação na linha 15 do código completo a seguir:

```
dados = pd.concat([dados23, dados24])
```

Isso coloca em nosso DataFrame original, as duas bases de dados, que podemos separar ou manter juntas, conforme o tipo de visualização desejada. Por exemplo, para a Figura 8.22, podemos manter todos os dados concatenados sob o mesmo DataFrame para a construção do boxplot via Seaborn. Além de ser mais fácil, esse boxplot separa as chuvas pelas datas, sem a necessidade de tratamento especial.

É possível verificar na Figura 8.22 que, apesar de janeiro de 2024 ter oscilações mais fortes nas precipitações, elas foram concentradas no final do mês, enquanto em janeiro de 2023, as chuvas ocorreram fortes e com intervalos bem mais regulares do que em 2024. Isso pode ter ajudado a encharcar mais o solo, colaborando para a tragédia ocorrida na região.

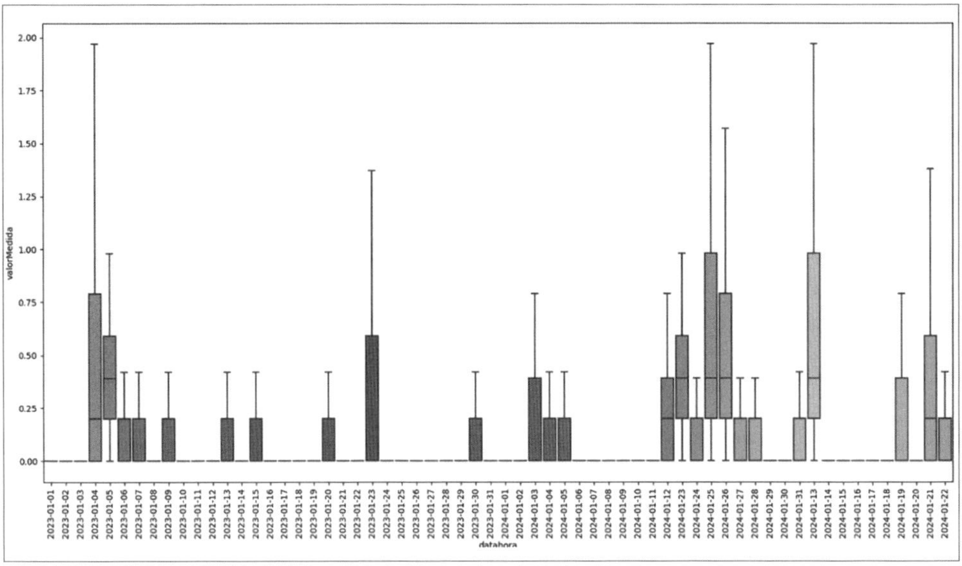


Figura 8.22 Comparação dos boxplot das precipitações não acumuladas entre jan/23 e jan/24 para São Sebastião (SP).

Para o cálculo da probabilidade de falhas (nesse caso, chuvas até 250 mm) precisamos separar os dados para os anos de 2023 e 2024. Uma boa função para isso é a função loc( ) vista anteriormente. Ela localiza informações específicas e ajuda a filtrar o DataFrame. Para separar as datas, o "diabo" nos atenta a fazer o seguinte:

```
dad23=dad.loc[dad['datahora']<'2024-01-01']
```

Será que isso funciona?

Não vai funcionar!

E o diabo sorri diante de nosso erro, pois aquilo que se parece com data, "2024-01-01", não tem formato de data quando colocamos essa restrição lógica na função loc( ).

É necessário transformar esse formato em data, pois o que temos na base de dados é formato de data, e não de texto.

Se o leitor se lembrar, transformamos nosso formato de texto em data na linha 19 do código:

```
dad['datahora'] = dad['datahora'].dt.date,
```

e, portanto, não faz sentido comparar texto com data. Se rodarmos com o erro, a solução será:

```
---------------------------------------------------------------------------
TypeError                                 Traceback (most recent call last)
<ipython-input-51-bc6c47e003ab> in <module>
----> 1 dad23=dad.loc[dad['datahora']<'2024-01-01']
      2 dad24=dad.loc[dad['datahora']>=pd.to_datetime('2024-01-01')]
      3 dad24

~\AppData\Roaming\Python\Python37\site-packages\pandas\core\ops\common.py in new_method(self, other)
     63         other = item_from_zerodim(other)
     64 
---> 65         return method(self, other)
     66 
     67     return new_method

~\AppData\Roaming\Python\Python37\site-packages\pandas\core\arraylike.py in __lt__(self, other)
     35     @unpack_zerodim_and_defer("__lt__")
     36     def __lt__(self, other):
---> 37         return self._cmp_method(other, operator.lt)
     38 
     39     @unpack_zerodim_and_defer("__le__")

~\AppData\Roaming\Python\Python37\site-packages\pandas\core\series.py in _cmp_method(self, other, op)
   4973         rvalues = extract_array(other, extract_numpy=True)
   4974 
-> 4975         res_values = ops.comparison_op(lvalues, rvalues, op)
```

**Figura 8.23** Erro na comparação de datas dentro do DataFrame.

O correto é usar a função pd.to_datetime para a data específica, como programado nas linhas 25 e 26.

```
dad23=dad.loc[dad['datahora']<pd.to_datetime('2024-01-01')]

dad24=dad.loc[dad['datahora']>=pd.to_datetime('2024-01-01')]
```

A função para o formato de datas da Pandas, transforma a data que desejamos em formato de datas no datetime( ) . Então separamos nosso DataFrame original chamado de "dad" em "dad23", nas datas anteriores à 2024-01-01 (por isso, o sinal de "<"), e, depois, em "dad24" para datas posteriores.

Mas atenção leitor, caso esteja com versões mais atualizadas, por exemplo, Python 3.12 ou mais, o demônio rondará seu trabalho. Essas linhas não funcionarão com uma simples cópia.

Acontece que nas versões mais recentes, os desenvolvedores do Python colocaram um adicional na função datetime, não permitindo a transformação simples de string em data.

Nas versões mais antigas, o formato que retornava do datetime era:

(2024,1,1,0,0,0),

indicando data 1/1/2024 às 00H:00M:00S, ou seja, hora, zero, minuto zero e segundo zero. Isso não dava problema com a comparação entre formatos com datetime. Com as versões mais recentes, o que retorna do datetime está no formato:

2024-1-1 00: 00: 00

E nesse ponto, temos que remover as horas, os minutos e os segundos, que nas versões anteriores não apareciam.

Logo, quando se utilizar versões mais recentes do Python ou mesmo do Jupyter, no final do string que representa a data, precisamos colocar date( ), da seguinte forma:

```
dad23=dad.loc[dad['datahora']<pd.to_datetime('2024-01-01').date()]

dad24=dad.loc[dad['datahora']>=pd.to_datetime('2024-01-01').date()]
```

Se não fizermos essa atualização, o demônio sairá vencedor, e o leitor perderá muitas horas de trabalho (o autor que vos escreve perdeu muitas horas com esse detalhe).

Com esse filtro, temos, então, dois arquivos bem formatados, a partir disso podemos estimar os parâmetros para as duas curvas de probabilidades falhas de Weibull, para janeiro de 2023 e janeiro de 2024.

A programação está nas linhas 43 e 46. A estimação dos parâmetros apresentou o seguinte resultado:

```
beta_2023(slope)=  2.5269379062467827   etha_2023(media)=  1.2433918326266995
beta_2024(slope)=  1.753202890911993   etha_2024(media)=  1.5472440108035714
```

Essas estimativas para os dois anos nos mostram que em 2023 o intervalo médio entre as chuvas até 250 mm (etha_2023) foi de 1.24 dia. Enquanto isso, para 2024 o intervalo médio foi maior, 1.54 dia, o que corrobora com o que é apresentado nos espaçamentos da Figura 8.22.

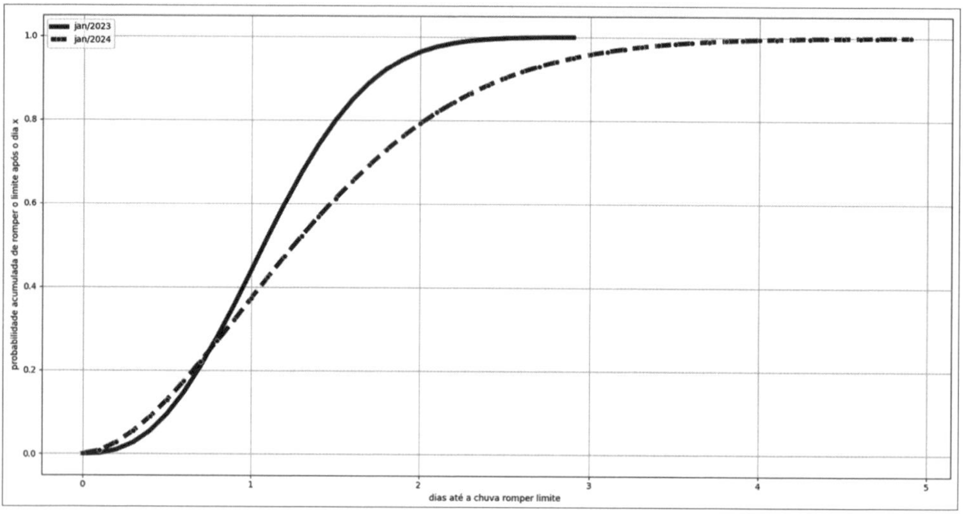


**Figura 8.24** Comparação entre as densidades de Weibull para jan/2023 e jan/2024.

Com as programações das linhas 54 e 55, com as funções densidades acumuladas das precipitações para as falhas, podemos observar qual ano foi de maior risco para a população da região.

```
dens23=stats.weibull_min.cdf(x23, beta23, loc=loc23, scale=etha23)

dens24=stats.weibull_min.cdf(x24, beta24, loc=loc24, scale=etha24)
```

O resultado é apresentado na Figura 8.24, observa-se a curva contínua que representa o risco de falhas para janeiro de 2023 subindo muito mais rápido do que a curva com linha tracejada para janeiro de 2024. Em janeiro de 2023, a probabilidade de chover até 250 mm a cada dois dias era mais de 95%, enquanto em 2024, era de 80%.

Apesar de esse valor também ser alto, o risco de precipitações que levasse a uma tragédia foi maior em 2023 do que em 2024, o que realmente aconteceu.

Como pode ser visto no código-completo a seguir, a diferença em relação ao anterior está apenas na concatenação dos dados, sendo os demais passos apenas uma duplicação dos cálculos.

O gráfico da Figura 8.21 foi construído por meio da programação contida nas linhas de 66 a 71, como pode ser conferido a seguir. As linhas 57 e 58 se referem à Figura 8.24, e as linhas 22 e 23, à Figura 8.22.

```
# Importando bibliotecas necessárias
import numpy as np
import matplotlib.pyplot as fig
from scipy import stats
import pandas as pd
import seaborn as sns

# Para remover os avisos do pandas e não precisar fazer cópias dos DataFrames
pd.options.mode.chained_assignment = None

# Importando os dados de jan/2023 e jan/2024

dados24 = pd.read_csv(‘data.csv’, sep=’;’, decimal=’,’, encoding=’utf-8’)
dados23 = pd.read_csv(‘data23.csv’, sep=’;’, decimal=’,’, encoding=’utf-8’)
dados = pd.concat([dados23, dados24])

dad = dados[[‘datahora’, ‘valorMedida’]]
dad[‘datahora’] = pd.to_datetime(dad[‘datahora’])
dad[‘datahora’] = dad[‘datahora’].dt.date

fig.figure(figsize=(15,10))
ax=sns.boxplot(x=’datahora’,y=’valorMedida’,data=dad,showfliers = False)
fig.xticks(rotation=90)

dad23=dad.loc[dad[‘datahora’]<pd.to_datetime(‘2024-01-01’)]
dad24=dad.loc[dad[‘datahora’]>=pd.to_datetime(‘2024-01-01’)]
# para versoes mais recentes:
# dad23=dad.loc[dad[‘datahora’]<pd.to_datetime(‘2024-01-01’).date()]
# dad24=dad.loc[dad[‘datahora’]>=pd.to_datetime(‘2024-01-01’.date()]

dad23 = dad23.groupby([‘datahora’]).sum()
dad24 = dad24.groupby([‘datahora’]).sum()

dad23[‘dia’] = pd.to_datetime(dad23.index).day_of_year
dad24[‘dia’] = pd.to_datetime(dad24.index).day_of_year

df23_risco1=dad23[dad23[‘valorMedida’]<250]
df24_risco1=dad24[dad24[‘valorMedida’]<250]

df23_risco1[‘delta_dia’]=df23_risco1[‘dia’].diff()
df24_risco1[‘delta_dia’]=df24_risco1[‘dia’].diff()

df23_risco1.dropna(inplace=True)
df24_risco1.dropna(inplace=True)
```

```
beta23,loc23,etha23=stats.weibull_min.fit(df23_risco1['delta_dia'],floc=0)
print('beta_2023(slope)= ',beta23,' etha_2023(media)= ',etha23)

beta24,loc24,etha24=stats.weibull_min.fit(df24_risco1['delta_dia'],floc=0)
print('beta_2024(slope)= ',beta24,' etha_2024(media)= ',etha24)

##### grafico da densidade de Weibull
### eixo x é quantos dias demora ate chuvas acima de 250
fig.figure(figsize=(15,10))
x23=np.arange(0,df23_risco1['delta_dia'].max(),0.1)
x24=np.arange(0,df24_risco1['delta_dia'].max(),0.1)
dens23=stats.weibull_min.cdf(x23, beta23, loc=loc23, scale=etha23)
dens24=stats.weibull_min.cdf(x24, beta24, loc=loc24, scale=etha24)

ax1=sns.lineplot(x=x23, y = dens23, label='jan/2023' , color = 'black', linewidth = 5)
ax1=sns.lineplot(x=x24, y = dens24, label='jan/2024' , color = 'black', linewidth = 5,
        linestyle='--', marker='o')

fig.xlabel('dias até a chuva romper limite')
fig.ylabel('probabilidade acumulada de romper o limite após o dia x')
fig.grid()
fig.show()

figura, ax1 = fig.subplots(figsize=(15, 10))

ax1.bar(dad23.index, dad23['valorMedida'], color='black')
ax1.bar(dad24.index, dad24['valorMedida'], color='gray')
ax1.set_xlabel('data')
ax1.set_ylabel('Chuva Acumulada Diária (mm)', color='black')
```

# CAPÍTULO 9
# Dados econômicos

## 9.1 BANCO CENTRAL DO BRASIL E DADOS ECONÔMICOS

O Banco Central do Brasil (BCB) possui uma ampla base de dados com diversas séries temporais com sensores e medidores da economia brasileira. O banco sempre manteve atualizada essa base e, com o advento da internet, disponibiliza de maneira pública dados que medem diversas variáveis ligadas a planos econômicos, independentemente do governo.

Com a introdução das linguagens voltadas para a internet, o BCB se atualizou e sempre manteve pública a base em html, java, sql, entre tantas tecnologias e linguagens de programação, para acesso livre à informação. No caso do Python, não foi diferente, e, nos últimos anos, o BCB disponibiliza uma biblioteca para aquisição de dados diretamente de scripts do Python.

A biblioteca tem o nome de python-bcb e pode ser instalada no próprio console do Spyder (Anaconda), do Jupyter ou de qualquer outro ambiente Python. No caso do console do Spyder, para instalar a biblioteca e baixar os dados do Banco Central, utiliza-se o comando "pip" da seguinte maneira:

```
pip install python-bcb
```

Caso deseje utilizar a biblioteca no Jupyter, basta usar (apenas uma vez) nas células do ambiente de programação o comando:

```
!pip install python-bcb
```

Essa biblioteca possui um sistema que gerencia os dados do BCB conhecido como Sistema Gerenciador de Séries Temporais (SGS). Esse sistema permite baixar dados diretamente do banco de dados do Banco Central. Para tanto, sempre precisaremos fazer uso da função get( ) do Python. Contudo, alguns códigos internos do SGS precisam ser conhecidos para a aquisição correta dos dados.

Esses códigos poderão ser consultados na página de referência do SGS:

https://www3.bcb.gov.br/sgspub/localizarseries/localizarSeries.do?method=prepararTelaLocalizarSeries

Atualmente, essa página tem o formato apresentado na Figura 9.1, mas isso muda com alguma frequência.

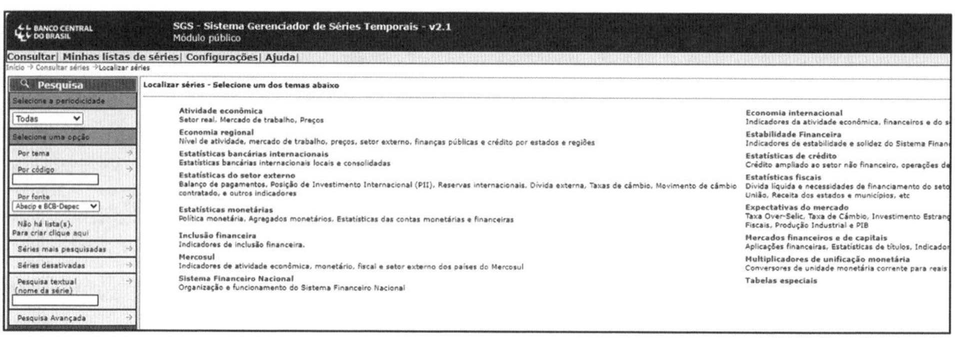


**Figura 9.1** Página principal do SGS para aquisição de dados do BCB.

A biblioteca do BCB ainda possui conversor de moedas, expectativas divulgadas pelo boletim Focus, integração com o Odata, fornecendo dados de taxas de juros, IFdata e Mercado Imobiliário. Por exemplo, quando escolhemos "Mercados financeiros e de capitais" somos levados em outra página com vários itens, entre eles está o "Indicadores do mercado financeiro". Abrindo esse item e, em seguida, escolhendo "Taxa de juros", obtemos a seguinte tabela (Figura 9.2).

| Sel. | Cód. | Nome abreviado | Unid. | Per. | Início dd/MM/aaaa | Últ. valor |
|---|---|---|---|---|---|---|
| ☐ | 11 | Selic | % a.d. | D | 04/06/1986 | 09/02/2024 |
| ☐ | 12 | CDI | % a.d. | D | 06/03/1986 | 09/02/2024 |
| ☐ | 226 | Taxa referencial (TR) | % a.m. | D | 01/02/1991 | 09/02/2024 |
| ☐ | 227 | Taxa referencial pro-rata (TR pro-rata) | % a.d. | D | 01/06/1993 | 09/02/2024 |
| ☐ | 253 | Taxa básica financeira (TBF) | % a.m. | D | 01/07/1995 | 09/02/2024 |
| ☐ | 254 | Taxa básica financeira pro-rata (TBF pro-rata) | % a.d. | D | 01/07/1995 | 09/02/2024 |
| ☐ | 256 | Taxa de juros de longo prazo - TJLP | % a.a. | M | 01/12/1994 | mar/2024 |
| ☐ | 1178 | Selic anualizada base 252 | % a.a. | D | 04/06/1986 | 09/02/2024 |
| ☐ | 4189 | Selic acumulada no mês anualizada base 252 | % a.a. | M | 31/07/1986 | fev/2024 |
| ☐ | 4389 | CDI anualizada base 252 | % a.a. | D | 06/03/1986 | 09/02/2024 |
| ☐ | 4390 | Selic acumulada no mês | % a.m. | M | 31/07/1986 | fev/2024 |
| ☐ | 4391 | CDI acumulada no mês | % a.m. | M | 31/07/1986 | fev/2024 |
| ☐ | 4392 | CDI acumulada no mês anualizada base 252 | % a.a. | M | 31/07/1986 | fev/2024 |
| ☐ | 7811 | Taxa referencial (TR) - Primeiro dia do mês | % a.m. | M | 28/02/1991 | fev/2024 |
| ☐ | 7812 | Taxa referencial (TR) - Primeiro dia do mês anualizada na base 252 | % a.a. | M | 28/02/1991 | fev/2024 |

**Figura 9.2** Tabela de Séries Temporais para taxas de juros.

O número importante a saber para a coleta de dados pelo Python está na coluna "Cód", que se refere aos diversos bancos de dados econômicos, como Selic, CDI, TR, TJLP etc.

Voltando à página principal (Figura-9.1), podemos selecionar outras bases de dados interessantes para estudos. Ao selecionar "Estatísticas monetárias" (Figura 9.3), temos disponíveis as metas de inflação, a taxa Selic com reuniões do Comitê de Política Monetária (Copom), entre tantas outras séries.

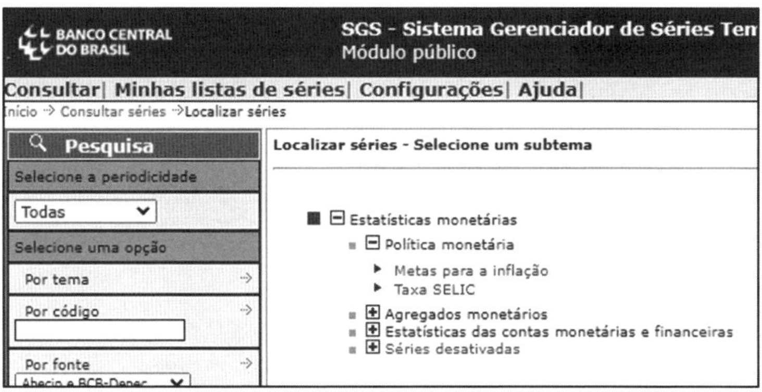


**Figura 9.3** Estatísticas monetárias.

Ao selecionar a opção "Estatísticas monetárias" (Figura 9.3), depois "Política monetária" e, por fim, "Taxa SELIC", teremos disponíveis as três séries em nova página como apresentadas na Figura 9.4. Essas três séries são indicadas com os códigos 422, 423 e 432, que podem ser escolhidos de acordo com o estudo desejado.

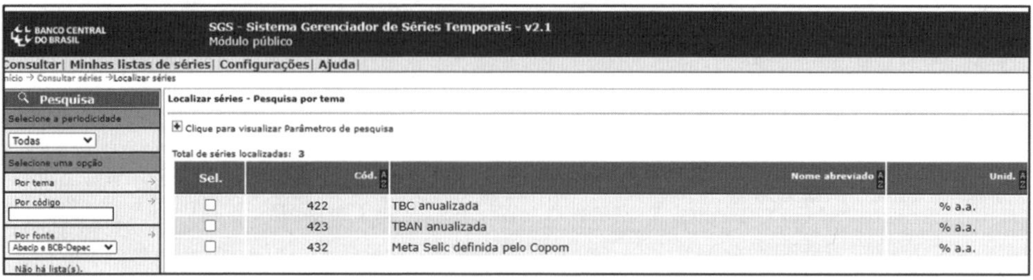


**Figura 9.4** Taxa SELIC.

Dados da inflação estão na opção da página principal (Figura 9.1), seguindo: Atividade econômica > Preços > Índices de preços ao consumidor. Quando consultamos por esse caminho, a tabela (Figura 9.5) informa que o Índice nacional de preços ao consumidor-amplo (IPCA) tem o código 433. Podemos também consultar as séries apenas com a utilização de seus códigos, colocando o número da série na caixa à esquerda, que permite a busca, indicando o número na caixa "Por código". Por exemplo, o IGP-M, que serve como base de preços imobiliários, tem o número de busca 189. Esse número pode ser encontrado colocando palavra-chave na busca principal e, quando aparecer a janela da página, basta ler e gravar seu número, o que torna a programação em Python mais simples do que o uso do nome da série.

**Figura 9.5** Inflação medida pelo IPCA, com código 433.

## 9.2 AQUISIÇÃO DAS SÉRIES TEMPORAIS

Para baixar os dados do Sistema Gerenciador de Séries (SGS), precisaremos chamar a biblioteca do BCB com a função sgs( ) por meio do get( ). No entanto, antes, precisamos declarar as importações no início.

```
from bcb import sgs
from bcb import currency
from bcb import Expectativas
```

A importação "sgs" permitirá analisar a taxa de juros, a inflação e outros indicadores de política econômica. A função "currency" ajudará na cotação de moedas internacionais e "Expectativas" nos boletins que captam o que pensam os agentes financeiros por meio de entrevistas semanais em bancos, fundos, corretoras, analistas em geral etc. Para usarmos a função get( ), programamos as linhas da seguinte forma:

```
selic = sgs.get({'selic':432}, start = '2022-01-01')
```

A variável à esquerda da igualdade foi nomeada como "selic", mas poderia ter sido qualquer nome. Dentro da função get( ), o colchete indica qual a série que desejamos e qual o seu nome no BCB. O nome da série deve ser respeitado conforme as tabelas armazenadas na página do banco. Nesse caso {'selic':432} é o nome (em minúsculo) "Selic" no BCB e tem o código 432. A variável "selic" à esquerda da igualdade fomos nós que programamos e a "selic", à direita, dentro dos colchetes é o nome obrigatório para o banco de dados do BCB. A partida é a data, por isso, como pesquisamos a séries de 1º de janeiro de 2022 em diante, start = '2022-01-01'.

Por exemplo, para inflação, podemos tomar duas séries ao mesmo tempo, como IPC e IGP-M. Para tanto, o comando de linha da get( ) será:

```
inflacao = sgs.get({'ipca': 433, 'igp-m': 189}, start = '2021-01-01')
```

Novamente, dentro dos colchetes, o nome deve ser obrigatoriamente "ipca" e "igp-m", com os códigos 433 e 189. Do lado esquerdo, o nome poderá ser qualquer um, pois ele armazenará em seu ambiente o que foi adquirido do sistema do BCB. O nome "inflacao" sem acento é o nome da variável que armazenará os dados no Python. O interessante dessa biblioteca é que todas as consultas retornam no formato de DataFrame, e todas as ferramentas da Pandas poderão ser utilizadas para trabalhar com os dados. No caso da Selic, após a busca, como indicado anteriormente, o resultado é o que aparece na Figura 9.6.

| Date | selic |
|---|---|
| 2022-01-01 | 9.25 |
| 2022-01-02 | 9.25 |
| 2022-01-03 | 9.25 |
| 2022-01-04 | 9.25 |
| 2022-01-05 | 9.25 |
| ... | ... |
| 2024-02-10 | 11.25 |
| 2024-02-11 | 11.25 |
| 2024-02-12 | 11.25 |

**Figura 9.6** DataFrame para o caso da Selic.

E, como os dados já estão no formato de DataFrame, poderemos fazer um gráfico para termos uma visualização do resultado. A Figura 9.7 apresenta os dados da taxa de juros Selic entre janeiro de 2022 e fevereiro de 2024. Percebe-se o aumento mensal até quase 14% e, depois, com o controle da inflação, o início da queda, chegando a 11,25%.

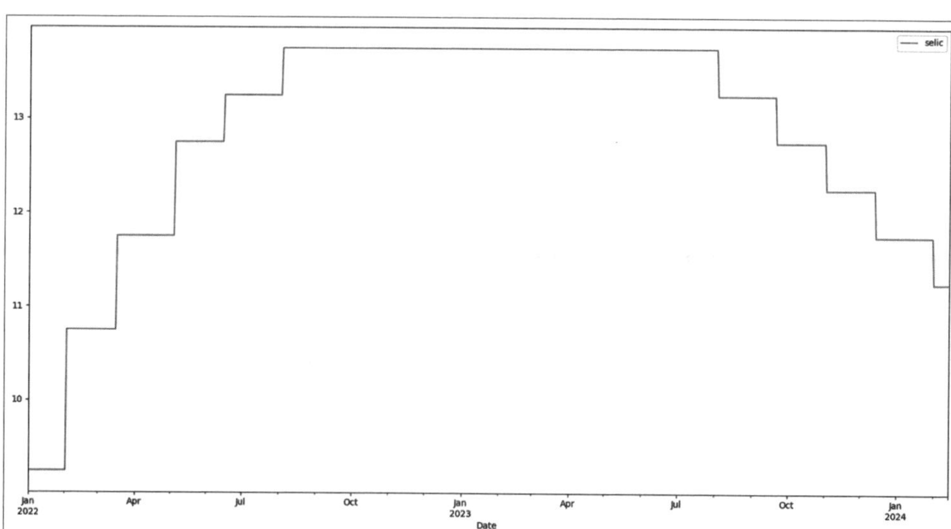


**Figura 9.7** Dados da Selic entre 2022 e fevereiro de 2024.

Na Pandas, o DataFrame nos oferece, com a função describe( ), uma estatística rápida sobre os dados. Ao colocarmos uma linha com essa função

**selic.describe()**,

teremos a tabela resultante (Figura 9.8):

| | selic |
|---|---|
| count | 775.000000 |
| mean | 12.844839 |
| std | 1.188761 |
| min | 9.250000 |
| 25% | 12.250000 |
| 50% | 13.250000 |
| 75% | 13.750000 |
| max | 13.750000 |

**Figura 9.8** Estatística rápida dos dados da Selic.

Para o caso da informação do IPCA e IGP-M no comando que já mencionamos, o DataFrame armazenado será como apresentado na Figura 9.9. É interessante observamos que, dentro das chaves da função get( { } ), podemos inserir uma lista de séries e seus códigos, que todos entrarão como colunas de um único DataFrame.

Podemos comparar, assim, os dados com análises estatísticas e, inclusive, fazer gráficos bem interessantes com a biblioteca Seaborn, como visto em outros capítulos.

| | ipca | igp-m |
|---|---|---|
| **Date** | | |
| **2021-01-01** | 0.25 | 2.58 |
| **2021-02-01** | 0.86 | 2.53 |
| **2021-03-01** | 0.93 | 2.94 |
| **2021-04-01** | 0.31 | 1.51 |
| **2021-05-01** | 0.83 | 4.10 |
| **2021-06-01** | 0.53 | 0.60 |
| **2021-07-01** | 0.96 | 0.78 |
| **2021-08-01** | 0.87 | 0.66 |
| **2021-09-01** | 1.16 | -0.64 |
| **2021-10-01** | 1.25 | 0.64 |

**Figura 9.9** Dados da inflação em DataFrame.

No DataFrame da inflação, vemos que as datas estão todas com o dia primeiro de cada mês. Como sabemos, os dados de inflação são mensais, não precisamos colocar os dias dos meses. Podemos melhorar essa representação, trocando as datas para colocarmos os valores como mensais "M" da forma:

```
inflacao.index = inflacao.index.to_period('M')
```

Esse é um recurso importante, principalmente se tivermos uma base de dados muito longa, disposta com dados de hora em hora, mas se desejarmos apenas que os índices sejam representados com os nomes dos meses no gráfico.

No caso da inflação, ao usarmos o comando de gráfico da Pandas, inflacao.plot( ), automaticamente teremos o gráfico das duas inflações (IPCA e IGP-M), Figura 9.10.

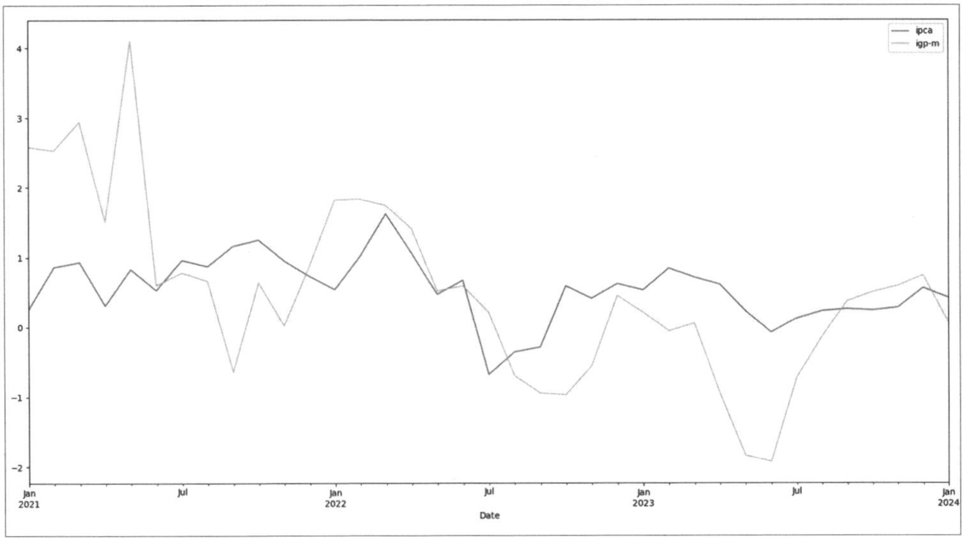


**Figura 9.10** Dados de IPCA e IGP-M.

Para aquisição dos dados de moedas, usamos o comando

**currency.get_currency_list()**,

e, com isso, temos todos os símbolos necessários para que possamos importar os dados da base do BCB. Se imprimirmos a lista de moedas, teremos a tabela apresentada na Figura 9.11.

| | code | name | symbol | country_code | country_name | type | exclusion_date |
|---|---|---|---|---|---|---|---|
| **0** | 5 | AFEGANE AFEGANIST | AFN | 132 | AFEGANISTAO ... | A | NaT |
| **1** | 785 | RANDE/AFRICA SUL | ZAR | 7560 | AFRICA DO SUL ... | A | NaT |
| **2** | 490 | LEK ALBANIA REP | ALL | 175 | ALBANIA, REPUBLICA DA ... | A | NaT |
| **3** | 610 | MARCO ALEMAO | DEM | 230 | ALEMANHA ... | A | 2002-01-02 |
| **4** | 978 | EURO | EUR | 230 | ALEMANHA ... | B | NaT |
| **...** | ... | ... | ... | ... | ... | ... | ... |
| **268** | 220 | DOLAR DOS EUA | USD | 8630 | VIRGENS,ILHAS (BRITANICAS) ... | A | NaT |
| **269** | 220 | DOLAR DOS EUA | USD | 8664 | VIRGENS,ILHAS (E.U.A.) ... | A | NaT |
| **270** | 766 | QUACHA ZAMBIA | ZMW | 8907 | ZAMBIA ... | A | NaT |
| **271** | 765 | QUACHA ZAMBIA | ZMK | 8907 | ZAMBIA ... | A | 2012-12-31 |

**Figura 9.11** Lista de símbolos das moedas no BCB.

Podemos escolher quantas moedas desejarmos na forma de lista e plotar para vermos como foi o comportamento das cotações no Brasil. No caso, o get( ) funcionará de forma diferente, sem as chaves { } para a função currency( ). Colocamos os símbolos do dólar, do euro e da libra em formato de lista usando colchetes [ ], partindo de 2021 até 2024.

```
moeda = currency.get(['USD', 'EUR', 'GBP'], start='2021-02-01', end='2024-02-14')

moeda.plot(figsize = (15, 10))
```

O resultado gráfico é observado na Figura 9.13. É importante notar como a oscilação decai nos últimos anos até 2024, apresentado uma melhora das cotações com a queda da inflação e melhor controle econômico. Apesar de terem patamares de valores diferentes, as oscilações das moedas tornam-se bastante pequenas nesse período.

Esse gráfico é bem simples de se fazer no DataFrame, pois a tabela já está no formato adequado, como pode ser visto na Figura 9.12. Os símbolos, inclusive, já fazem parte dos títulos das colunas.

| | EUR | GBP | USD |
|---|---|---|---|
| **Date** | | | |
| **2021-02-01** | 6.5988 | 7.4616 | 5.4608 |
| **2021-02-02** | 6.4806 | 7.3437 | 5.3875 |
| **2021-02-03** | 6.4182 | 7.2906 | 5.3423 |
| **2021-02-04** | 6.4590 | 7.3630 | 5.3910 |
| **2021-02-05** | 6.4806 | 7.3956 | 5.3884 |

**Figura 9.12** DataFrame das cotações.

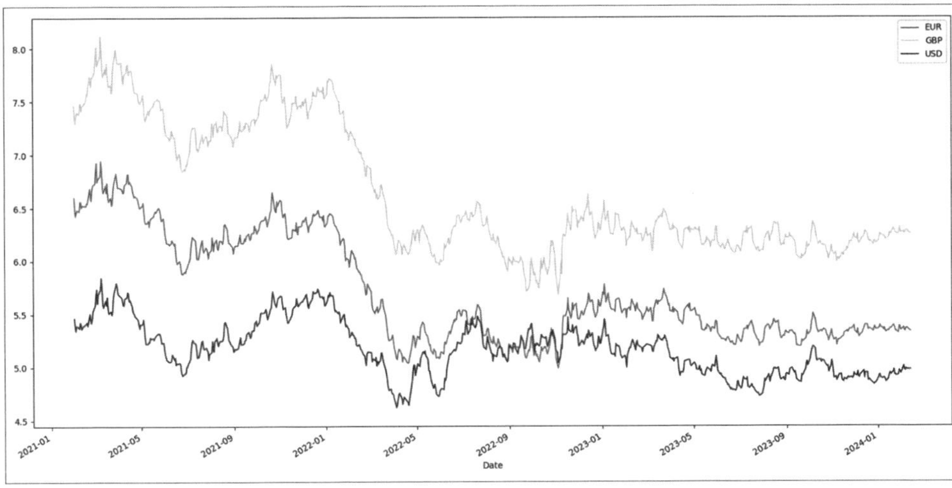


**Figura 9.13** Gráfico com o comportamento das cotações em Dólar, Euro e Libra.

O BCB faz entrevistas com as expectativas sobre diversos parâmetros econômicos entre os profissionais do mercado financeiro. Essas séries são arquivadas e podem ser acessadas usando a função "Expectativas( )", e foram importadas no início do código desse exemplo.

Quais são essas expectativas? Salvando a importação em alguma variável, podemos imprimir os nomes e os códigos para sabermos onde procurar usando a função de descrição estatística describe( ) da biblioteca Pandas.

```
expec = Expectativas()
expec.describe()
```

Imprimindo o que retorna do expec.describe( ) anterior, teremos como resultado a tabela da Figura 9.14.

```
EntitySets:
  ExpectativasMercadoTop5Anuais
  ExpectativaMercadoMensais
  ExpectativasMercadoInflacao24Meses
  ExpectativasMercadoInflacao12Meses
  ExpectativasMercadoSelic
  ExpectativasMercadoTop5Selic
  ExpectativasMercadoTop5Mensais
  ExpectativasMercadoTrimestrais
  ExpectativasMercadoAnuais
```

**Figura 9.14** Séries de expectativas.

Por exemplo, se selecionarmos "Expectativas do Mercado para a Selic" como visto na Figura 9.14,

**expec.describe('ExpectativasMercadoSelic')**

teremos como resultado

```
EntitySet (Endpoint): ExpectativasMercadoSelic
EntityType: br.gov.bcb.olinda.servico.Expectativas.ExpectativaMercadoSelic
Properties: Indicador<str>, Data<str>, Reuniao<str>, Media<float>, Mediana<float>, DesvioPadrao<float>, Minimo<float>, Maximo<f
loat>, numeroRespondentes<int>, baseCalculo<int>
```

Essa informação nos mostra que os dados das tabelas terão média das expectativas, mediana, desvio-padrão, entre diversas medidas armazenadas. Vamos supor que armazenaremos os dados numa variável chamada "focSelic". Se usarmos a função get_endpoint( ) desta forma:

**focSelic = expec.get_endpoint('ExpectativasMercadoSelic')**

teremos todos os dados de todas as pesquisas desde o início até a última pesquisa. Como a pesquisa se refere a muitos parâmetros, precisaremos dizer ao get( ) qual a variável que desejamos.

Nesse caso, precisaremos colocar as informações num query( ), filtrar pelo nome desejado e guardar essas informações numa nova tabela, usando a função collect( ).

**focSelic.query().filter(focSelic.Indicador == 'Selic').collect()**

Se essa coleção de informação for impressa no console, veremos que ela é enorme, começa ainda em 2004. A Figura 9.15 mostra como se armazenam os dados do boletim Focus, com as datas, os dados, e, na última linha, veremos os primeiros dados. A data mais antiga é para o ano de 2004.

Não podemos salvar todos os dados num único DataFrame, caso desejarmos ter apenas valores mais recentes da economia. Para tanto, precisamos selecionar, não somente a variável "Selic" no filtro, mas também a partir de quando a data será importante para nossa análise.

| | Indicador | Data | Reuniao | Media | Mediana | DesvioPadrao | Minimo | Maximo | numeroRespondentes | baseCalculo |
|---|---|---|---|---|---|---|---|---|---|---|
| 0 | Selic | 2024-02-02 | R1/2026 | 8.6750 | 8.50 | 0.7420 | 7.5 | 10.00 | 10.0 | 1 |
| 1 | Selic | 2024-02-02 | R1/2026 | 8.6750 | 8.50 | 0.7420 | 7.5 | 10.00 | 10.0 | 0 |
| 2 | Selic | 2024-02-02 | R8/2025 | 8.5407 | 8.50 | 0.6966 | 7.5 | 10.00 | 43.0 | 1 |
| 3 | Selic | 2024-02-02 | R8/2025 | 8.5715 | 8.50 | 0.6155 | 7.0 | 10.50 | 140.0 | 0 |
| 4 | Selic | 2024-02-02 | R7/2025 | 8.5465 | 8.50 | 0.6476 | 7.5 | 10.00 | 43.0 | 1 |
| ... | ... | ... | ... | ... | ... | ... | ... | ... | ... | ... |
| 67377 | Selic | 2004-11-24 | R1/2006 | 15.5600 | 15.50 | 0.5100 | 15.0 | 16.75 | NaN | 0 |
| 67378 | Selic | 2004-11-23 | R1/2006 | 15.5600 | 15.50 | 0.5100 | 15.0 | 16.75 | NaN | 0 |
| 67379 | Selic | 2004-11-22 | R1/2006 | 15.6000 | 15.50 | 0.5100 | 15.0 | 16.75 | NaN | 0 |
| 67380 | Selic | 2004-11-19 | R1/2006 | 15.6700 | 15.63 | 0.4900 | 15.0 | 16.75 | NaN | 0 |
| 67381 | Selic | 2004-11-18 | R1/2006 | 15.5700 | 15.50 | 0.3700 | 15.0 | 16.00 | NaN | 0 |

**Figura 9.15** Boletim Focus sobre a taxa Selic desde 2004.

Como a série "Selic" já foi coletada pela função collect( ), criaremos um DataFrame apenas com os dados a partir de 2022 e vamos novamente usar collect( ) para separá-los da coleção inicial chamada de focSelic.

Sendo um nome padrão para DataFrame, vamos usar "df" para essa nova coleção de dados de expectativa da Selic pelos agentes financeiros a partir de 2022. Após a coleta, ordenamos de forma crescente as datas, iniciando da data mais antiga até a data mais recente (2024).

```
df = focSelic.query().filter(focSelic.Data>'2022-01-02').collect()
df = df.sort_values(by='Data')
```

O resultado desse DataFrame filtrado para as expectativas é apresentado na Figura 9.16, com diversas informações para as "esperanças" sobre a Selic para os agentes do mercado financeiro.

| | Indicador | Data | Reuniao | Media | Mediana | DesvioPadrao | Minimo | Maximo | numeroRespondentes | baseCalculo |
|---|---|---|---|---|---|---|---|---|---|---|
| 8351 | Selic | 2022-01-03 | R1/2022 | 10.6734 | 10.7500 | 0.2722 | 9.25 | 12.00 | 111 | 0 |
| 8320 | Selic | 2022-01-03 | R8/2023 | 8.2946 | 8.0001 | 1.2393 | 6.50 | 12.00 | 28 | 1 |
| 8321 | Selic | 2022-01-03 | R8/2023 | 7.9737 | 8.0000 | 1.1376 | 5.50 | 12.00 | 95 | 0 |
| 8322 | Selic | 2022-01-03 | R7/2023 | 8.4712 | 8.3750 | 1.3451 | 6.50 | 12.00 | 26 | 1 |
| 8323 | Selic | 2022-01-03 | R7/2023 | 8.1977 | 8.0000 | 1.2384 | 5.50 | 12.00 | 86 | 0 |
| ... | ... | ... | ... | ... | ... | ... | ... | ... | ... | ... |
| 29 | Selic | 2023-01-13 | R2/2023 | 13.7500 | 13.7500 | 0.0000 | 13.75 | 13.75 | 124 | 0 |
| 30 | Selic | 2023-01-13 | R1/2023 | 13.7500 | 13.7500 | 0.0000 | 13.75 | 13.75 | 34 | 1 |
| 31 | Selic | 2023-01-13 | R1/2023 | 13.7500 | 13.7500 | 0.0000 | 13.75 | 13.75 | 124 | 0 |
| 16 | Selic | 2023-01-13 | R8/2023 | 12.5221 | 12.5000 | 0.7868 | 10.50 | 13.75 | 34 | 1 |
| 0 | Selic | 2023-01-13 | R8/2024 | 9.5469 | 9.2500 | 1.1275 | 7.75 | 12.00 | 32 | 1 |

**Figura 9.16** Boletim Focus sobre a taxa Selic de 2022 a 2024.

É possível fazer diversos gráficos sobre essas medidas. Por exemplo, vemos que uma mesma data possui diversas medidas, uma para cada entrevistado. Sem nenhuma filtragem, o resultado gráfico para a expectativa média dos agentes seria:

```
fig.figure(figsize = (15,10))
ax = sns.lineplot(x='Data', y='Media', data=df)
fig.setp(ax.get_xticklabels(), rotation=45)
fig.xticks(df['Data'][::200])
fig.show()
```

O resultado é apresentado na Figura 9.17. Podemos observar que, mesmo selecionando df['Data'][::200], indicando que desejamos um intervalo de 200 pontos entre os dados, a figura não ficou boa.

O diabo escondido nos dados voltou a nos atacar, intrigando-nos sobre por que isso ocorre se separamos de maneira adequada os valores.

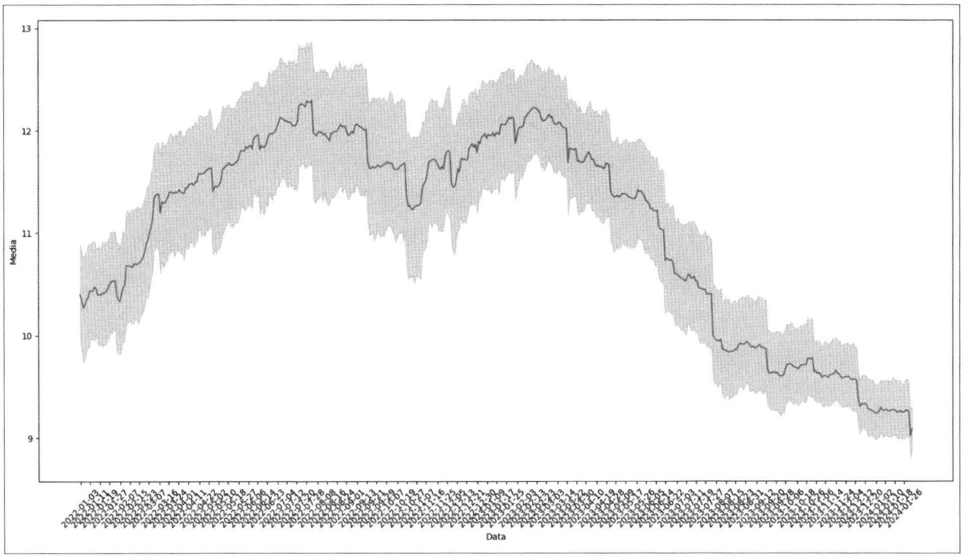


Figura 9.17 Expectativa dos agentes financeiros para a taxa Selic (média dos valores).

Novamente a solução passa pelo agrupamento com a função groupby( ). Ela eliminará as repetições que se acumularam na Figura 9.17. Criando um novo DataFrame chamado "Selic_grupo", mandamos a Pandas agrupar todos os dados por datas, e as repetições deverão ser simplificadas pelas médias das entrevistas.

```
selic_grupo=df.groupby('Data').mean()
```

Quando fazemos isso, o resultado para esse DataFrame agrupado ocorre como apresentado na Figura 9.18. Agora, podemos comparar com a tabela anterior e ver que as datas repetidas não existem mais, afastando nossos problemas.

E isso se reflete num gráfico muito mais "limpo" e melhor, apresentado na Figura 9.19.

| | Media | Mediana | DesvioPadrao | Minimo | Maximo | numeroRespondentes | baseCalculo |
|---|---|---|---|---|---|---|---|
| **Data** | | | | | | | |
| **2022-01-03** | 10.399009 | 10.378909 | 0.923312 | 7.968750 | 12.554688 | 64.03125 | 0.5 |
| **2022-01-04** | 10.346062 | 10.347656 | 0.861516 | 7.968750 | 12.429688 | 66.50000 | 0.5 |
| **2022-01-05** | 10.269472 | 10.324219 | 0.900678 | 7.609375 | 12.351562 | 65.75000 | 0.5 |
| **2022-01-06** | 10.298984 | 10.324219 | 0.853653 | 7.640625 | 12.164062 | 62.71875 | 0.5 |
| **2022-01-07** | 10.347934 | 10.328125 | 0.907562 | 7.710938 | 12.890625 | 74.81250 | 0.5 |
| ... | ... | ... | ... | ... | ... | ... | ... |
| **2024-01-29** | 9.267141 | 9.218750 | 0.390944 | 8.195312 | 10.406250 | 109.96875 | 0.5 |
| **2024-01-30** | 9.265681 | 9.210938 | 0.391062 | 8.195312 | 10.390625 | 109.96875 | 0.5 |
| **2024-01-31** | 9.257863 | 9.210938 | 0.390487 | 8.195312 | 10.390625 | 108.71875 | 0.5 |
| **2024-02-01** | 9.019744 | 8.972656 | 0.393906 | 7.921875 | 10.156250 | 102.65625 | 0.5 |
| **2024-02-02** | 9.088387 | 9.031250 | 0.447231 | 8.015625 | 10.195312 | 85.37500 | 0.5 |

**Figura 9.18** DataFrame agrupado por datas das reuniões da Selic, usando groupby( ).

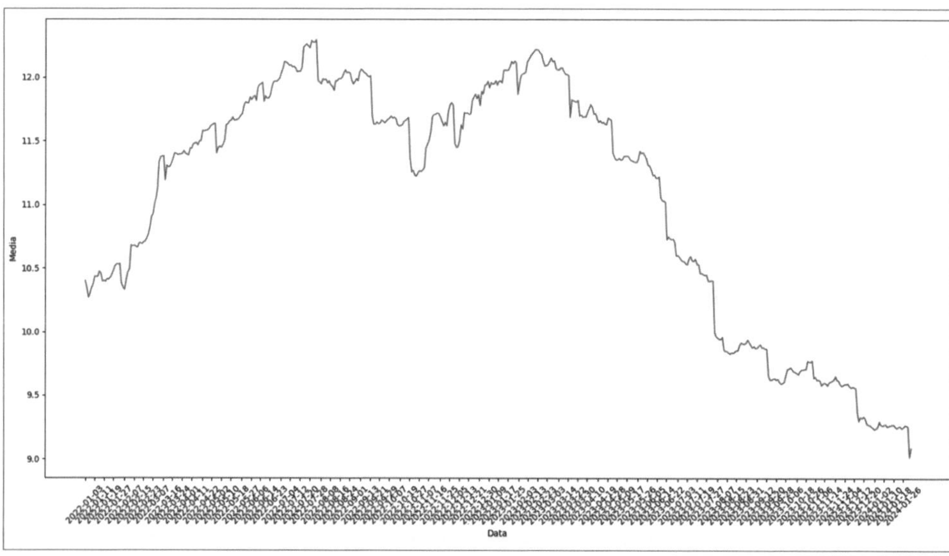


**Figura 9.19** Gráfico das expectativas para a Selic com entrevistas aos agentes financeiros.

Todos os comandos e gráficos anteriores podem ser repetidos, em parte ou como um todo, dentro de um único script. As partes foram colocadas num único código para facilitar, mas poderiam ser apenas comandos isolados. O script completo é apresentado a seguir.

```
import matplotlib.pyplot as fig
import seaborn as sns
import pandas as pd
from bcb import sgs
from bcb import currency
from bcb import Expectativas

selic = sgs.get({‘selic’:432}, start = ‘2022-01-01’)
selic.plot()

selic.describe()

# Busca a série do IPCA e IGP-M
inflacao = sgs.get({‘ipca’: 433,
      ‘igp-m’: 189}, start = ‘2021-01-01’)

# Transforma a frequência da data em mensal
inflacao.index = inflacao.index.to_period(‘M’)
inflacao.plot()



#lista de moedas
currency.get_currency_list()
moeda = currency.get([‘USD’, ‘EUR’, ‘GBP’], start=’2021-02-01’, end=’2024-02-14’)

#plota o valor do real em euro, libra e dolar
moeda.plot(figsize = (15, 10))

#Expectativas Boletim Focus

expec = Expectativas()

expec.describe()

expec.describe(‘ExpectativasMercadoSelic’)

focSelic = expec.get_endpoint(‘ExpectativasMercadoSelic’)

```

```
focSelic.query().filter(focSelic.Indicador == 'Selic').collect()

df=focSelic.query().filter(focSelic.Data>'2022-01-02').collect()
df=df.sort_values(by='Data')

fig.figure(figsize=(15,10))
ax=sns.lineplot(x='Data',y='Media',data=df)
fig.setp(ax.get_xticklabels(), rotation=45)
fig.xticks(df['Data'][::200])
fig.show()

# AGRUPANDO PELA MÉDIA DIÁRIA TODOS OS DADOS PARA ELIMINAR REPETIÇÕES

selic_grupo=df.groupby('Data').mean()

fig.figure(figsize=(15,10))
ax=sns.lineplot(x='Data',y='Media',data=selic_grupo)
fig.setp(ax.get_xticklabels(), rotation=45)
fig.xticks(df['Data'][::200])
fig.show()
```

## 9.3 O CONFRONTO ENTRE EXPECTATIVA E REALIDADE

Sempre esperamos o melhor e, por isso, às vezes, nos frustramos em muitas ocasiões. Em opiniões, isso acontece com muita frequência, principalmente com relação ao que esperamos do futuro. Do mesmo modo, as expectativas dos agentes econômicos nem sempre correspondem ao que acontece na economia real.

Para compararmos esse fato, podemos aproveitar os dados armazenados pelo BCB e verificar o que pensavam os agentes econômicos sobre a Selic, e o que realmente aconteceu.

### 9.3.1 Comparação com função intersection( )

Parece muito simples que, para efeito de comparação, basta apenas concatenar os dados, colocar tanto os dados reais da Selic quanto da expectativa no mesmo DataFrame e fazermos um simples gráfico comparativo.

Mas não é bem assim. O diabo nos apronta novamente um desafio quase intransponível. Quando colocamos o DataFrame com os dados econômicos da Selic ao lado do DataFrame das expectativas, temos o seguinte:

| Date | selic |
|---|---|
| 2022-01-02 | 9.25 |
| 2022-01-03 | 9.25 |
| 2022-01-04 | 9.25 |
| 2022-01-05 | 9.25 |
| 2022-01-06 | 9.25 |
| ... | ... |
| 2024-02-10 | 11.25 |
| 2024-02-11 | 11.25 |
| 2024-02-12 | 11.25 |

**Selic real**

| Data | Media |
|---|---|
| 2022-01-03 | 10.399009 |
| 2022-01-04 | 10.346062 |
| 2022-01-05 | 10.269472 |
| 2022-01-06 | 10.298984 |
| 2022-01-07 | 10.347934 |
| ... | ... |
| 2024-01-29 | 9.267141 |
| 2024-01-30 | 9.265681 |
| 2024-01-31 | 9.257863 |
| 2024-02-01 | 9.019744 |
| 2024-02-02 | 9.088387 |

**Selic – expectativa**

Há menos de datas diferentes, parece muito simples fazer uma concatenação com a função concat( ) e agrupar as duas tabelas numa única. Afinal de contas, parece que o formato das datas são os mesmos; assim, não teríamos problema.

Na Seção anterior, criamos os dados reais com DataFrame de nome "selic", e os dados das expectativas com nome "selic_grupo". Então, vamos concatenar com o comando de linha:

```
dados = pd.concat([selic, selic_grupo])
```

Eis que temos uma desagradável surpresa! Percebe-se, na Figura 9.20, que as linhas não combinam entre si.

| | selic | Media |
|---|---|---|
| 2022-01-02 00:00:00 | 9.25 | NaN |
| 2022-01-03 00:00:00 | 9.25 | NaN |
| 2022-01-04 00:00:00 | 9.25 | NaN |
| 2022-01-05 00:00:00 | 9.25 | NaN |
| 2022-01-06 00:00:00 | 9.25 | NaN |
| ... | ... | ... |
| 2024-01-29 | NaN | 9.267141 |
| 2024-01-30 | NaN | 9.265681 |
| 2024-01-31 | NaN | 9.257863 |
| 2024-02-01 | NaN | 9.019744 |
| 2024-02-02 | NaN | 9.088387 |

Figura 9.20 DataFrame desorganizado com função concat( ).

O grande problema, como podemos notar na Figura 9.20 é que, apesar de as datas parecerem formatadas quando se imprime isoladamente, vemos que os formatos são muito diferentes. O formato de datas para os dados reais da Selic é Y-M-D 00:00:00, enquanto no DataFrame das expectativas o formato de datas não possui hora, minuto e segundo, sendo apenas Y-M-D.

O primeiro passo é eliminar as colunas do DataFrame das expectativas, deixando apenas a média das expectativas e apagando todas as demais colunas:

```
selic_grupo=selic_grupo.drop(['Mediana','DesvioPadrao','Minimo','Maximo'
'numeroRespondentes','baseCalculo'],axis=1)
```

Nessa linha, usamos a função drop( ) para apagar todas as colunas, deixando apenas a coluna "Média". O próximo passo é usar novamente, a função pd.to_datetime( ) para colocar as datas no padrão adequado:

```
selic.index = pd.to_datetime(selic.index)

selic_grupo.index = pd.to_datetime(selic_grupo.index)
```

Assim, o índice do DataFrame da Selic real será data tanto quanto o do DataFrame das expectativas da Selic. Ou seja, os DataFrames "selic" e "selic_grupo" terão mesma formatação para as datas.

Após esse ajuste, podemos concatenar os dois DataFrames. Como temos algumas datas que faltam dados de entrevistas, a função concat( ) acaba não conseguindo reunir de forma adequada os dois DataFrames. Uma das melhores saídas é usarmos, como discutimos antes, a função intersection( ), que conseguirá reunir apenas datas iguais e existentes. Para tanto, podemos fazer:

```
intersect = selic_grupo.index.intersection(selic.index)
selic_mod = selic.loc[intersect]
selic_grupo_mod = selic_grupo.loc[intersect]
selic_mod['focus'] = selic_grupo['Media']
```

Como já explicado, para começar, com a variável "intersect", selecionamos as datas do índice do primeiro DataFrame. Depois, usando "loc", localizamos essas datas no segundo DataFrame, e, por fim, colocamos todos os dados em duas colunas separadas. Quando isso é feito, temos como resultado a tabela da Figura 9.21.

| | selic | focus |
|---|---|---|
| **2022-01-03** | 9.25 | 10.399009 |
| **2022-01-04** | 9.25 | 10.346062 |
| **2022-01-05** | 9.25 | 10.269472 |
| **2022-01-06** | 9.25 | 10.298984 |
| **2022-01-07** | 9.25 | 10.347934 |
| ... | ... | ... |
| **2024-01-29** | 11.75 | 9.267141 |
| **2024-01-30** | 11.75 | 9.265681 |
| **2024-01-31** | 11.75 | 9.257863 |
| **2024-02-01** | 11.25 | 9.019744 |
| **2024-02-02** | 11.25 | 9.088387 |

**Figura 9.21** DataFrame agrupado de maneira correta com Selic real e expectativas.

Pode-se observar na Figura 9.21 que as datas e os valores medidos estão em perfeito acordo e sem o problema de células vazias com "NaN". A função intersection( ) conseguiu determinar com perfeição as datas que são comuns. O resultado gráfico é de que, quando usamos lineplot da Seaborn para esse novo DataFrame agrupado, o gráfico é automático e de fácil interpretação.

O gráfico da Figura 9.22 nos mostra que a opinião dos agentes financeiros muda a toda nova entrevista, ora aumentando a expectativa para a taxa Selic, ao final do ano, ora diminuindo. Mas o resultado real, apesar de uma certa tendência de os movimentos serem parecidos, a previsão estimada pelas opiniões dos "players" do mercado é sempre  muito distante do que realmente acontece.

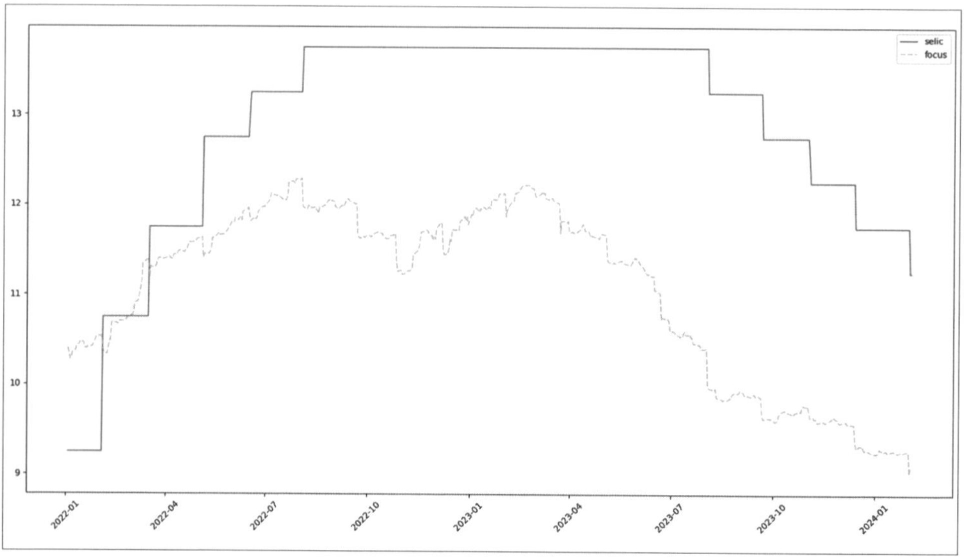


**Figura 9.22** Selic real (linha contínua) x Selic opinião (linha tracejada).

O programa completo é apresentado no script a seguir.

```
import matplotlib.pyplot as fig
import seaborn as sns
import pandas as pd
from bcb import sgs

selic = sgs.get({'selic':432}, start = '2022-01-02')

#Expectativas Boletim Focus
from bcb import Expectativas
```

```
expec = Expectativas()
focSelic = expec.get_endpoint('ExpectativasMercadoSelic')
focSelic.query().filter(focSelic.Indicador == 'Selic').collect()

df=focSelic.query().filter(focSelic.Data>'2022-01-02').collect()
df=df.sort_values(by='Data')

# AGRUPANDO PELA MÉDIA DIÁRIA TODOS OS DADOS PARA ELIMINAR REPETIÇÕES

selic_grupo=df.groupby('Data').mean()

fig.figure(figsize=(15,10))
ax=sns.lineplot(x='Data',y='Media',data=selic_grupo)
fig.setp(ax.get_xticklabels(), rotation=45)
fig.xticks(df['Data'][::200])
fig.show()

selic_grupo=selic_grupo.drop(['Mediana','DesvioPadrao','Minimo','Maximo',
              'numeroRespondentes','baseCalculo'],axis=1)

# o indice da selic esta no formato Y:M:D 0:0:0 e precisa ser
#transformado em somente Y:D:M

selic.index=pd.to_datetime(selic.index)

# transforma texto em data no formato Y-M-D
selic_grupo.index=pd.to_datetime(selic_grupo.index)

# PAREAMENTO DE DADOS - Seleciona as mesmas datas e exclui das diferentes
intersect=selic_grupo.index.intersection(selic.index)

# Elimina datas diferentes nos dois bancos de dados
selic_mod=selic.loc[intersect]
selic_grupo_mod=selic_grupo.loc[intersect]

# coloca os dados de opinião do boletim Focus junto com dados reais da Selic
selic_mod['focus']=selic_grupo['Media']

fig.figure(figsize=(15,10))
ax=sns.lineplot(data=selic_mod)
fig.setp(ax.get_xticklabels(), rotation=45)
fig.show()
```

## 9.3.2 Comparação com merge_asof( )

No Capítulo 5, dissemos que um dos métodos que se sobressai diante dos métodos de concatenação é o merge_asof( ). Vamos mostrar que isso é real, trocando a função intersection( ), que funcionou bem na Seção anterior pela função merge_asof( ).

A grande vantagem é a economia de linhas que se gastam para a localização das mesmas datas. Revendo as tabelas, o DataFrame da Selic real tem o título para a coluna das datas como "Date". Já o DataFrame para as expectativas (opiniões) tem título de "Datas" para as colunas com datas.

| | selic |
|---|---|
| **Date** | |
| **2022-01-02** | 9.25 |
| **2022-01-03** | 9.25 |
| **2022-01-04** | 9.25 |
| **2022-01-05** | 9.25 |
| **2022-01-06** | 9.25 |
| ... | ... |
| **2024-02-10** | 11.25 |
| **2024-02-11** | 11.25 |
| **2024-02-12** | 11.25 |

**Selic real**

| | Media |
|---|---|
| **Data** | |
| **2022-01-03** | 10.399009 |
| **2022-01-04** | 10.346062 |
| **2022-01-05** | 10.269472 |
| **2022-01-06** | 10.298984 |
| **2022-01-07** | 10.347934 |
| ... | ... |
| **2024-01-29** | 9.267141 |
| **2024-01-30** | 9.265681 |
| **2024-01-31** | 9.257863 |
| **2024-02-01** | 9.019744 |
| **2024-02-02** | 9.088387 |

**Selic – expectativa**

Então a função para ligar os dois DataFrames com merge_asof( ) é:

```
selic_mod = pd.merge_asof(selic, selic_grupo, left_on='Date', right_on='Data', direction='nearest')
```

O leitor deve observar que o parâmetro *left_on* = 'Date' se refere ao DataFrame à esquerda, no arquivo, é aquele com os valores reais da Selic. Já o parâmetro *right_on* = 'Data' tem o título do DataFrame da direita, que, no caso, é aquele com as opiniões.

Como pode ser visto na Figura 9.23, a função merge_asof( ) conseguiu ligar os dois DataFrames, sem sofrimento e, ainda, se economizam muitas linhas entre as conexões.

| | selic | Media |
|---|---|---|
| **0** | 9.25 | 10.399009 |
| **1** | 9.25 | 10.399009 |
| **2** | 9.25 | 10.346062 |
| **3** | 9.25 | 10.269472 |
| **4** | 9.25 | 10.298984 |
| ... | ... | ... |
| **769** | 11.25 | 9.088387 |
| **770** | 11.25 | 9.088387 |
| **771** | 11.25 | 9.088387 |
| **772** | 11.25 | 9.088387 |
| **773** | 11.25 | 9.088387 |

**Figura 9.23** Agrupamento com merge_asof( ).

O inconveniente é que as datas desapareceram e, no seu lugar, entra o índice que localiza as linhas. Mas isso não é problema, pois pode-se copiar a coluna de datas para os DataFrames após usar groupby( ), e, no momento do gráfico, colocar como eixo-x as datas, em vez dos índices.

Para o DataFrame da Figura 9.23, o resultado gráfico está na Figura 9.24, muito parecido com o anterior, com a diferença no eixo-x. No código completo a seguir, vemos que as novas linhas para a função merge_asof( ), que estão em 39 e 40 substituíram as antigas linhas da função intersection( ), que estavam entre a 39 e 46 no código anterior.

A função merge_asof( ) consegue essa boa intersecção graças a seu método de busca que está declarado no parâmetro direction = 'nearest'.

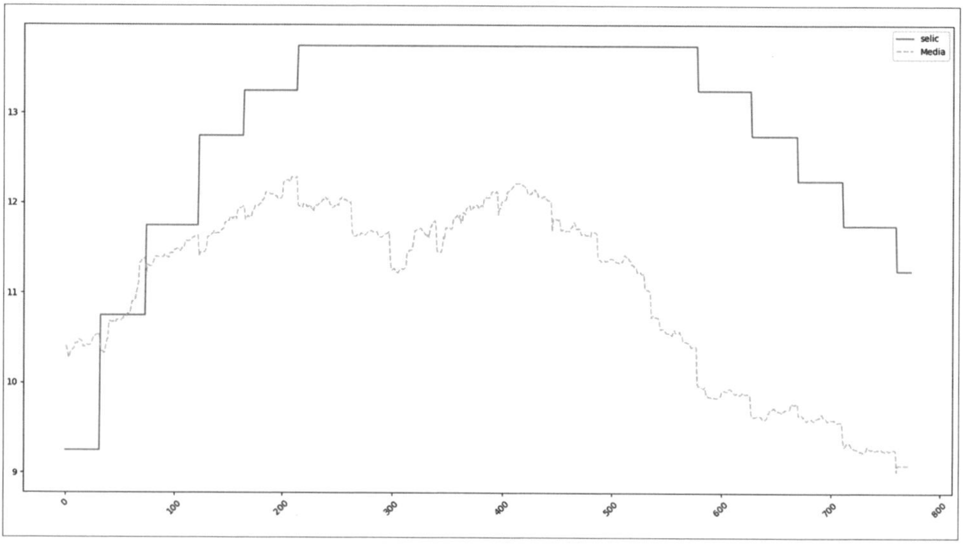


Figura 9.24 Comparação da Selic real e esperada usando merge_asof( ).

Código completo com a função merge_asof( ) para agrupamento entre os dois DataFrames com valores reais da Selic e das expectativas do boletim Focus.

```
import matplotlib.pyplot as fig
import seaborn as sns
import pandas as pd
from bcb import sgs

selic = sgs.get({'selic':432}, start = '2022-01-02')

#Expectativas Boletim Focus
from bcb import Expectativas
expec = Expectativas()
focSelic = expec.get_endpoint('ExpectativasMercadoSelic')
focSelic.query().filter(focSelic.Indicador == 'Selic').collect()

df=focSelic.query().filter(focSelic.Data>'2022-01-02').collect()
df=df.sort_values(by='Data')

# AGRUPANDO PELA MÉDIA DIÁRIA TODOS OS DADOS PARA ELIMINAR REPETIÇÕES

selic_grupo=df.groupby('Data').mean()

```

```
fig.figure(figsize=(15,10))
ax=sns.lineplot(x='Data',y='Media',data=selic_grupo)
fig.setp(ax.get_xticklabels(), rotation=45)
fig.xticks(df['Data'][::200])
fig.show()

selic_grupo=selic_grupo.drop(['Mediana','DesvioPadrao','Minimo','Maximo',
            'numeroRespondentes','baseCalculo'],axis=1)

# o indice da selic esta no formato Y:M:D 0:0:0 e precisa ser
#transformado em somente Y:D:M

selic.index=pd.to_datetime(selic.index)

# transforma texto em data no formato Y-M-D
selic_grupo.index=pd.to_datetime(selic_grupo.index)

# PAREAMENTO DE DADOS - Seleciona as mesmas datas e exclui das diferentes
selic_mod = pd.merge_asof(selic, selic_grupo, left_on='Date',
           right_on='Data', direction='nearest')
fig.figure(figsize=(15,10))
ax=sns.lineplot(data=selic_mod)
fig.setp(ax.get_xticklabels(), rotation=45)
fig.show()
```

# CAPÍTULO 10
# O nervoso mercado financeiro

## 10.1 INFORMAÇÕES DE ATIVOS FINANCEIROS

Quando o mercado financeiro é mencionado, as discussões e soluções de problemas giram em torno de investimentos em ativos. Esses ativos podem ser negociados em bolsas de valores ou diretamente entre cliente e bancos de investimentos. O fato é que o preço do ativo se altera conforme o ânimo é mais acirrado entre os investidores que atuam nas bolsas de valores.

Um ativo nem precisa fazer parte da bolsa de valores, mas o preço de sua negociação é baseado no sobe e desce de ações correlacionadas que são negociadas na bolsa. Por exemplo, compra e venda de apartamentos não ocorrem em sistemas ligados a bolsas de valores, mas estão amplamente relacionados com o chamado "humor" do mercado. Se a inflação está controlada, os títulos da dívida pública recuam em termos de juros, e os preços aumentam pela alta procura.

Esse recuo na taxa de juros melhora para construtoras que constroem mais edifícios para aluguéis ou vendas. Se essas empresas lograrem sucesso e possuírem ações na bolsa de valores, a procura por estas aumentam com a perspectiva de um ganho muito bom pelos dividendos. E, com o dinheiro dessas ações, as empresas colocam mais construções no mercado, mexendo com os preços de todos os apartamentos, mesmo pessoas que nada conhecem sobre bolsa de valores.

Por isso, entender e observar ativos financeiros pode ajudar a nos preparar para um "céu de brigadeiro" ou um "mar tempestivo". O que acontece na bolsa de valores algum tempo depois, acontecerá no mercado que as pessoas conhecem, como padarias, supermercados, empórios, shoppings centers, entre tantas outras atividades do comércio de toda cidade.

O movimento dos ativos financeiros, como são chamadas as ações das empresas, os títulos de dívidas, os índices futuros, entre tantos outros, quase sempre é responsável por crises globais e generalizadas (Mandelbrot; Hudson, 2004). Por exemplo, o grande *crash* de 1929 quebrou o mundo todo, e, quando todos achavam que isso nunca mais ocorreria, mesmo com toda a sofisticação, em 2008, outra crise financeira global assolou o planeta (Caetano, 2013).

A Figura 10.1 ilustra dois momentos de *crashes* do principal e mais conhecido índice de bolsa de valores dos Estados Unidos, o Dow Jones, com sede em Nova Iorque. O eixo da esquerda apresenta os valores entre outubro de 1928 e janeiro de 1931. O gráfico mostra que o movimento não é tão errático e aleatório como se imagina, tendo muitas posições de seguidas altas para, então, aparentemente sem razão, despencar e levar todos os preços para baixo.

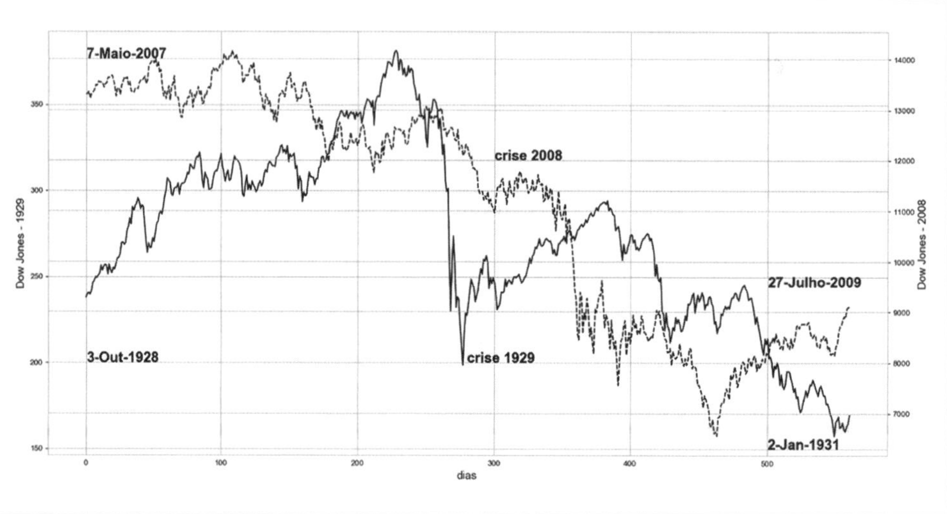


**Figura 10.1** *Crashes* no Dow Jones (Estados Unidos) em 1929 (eixo da esquerda) e 2008 (eixo da direita).

Ainda na Figura 10.1, à direita está o eixo com os valores do *crash* de 2008 com a crise das hipotecas nos Estados Unidos. Pode-se observar uma aparente estabilidade do Dow Jones em 2007, para, então, entrar em regime com tendência de queda em 2008, só voltando a recuperar-se em julho de 2009.

Essas fortes oscilações são chamadas de *volatilidade*, referenciando-se à variabilidade estatística medida por parâmetros como variância, desvio-padrão, amplitude, entre tantas outras existentes (Wadi *et al.*, 2010).

Com o advento da internet e a grande velocidade dos computadores, sites especializados em mercado financeiro passaram a divulgar dados quase que instantaneamente para os investidores. Na realidade, diversas corretoras, inclusive, operam hoje em dia com fibra óptica ligada diretamente a bolsas de valores, permitindo negociações automáticas por algoritmos conhecidos como *robôs traders*. Essas negociações, conhecidas como "negociações de alta frequência", operam na velocidade de 100 milissegundos (Morini, 2001; Viens *et al.*, 2012; Yan, 2014).

Um dos sites financeiros que oferece alguns dados gratuitos e públicos é o Yahoo! Finance (Figura 10.2), que pode ser acessado em sua versão de língua inglesa pelo caminho: https://finance.yahoo.com/. Basta entrar com o código do ativo na caixa "Quote Lookup", que uma outra página aparecerá com diversos gráficos, tabelas, histórico de dados, medidas estatísticas e notícias relacionadas ao ativo. Os programadores em Python construíram diversas bibliotecas para automatizar a busca pelos dados dos ativos financeiros. Essas bibliotecas, com o tempo, desaparecem e surgindo outras em seu lugar, deixando as antigas sem funcionamento (Caetano, 2017). Na atualidade, biblioteca que ainda está em funcionamento é a *yahoo-fin*.

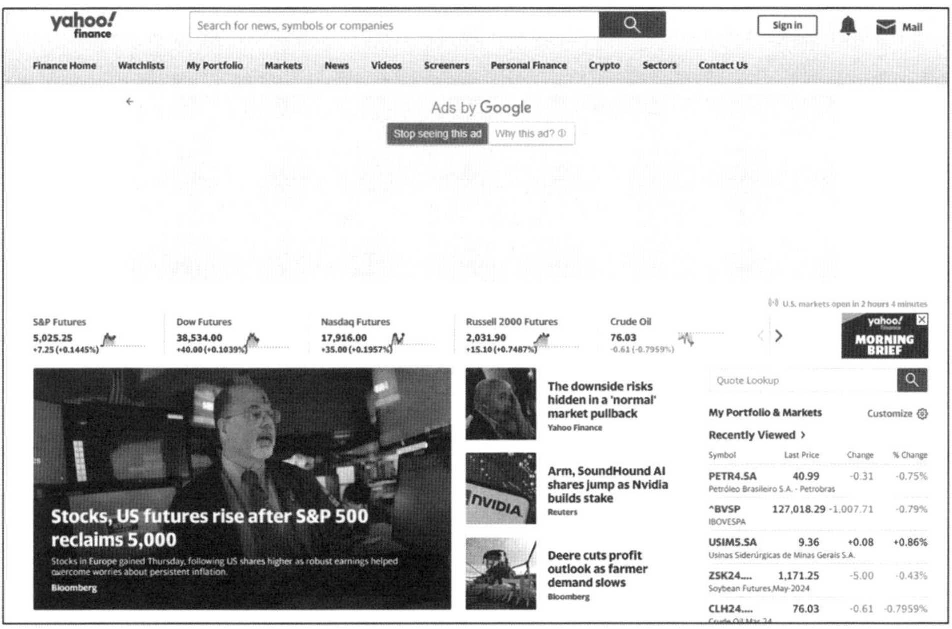


**Figura 10.2** Site Yahoo! Finance para aquisição de dados financeiros globais.

Como toda biblioteca no Python, é necessário, pelo menos uma vez, fazer sua instalação via protocolo. No caso do ambiente Spyder, da Anaconda, basta usar o *Python Installation Protocol*, ou Protocolo de Instalação do Python (PIP) no console da seguinte forma:

**pip install yahoo-fin**

Isso permitirá que programas em Python baixem os dados do Yahoo! Finance sem a necessidade de ir até a página da web e escrever os símbolos dos ativos, nem baixar os dados em Excel. Os dados do período desejado já vêm para o Python no formato de DataFrame da biblioteca Pandas.

## 10.2 ALGORITMOS PARA ATIVOS FINANCEIROS

Para baixar dados do Yahoo! Finance, primeiro precisamos importar a biblioteca instalada dentro de cada novo algoritmo.

```
1   #################################################################
2   #
3   #  ANTES DE RODAR A PRIMEIRA VEZ PRECISA INSTALAR A BIBLIOTECA #
4   #  pip install yahoo-fin
5   #
6   #################################################################
7
8   import matplotlib.pyplot as fig
9   import datetime as dt
10  from yahoo_fin.stock_info import *
```

As linhas 8 e 9 do código anterior importam as conhecidas bibliotecas de gráfico e de formatação das datas, a matplotlib.pyplot e a datetime. Esta em especial, é necessária, pois o formato deverá ser obrigatoriamente de data para o comando baixar dados do Yahoo! Finance funcionar adequadamente. A linha 10 importa todas as funções necessárias para o funcionamento da biblioteca yahoo_fin.

Depois dessas importações, inicia-se a programação das linhas que farão o contato entre o Python e o banco de dados do Yahoo.

```
################ importar a acao ##############################
inicio=dt.datetime(2023,1,1)
fim=dt.datetime(2024,2,15)
df = get_data('PETR4.SA', start_date=inicio, end_date=fim, headers={'User-Agent':Mozilla/5.0'})
```

As linhas 13 e a 14 são as linhas em que se formatam as datas de início da busca dos dados históricos e o final. Para esse exemplo, desejamos ver os preços históricos da ação da Petrobras entre 1/1/2023 e 15/2/2024. Deve-se observar que o formato dentro do script do código é em notação de datas em língua inglesa, começando pelo ano, depois o mês e, finalmente, o dia, dt.datetime (ano, mês, dia).

A linha 15 é a que fará a aquisição de dados usando a função get_data( ). Esta função busca as ações diretamente do site do Yahoo! Finance sem a necessidade de irmos até a página. O primeiro parâmetro é o símbolo da ação, que, no caso da Petrobras, é "PETR4.SA". Todas as ações nessa biblioteca precisam estar com *.SA, mas, em outras bibliotecas, isso nem sempre é necessário.

Se tivermos outras ações, cada qual tem seu símbolo, que poderá ser encontrado na caixa "Quote Lookup"; por exemplo, a da Gerdau é GGBR4.SA; a do Banco do Brasil é BBAS3.SA; a da Usiminas é USIM5.SA, e assim sucessivamente. No site da Bovespa (B3), também é possível localizar os símbolos das ações a serem inseridas no comando da linha 15.

O segundo parâmetro da função get_data( ) é o início da busca, que já foi introduzido pela datetime na linha 13, e, depois, o final do histórico, também já introduzido na linha 14. Uma vez que usamos como nome de variável "inicio" e "fim" (poderia ser qualquer nome), os parâmetros são:

**start_date** = *inicio*

**end_date** = *fim*

O resultado que retorna do Yahoo! já está no formato de DataFrame, como visto na Figura 10.3. As colunas retornam os preços adquiridos para cada medida estatística básica da ação na Bovespa (hoje também conhecida como B3). Quando a Bolsa abre, o seu preço é armazenado em "open"; depois, são salvos os preços mais altos do dia ("high"), o mais baixo ("low"), depois, o último preço ("close"); em seguida, são salvos os preços ajustados ao final do pregão ("adjclose"), o volume financeiro das operações com a ação ("volume") e, finalmente, a variável "ticker", que representa o código da ação mencionado antes (PETR4, USIM5, BBAS3, GGBR4 etc.).

```
                open       high        low  ...   adjclose     volume    ticker
2023-01-02  23.540001  23.809999  22.799999  ...  17.714502   78424700  PETR4.SA
2023-01-03  22.940001  23.100000  22.129999  ...  17.266230   96750300  PETR4.SA
2023-01-04  21.959999  23.590000  21.830000  ...  17.814976  129504000  PETR4.SA
2023-01-05  23.340000  24.040001  23.150000  ...  18.456469   73886000  PETR4.SA
2023-01-06  23.940001  24.320000  23.549999  ...  18.348267   51851500  PETR4.SA
...               ...        ...        ...  ...        ...        ...       ...
2024-02-06  41.450001  42.349998  41.270000  ...  41.590000   35474600  PETR4.SA
2024-02-07  41.520000  42.200001  41.419998  ...  42.200001   30648100  PETR4.SA
2024-02-08  42.299999  42.450001  41.860001  ...  41.860001   25589100  PETR4.SA
2024-02-09  42.139999  42.330002  41.299999  ...  41.299999   30388000  PETR4.SA
2024-02-14  41.099998  41.400002  40.860001  ...  40.990002   18315300  PETR4.SA

[278 rows x 7 columns]
```

Figura 10.3 DataFrame importado do Yahoo! Finance para os preços da Petrobras.

Para saber os títulos de todas as colunas desse DataFrame chamado de “df” no programa, basta colocar df.columns no comando de linha do console, e aparecerão as colunas em forma de lista:

```
Index(['open', 'high', 'low', 'close', 'adjclose', 'volume', 'ticker'], dtype='object')
```

O índice do DataFrame que retorna do Yahoo! já está no formato de data, o que facilitará bastante nos gráficos, principalmente, os automáticos da Pandas ou da Seaborn.

De todas as colunas, a de maior interesse é a “close”, visto que, no histórico, estamos sempre interessados no preço final, negociado pelos investidores no dia, que será base de todos os preços no mercado financeiro.

```
######################################################################
#
#   ANTES DE RODAR A PRIMEIRA VEZ PRECISA INSTALAR A BIBLIOTECA #
#   pip install yahoo-fin
#
######################################################################

import matplotlib.pyplot as fig
import datetime as dt
from yahoo_fin.stock_info import *

```

```
12 ################ importar a acao #############################
13 inicio=dt.datetime(2023,1,1)
14 fim=dt.datetime(2024,2,15)
15 df = get_data('PETR4.SA', start_date=inicio, end_date=fim, headers={'User-Agent':Mozilla/5.0'})
16
17 df['close'].plot(color = 'k', lw = 2, alpha = 0.6)
18
19 fig.grid()
20 fig.title('Petrobras(PETR4) (2023-2024)',fontsize=18,weight='bold')
21 fig.legend(['PETR4'])
```

As linhas de 17 a 21 do código completo anterior permitirão visualizar de forma rápida o histórico dos preços. Como a tabela do histórico já está no formato de DataFrame, basta usarmos o comando de df[......].plot( ) para vermos o resultado do início ao fim desejado no comando get_data( ). O resultado gráfico é apresentado na Figura 10.4.

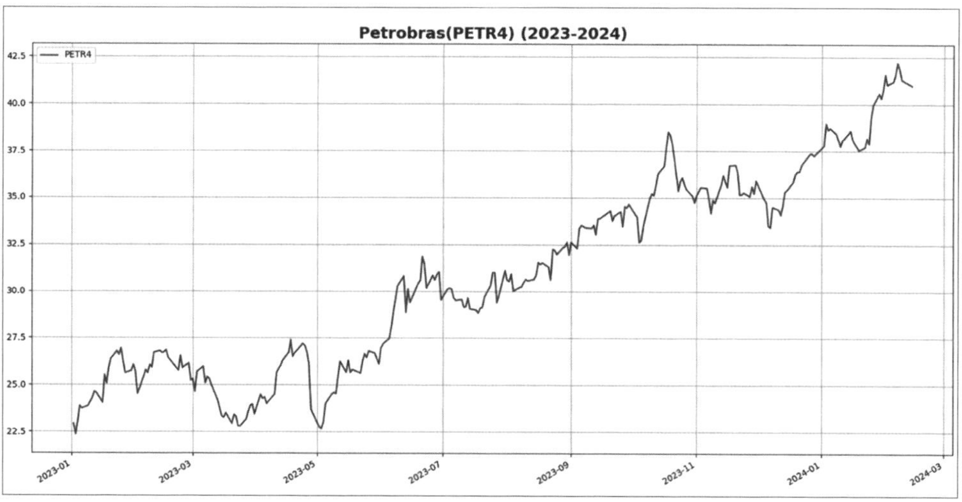


**Figura 10.4** Histórico dos preços de fechamento da ação da Petrobras (PETR4).

Além de ações, podemos desejar consultar o histórico de índices das bolsas de valores. Cada país tem uma ou mais bolsas de valores, e, assim como as ações, devemos saber seus símbolos para baixarmos os dados automaticamente. Os símbolos dos índices que representam as bolsas de valores devem estar com "^" na frente do código. Por exemplo, para o Ibovespa, deveremos colocar '^BVSP'; para o Dow Jones (Estados Unidos), '^DJI', e assim para todos os outros índices das bolsas de valores.

Para a programação, temos de alterar o código da bolsa de valores na linha 15, dentro da função get_data( ), como apresentado no código a seguir. As demais linhas não se alteram, apenas os títulos dos gráficos e legendas atualizados para informar que o histórico é do Ibovespa, e não mais da ação.

```
##########################################################################
#
#   ANTES DE RODAR A PRIMEIRA VEZ PRECISA INSTALAR A BIBLIOTECA #
#   pip install yahoo-fin
#
##########################################################################

import matplotlib.pyplot as fig
import datetime as dt
from yahoo_fin.stock_info import *

################ importar a acao ############################
inicio=dt.datetime(2023,1,1)
fim=dt.datetime(2024,2,15)
df = get_data('^BVSP', start_date=inicio, end_date=fim, headers={'User-Agent':Mozilla/5.0'})

df['close'].plot(color = 'k', lw = 2, alpha = 0.6)

fig.grid()
fig.title('Ibovespa (2023-2024)',fontsize=18,weight='bold')
fig.legend(['Ibovespa'])
```

O resultado para o histórico do Ibovespa é visto na Figura 10.5.

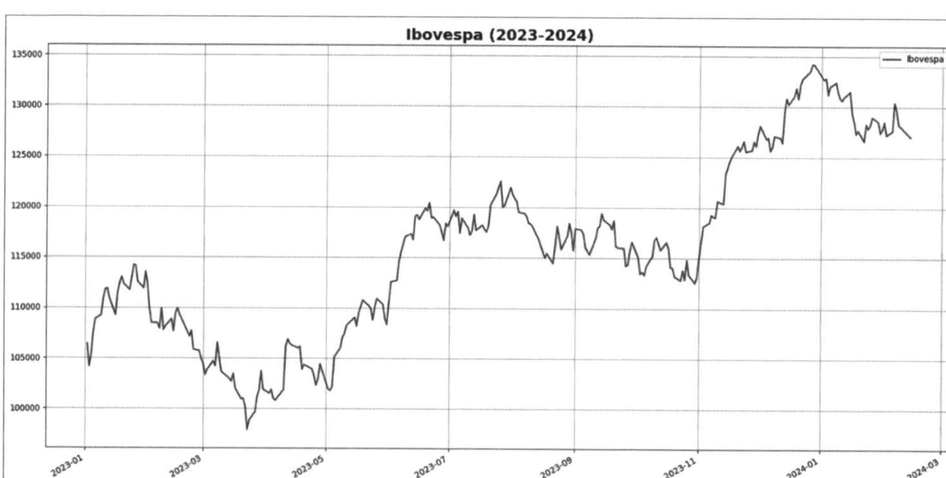


**Figura 10.5** Histórico do índice de fechamento do Ibovespa ('^BVSP').

## 10.3 MAPEAMENTO ESTATÍSTICO BÁSICO

O mercado financeiro trabalha com estatística o tempo todo, em todas as negociações, em todas as informações, enfim, tudo o que se noticia sobre uma empresa negociada na bolsa de valores tem como base algum histórico analisado do ponto de vista estatístico.

Como já vimos nos capítulos anteriores, existem muitas medidas de estatísticas, e cada qual deve ser estudada antes para termos certeza de que é adequada para a resolução de problemas com base nos dados que adquirimos.

Uma variável da qual todos nós (todos os que fazem algum tipo de negócio em particular) sempre desejamos saber é se a compra de um determinado móvel ou imóvel valeu a pena ou não. O que sempre objetivamos é o retorno financeiro positivo, que pode ser imediato ou ao longo dos anos (Ross, 2011). Quando compramos um apartamento, sabemos que sua valorização ocorrerá após muitos meses ou em alguns casos, muitos anos.

A variável "retorno financeiro" é uma das mais importantes no mundo dos ativos negociados em bolsas de valores. Esses retornos nos fornecem a volatilidade do ativo, exibindo o momento de maior nervosismo e mais calmaria do mercado financeiro. A fórmula matemática do retorno é muito simples:

$$ret = \frac{preço(hoje) - preço(ontem)}{preço(ontem)}$$

No caso da Pandas, o DataFrame possui uma função pronta para calcular os retornos entre dois períodos consecutivos, que podem ser em anos, dias, meses, segundos e até milissegundos. Podemos criar uma nova coluna em nosso DataFrame original chamada de "ret" com o uso da função de retorno chamada pct_change( ).

Essa função calcula o retorno entre duas datas consecutivas como padrão; porém, se colocarmos o número um dentro, funcionará da mesma forma. Se desejarmos o retorno a cada 20 dias, basta colocar o número dentro dos parêntesis.

```
df['ret'] = df['close'].pct_change(1)
```

Mas, antes de colocarmos mais uma coluna, podemos deletar, usando "drop", todas as colunas que não vamos utilizar em nossas estatísticas. Uma maneira muito rápida de deletar todas as colunas, com exceção daquela do fechamento ("close") que nos interessa para os cálculos, é usar isin( ) dentro da função loc( ):

```
df = df.loc[:, df.columns.isin( ['close'] )]
```

Esse comando isin( ) indica que o DataFrame deverá localizar em todas as linhas (por isso, ":" antes) as diversas colunas e, no lugar, deixar apenas os valores da coluna "close". Com isso, todas as outras colunas, exceto a coluna "close", serão apagadas. Essa função "isin" é uma busca lógica, deixando apenas os dados que sejam "true" (verdade) com o que está solicitado dentro dos colchetes [ ]. Por isso, ao percorrer todas as colunas para cada linha, apenas deixa os dados de close, e deleta todos os outros dados das outras colunas.

Isso é muito útil quando temos inúmeras colunas e nem sabemos os nomes de todas, mas precisamos somente de uma para trabalhar. Se quiséssemos manter a coluna de "low", bastaria colocarmos ['close', 'low'], e apenas essas duas colunas continuariam no DataFrame.

No código a seguir, na linha 11, limpamos nosso DataFrame original "df", deixando apenas a coluna "close". E, então, na linha 12, calculamos os retornos diários da ação da Petrobras que buscamos do Yahoo! por meio do get_data( ), na linha 9.

```
1   import matplotlib.pyplot as fig
2   import datetime as dt
3   import numpy as np
4   from yahoo_fin.stock_info import *
5
6   ############### importar a acao ############################
7   inicio=dt.datetime(2023,1,1)
8   fim=dt.datetime(2024,2,15)
9   df = get_data('PETR4.SA', start_date=inicio, end_date=fim, headers={'User-Agent':Mozilla/5.0'})
10
11  df = df.loc[:, df.columns.isin(['close'])]
12  df['ret'] = df['close'].pct_change(1)
```

Quando usamos esses comandos, o resultado para nosso DataFrame torna-se o apresentado na Figura 10.6. Podemos observar que ficaram apenas duas colunas em nosso "df": a coluna "close" original e a nova coluna "ret", calculada pela função pct_change( ).

```
                close       ret
2023-01-02  22.920000       NaN
2023-01-03  22.340000 -0.025305
2023-01-04  23.049999  0.031782
2023-01-05  23.879999  0.036009
2023-01-06  23.740000 -0.005863
...               ...       ...
2024-02-06  41.590000  0.009221
2024-02-07  42.200001  0.014667
2024-02-08  41.860001 -0.008057
2024-02-09  41.299999 -0.013378
2024-02-14  40.990002 -0.007506

[278 rows x 2 columns]
```

**Figura 10.6** DataFrame limpo com apenas duas colunas.

Ainda no DataFrame resultante, notamos que, na primeira linha, aparece um valor vazio com "NaN", e, como comentamos em outros capítulos, isso é sinal de problema em algum cálculo futuro. Por isso, é importante eliminarmos esses valores "NaN", para que o "diabo", na forma de dados, não apareça. Para tanto, basta usarmos:

**df.dropna(inplace=True)**

Duas estatísticas básicas importantes estão relacionadas ao cálculo da média e do desvio-padrão dos retornos. Isso nos informará sobre o que podemos esperar em termos de lucratividade histórica da ação.

Uma média alta nos indica uma grande probabilidade de bons lucros com a ação (nem sempre é assim, pois ganhos passados não garantem ganhos futuros). Já para um desvio-padrão alto, teremos grande volatilidade, oferecendo bons momentos de compra da ação, na baixa, e venda, na alta. Mas podemos errar a entrada, comprando na alta e vendendo na baixa, o que vai nos gerar prejuízo.

Para o cálculo da média e do desvio-padrão, usamos as funções mean( ) e std( ) da própria biblioteca Pandas:

**df['ret'].mean( )**

**df['ret'].std( )**

Com o que se parece o gráfico de retorno? Como visto na Figura 10.7, ele expressa bem o jargão popular de que o mercado de ações é "nervoso", visto que seu comportamento parece errático e nervoso. Em muitas ocasiões, o gráfico dos retornos financeiros lembra um sismógrafo e, por isso, às vezes, utiliza-se a expressão de que o mercado sofreu um "terremoto financeiro" para se referir ao segundo gráfico da Figura 10.7.

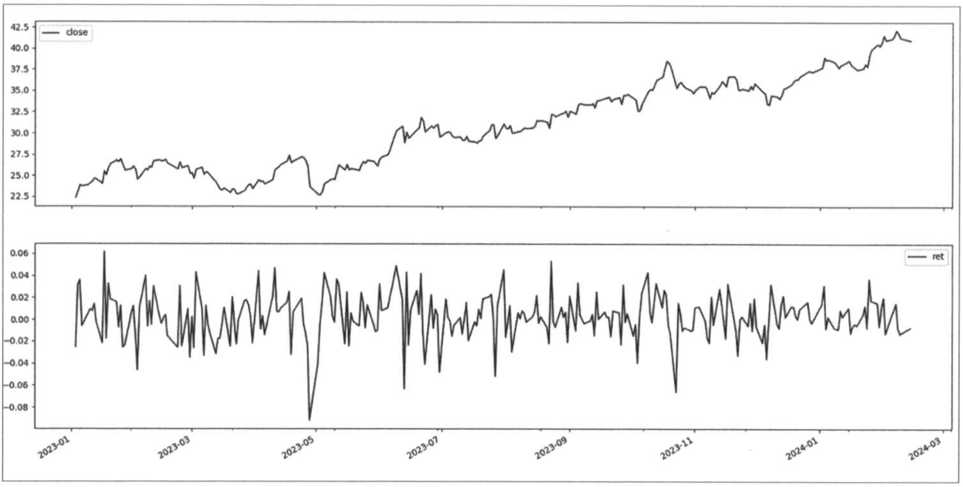


**Figura 10.7** Preços de fechamento ("close") e retornos financeiros da PETR4.

Para esse caso a média foi 0,2% no período analisado, e o desvio-padrão, 2,07%.

```
media
0.002315929582721182

desvio
0.020731196883325552
```

As linhas do código para o gráfico da Figura 10.7 são as que aparecem a seguir. O gráfico (Figura 10.7) foi construído usando df.plot.line do DataFrame, nas linhas 17 e 18.

```
1  import matplotlib.pyplot as fig
2  import datetime as dt
3  import numpy as np
4  from yahoo_fin.stock_info import *
5
6  ############### importar a acao ############################
7  inicio=dt.datetime(2023,1,1)
```

```
fim=dt.datetime(2024,2,15)
df = get_data('PETR4.SA', start_date=inicio, end_date=fim, headers={'User-Agent':Mozilla/5.0'})

df = df.loc[:, df.columns.isin(['close'])]
df['ret']=df['close'].pct_change(1)
df.dropna(inplace=True)

media=df['ret'].mean()
desvio=df['ret'].std()
df.plot.line(y=['close','ret'],
        color='black',subplots=True)
```

Obviamente, não temos como avaliar as probabilidades ou os riscos observando um gráfico tão rebuscado como o do retorno. Por isso, poderemos encontrar a melhor distribuição de probabilidade que se encaixe nos dados e usar o estudo de áreas das densidades para estabelecermos as probabilidades de ganhos e perdas.

Para esses dados, podemos usar a função kde, abordada em capítulos anteriores, para termos uma ideia do comportamento e da distribuição dos valores dos retornos. Por exemplo, retornos em dois períodos diferentes terão gráficos diferentes de densidade com kde.

Assim, para o exemplo da PETR4 anterior (ação preferencial da Petrobras na bolsa de São Paulo – Bovespa [B3]), temos o gráfico da Figura 10.8, mas podemos compara-lo com outra ação, ou mesmo, com a própria ação, mas em outro período.

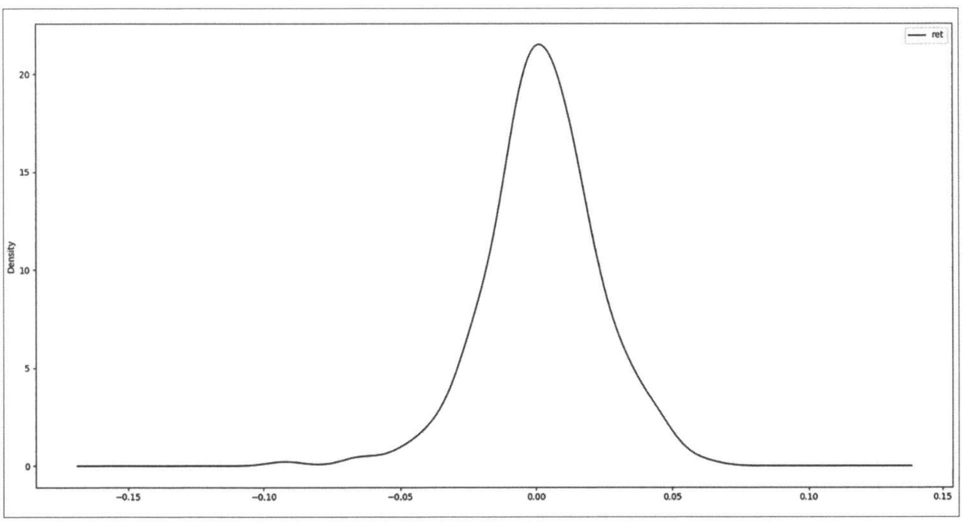


**Figura 10.8** Densidade dos retornos usando kde.

Se um gráfico de densidade kde estiver localizado à frente, mais à direita da Figura 10.8, teremos que esses retornos são mais lucrativos. Caso contrário, se a densidade com kde desses novos retornos estiver mais à esquerda, eles serão menos lucrativos do que esse da Figura 10.8.

O gráfico da Figura 10.8 é feito na linha 19 do mesmo código anterior, adicionado no script a seguir.

```
1  import matplotlib.pyplot as fig
2  import datetime as dt
3  import numpy as np
4  from yahoo_fin.stock_info import *
5
6  ################ importar a acao ############################
7  inicio=dt.datetime(2023,1,1)
8  fim=dt.datetime(2024,2,15)
9  df = get_data('PETR4.SA', start_date=inicio, end_date=fim, headers={'User-Agent':Mozilla/5.0'})
10
11 df = df.loc[:, df.columns.isin(['close'])]
12 df['ret']=df['close'].pct_change(1)
13 df.dropna(inplace=True)
14
15 media=df['ret'].mean()
16 desvio=df['ret'].std()
17 df.plot.line(y=['close','ret'],
18         color='black',subplots=True)
19 df.plot.kde(y=['ret'], color='black')
```

O diabo reaparece com força, mas de forma sutil, induzindo-nos a um erro muito comum.

A Figura 10.8 serve como referência para as distribuições dos retornos, mas em nada se parece com uma verdadeira densidade de probabilidade.

Uma densidade de probabilidade com base em funções consagradas não tem as protuberâncias e oscilações verificadas no kde.

O mais correto, do ponto de vista científico, é usarmos a densidade de probabilidade normal (ou outras que se enquadrem nos dados) advinda de bibliotecas que calculem a função densidade de probabilidade. Por exemplo, quando calculamos a densidade de probabilidade com base na função gaussiana (também chamada de "densidade de probabilidade normal"), conhecida como "curva de sino", precisamos de média e desvio-padrão.

Tanto o histograma quanto a densidade de probabilidade para os dados de retorno da Petrobras são apresentados na Figura 10.9, percebe-se as diferenças em relação à Figura 10.8. O primeiro fato é de que não temos a pequena oscilação abaixo dos valores −0.05 à esquerda da média. Na densidade normal, a função vai a zero muito mais rapidamente do que no kde.

Outro fato observado é de que a probabilidade abaixo de −0.06 é praticamente nula (não zera, mas é baixa) na Figura 10.9 da normal, enquanto um pequeno pico aparece no kde (Figura 10.8).

Muitos analistas até defendem o kde, pois, realmente, no dia a dia de negócios, a probabilidade observada nas quedas, às vezes, é maior do que a calculada, e, por isso, a curva de kde seria mais realista. Mas, do ponto de vista de cálculo de probabilidade, ainda assim, o mais correto seria usar a curva normal, ou curva de sino, da Figura 10.9. É nessa curva que todas as tabelas de probabilidade se referenciam e servem como referência para cálculos de caudas "gordas" ou probabilidades de eventos extremos.

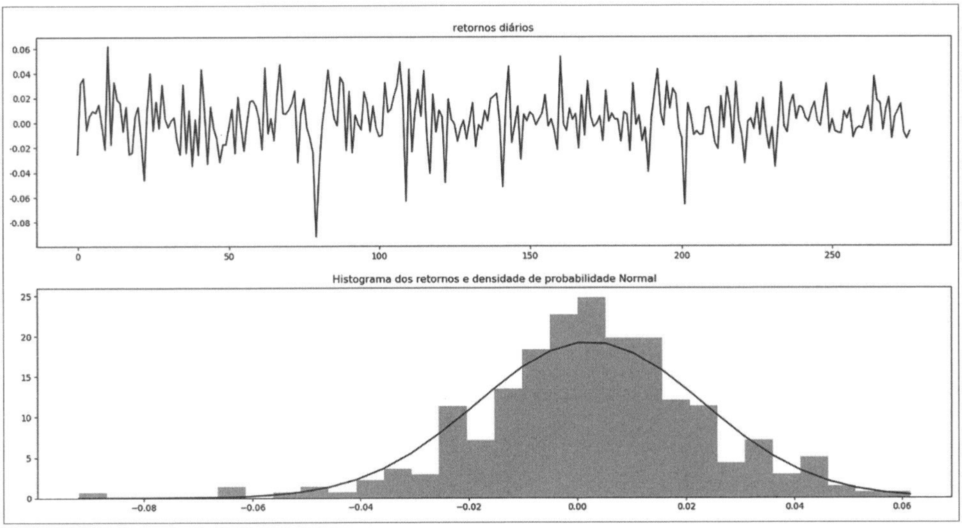


**Figura 10.9** Densidade de probabilidade normal (gaussiana) dos retornos da PETR4.

Algumas alterações são necessárias no código anterior para adaptarmos os dados de retorno para histograma e densidade normal da Figura 10.9. Essa densidade está na função "mlab", que pertence ao matplotlib. No código a seguir, a linha 2 agora importa a função "mlab" para o cálculo da densidade normal.

As modificações para adequação aos valores estatísticos básicos corretos começam na linha 22. Primeiro se abre uma nova figura com duas janelas de subplot. A linha 24 faz o gráfico de retorno, que já foi calculado antes.

```
ax1[0].plot( df.ret.values, color = 'black')
```

Como o gráfico será feito em matplotlib, os eixos de gráficos serão dois, nomeados como arrays, ax1[0] (para o retorno) e ax1[1] (para o histograma). O leitor também pode observar que devemos utilizar apenas os dados, do tipo array, advindos do DataFrame. No matplotlib, não podemos usar DataFrame com seu formato, mas sim valores na forma de array com df.ret.values. Essa parte fornecerá o gráfico superior da Figura 10.9.

Já o histograma e a densidade normal são calculados e apresentados nas linhas 27, 28, 29 e 30. Em especial, a linha 27, não é apenas um histograma, mas salvamos os dados das classes chamadas de "bins". Essas classes ajudam no cálculo das densidades na linha 29.

Os valores da densidade normal são calculados na linha 29 pela função do "mlab" chamada de normpdf( ) (que significa função densidade de probabilidade normal). Ela precisará da média e do desvio-padrão que foram calculados no DataFrame, além das classes "bins".

```
dist_norm = mlab.normpdf(bins, media, desvio)
```

Apesar de a biblioteca "mlab" ter diversas funções importantes, nas versões mais recentes do Python, a função mlab.normpdf não funciona mais. Por exemplo, o leitor que tiver recém-instalado uma versão acima do Python 3.12, esse comando anterior estará corrompido por erro (o demônio não desiste em provocar erros).

A solução é trocar essa solução e usar a função "norm" da biblioteca Scipy.stats. Então, o primeiro passo é fazer a importação

```
from scipy.stats import norm
```

Depois, na linha 29, substituir o comando existente do mlab por:

```
dist_norm = norm.pdf(bins, media, desvio)
```

Por que é necessária a média e o desvio-padrão? Porque a fórmula da densidade de probabilidade normal depende da média $\mu$ e do desvio-padrão $\sigma$ para a função f(x):

$$f(x) = \frac{e^{\frac{-(x-\mu)^2}{2\sigma^2}}}{\sigma\sqrt{2\pi}}$$

É essa função que a normpdf( ) (ou norm.pdf da SciPy na versão do Python mais recente) calcula e salva no Python para o gráfico da densidade junto com seu histograma de retornos diários da Figura 10.9.

```
import matplotlib.pyplot as fig
import matplotlib.mlab as mlab
# from scipy.stats import norm  (versao mais recente do python)
import datetime as dt
import numpy as np
from yahoo_fin.stock_info import *

################ importar a acao ############################
inicio=dt.datetime(2023,1,1)
fim=dt.datetime(2024,2,15)
df = get_data('PETR4.SA', start_date=inicio, end_date=fim, headers={'User-Agent':Mozilla/5.0'})

df = df.loc[:, df.columns.isin(['close'])]
df['ret']=df['close'].pct_change(1)
df.dropna(inplace=True)

media=df['ret'].mean()
desvio=df['ret'].std()
df.plot.line(y=['close','ret'],
        color='black',subplots=True)
df.plot.kde(y=['ret'], color='black')

####### densidade de probabilidade normal ou gaussiana
figura, ax1= fig.subplots(2,1)
ax1[0].plot(df.ret.values,color='black')
ax1[0].set_title('retornos diários')

[n,bins,patches]=ax1[1].hist(df.ret.values,bins=30,density=True,
                color='black', alpha=0.3)
dist_norm = mlab.normpdf(bins, media, desvio)
#dist_norm = norm.pdf(bins, media, desvio) (versão mais recente)
ax1[1].plot(bins, dist_norm,color='black')
ax1[1].set_title('Histograma dos retornos e densidade de probabilidade Normal')
```

## 10.4 MODELANDO O NERVOSISMO DO MERCADO

A estatística básica não apenas serve a propósitos de análise do comportamento dos ativos. Os parâmetros podem, ainda, servir como modelagens dos comportamentos dos retornos. Podemos simular, com base nas médias e nos desvios-padrão, o que acontece com um determinado ativo.

A isso se dá o nome de *simulação estocástica*, que simula o comportamento dos dados usando uma densidade de probabilidade para estudar riscos e tendências dos movimentos. Apesar de um nome sofisticado, a aplicação é muito simples. Basta tomarmos a média real dos retornos diários e a esses dados somarmos números aleatórios na mesma quantidade dos existentes no DataFrame.

Para sabermos quantos dados devemos simular, basta usarmos a função count( ) do DataFrame. Com a biblioteca NumPy, simulamos, com a função random.randn(n), os valores aleatórios; não aleatórios quaisquer, mas valores com densidade normal - por isso, "randn". Da forma como estão, esses números apenas seriam colocados com valores entre -1 e +1. E corrigimos isso para os valores reais dos retornos ao multiplicarmos os números pelo desvio-padrão real e somarmos com a média real dos retornos.

No Python, existem muitas funções e bibliotecas que repetem a mesma análise, basta ao usuário escolher aquela que melhor se adapte ao seu problema. Como abordado nos capítulos anteriores, na biblioteca NumPy também existe a função "normal", da forma np.random.normal (média, desvio-padrão, quantidade de valores).

As linhas, podem ser incluídas no programa anterior, que está no script completo a seguir, linhas essas de número 33 a 37. Optamos aqui por usar a função "randn".

```
n = df['close'].count()

aleat = media + desvio*np.random.randn(n)

df['modelo'] = aleat.tolist()
```

O resultado numérico é também muito interessante quando comparado aos dados reais dos retornos da PETR4. Na Figura 10.10, os dois gráficos mais importantes estão nas duas últimas janelas. Na penúltima janela, estão os dados reais dos retornos diários da PETR4, enquanto na última, estão os dados simulados pelas linhas descritas anteriormente. O comportamento mostra-se bastante semelhante, e mais importante, dentro da mesma faixa de oscilação.

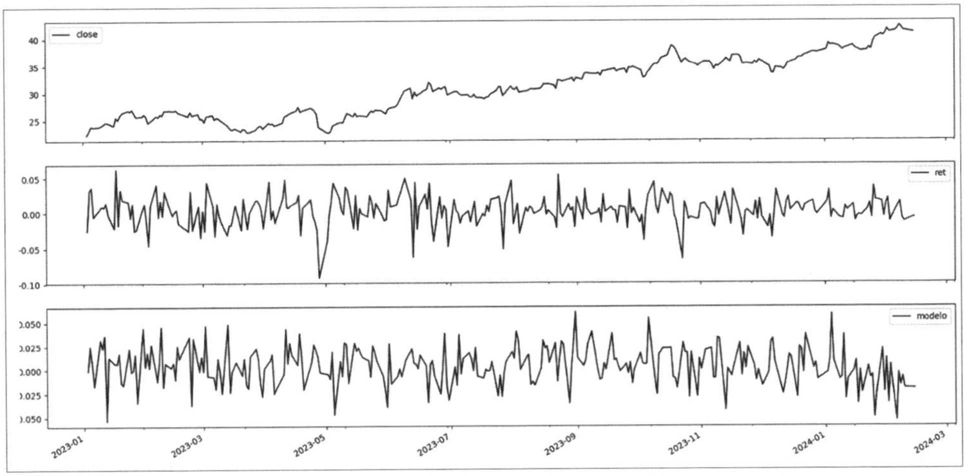


**Figura 10.10** Comparação entre retornos reais e simulados estatisticamente.

Na Figura 10.11, a comparação é para os histogramas entre os dados reais dos retornos e os simulados. O histograma na cor preta é para os dados reais, e o histograma em tons de cinza, para os dados simulados. Pode-se observar uma concordância quase perfeita entre as classes de variação dos retornos.

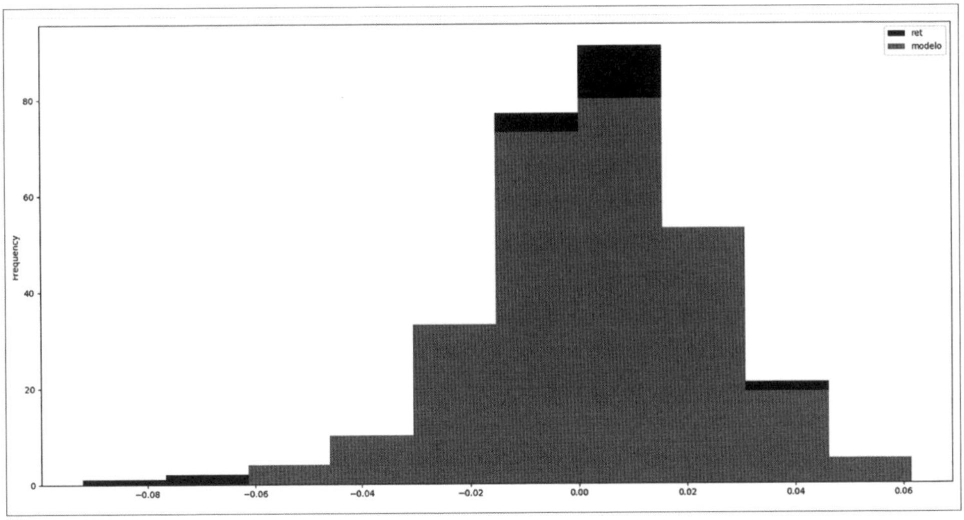


**Figura 10.11** Comparação entre os histogramas dos retornos para os dados reais e simulados, com média e desvio-padrão reais.

Finalmente, a Figura 10.12 apresenta a densidade kde, tanto para dados reais quanto para os simulados. Praticamente não há diferença entre as curvas, seja em frequência, seja na média ou no desvio-padrão dos dados. Essa curva, como dito antes, não serve para cálculo de probabilidades, mas é um bom indicativo da concordância desse modelo para essa ação e, principalmente, para o período observado.

Com base nesses gráficos, um bom analista treinado em mercado financeiro conseguirá, ainda que visualmente, observar o padrão entre duas ações ou entre dois ativos quaisquer. Pelo conhecimento tanto do histograma quanto do kde ou, ainda, da própria curva de sino da distribuição normal, é possível analisar o risco ou volatilidade dos dados.

Em termos de densidade kde, como apresentado na Figura 10.11, pode-se observar que ambas as curvas têm comportamento bastante semelhante, com uma cauda um pouco maior para a curva de retorno real (em preto) à esquerda.

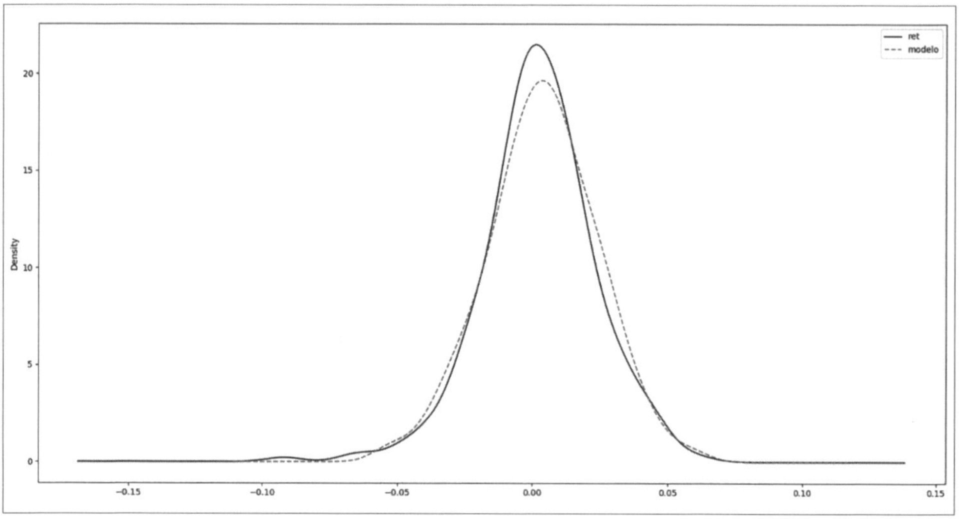


**Figura 10.12** Comparação entre densidades kde para dados reais e simulados.

As linhas do script seguinte são apresentadas pelas funções descritas anteriormente que construíram as Figuras 10.10, 10.11 e 10.12. As cores e os tipos de linhas também estão descritas nos comandos da Pandas e da Matplotlib no programa em Python a seguir.

```
import matplotlib.pyplot as fig
import matplotlib.mlab as mlab
# from scipy.stats import norm  (versao mais recente do python)
import datetime as dt
import numpy as np
from yahoo_fin.stock_info import *

################ importar a acao ############################
inicio=dt.datetime(2023,1,1)
fim=dt.datetime(2024,2,15)
df = get_data(‘PETR4.SA’, start_date=inicio, end_date=fim, headers={‘User-Agent’:Mozilla/5.0’})

df = df.loc[:, df.columns.isin([‘close’])]
df[‘ret’]=df[‘close’].pct_change(1)
df.dropna(inplace=True)

media=df[‘ret’].mean()
desvio=df[‘ret’].std()
df.plot.line(y=[‘close’,’ret’],
        color=’black’,subplots=True)
df.plot.kde(y=[‘ret’], color=’black’)

####### densidade de probabilidade normal ou gaussiana
figura, ax1= fig.subplots(2,1)
ax1[0].plot(df.ret.values,color=’black’)
ax1[0].set_title(‘retornos diários’)

[n,bins,patches]=ax1[1].hist(df.ret.values,bins=30,density=True,
                color=’black’, alpha=0.3)
dist_norm = mlab.normpdf(bins, media, desvio)
#dist_norm = norm.pdf(bins, media, desvio) (versão mais recente)
ax1[1].plot(bins, dist_norm,color=’black’)
ax1[1].set_title(‘Histograma dos retornos e densidade de probabilidade Normal’)

########### modelagem estatistica dos retornos ###########
n=df[‘close’].count()

aleat=media + desvio*np.random.randn(n)
df[‘modelo’]=aleat.tolist()

df.plot.line(y=[‘close’,’ret’,’modelo’],
        color=’black’,subplots=True)
df.plot.hist(y=[‘ret’,’modelo’], color=[‘black’,’gray’])
df.plot.kde(y=[‘ret’,’modelo’], color=[‘black’, ‘gray’], style=[‘-’,’--’])
```

## 10.5 COMPARANDO INVESTIMENTOS

Como afirmado antes, a estatística nos permite avaliar riscos de diversas bases de dados, sem precisarmos ficar observando o desenvolvimento desses dados ao longo do período de aquisição. Um dos objetivos da função densidade de probabilidade é exatamente o de permitir que avaliemos os riscos somente com os dados agrupados e com um único valor finalizado, que nos informa toda a característica do banco de dados.

Vamos supor que desejamos saber quais bolsas de valores foram mais arriscadas de 2023 a 2024. "Risco" deve ser entendido, de maneira geral, como o espalhamento da densidade de probabilidade normal. Existem outras formas matemáticas e financeiras para isso, mas, de modo geral, a observação do valor do desvio-padrão e a forma da curva da densidade de probabilidade normal informa-nos qual ativo é mais arriscado.

Vamos baixar do Yahoo! Finance os dados para o Ibovespa ('bvsp') e o Dow Jones ('dji') com os códigos implementados, usando "^", como já explicado. Para esses dois índices, podemos usar a get_data( ):

```
df1 = get_data('^bvsp', start_date=inicio, end_date=fim)

df2 = get_data('^dji', start_date=inicio, end_date=fim)
```

Todo o script em Python da Seção anterior pode ser duplicado, com os parâmetros diferenciados: número um para o Ibovespa; e número dois, para o Dow Jones. Assim, após a limpeza das colunas dos dois DataFrames, df1 e df2, calculamos as respectivas médias dos retornos de ambos os índices:

```
media1=df1['ret'].mean()

desvio1=df1['ret'].std()

media2=df2['ret'].mean()

desvio2=df2['ret'].std()
```

Todas essas medidas estão implementadas até a linha 25 do script a seguir, com a formatação dos gráficos a partir desse ponto. Usamos a Seaborn para fazer esses gráficos e criamos um eixo secundário à direita, usando a função twinx( ) na linha 34.

Isso leva os dados do Ibovespa (que possuem valores maiores que do Dow Jones) a serem visualizados de maneira adequada na Figura 10.13.

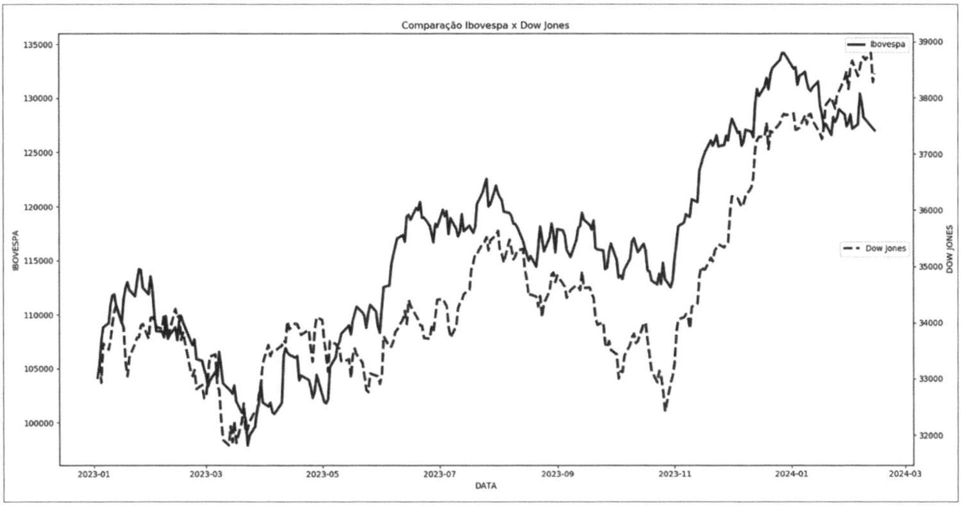


**Figura 10.13** Comparação entre Ibovespa e Dow Jones entre 2023 e 2024.

Percebemos que o Ibovespa segue as tendências da bolsa de valores americana, mas com disparadas mais fortes nos seus valores. Isso denota que uma maior oscilação ocorre na bolsa brasileira. Do mesmo modo que na Seção anterior, calculamos a densidade normal dos retornos do Ibovespa e Dow Jones usando a função matplotlib.mlab (ou a função norm.pdf da biblioteca SciPy, caso o leitor esteja usando versões mais recentes do Python).

Na Figura 10.14, é possível ver o resultado do subplot programado a partir da linha 44, na qual criamos quatro janelas. O eixo ax1[0,0] é para os dados do retorno do Ibovespa; ax1[0,1], para o histograma desses valores; ax1[1,0], para os retornos do Dow Jones; e ax1[1,1], para o histograma dos retornos do Dow Jones.

Antes mesmo de qualquer cálculo, já podemos confirmar nossa desconfiança sobre o movimento do Ibovespa. O histograma do retorno, no alto à direita (Figura 10.14), está muito mais espalhado na horizontal do que o histograma do Dow Jones. Podemos ver que, enquanto o histograma do Ibovespa apresentou uma classe com ganho de 4%, o Dow Jones não passou de 2% no mesmo período.

Em termos quantitativos, o desvio-padrão do Ibovespa foi de 1,04%, enquanto para o Dow Jones, 0,7%, comprovando um padrão mais arriscado para o Ibovespa.

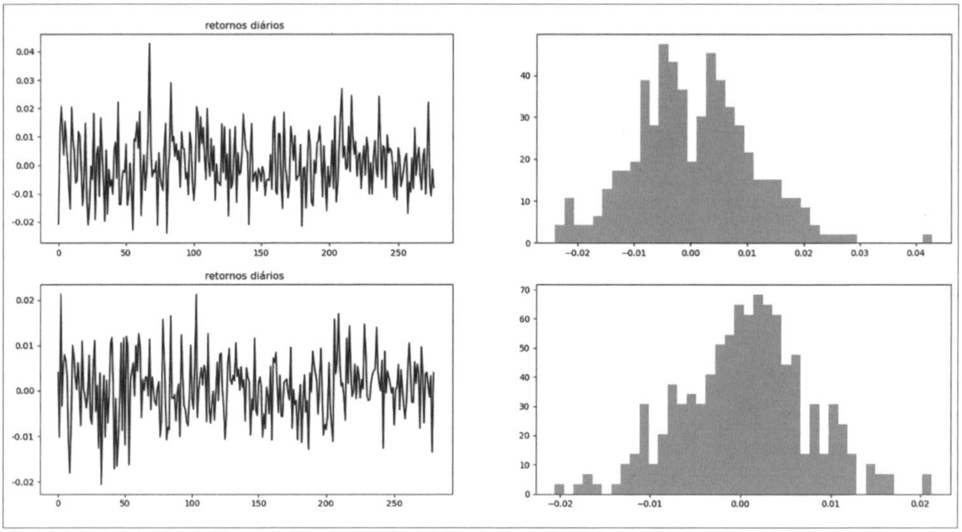


Figura 10.14 Comparação entre os retornos e histogramas de Ibovespa e Dow Jones.

Utilizando, então, a função mlab.normpdf( ), comparamos as duas curvas de sino da densidade de probabilidade normal com as linhas de programação:

```
dist_norm1 = mlab.normpdf(bins1, media1, desvio1)

dist_norm2 = mlab.normpdf(bins2, media2, desvio2)
```

Para o caso de o leitor utilizar versões mais recentes do Python, como já comentado, os comandos anteriores precisarão usar a "norm" da biblioteca SciPy e a modificação deverá ser:

```
dist_norm1 = norm.pdf(bins1, media1, desvio1)

dist_norm2 = norm.pdf(bins2, media2, desvio2)
```

Essas linhas de programação preparam os dados para dist_norm1 (Ibovespa) e dist_norm2 (Dow Jones) para o gráfico da Figura 10.15, que foi programado da linha 59 a 64. Essa Figura realmente confirma nossa desconfiança, e percebemos a curva de sino da densidade normal do Dow Jones mais concentrada (linha tracejada) em torno da média, enquanto a curva do Ibovespa se alonga e espalha-se ao longo do eixo horizontal.

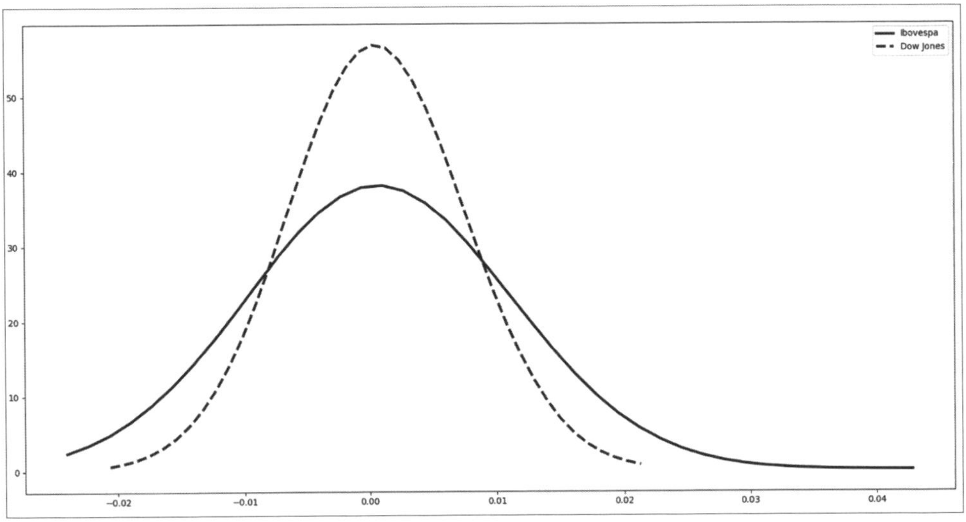


**Figura 10.15** Comparação entre as densidades de probabilidades normal.

A Figura 10.15 representa que, nesse período, a bolsa brasileira foi mais arriscada do que a bolsa americana. Mas isso também significa maiores probabilidades de lucros no Brasil do que nos Estados Unidos, pois, com grande oscilação, mediante estudos específicos para determinar o melhor momento de comprar ações, haverá retornos acima do normal para o investidor.

As linhas do script em Python a seguir demonstram como os cálculos anteriores foram programados.

```
import matplotlib.pyplot as fig
import matplotlib.mlab as mlab
# from scipy.stats import norm  (versao mais recente do python)
import datetime as dt
import numpy as np
import seaborn as sns
from yahoo_fin.stock_info import *

################ importar a acao ############################
inicio=dt.datetime(2023,1,1)
fim=dt.datetime(2024,2,15)
df1 = get_data('^bvsp', start_date=inicio, end_date=fim, headers={'User-Agent':Mozilla/5.0'})
df2 = get_data('^dji', start_date=inicio, end_date=fim, headers={'User-Agent':Mozilla/5.0'})

df1 = df1.loc[:, df1.columns.isin(['close'])]
df1['ret']=df1['close'].pct_change(1)
df1.dropna(inplace=True)

```

```
df2 = df2.loc[:, df2.columns.isin(['close'])]
df2['ret']=df2['close'].pct_change(1)
df2.dropna(inplace=True)

media1=df1['ret'].mean()
desvio1=df1['ret'].std()
media2=df2['ret'].mean()
desvio2=df2['ret'].std()

ax1=sns.lineplot(data=df1, x=df1.index, y='close',
          color = 'black', linewidth = 3, label='Ibovespa')

ax1.set(xlabel='DATA',
    ylabel='IBOVESPA',
    title='Comparação Ibovespa x Dow Jones')

ax2=ax1.twinx()
ax1=sns.lineplot(data=df2, x=df2.index, y='close',
          color = 'black', linewidth = 3, linestyle='--', ax=ax2,
          label='Dow Jones')


ax1.set(ylabel='DOW JONES')


####### densidade de probabilidade normal ou gaussiana
figura, ax1= fig.subplots(2,2)
ax1[0,0].plot(df1.ret.values,color='black')
ax1[0,0].set_title('retornos diários')

[n1,bins1,patches1]=ax1[0,1].hist(df1.ret.values,bins=40,density=True,
                color='black', alpha=0.3)
dist_norm1 = mlab.normpdf(bins1, media1, desvio1)
# dist_norm1 = norm.pdf(bins1, media1, desvio1) (versão mais recente)
ax1[1,0].plot(df2.ret.values,color='black')
ax1[1,0].set_title('retornos diários')

[n2,bins2,patches2]=ax1[1,1].hist(df2.ret.values,bins=40,density=True,
                color='black', alpha=0.3)
dist_norm2 = mlab.normpdf(bins2, media2, desvio2)
#dist_norm2 = norm.pdf(bins2, media2, desvio2) (versão mais recente)

figura, ax3= fig.subplots(1,1)
ax3=sns.lineplot(x=bins1, y=dist_norm1,
          color = 'black', linewidth = 3, label='Ibovespa')
ax3=sns.lineplot(x=bins2, y=dist_norm2,
          color = 'black', linewidth = 3,
          label='Dow Jones', linestyle='--')
```

## 10.6 A VARIABILIDADE DO MERCADO FINANCEIRO

Já apresentamos nos capítulos anteriores a estrutura para se medir variabilidade por meio do boxplot. Esse tipo de representação é muito utilizado em análises de investimentos e muito útil em estudos de risco financeiro. Devemos nos lembrar, contudo, de que precisamos obrigatoriamente de um conjunto de dados com índices repetidos, sejam esses índices data, hora, tipo de material, categorias, enfim, o índice não pode ser único para cada dado que se deseja o boxplot.

Uma saída para isso é, em primeiro lugar, agruparmos os dados com merge_asof() (já vimos que é um dos melhores) e, depois, modificamos as datas para mensal, em vez de diária. Podemos também usar semanal ou anual. Com isso, para um mesmo mês, teremos cerca de trinta dados, o que permitirá que o boxplot seja construído sem problemas com DataFrame por meio da Seaborn.

Desejamos, de início, baixar os dados e limpar as colunas dos dois índices (Ibovespa e Dow Jones). As linhas para isso serão:

```
1   import matplotlib.pyplot as fig
2   import matplotlib.mlab as mlab
3   import datetime as dt
4   import numpy as np
5   import seaborn as sns
6   import pandas as pd
7   from yahoo_fin.stock_info import *
8
9   ############### importar a acao ############################
10  inicio=dt.datetime(2023,1,1)
11  fim=dt.datetime(2024,2,15)
12  df1 = get_data('^bvsp', start_date=inicio, end_date=fim, headers={'User-Agent':Mozilla/5.0'})
13  df2 = get_data('^dji', start_date=inicio, end_date=fim, headers={'User-Agent':Mozilla/5.0'})
14  #++++++++++++ deixar apenas a coluna close ++++++++++++++++++
15  df1 = df1.loc[:, df1.columns.isin(['close'])]
16  df1.reset_index(inplace=True)
17
18  df2 = df2.loc[:, df2.columns.isin(['close'])]
19  df2.reset_index(inplace=True)
```

Percebe-se que os DataFrames estão separados, e, para nossos propósitos, é mais interessante agruparmos. No entanto, antes, devemos passar os índices como colunas do DataFrame. Por isso, as linhas 16 e 19 do script anterior são importantes, pois teremos uma mesma coluna de ligação entre “df1” e “df2”. Após passarmos as datas como colunas, teremos os seguintes DataFrames:

```
         index     close
0   2023-01-02  106376.0
1   2023-01-03  104166.0
2   2023-01-04  105334.0
3   2023-01-05  107518.0
4   2023-01-06  108836.0
..         ...       ...
273 2024-02-06  130416.0
274 2024-02-07  129608.0
275 2024-02-08  128217.0
276 2024-02-09  128026.0
277 2024-02-14  127018.0

[278 rows x 2 columns]
```

**df1 (Ibovespa)**

```
         index         close
0   2023-01-03  33136.371094
1   2023-01-04  33269.769531
2   2023-01-05  32930.078125
3   2023-01-06  33630.609375
4   2023-01-09  33517.648438
..         ...           ...
276 2024-02-08  38726.328125
277 2024-02-09  38671.691406
278 2024-02-12  38797.378906
279 2024-02-13  38272.750000
280 2024-02-14  38424.269531

[281 rows x 2 columns]
```

**df2 (Dow Jones)**

Outro ponto para tomarmos cuidado com o diabo escondido nos erros é que temos menos linhas na bolsa brasileira do que na bolsa americana. Enquanto o Ibovespa tem 278 linhas, o Dow Jones tem 281. Por isso, precisamos de um merge_asof( ).

Após agrupamento, colocamos novamente as datas como índice do DataFrame agrupado. Agora, temos apenas um DataFrame para as duas bolsas de valores, cujo nome é "dadfin".

```
dadfin = pd.merge_asof(df1, df2, left_on='index',
                right_on='index', direction='nearest')
#+++++++ apos agrupar jogar de volta a coluna de data como indice +++++++
dadfin.set_index('index', inplace=True)
```

Após essas linhas, finalmente temos todos os dados agrupados e com as mesma data para cada linha. O merge_asof( ) modifica o nome das colunas no agrupamento, passando a chamar o fechamento do Ibovespa de "close_x" e o do Dow Jones, de "close_y", como visto a seguir.

```
             close_x        close_y
index
2023-01   104166.0   33136.371094
2023-01   105334.0   33269.769531
2023-01   107518.0   32930.078125
2023-01   108836.0   33630.609375
2023-01   109227.0   33517.648438
...            ...            ...
2024-02   130416.0   38521.359375
2024-02   129608.0   38677.359375
2024-02   128217.0   38726.328125
2024-02   128026.0   38671.691406
2024-02   127018.0   38424.269531

[277 rows x 4 columns]
```

Agora, calculamos os retornos e apagamos em seguida as linhas vazias com "NaN", como fizemos nas outras seções.

```
dadfin['retorno_ibov']=dadfin['close_x'].pct_change(1)
dadfin['retorno_dow']=dadfin['close_y'].pct_change(1)
dadfin.dropna(inplace=True)
```

O DataFrame agora terá o aspecto seguinte da Figura 10.16.

```
              close_x        close_y  retorno_ibov  retorno_dow
index
2023-01-03   104166.0   33136.371094     -0.020775     0.000000
2023-01-04   105334.0   33269.769531      0.011213     0.004026
2023-01-05   107518.0   32930.078125      0.020734    -0.010210
2023-01-06   108836.0   33630.609375      0.012258     0.021273
2023-01-09   109227.0   33517.648438      0.003593    -0.003359
...               ...            ...           ...          ...
2024-02-06   130416.0   38521.359375      0.022125     0.003680
2024-02-07   129608.0   38677.359375     -0.006196     0.004050
2024-02-08   128217.0   38726.328125     -0.010732     0.001266
2024-02-09   128026.0   38671.691406     -0.001490    -0.001411
2024-02-14   127018.0   38424.269531     -0.007873    -0.006398

[277 rows x 4 columns]
```

**Figura 10.16** DataFrame completo, mas com datas não agrupadas.

Precisaremos de muita atenção nesse momento, pois o diabo está apenas esperando nossa distração para nos fazer perder tempo.

Ao se tentar fazer o boxplot com esses índices sem repetição, aparecerá um erro, pois não é possível ter desvio-padrão de linha que só tem um dado. Precisamos de muitas linhas para índices repetidos. Nesse caso, vamos passar as datas para "M" (mensais).

Quando usamos esse comando do datetime na linha 36:

```
36    dadfin.index = dadfin.index.to_period('M')
```

o resultado para nosso DataFrame "dadfin" será o apresentado na Figura 10.17, em que podemos observar as datas repetidas para janeiro; depois, fevereiro; e assim até dezembro.

| index | close_x | close_y | retorno_ibov | retorno_dow |
|---|---|---|---|---|
| 2023-01 | 104166.0 | 33136.371094 | -0.020775 | 0.000000 |
| 2023-01 | 105334.0 | 33269.769531 | 0.011213 | 0.004026 |
| 2023-01 | 107518.0 | 32930.078125 | 0.020734 | -0.010210 |
| 2023-01 | 108836.0 | 33630.609375 | 0.012258 | 0.021273 |
| 2023-01 | 109227.0 | 33517.648438 | 0.003593 | -0.003359 |
| ... | ... | ... | ... | ... |
| 2024-02 | 130416.0 | 38521.359375 | 0.022125 | 0.003680 |
| 2024-02 | 129608.0 | 38677.359375 | -0.006196 | 0.004050 |
| 2024-02 | 128217.0 | 38726.328125 | -0.010732 | 0.001266 |
| 2024-02 | 128026.0 | 38671.691406 | -0.001490 | -0.001411 |
| 2024-02 | 127018.0 | 38424.269531 | -0.007873 | -0.006398 |

**Figura 10.17** DataFrame completo e finalizado com datas repetidas em meses.

A partir desse ponto, basta chamarmos a biblioteca Seaborn para fazermos os boxplots, que são visualizados na Figura 10.18. Esse é um gráfico muito interessante, pois nos apresenta mais um fator estatístico importante sobre a grande volatilidade dos dados do Ibovespa frente ao Dow Jones. As hastes dos boxplots são bastante superiores as do Dow Jones, que estão em cores brancas.

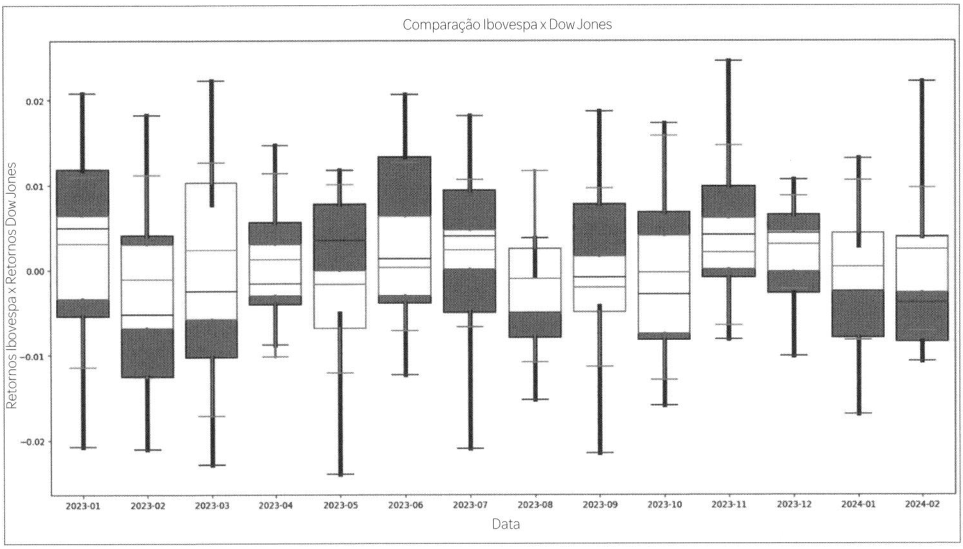


**Figura 10.18** Comparação da variabilidade dos boxplots dos retornos mensais entre Ibovespa e Dow Jones.

Vemos que as caixas que representam o intervalo entre dois desvios-padrão são mais curtas nos retornos do Dow Jones do que nos retornos do Ibovespa na tonalidade cinza.

As caixas em cores brancas representam os boxplots da bolsa de valores americana com seu índice Dow Jones, enquanto as caixas em tom cinza representam os boxplots do Ibovespa, índice da Bovespa no Brasil. Essas tonalidades estão programadas nas linhas 40, para o Ibovespa, e 44, para o Dow Jones.

Percebe-se que o boxplot, visualmente, informa-nos sobre a volatilidade dos dois índices, reparando-se que, em alguns meses, o retângulo em branco do Dow Jones é maior do que o retângulo cinza da Bovespa. Isso representa que, naquele mês, a bolsa americana apresentou mais risco do que a bolsa brasileira.

As linhas de 38 a 47 representam esses diversos boxplots da Figura 10.18, uma para cada mês, sendo composta cada caixa de estatística para trinta dados de retornos. O script a seguir representa toda a análise feita para a variabilidade e as figuras comentadas anteriormente.

```
import matplotlib.pyplot as fig
import matplotlib.mlab as mlab
import datetime as dt
import numpy as np
import seaborn as sns
import pandas as pd
from yahoo_fin.stock_info import *

################ importar a acao ############################
inicio=dt.datetime(2023,1,1)
fim=dt.datetime(2024,2,15)
df1 = get_data('^bvsp', start_date=inicio, end_date=fim, headers={'User-Agent':Mozilla/5.0'})
df2 = get_data('^dji', start_date=inicio, end_date=fim, headers={'User-Agent':Mozilla/5.0'})
#+++++++++++++ deixar apenas a coluna close +++++++++++++++++++
df1 = df1.loc[:, df1.columns.isin(['close'])]
df1.reset_index(inplace=True)

df2 = df2.loc[:, df2.columns.isin(['close'])]
df2.reset_index(inplace=True)

#++++++++++++++++++++++++++++++++++++++++++++++++++++++++++++++++++
#    agrupar os dois DataFrame num unico
#+++++++++++++++++++++++++++++++++++++++++++++++++++++++++++++++
dadfin = pd.merge_asof(df1, df2, left_on='index',
              right_on='index', direction='nearest')
#+++++++ apos agrupar jogar de volta a coluna de data como indice +++++++
dadfin.set_index('index', inplace=True)
#++++++++++++++++++++++++++++++++++++++++++++++++++++++++++++++++
#++++++++ close ibov = close_x, close_dow = close_y
#++++++++++++++++++++++++++++++++++++++++++++++++++++++++++++++++
dadfin['retorno_ibov']=dadfin['close_x'].pct_change(1)
dadfin['retorno_dow']=dadfin['close_y'].pct_change(1)
dadfin.dropna(inplace=True)
#+++++ passa toda a data agrupada como mensal para o boxplot poder ser feito
#-----------------------------------------------------------------------
dadfin.index = dadfin.index.to_period('M')

#++++++ boxplot customizado para cinza e branco
fig.figure(figsize=(15,10))
ax=sns.boxplot(x=dadfin.index,y='retorno_ibov',data=dadfin,
   showfliers = False,
      palette=['gray','gray'],
      whiskerprops = dict(color='black', linewidth=5.0),
      boxprops={"edgecolor": "black"})
ax=sns.boxplot(x=dadfin.index,y='retorno_dow',data=dadfin,
   showfliers = False,
      palette=['w','w'],
      whiskerprops = dict(color='gray', linewidth=3.0),
      boxprops={"edgecolor": "gray"})

ax.set(xlabel='DATA',
   ylabel='RETORNOS IBOVESPA X RETORNOS DOW JONES',
   title='Comparação Ibovespa x Dow Jones')
```

Só a título de curiosidade, podemos ter boxplots semanais. Para tanto, basta apenas modificarmos a linha das datas de número 36, colocando a letra "W" em vez da "M", representando *week* (semana em inglês).

```
dadfin.index = dadfin.index.to_period('W')
```

O resultado pode ser observado na Figura 10.19, mostrando, ainda, uma volatilidade mais forte para o Ibovespa, com as hastes ainda mais superiores do que as de retornos do Dow Jones.

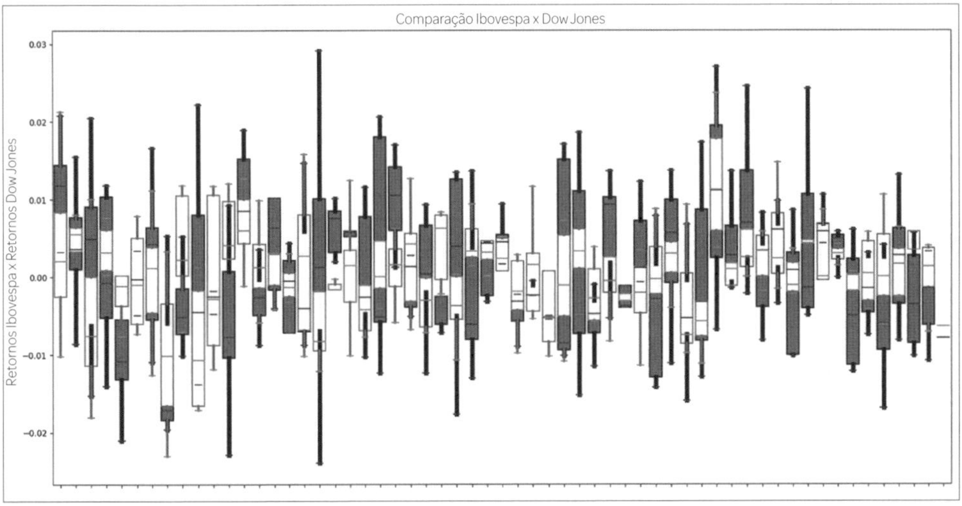


**Figura 10.19** Comparação da variabilidade dos boxplots dos retornos semanais entre Ibovespa e Dow Jones, com a alteração do índice pela função index.to_period('W').

E os boxplots diários? Para investidores considerados "arrojados", que desejam comprar e vender ações várias vezes ao longo do dia, esse tipo de gráfico semanal ou mensal é muito defasado para os interesses deles.

Nesse caso, o ponto de ataque na programação é diferente. Como os dados são mais frequentes, podemos utilizar a estrutura de usar a transposta do DataFrame, do tipo visto antes como df1.T.

A ideia é não calcular os retornos, mas avaliar a oscilação dos preços, visto que os dados de abertura, alta, baixa e fechamento dos preços já estão disponíveis, e esses quatro dados diários fornecem uma excelente informação de variabilidade.

Logo, em vez de fazermos boxplot de retornos diários, deixamos os DataFrames apenas com as colunas {'open', 'high', 'low', 'close'}, e, quando fizermos a transposta, teremos essas quatro colunas se transformando em linhas; e estas se transformarão em colunas, perfazendo, então, um boxplot para cada coluna, que se refere às datas.

O resultado final é apresentado na Figura 10.20, na cor preta para o Ibovespa e cor cinza para o Dow Jones. Foi preferido tomar dados de dez em dez dias, visto que dados muito próximos tornam o gráfico de visualização rebuscado para os boxplots.

Então, a Figura 10.20 se refere ao boxplot dos preços ao longo de cada dia, em intervalo de dez dias. Novamente, percebemos a grande variação dos boxplots do Ibovespa, em alguns dias com retângulos muito maiores do que os do Dow Jones.

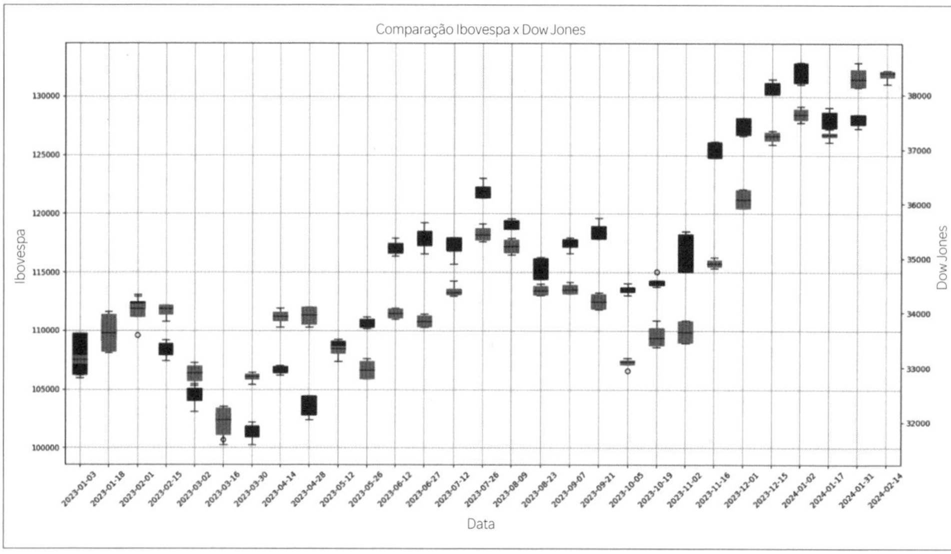


**Figura 10.20** Comparação de boxplot diário para os preços de Ibovespa e Dow Jones para intervalos de dez dias.

Os boxplots para o Ibovespa são construídos com suas cores e hastes nas linhas 24 e 25. Em especial, na linha 25 vemos a representação da amostra para os dados do DataFrame transposto, tomando dados de dez em dez dias, usando a definição [::10].

```
24 props = dict(boxes="black", whiskers="black", medians="black", caps="black")
25 ax1=df1[::10].T.plot(kind='box',color=props, patch_artist=True, rot=45)
```

Mesmo com todo esse cuidado, o diabo reaparece em nosso exemplo, mais uma vez para as datas.

Se tentarmos fazer o boxplot sem o tratamento das datas, o gráfico ficará todo errado no eixo das datas, visto que, no boxplot do DataFrame transposto, essa propriedade transforma novamente as datas em formato de texto.

Ao se tentar usar pd.to_datetime(df1.index) também não funcionará, e o resultado é o que aparece na Figura 10.21.

A solução é buscar na Pandas a função strftime( ), que vai obrigar novamente os dados a passarem de texto para datas, nesse caso, usando '%Y-%m-%d' para o formato ano-mês-dia.

```
df1.index = df1.index.strftime('%Y-%m-%d')
df2.index = df2.index.strftime('%Y-%m-%d')
```

Somente com essa função da Pandas espantamos o "diabo" que se esconde atrás dos erros do boxplot quando usamos a formatação de matriz transposta (df.T) no DataFrame. E obtemos, então, a Figura 10.20, que é a correta, tanto para os boxplots quanto para as datas.

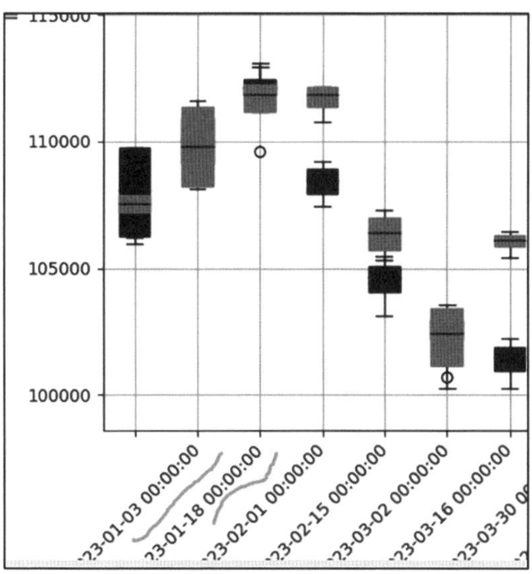


**Figura 10.21** Erro no DataFrame com datas não formatadas para texto.

Ainda assim, pode ser que em algumas versões do Python, a colocação de boxplots com eixo à esquerda e à direita ainda não funcione essa formatação de datas. Se isso ocorrer, basta separar ax1 como um gráfico e ax2 com outro gráfico, separados, e, neste caso, as formatações serão corrigidas. A seguir, apresentamos o script completo em Python para os resultados discutidos nesta seção.

```
import matplotlib.pyplot as fig
import matplotlib.mlab as mlab
import datetime as dt
import numpy as np
import seaborn as sns
import pandas as pd
from yahoo_fin.stock_info import *

################ importar a acao ############################
inicio=dt.datetime(2023,1,1)
fim=dt.datetime(2024,2,15)
df1 = get_data('^bvsp', start_date=inicio, end_date=fim, headers={'User-Agent':Mozilla/5.0'})
df2 = get_data('^dji', start_date=inicio, end_date=fim, headers={'User-Agent':Mozilla/5.0'})
#+++++++++++++ deixa apenas as colunas necessarias +++++++++++++++++++

df1 = df1.loc[:, df1.columns.isin(['open','high','low','close'])]
df2 = df2.loc[:, df2.columns.isin(['open','high','low','close'])]

#++++++ formata as datas +++++++++++++++++++++

df1.index = df1.index.strftime('%Y-%m-%d')
df2.index = df2.index.strftime('%Y-%m-%d')

################## boxplot do Ibovespa #############################
props = dict(boxes="black", whiskers="black", medians="black", caps="black")
ax1=df1[::10].T.plot(kind='box',color=props, patch_artist=True, rot=45)
ax1.grid()
ax1.set(xlabel='DATA',
   ylabel='IBOVESPA',
   title='Comparação Ibovespa x Dow Jones')

################# boxplot do Dow Jones #############################
ax2=ax1.twinx()
props2 = dict(boxes="gray", whiskers="black", medians="black", caps="black")
df2[::10].T.plot(kind='box',color=props2, patch_artist=True, rot=45,ax=ax2)
ax2.set(ylabel='DOW JONES')
```

## 10.7 ESTIMANDO A TENDÊNCIA DOS MOVIMENTOS DOS ATIVOS

Uma das grandes preocupações do mercado financeiro é tentar prever o movimento errático dos ativos para o futuro. É, na verdade, o grande desafio diário para todo bom analista de mercado.

Como descrito, na Figura 10.13, nota-se uma relação, pelo menos visual, entre os valores dos índices Ibovespa e Dow Jones. É possível perceber que a tendência do movimento parece ser muito próxima entre as duas bolsas de valores. Quando existe uma oscilação para alta no Dow Jones, em um certo pequeno período depois acontece o mesmo no Brasil com o Ibovespa.

Isso tem sentido, uma vez que a bolsa de valores dos Estados Unidos é a mais volumosa em todos os sentidos, com empresas, investidores pessoa física, volumes de recursos, enfim, o mundo financeiro todo se baseia no que a acontece nas três bolsas de valores americanas: Dow Jones, Nasdaq e S&P 500.

Para início de nosso exemplo, tomamos a função jointplot( ) apresentada no Capítulo 7 para descrevermos de forma simultânea, no mesmo gráfico, histogramas, kde, *scatterplot* e regressão linear. Ainda agrupamos da biblioteca SciPy a análise sobre os parâmetros estimados na regressão por meio da função stats.linregress( ).

O resultado é apresentado na Figura 10.22, na qual se confirma nossa primeira intuição sobre a grande dependência do Ibovespa em relação ao Dow Jones.

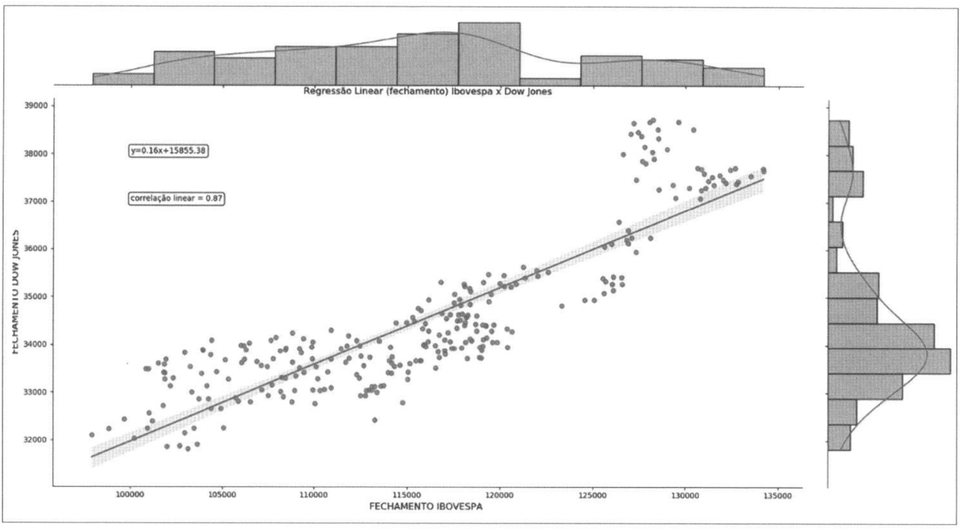


**Figura 10.22** Correlação linear e regressão linear entre os fechamentos do Ibovespa e do Dow Jones.

Para se chegar ao resultado da Figura 10.22, o primeiro passo é agrupar os dados dos DataFrame do Ibovespa e do Dow Jones que estão separados. Foi feito o mesmo agrupamento de dados que nas seções anteriores, usando-se a função merge_asof( ):

```
dadfin = pd.merge_asof(df1, df2, left_on='index',
                right_on='index', direction='nearest')
```

Com o DataFrame conjunto, chamado de "dadfin", na linha 25, foi encontrada a reta de regressão linear para os valores seguintes:

$$Ibov(close) = 0.16(Dow\ close) + 15855$$

em que a programação da estimação dos parâmetros é feita com a SciPy da seguinte forma:

```
a, b, r, p_valor, erro = stats.linregress(dadfin['close_x'],dadfin['close_y'])
```

O parâmetro "a" é o coeficiente angular, e "b", o coeficiente linear para a reta de regressão y = ax + b. A construção do gráfico com alguns detalhes pode ser acompanhada pela programação das linhas de 38 a 45 do script a seguir. Alguns detalhes merecem a atenção do leitor.

A linha 38 do código a seguir é o gráfico tradicional e padrão do jointplot, mas acrescentamos caixas de texto para vermos os valores numéricos dos parâmetros da reta de regressão.

Se tentarmos usar o "annotate", como sempre pode ser utilizado para se colocarem anotações no gráfico, o "diabo" volta a sorrir.

Aparecerão um grande erro e mensagens que travam o gráfico de jointplot. Isso porque, quando se utiliza jointplot, o annotate tem uma formatação diferente, e deve ser colocado como na linha 39:

**ax1.ax_joint.annotate( )**,

em que ax1 é o nome do nosso gráfico, e "ax" é a propriedade dos eixos. Mas, além disso, precisamos acrescentar que são eixos do joinplot, para somente depois colocarmos a função annotate( ). Dentro da linha 39, informamos para o Python colocar no valor do eixo 100000, do Ibovespa, e 38000, do Dow Jones, a reta por meio de:

**"y={0:.2f}x+{1:.2f}".format(a,b)**

Esse comando indica que o coeficiente angular "a" terá duas casas decimais {0:0.2}; o coeficiente linear, também duas casas {1:0.2}; e ambos são formatados como números reais (por isso, a letra "f" na frente) com a função format( ). A linha 40 coloca uma pequena caixa ao redor da equação para chamar a atenção.

As linhas 41 e 42 repetem os mesmos passos da regressão linear, mas são para os valores das correlações.

```
38  ax1=sns.jointplot(data=dadfin,x=’close_x’, y=’close_y’,kind=’reg’)
39  ax1.ax_joint.annotate(“y={0:.2f}x+{1:.2f}”.format(a,b),xy=(100000,38000),
40        bbox={‘boxstyle’: ‘round’, ‘fc’: ‘white’, ‘ec’: ‘black’})
41  ax1.ax_joint.annotate(“correlação linear = {0:.2f}”.format(r),xy=(100000,37000),
42        bbox={‘boxstyle’: ‘round’, ‘fc’: ‘white’, ‘ec’: ‘black’})
43
44  ax1.ax_joint.set(title=’Regressão Linear (fechamento) Ibovespa x Dow Jones’)
45  ax1.set_axis_labels(‘FECHAMENTO IBOVESPA’,’FECHAMENTO DOW JONES’,fontsize=12)
```

Após esses passos, temos como finalizada a Figura 10.22, cujo script em Python segue completo para a conferência:

```
import matplotlib.pyplot as fig
import matplotlib.mlab as mlab
import datetime as dt
import numpy as np
import seaborn as sns
from scipy import stats
import pandas as pd
from yahoo_fin.stock_info import *

################ importar a acao #############################
inicio=dt.datetime(2023,1,1)
fim=dt.datetime(2024,2,15)
df1 = get_data(‘^bvsp’, start_date=inicio, end_date=fim, headers={‘User-Agent’:Mozilla/5.0’})
df2 = get_data(‘^dji’, start_date=inicio, end_date=fim, headers={‘User-Agent’:Mozilla/5.0’})
#+++++++++++++ deixar apenas a coluna close ++++++++++++++++++
df1 = df1.loc[:, df1.columns.isin([‘close’])]
df1.reset_index(inplace=True)

df2 = df2.loc[:, df2.columns.isin([‘close’])]
df2.reset_index(inplace=True)

#+++++++++++++++++++++++++++++++++++++++++++++++++++++++++++++++++
#   agrupar os dois DataFrame num unico
#++++++++++++++++++++++++++++++++++++++++++++++++++++++++++++++
dadfin = pd.merge_asof(df1, df2, left_on=’index’,
              right_on=’index’, direction=’nearest’)
#+++++++ apos agrupar jogar de volta a coluna de data como indice +++++++
dadfin.set_index(‘index’, inplace=True)
#+++++++++++++++++++++++++++++++++++++++++++++++++++++++++++++++
```

```
#++++++++ close ibov = close_x, close_dow = close_y
#++++++++++++++++++++++++++++++++++++++++++++++++++++++++++++
dadfin['retorno_ibov']=dadfin['close_x'].pct_change(1)
dadfin['retorno_dow']=dadfin['close_y'].pct_change(1)
dadfin.dropna(inplace=True)

a, b, r, p_valor, erro = stats.linregress(dadfin['close_x'],dadfin['close_y'])

ax1=sns.jointplot(data=dadfin,x='close_x', y='close_y',kind='reg')
ax1.ax_joint.annotate("y={0:.2f}x+{1:.2f}".format(a,b),xy=(100000,38000),
      bbox={'boxstyle': 'round', 'fc': 'white', 'ec': 'black'})
ax1.ax_joint.annotate("correlação linear = {0:.2f}".format(r),xy=(100000,37000),
      bbox={'boxstyle': 'round', 'fc': 'white', 'ec': 'black'})

ax1.ax_joint.set(title='Regressão Linear (fechamento) Ibovespa x Dow Jones')
ax1.set_axis_labels('FECHAMENTO IBOVESPA','FECHAMENTO DOW JONES',fontsize=12)

print('+++++++ reta y = ax + b ++++++')
print('a = ', a)
print('b = ', b)
print('coef. regressao = ',r)
```

Na Figura 10.22, apresentamos o jointplot( ) dos fechamentos dos índices Ibovespa e Dow Jones.

Mas e para os retornos?

Será que existem correlação e alguma reta de regressão linear para se estimar a tendência linear entre as duas bolsas de valores?

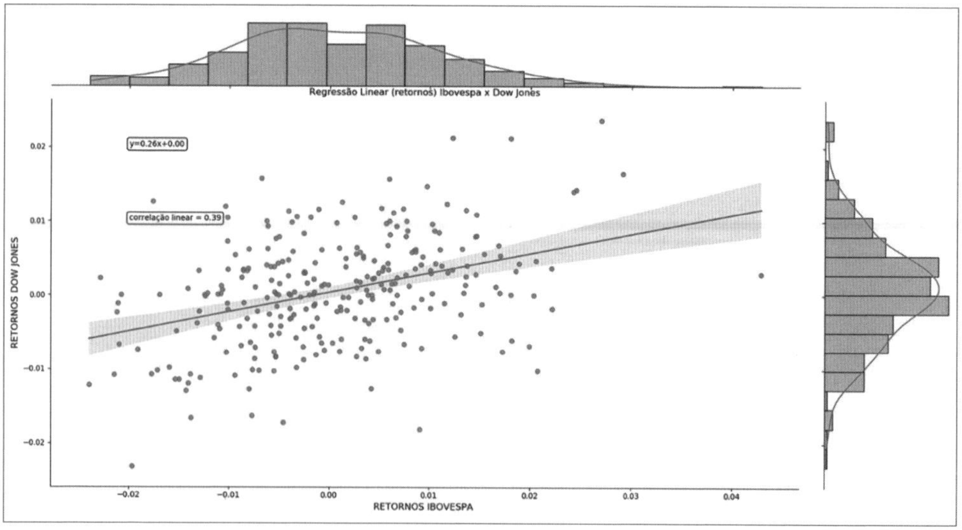


**Figura 10.23** Correlação linear e regressão linear entre os retornos financeiros do Ibovespa e do Dow Jones.

Como observado na Figura 10.23, não temos correlação linear ou tendência entre os retornos financeiros. Os pontos parecem formar um círculo ao redor do valor zero. Do ponto de vista estatístico, a reta encontrada foi y = 0.26x +0.00, ou seja, não temos pontos no parâmetro de interceptação. E a correlação é baixíssima, sendo encontrada pela função stats.linregress( ) com r = 0.38.

Em termos de programação, a única alteração que precisamos fazer é entre as linhas 36 a 45, pois, agora, vamos buscar os retornos que estão armazenados no DataFrame "dadfin" para as colunas 'retorno_ibov' e 'retorno_dow'.

```
36  a, b, r, p_valor, erro = stats.linregress(dadfin['retorno_ibov'],dadfin['retorno_dow'])
37
38  ax1=sns.jointplot(data=dadfin,x='retorno_ibov', y='retorno_dow',kind='reg')
39  ax1.ax_joint.annotate("y={0:.2f}x+{1:.2f}".format(a,b),xy=(-0.02,0.02),
40        bbox={'boxstyle': 'round', 'fc': 'white', 'ec': 'black'})
41  ax1.ax_joint.annotate("correlação linear = {0:.2f}".format(r),xy=(-0.02,0.01),
42        bbox={'boxstyle': 'round', 'fc': 'white', 'ec': 'black'})
43
44  ax1.ax_joint.set(title='Regressão Linear (retornos) Ibovespa x Dow Jones')
45  ax1.set_axis_labels('RETORNOS IBOVESPA','RETORNOS DOW JONES',fontsize=12)
```

Algumas empresas estão atreladas ao que acontece diretamente no cenário internacional (Onnela, 2004). Por exemplo, a Petrobras é bastante impactada com o que acontece no preço internacional do petróleo. Crises de abastecimento, guerras, pandemias, enfim, qualquer evento drástico envolve petróleo; energia é tudo no mundo.

Assim, grandes altas e altos retornos na negociação do barril de petróleo afetam positivamente ou negativamente a Petrobras, pois ela é também uma das grandes produtoras e exportadoras de petróleo. No Yahoo! Finance, para baixarmos dados do preço internacional do barril de petróleo, precisamos do código 'CL=F'.

Esse é o código que precisamos usar dentro da função get_data( ). Para a Petrobras, é o mesmo código dos exemplos anteriores, ou seja, 'PETR4.SA'.

```
inicio=dt.datetime(2023,1,1)
fim=dt.datetime(2024,2,15)
df1 = get_data('PETR4.SA', start_date=inicio, end_date=fim, headers={'User-Agent':Mozilla/5.0'})
df2 = get_data('CL=F', start_date=inicio, end_date=fim, headers={'User-Agent':Mozilla/5.0'})
```

As demais linhas seguem os mesmos scripts anteriores, cujos resultados aparecem na Figura 10.24. Para essa análise, entre os anos de 2023 e 2024, a reta de regressão foi

$$Petr4 = 0.24\left(Petroleo\right) + 69.86,$$

com uma correlação linear de r = 0.21.

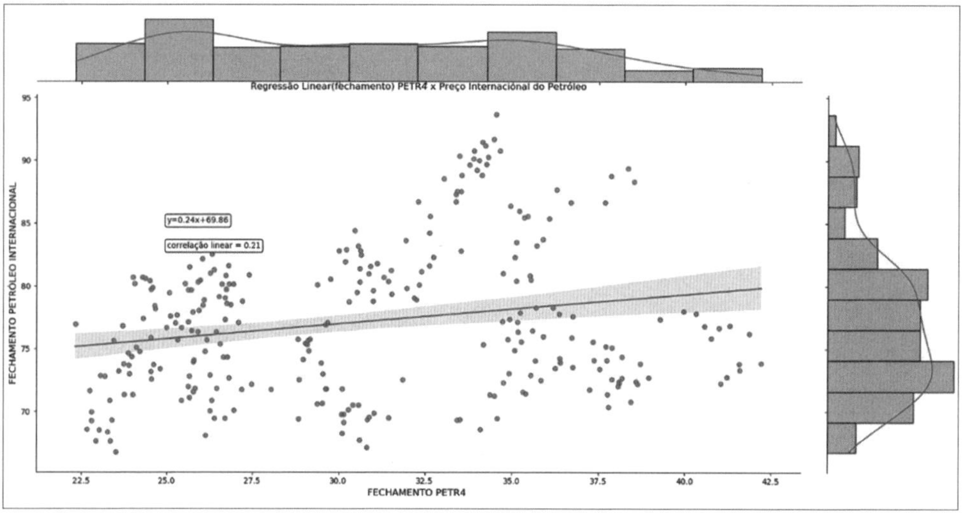


**Figura 10.24** Correlação linear e regressão linear para preços de fechamento da PETR4 e preços internacionais do petróleo em Nova Iorque.

A Figura 10.25 apresenta o histórico dos preços de fechamento da ação PETR4 da Petrobras e do preço internacional do barril de petróleo, negociado em dólar em Nova Iorque. O período do gráfico é de janeiro de 2023 a fevereiro de 2024, e percebe-se que, em alguns momentos, o preço da ação subiu mais do que o preço do petróleo.

Isso causou uma baixa correlação estatística de r = 0.21, pois, para que esta fosse mais próxima de r = 1.0, as tendências deveriam ser realmente mais próximas do que foi nesse período.

Em relação ao script anterior, acrescentamos as linhas de programação já discutidas para fazermos o gráfico histórico usando apenas a Seaborn. É interessante aproveitarmos o DataFrame já agrupado pelo merge_asof( ) para produzirmos um gráfico melhor e mais rápido.

O gráfico da Figura 10.25 foi construído com as linhas de 52 a 66. O leitor deve observar que, nas linhas 53 e 61, usamos data=dadfin, facilitando o gráfico, colocando em x e y apenas os nomes das colunas desejadas para o gráfico de linhas com lineplot.

```
52   fig.figure()
53   ax1=sns.lineplot(data=dadfin, x=dadfin.index, y='close_x',
54              color = 'black', linewidth = 3, label='PETR4')
55   sns.move_legend(ax1, "left")
56   ax1.set(xlabel='DATA',
57       ylabel='PETR4 ( fechamento em R$ )',
58       title='Comparação fechamento PETR4 x Preço Internacional do Petróleo')
59
60   ax2=ax1.twinx()
61   ax1=sns.lineplot(data=dadfin, x=dadfin.index, y='close_y',
62              color = 'black', linewidth = 3, linestyle='--', ax=ax2,
63              label='PETRÓLEO')
64   sns.move_legend(ax2, "upper left")
65
66   ax1.set(ylabel='PETRÓLEO (US$)')
```

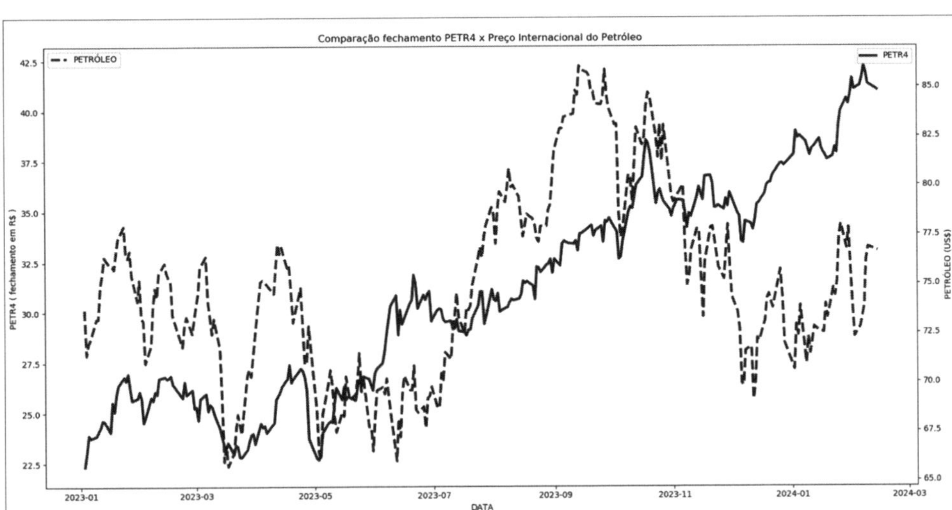


**Figura 10.25** Comparação entre os preços da PETR4 e do petróleo internacional negociado em Nova Iorque entre 2023 e fevereiro de 2024.

O script completo em Python, tanto para a regressão linear quanto para a correlação e o histórico dos preços é apresentado a seguir, para conferência e estudo do leitor.

```
import matplotlib.pyplot as fig
import matplotlib.mlab as mlab
import datetime as dt
import numpy as np
import seaborn as sns
from scipy import stats
import pandas as pd
from yahoo_fin.stock_info import *

################ importar a acao ############################
inicio=dt.datetime(2023,1,1)
fim=dt.datetime(2024,2,15)
df1 = get_data('PETR4.SA', start_date=inicio, end_date=fim, headers={'User-Agent':Mozilla/5.0'})
df2 = get_data('CL=F', start_date=inicio, end_date=fim, headers={'User-Agent':Mozilla/5.0'})
#+++++++++++++ deixar apenas a coluna close ++++++++++++++++++
df1 = df1.loc[:, df1.columns.isin(['close'])]
df1.reset_index(inplace=True)

df2 = df2.loc[:, df2.columns.isin(['close'])]
df2.reset_index(inplace=True)

#+++++++++++++++++++++++++++++++++++++++++++++++++++++++++++
#   agrupar os dois DataFrame num unico
#++++++++++++++++++++++++++++++++++++++++++++++++++++++++++
dadfin = pd.merge_asof(df1, df2, left_on='index',
            right_on='index', direction='nearest')
#+++++++ apos agrupar jogar de volta a coluna de data como indice +++++++
dadfin.set_index('index', inplace=True)
#++++++++++++++++++++++++++++++++++++++++++++++++++++++++++
#++++++++ close ibov = close_x, close_dow = close_y
#++++++++++++++++++++++++++++++++++++++++++++++++++++++++++
dadfin['retorno_petr4']=dadfin['close_x'].pct_change(1)
dadfin['retorno_oil']=dadfin['close_y'].pct_change(1)
dadfin.dropna(inplace=True)

a, b, r, p_valor, erro = stats.linregress(dadfin['close_x'],dadfin['close_y'])

ax1=sns.jointplot(data=dadfin,x='close_x', y='close_y',kind='reg')
ax1.ax_joint.annotate("y={0:.2f}x+{1:.2f}".format(a,b),xy=(25,85),
     bbox={'boxstyle': 'round', 'fc': 'white', 'ec': 'black'})
ax1.ax_joint.annotate("correlação linear = {0:.2f}".format(r),xy=(25,83),
     bbox={'boxstyle': 'round', 'fc': 'white', 'ec': 'black'})

ax1.ax_joint.set(title='Regressão Linear(fechamento) PETR4 x Preço Internacional do Petróleo')
ax1.set_axis_labels('FECHAMENTO PETR4','FECHAMENTO PETRÓLEO INTERNACIONAL', fontsize=12)

print('+++++++ reta y = ax + b ++++++')
print('a = ', a)
print('b = ', b)
print('coef. regressao = ',r)
```

```

fig.figure()
ax1=sns.lineplot(data=dadfin, x=dadfin.index, y='close_x',
           color = 'black', linewidth = 3, label='PETR4')

ax1.set(xlabel='DATA',
    ylabel='PETR4 ( fechamento em R$ )',
    title='Comparação fechamento PETR4 x Preço Internacional do Petróleo')

ax2=ax1.twinx()
ax1=sns.lineplot(data=dadfin, x=dadfin.index, y='close_y',
           color = 'black', linewidth = 3, linestyle='--', ax=ax2,
           label='PETRÓLEO')


ax1.set(ylabel='PETRÓLEO (US$)')
```

## 10.8 INDICADORES DE NEGOCIAÇÃO PARA ATIVOS

### 10.8.1 A média móvel

A média móvel é amplamente utilizada pelos adeptos da análise técnica (também conhecida como *análise grafista*). Por ser um método empírico, existem diversas modalidades de aplicações dessa média por parte dos corretores do mercado financeiro (*traders*).

Os adeptos dessa técnica afirmam que, sempre que o preço de um ativo está abaixo da média móvel num determinado período de análise, esse é um momento muito bom para compra de tal ativo. Isso porque, no futuro, ocorrerá o que se conhece como *reversão à média*, e, quando isso acontecer, será um ótimo momento de venda do ativo para se guardarem os lucros da operação de compra e venda (Caetano, 2017).

A média móvel pode ser calculada pelo método rolling( ) no Python, indicando nos parâmetros qual o período da média desejado. Para esse exemplo, pode-se ver, no algoritmo a seguir, que a linha 11 realiza o cálculo automático para todos os dados com o método rolling().

Para efeito de exemplo, tomamos os dados históricos de fechamento da Petrobras (PETR4) no período de 1º de junho de 2021 a 26 de agosto de 2022, com a função get_data() nas linhas 6 e 7.

```
1   import matplotlib.pyplot as fig
2   import datetime as dt
3   from yahoo_fin.stock_info import *
4
5   ################ importar a acao ############################
6   inicio=dt.datetime(2021,6,1)
7   fim=dt.datetime(2022,8,26)
8   df = get_data('PETR4.SA', start_date=inicio, end_date=fim, headers={'User-Agent':Mozilla/5.0'})
9
10  df['close'].plot(color='k',lw=2,alpha=0.6)
11  df['med_mov']=df['close'].rolling(window=30,min_periods=0).mean()
12  df['med_mov'].plot(color='k',lw=3,style='--')
13
14  fig.grid()
15  fig.title('Petrobras(PETR4) (2021-2022)',fontsize=18,weight='bold')
16  fig.legend(['PETR4','Média Móvel 30 dias'])
```

A Figura 10.26 apresenta o histórico dos dados dos fechamentos da ação e, de forma simultânea, colocamos a média móvel calculada na linha 11 do script e na linha 12, em que é feito o gráfico. Percebe-se na Figura 10.26 que a tendência não tem um sentido único de altas ou baixas por vários dias no que se refere ao movimento dos preços, mas existem momentos em que o preço fica abaixo de sua média móvel de 30 dias, e outros em que fica acima.

Os analistas financeiros dizem que esses são pontos-chave a serem observados, pois proporcionam ótimos momentos de compra e venda. Compra-se o ativo quando ele estiver abaixo da média, e vende-se quando estiver acima da média móvel.

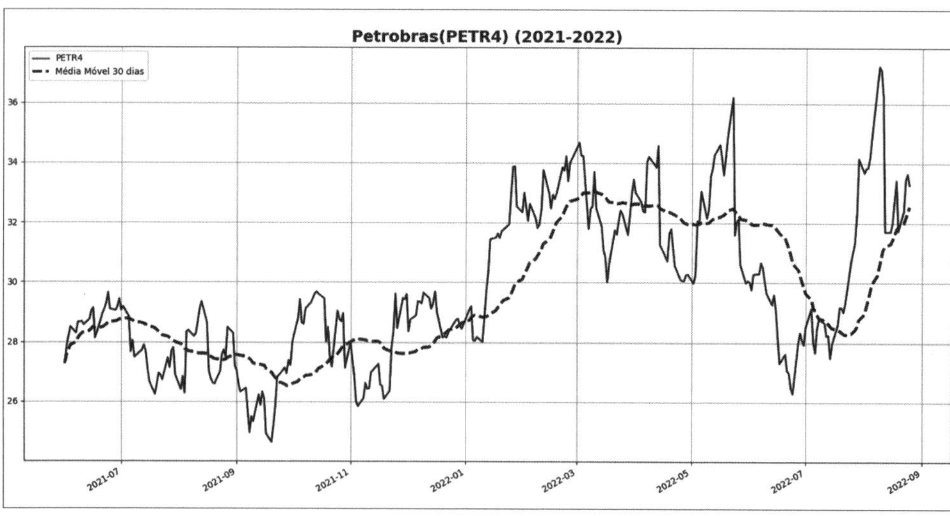


**Figura 10.26** Histórico dos preços de fechamento da PETR4 e sua média móvel de 30 dias entre 2021 e 2022.

Na Figura 10.27, apresentamos como seria o movimento de compra e venda baseado nas oscilações da ação em relação à sua média móvel. Existem outros sensores, e, como todo estudo que envolve dinheiro, sempre existem pontos positivos e negativos entre os críticos.

Prever o futuro não possui um consenso global e imutável, o que os analistas e *traders* fazem é testar a todo instante na bolsa de valores o maior número de sensores que lhes dão o bom momento de compra e venda.

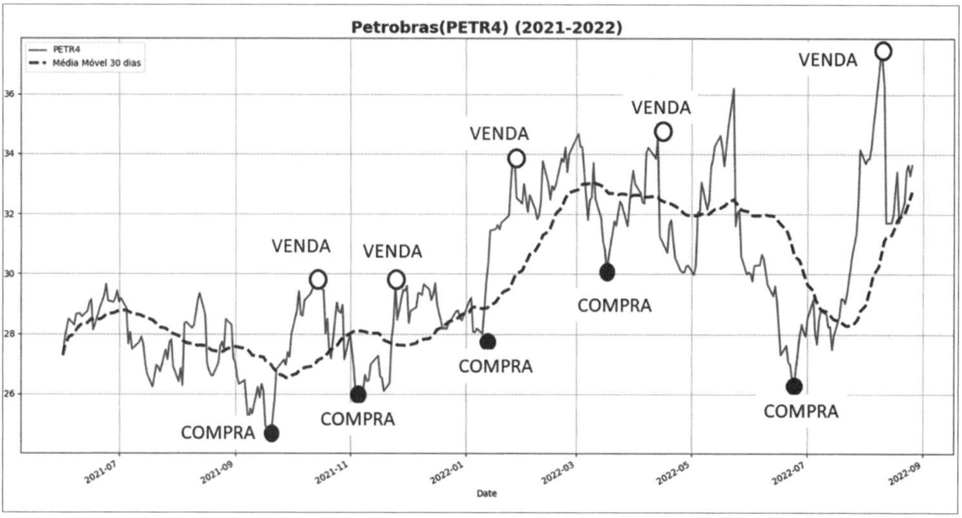


**Figura 10.27** Média móvel de 30 dias da ação PETR4 (Petrobras), com momentos de compra e venda baseados nos valores médios.

## 10.8.2 A técnica do *candlestick*

A história nos conta muitos fatos interessantes sobre a técnica de *candlestick* desde sua criação no Japão. Munehisa Homma fez grande fortuna no Japão Antigo na previsão dos movimentos dos preços futuros do arroz. Usando a técnica de *candlestick*, Homma tornou-se uma lenda no Japão Feudal de 1700 (Morris, 1995; Nison, 1991).

Entre 1500 e 1600, o Japão era um país envolvido em muitas guerras, uma vez que tentava controlar territórios vizinhos. A partir de 1600, três grandes generais (Nobunaga Oda, Hideyoshi Toyotomi e Ieyasu Tokugawa) unificaram o Japão por um período de 40 anos. O general Tokugawa tornou-se Shogun, com sua família mantendo tradição nos negócios de 1615 a 1867.

As condições de intensa guerra e batalhas no Japão influenciaram a técnica de previsão de preços conhecida como *candelabro japonês* ou *candlestick*. Segundo os usuários dessa técnica, o uso do *candlestick* inclui estratégia, psicologia, competição e, por que não dizer, sorte. As batalhas influenciaram a nomenclatura de alguns dos padrões observados pela técnica. Por exemplo, existe o padrão "ataque de noite e manhã" ou, ainda, o padrão "avanço dos três soldados" (Morris, 1995).

O general Hideyoshi Toyotomi reorganizou e incentivou o crescimento comercial da capital do Japão, que, na época, era Osaka. Essa cidade colaborou muito na influência positiva sobre o comércio e o desejo de lucros para as outras províncias. As classes sociais do Japão eram quatro, e não muito diversificadas: soldados, fazendeiros, artesãos e comerciantes.

Yodoya Keian se tornou um comerciante de guerra para Hideyoshi, que tinha extremas habilidades no transporte, distribuição e precificação do arroz. Mas, em 1705, o governante Bakufu confiscou toda fortuna de Yodoya, com receio da ascensão de poder que os comerciantes estavam tendo. Em 1742, os comerciantes foram severamente punidos, crianças foram executadas, comerciantes exilados as fortunas confiscada. O mercado de arroz desenvolvido por Yodoya foi institucionalizado, e, então, criada a Bolsa de Arroz de Dojima.

Com a grande quantidade de arroz, após 1710, os preços eram negociados em recibos que eram chamados de *cupons*. E foi assim que Osaka começou a prosperar, em cima da variação dos preços do arroz como mercadoria de especulação.

Munehisa Homma nasceu em 1724 dentro de uma família rica e bem-sucedida nos negócios de arroz. Quando Homma assumiu os negócios da família, em 1750, começou a negociar o preço do arroz com a cidade portuária de Sakata.

Quando o pai de Homma faleceu, ele começou a realizar seus negócios com dados arquivados de clima e observações de negócios diários, ele aprendeu a psicologia do comportamento dos negociadores. Homma teve muito sucesso ao criar seus próprios padrões e regras com base nos preços passados, tornando-se consultor de investimentos na bolsa de arroz, usando os candelabros, ou *candlesticks*. Após seu falecimento, em 1803, os livros de Homma foram estudados e divulgados no Ocidente com os padrões clássicos dos candelabros que conhecemos hoje.

Os padrões elaborados por Homma ficaram famosos, inclusive pelas lendas que se espalharam sobre sua farta riqueza, pois usavam as estratégias com os *candlesticks*. Quando os preços de um ativo terminam o período de negociação (dias, horas, minutos etc.) em alta, o *candlestick* representa a disposição em branco da Figura 10.28. Se os preços terminam em baixa, o padrão é o apresentado na Figura 10.29, com uma cor escura.

As barras verticais em cima e abaixo do retângulo representam os preços durante o período dos negócios. Barras verticais mais longas para baixo significam que os preços atingiram, ao longo do período, valores menores do que os da abertura.

Barras verticais mais longas em cima indicam que os preços ultrapassaram o preço inicial durante os negócios.

As Figuras 10.28 e 10.29 são diferentes, pois, na Figura 10.28, o retângulo é mais comprido em função da característica da série de preços. Retângulos compridos indicam maiores oscilações (desvio-padrão) do que retângulos curtos. Os cantos dos retângulos apresentam os preços de abertura e fechamento.

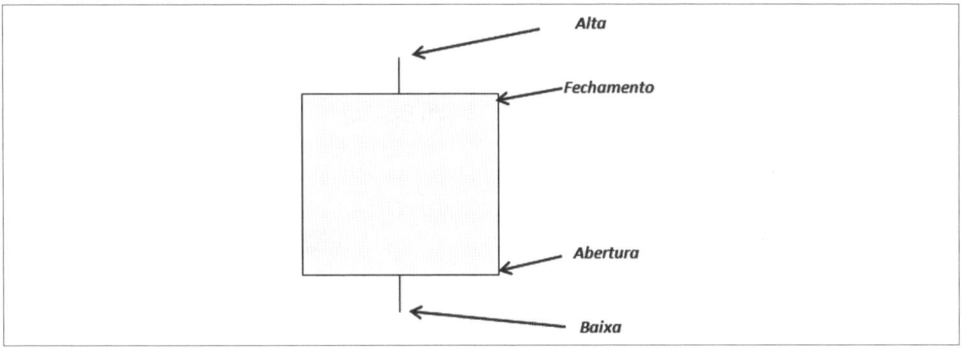


**Figura 10.28** *Candlestick* de alta.

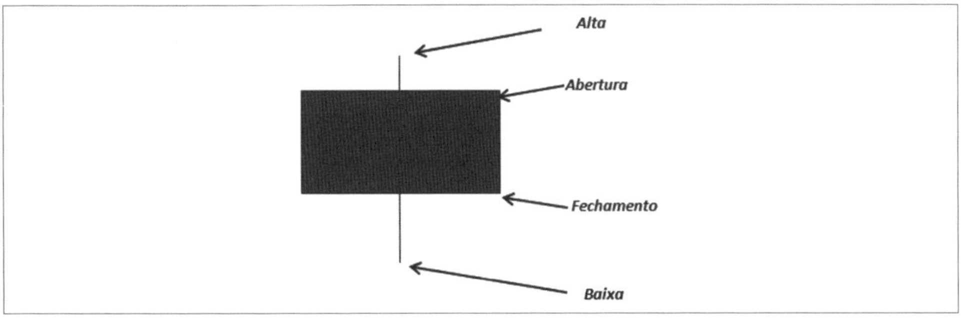


**Figura 10.29** *Candlestick* de baixa.

Imagine a seguinte tabela para representar a dinâmica diária de um ativo:

**Tabela 10.1** Negociação de um ativo separado por fases de comportamento

| Tempo | Abertura | Alta | Baixa | Fechamento |
|---|---|---|---|---|
| *1* | *25* | *50* | *20* | *45* |
| *2* | *25* | *25* | *10* | *15* |
| *3* | *30* | *35* | *15* | *20* |
| *4* | *45* | *50* | *35* | *40* |
| *5* | *25* | *40* | *25* | *35* |

A representação usando o *candlestick* seria como a apresentada na Figura 10.30, cujas oscilações mudam de cor conforme o comportamento ao final do dia de negociação.

O que a metodologia dos *candles* (como também são chamados) diz é que sua utilização serve para indicar a reversão de tendências. Como todo método, alerta-se que a reversão não acontece imediatamente, mas os *candles* indicam um sinal de que uma reversão à frente está perto. Muitos são os desenhos e combinações dos desenhos com volumes para se indicar "força" na reversão.

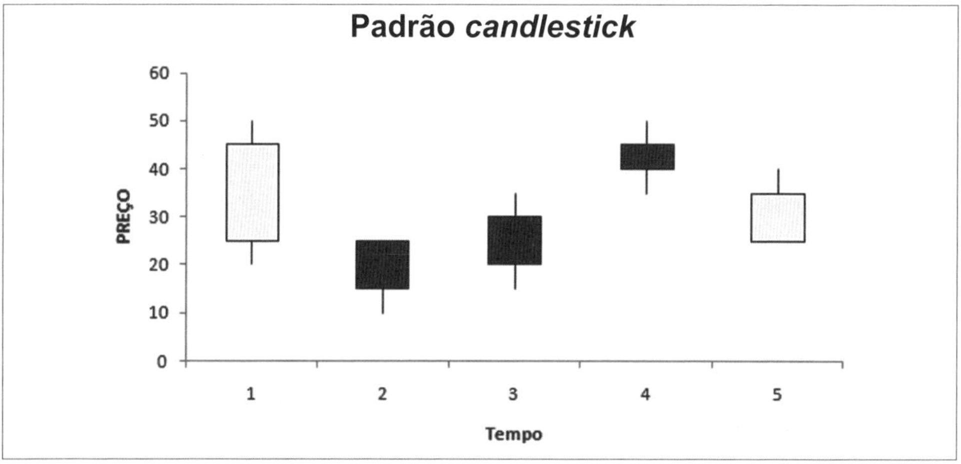


Figura 10.30 Disposição dos *candlesticks* relacionados com dados diários.

Um dos principais guias de reversão de tendência é conhecido como *martelo*, ou seja, forma em que ocorre uma baixa muito maior antes do fechamento. A forma do martelo do *candle* é ilustrada na Figura 10.31.

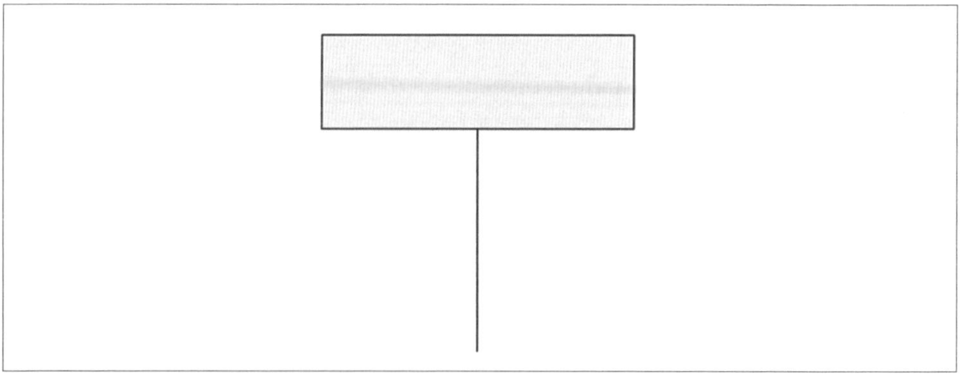

Figura 10.31 Forma martelo para reversão.

Na verdade, esse padrão martelo pode ser considerado também como outro padrão, de nome *enforcado*. Ele é chamado de martelo quando aparece nos fundos dos gráficos após a queda dos ativos, indicando reversão de altas.

Quando o martelo aparecer nas altas indicando reversão, ele se chamará enforcado. O que aconteceria na crise de 1929 se um investidor tivesse usado essa técnica? Teria sido o *candle* útil como padrão indicativo da maior reversão da história?

A Figura 10.32 ilustra o comportamento do índice Dow Jones de um ano antes do estouro da crise de 1929 a um mês depois das duas grandes quedas. Observa-se que todos os *candles* antes da reversão tinham o padrão branco, indicando alta após alta. E, depois da "terça-feira e da quinta-feira negras", a cor se altera.

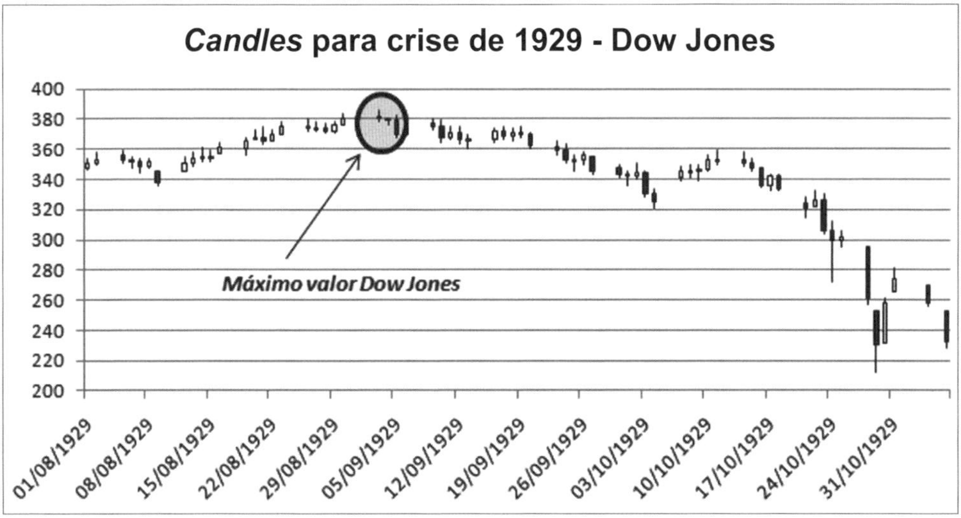


**Figura 10.32** Disposição dos *candlesticks* na crise de 1929.

Olhando mais de perto, não se encontra o padrão enforcado nesses dados históricos do Dow Jones, como pode ser observado na Figura 10.34. A reversão apontada pelo indicador não apareceu, e demorou quase dois meses para a primeira reversão de 1929.

Outro padrão que indicaria exaustão e forte reversão é conhecido como o padrão *shooting star* (Figura 10.33), e seu aparecimento, segundo analistas técnicos, é importante para se preparar para uma reversão.

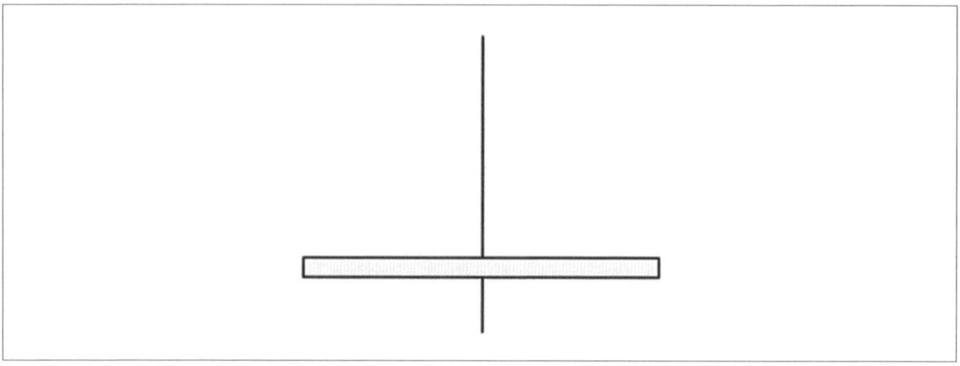

Figura 10.33 Padrão *shooting stars*.

Observando com atenção a Figura 10.33, pode-se reparar que o padrão *shooting star* aparece, e, em seguida, o padrão martelo. Mas, segundo a metodologia, o martelo aparece indicando reversão de baixa, não de alta. Não era o caso para o dia 4 de setembro de 1929. Logo em seguida, existe uma dupla de padrões que poderiam se encaixar em um padrão que os analistas conhecem como *harami*.

Um "bom" harami ocorreria quando o corpo do primeiro *candle* fosse o dobro do segundo *candle* em branco (Morris, 1995). Também este não seria o caso.

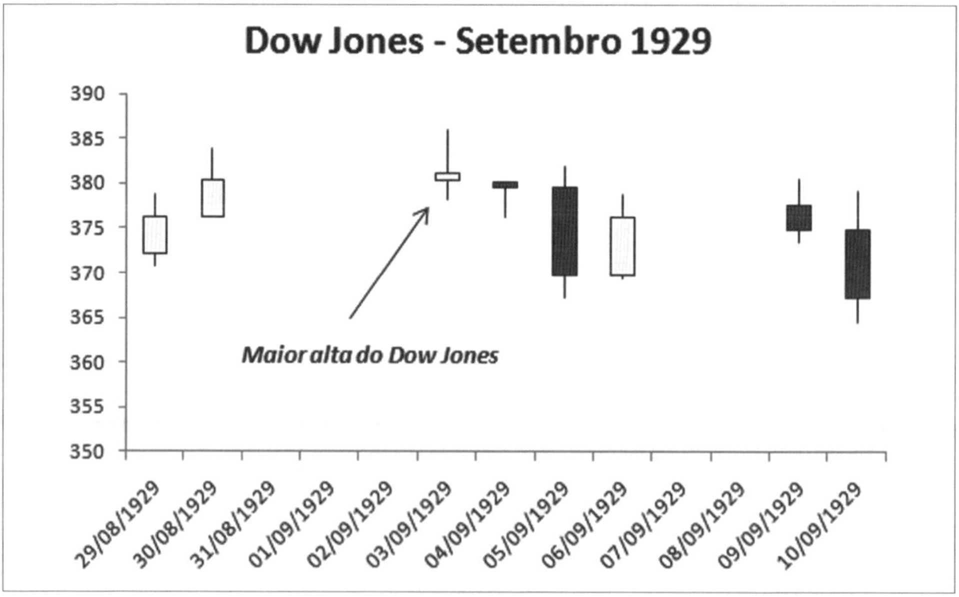


Figura 10.34 Disposição dos *candlesticks* na crise de 1929.

Assim, na semana principal da reversão, os *candlesticks* não teriam emitido um forte alerta de reversão de tendência de alta do Dow Jones em setembro de

1929, às vésperas da pior crise financeira da história. Mas isso não invalida a busca pelo entendimento do mercado com outros indicadores, até porque sempre haverá um padrão que poderá perfeitamente se encaixar em algum momento e o investidor acertar.

Do ponto de vista científico, pelo menos nessa que foi a crise mais séria de todo o setor financeiro, os *candles* deveriam ter alertado de forma certa e segura, sem dupla interpretação. Mesmo para o curto período de uma semana, a queda não foi tão volumosa assim, passando de 381 para 369 pontos e voltando para 376 pontos.

Para exemplificar que podemos selecionar períodos específicos para mostrar os acertos, na crise de 2008, realmente os *candles* teriam emitido um alerta de uma queda grande entre os dias 7 de outubro de 2007 e 21 de outubro de 2007, com cerca de 600 pontos de perda para o Dow Jones em pouco mais de uma semana, como ilustra a Figura 10.35. Uma metodologia, no entanto, não pode acertar para alguns períodos e errar para outros tão expressivos como as crises financeiras de grandes proporções.

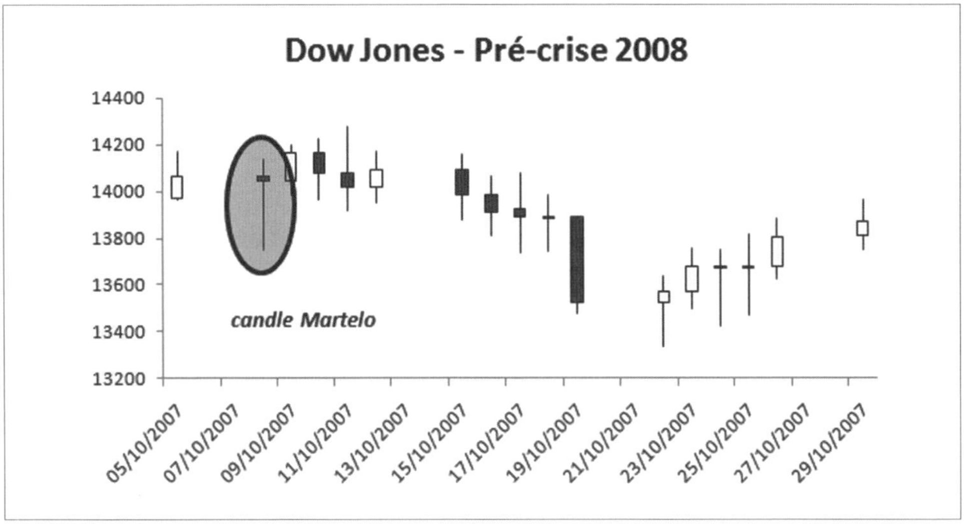


**Figura 10.35** Aparecimento do padrão de *candle* conhecido como martelo, em 2007.

## 10.8.3 *Candlestick* no Python

Antes de usar os *candles* no Python, é necessária a instalação da biblioteca mpl_finance, com a utilização do gerenciador de pacotes *pip* (package manager for Python) no console:

```
pip install mpl_finance
```

Essa biblioteca ainda está funcionando nas versões mais recentes do Python (acima de 3.12), mas já existem alertas sobre sua descontinuidade. A orientação, quando se roda os programas nas novas versões do Python é trocar mpl_finance por mplfinance.

Testamos nas duas versões a biblioteca e, apesar de os alertas, ainda os *candles* estão sendo construídos em todas as versões. Mas o leitor poderá instalar a versão mais recente e modificar os códigos para obter melhor qualidade nos resultados.

Vamos supor que desejamos construir *candlestick* para o Ibovespa com dados de janeiro de 2023 a fevereiro de 2024. O primeiro passo a se ajustar é o período de amostragem para o ativo. Os dados do Yahoo! Finance sempre retornam no formato conhecido como "*ohlc*" (*open-high-low-close*) e precisam ser amostrados para a construção dos *candles,* como apresentado nas Figuras 10.28 e 10.29.

A extensão *.*resample*( período ).*ohlc*( ) faz a amostragem para o período definido no primeiro parêntesis e é estendida para todas as colunas "*ohlc*". Assim, com esses valores de *open-high-low-close*, o Python construirá um *candle* para cada dia amostrado. Se for desejada uma amostragem de valores a cada sete dias, a variável "dados" terá o seguinte formato:

```
dados=df['close'].resample('7D').ohlc()
```

Ao se fazer essa amostragem, as datas ficarão no formato de texto, e, então, para o gráfico ser plotado corretamente, deve-se transformá-las em números, usando-se as três linhas seguintes:

```
dados.reset_index(inplace=True)
dados = dados.rename(columns={'index':'date'})
dados['date'] = dados['date'].map(mdates.date2num)
```

Transformadas em números, as datas podem ser usadas pelo eixo do comando *plot* para se fazer o gráfico. Então, pode-se chamar a função *candlestick_ohlc*( ) que constrói os *candles.*

É importante notar que, no padrão dos *candles*, as datas estarão não formatadas como datas, e o uso no eixo *.xaxis_date( ) retransformará as colunas de número juliano para nossa data, conhecida como calendário gregoriano. O formato para os *candles* segue as linhas a seguir:

```
figura, ax1=fig.subplots(3,1)
ax1[0].xaxis_date()

candlestick_ohlc(ax1[0],dados.values, width=2,
         colorup='gray',
         colordown='black')
```

Nesse caso, *colorup* significa a cor desejada para o dia com fechamento de alta, e o parâmetro *colordown*, a cor para dias com fechamentos em baixa. O resultado para o caso do Ibovespa é apresentado na Figura 10.36. Os retângulos em cor cinza são as semanas de alta (visto que foi feita uma amostra de sete dias), e aqueles em cor preta, os dados para as semanas em baixa.

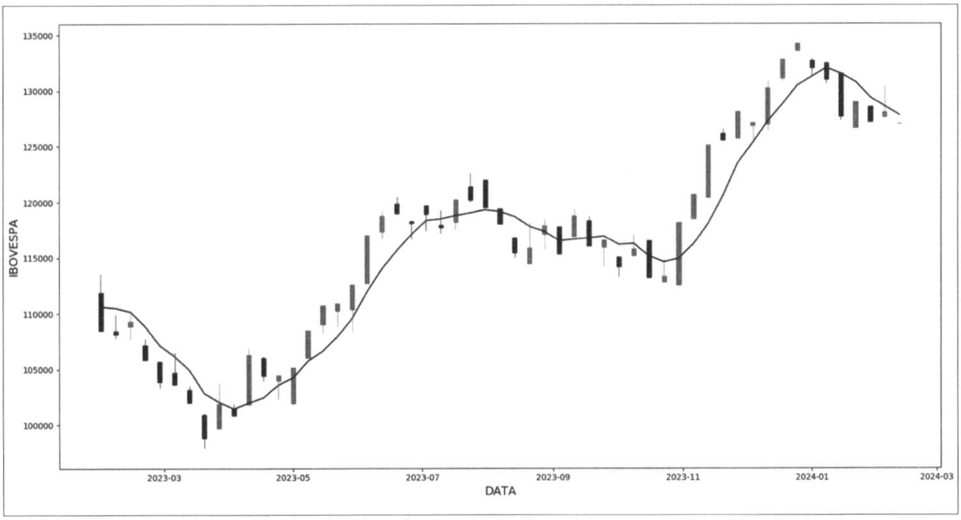


**Figura 10.36** *Candlestick* para o Ibovespa entre 2023 e 2024 (fechamentos diários).

Os adeptos dos *candles* usam em seus estudos e acompanhamentos a informação sobre o volume dos negócios e os retornos. Esses dados podem reforçar a interpretação dos sinais emitidos. Em caso de baixo volume, outros tipos de abordagem podem ser preferidos. A Figura 10.37 apresenta um subplot com os *candles* na primeira janela, o volume financeiro do Ibovespa no mesmo período e, por fim, o cálculo dos retornos.

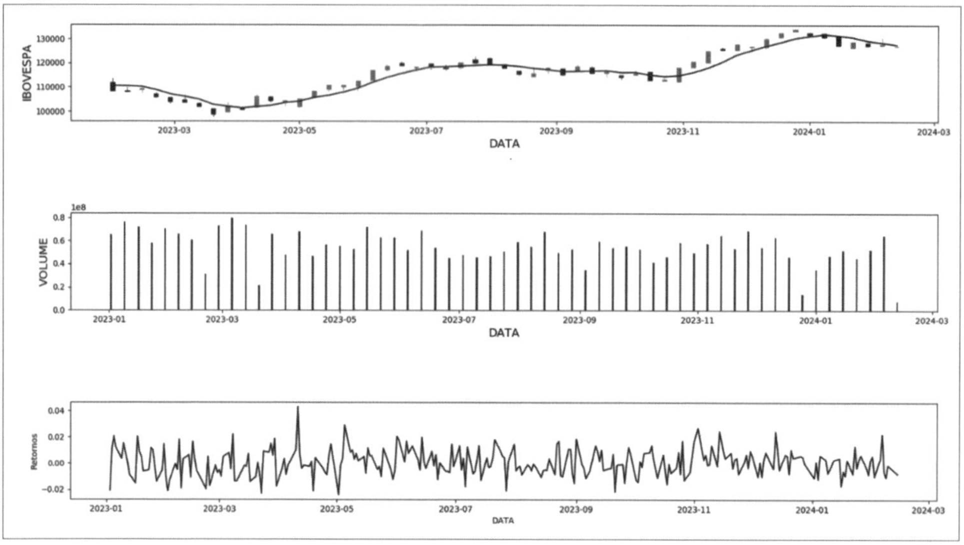


**Figura 10.37** *Candlestick* para Ibovespa em comparação aos volumes e retornos.

A programação para a Figura 10.37 segue o mesmo código das seções anteriores e é informada nas linhas seguintes. Para essa figura completa, o volume e o retorno são calculados a partir da linha 45. O script completo segue para conferência e estudo da biblioteca mpl_finance.

```
1  ####################################################################
2  #                                   #
3  # ANTES DE RODAR A PRIMEIRA VEZ PRECISA INSTALAR A BIBLIOTECA #
4  # Para usar o candles precisa instalar o mpl_finance:     #
5  # >> pip install mpl_finance                   #
6  ####################################################################
7
8  import numpy as np
9  import matplotlib.pyplot as fig
10 import datetime as dt
11 from mpl_finance import candlestick_ohlc
12 import matplotlib.dates as mdates
13 import seaborn as sns
14 import pandas as pd
15 import matplotlib.mlab as mlab
16 from yahoo_fin.stock_info import *
17
18
```

```
################ importar a acao ############################
inicio=dt.datetime(2023,1,1)
fim=dt.datetime(2024,2,15)

df = get_data(‘^bvsp’, start_date=inicio, end_date=fim, headers={‘User-Agent’:Mozilla/5.0’})
df = df.loc[:, df.columns.isin([‘close’,’volume’])]
#+++++++++++++++++++ amostragem para os candles ++++++++++++++++++++++++++++
dados=df[‘close’].resample(‘7D’).ohlc()
dados.reset_index(inplace=True)
dados=dados.rename(columns={‘index’:’date’})
dados[‘date’]=dados[‘date’].map(mdates.date2num)
dados[‘med_mov’]=dados[‘close’].rolling(window=5).mean()
dados.dropna(inplace=True)


figura, ax1=fig.subplots(3,1)
ax1[0].xaxis_date()

candlestick_ohlc(ax1[0],dados.values, width=2,
         colorup=’gray’,
         colordown=’black’)

ax1[0].plot(dados.date,dados[‘med_mov’],color=’black’)
ax1[0].set_xlabel(‘DATA’,fontsize=14)
ax1[0].set_ylabel(‘IBOVESPA’,fontsize=14)

#+++++++ VOLUME
dadvol=df.copy()
dadvol=dadvol[‘volume’].resample(‘7D’).sum()
dadvol=pd.DataFrame(dadvol)

ax1[1].bar(dadvol.index,dadvol[‘volume’],color=’black’)
ax1[1].set_xlabel(‘DATA’,fontsize=14)
ax1[1].set_ylabel(‘VOLUME’,fontsize=14)



#++++++ Retorno Financeiro
df[‘retorno’]=df[‘close’].pct_change(1)
sns.lineplot(data=df,x=df.index,y=df[‘retorno’].values,
        color=’black’,
        ax=ax1[2])

ax1[2].set(xlabel=’DATA’,
    ylabel=’Retornos’)

fig.tight_layout()
```

## 10.9 EXERCÍCIOS

**(10.1)** Crie um programa que adquira os dados do Yahoo! Finance entre as datas 1/6/2020 e 1/3/2021 para a PETR4.
(a) Calcule os retornos sobre os fechamentos ('close') desse período.
(b) Faça o gráfico de linha contínua em subplot para o fechamento e os retornos, colocando grid entre as datas.
(c) Faça o histograma dos retornos.

**(10.2)** Crie um programa que adquira os dados do Yahoo! Finance entre as datas 1/6/2019 e 1/6/2020 para a USIM5.
(a) Calcule a média móvel de 20 dias sobre os fechamentos ('close').
(b) Faça o gráfico de linha contínua para o fechamento e a média móvel na mesma figura, colocando grid entre as datas.
(c) Faça o histograma de cinco classes das altas da empresa ('high') em outra figura separada.

**(10.3)** A ideia deste exercício é analisar o Ibovespa em dois momentos diferentes, usando subplot com os DataFrames, dividindo a figura em quatro gráficos. Primeiro, crie um programa que adquira os dados do Yahoo! Finance entre as datas 1/10/2019 e 10/2/2020 para o Ibovespa. No programa, dentro do Yahoo_Fin, o símbolo para buscar índices das bolsas no mundo deve ser o circunflexo (^). No caso do Ibovespa o símbolo é ^BVSP.
(a) Calcule a média móvel de sete dias sobre os fechamentos ('close').
(b) Depois, o mesmo programa deverá baixar o Ibovespa para as datas entre 10/2/2020 e 21/6/2020, fazendo também a média móvel de sete dias sobre o fechamento.
(c) Na mesma figura, faça, os gráficos, nos quais, na janela (221), haja fechamentos e média móvel do primeiro período; e, em (222), o histograma dos fechamentos desse primeiro período. Para a janela (223), coloque os fechamentos e a média móvel do segundo período; e, na janela (224), o histograma dos fechamentos do segundo período.

**(10.4)** A crise financeira de 2008 foi a mais severa desde 1929. Neste exercício, deseja-se baixar os dados do Ibovespa e do Dow Jones de 1/10/2007 a 31/12/2008 para se analisar o comportamento dos dois mercados financeiros.
Programe o script em Python para:
(a) Crie um DataFrame para o Ibovespa com os dados do Yahoo! Finance.
(b) Crie um DataFrame para o Dow Jones com os dados do Yahoo! Finance.
(c) Programe o cálculo dos retornos do Ibovespa e do Dow Jones.

(d) Transfira para dentro do DataFrame do Ibovespa os dados de fechamento e dos retornos do Dow Jones.

(e) Quando se faz o gráfico de linhas para Ibovespa e Dow Jones, a apresentação não fica boa, pois os valores são muito diferentes. A saída é criar um eixo vertical adicional à direita, chamado de eixo "gêmeo" do eixo vertical à esquerda. Isso é feito usando-se a função "twinx()".

Se for usado o matplotlib para criar uma figura do tipo:

```
ax1=fig.subplot(111)
```

O eixo twin será:

```
ax2=ax1.twinx( )
```

Para colocar essa informação dentro de um plot do DataFrame, deve-se colocar a variável ax=ax1, ax=ax2 ou ax=ax3 etc., dependendo de quantos eixos adicionais forem desejados.

Um plot seria assim:

```
df.plot.line(y='blablabla', ax=ax1)

df.plot.line(y='kkkkkkk', ax=ax2)
```

E assim por diante, sendo 'blablabla' e 'kkkkkkk' nomes de colunas.

Com essas informações, deixe o gráfico do Ibovespa e do Dow Jones da seguinte forma:

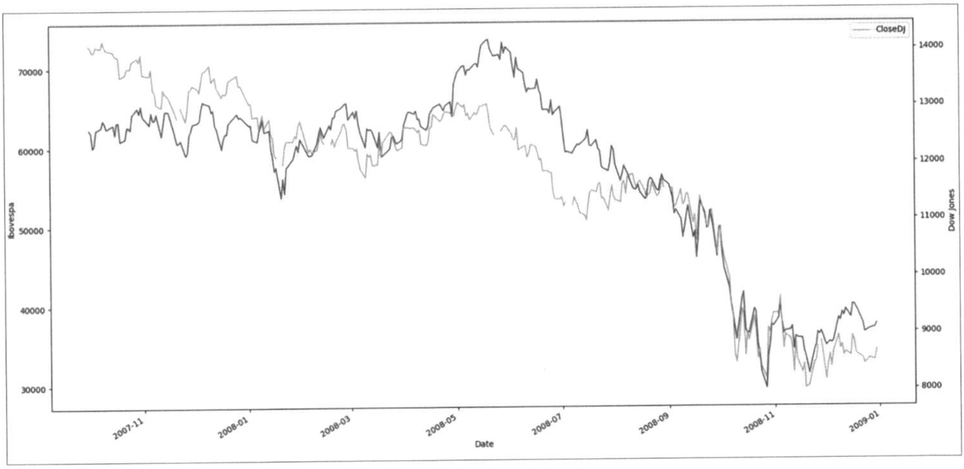

(f) Programe seu script para plotar o gráfico de "kde" para o retorno do Ibovespa e o retorno do Dow Jones na mesma figura.
(g) Imprima as seguintes informações no seu script:
- retorno médio do Ibovespa;
- retorno máximo do Ibovespa;
- retorno mínimo do Ibovespa;
- retorno médio do Dow Jones;
- retorno máximo do Dow Jones;
- retorno mínimo do Dow Jones.

**(10.5)** Aproveitando o mesmo período da crise financeira de 2008, que foi baixado no script da questão anterior (entre 1/10/2007 e 31/12/2008), programe um novo script com o DataReader para usar as funções lógicas do DataFrame (com o símbolo "&" para as perguntas) e responda às questões:
(a) Com a programação do DataFrame, diga quantos dias o Ibovespa teve retornos superiores a 6%.
(b) Dentre esses dias, quanto foi o maior retorno?
(c) Qual foi o menor retorno do Ibovespa?
(d) Qual foi o retorno médio do Ibovespa?
(e) Qual a volatilidade do Ibovespa (desvio-padrão populacional dos retornos)?
(f) Qual o valor do Ibovespa quando o retorno do Ibovespa esteve acima de 6% e o retorno do Dow Jones esteve acima de 11%?
(g) Qual o valor do Dow Jones nesse mesmo dia do item anterior?
(h) No período todo, qual a maior queda do Ibovespa?
(i) No período todo, qual a maior queda do Dow Jones?

**(10.6)** Análise da pandemia de covid-19: deseja-se fazer uma análise comparativa para o comportamento das ações da Petrobras (PETR4) e do Magazine Luiza (MGLU3). Baixe os dados de 'close' das duas ações e crie duas colunas com os retornos diários de cada uma. O período deve ser de 2/jan/2020 a 31/12/2020. Depois, programe o seu script em Python para responder de forma automática, sem sua intervenção, às três tabelas geradas automaticamente no console:
- A primeira tabela deve responder:
(a) Quantos dias a PETR4 teve queda acentuada abaixo de -10%?
(b) Imprima esses dias.
(c) No período encontrado desses dias, qual o maior retorno da PETR4?
(d) Nesse período de quedas, qual o pior retorno (pior queda) da PETR4?
(e) Nesses dias de quedas, qual a média de retorno da PETR4?

(f) Com o período de quedas, diga qual a volatilidade (desvio-padrão) da PETR4.
(g) Qual o dia da pior queda nesse período?
- A segunda tabela deve responder:
(h) Quantos dias a MGLU3 teve queda acentuada abaixo de -10%?
(i) Imprima esses dias.
(j) No período encontrado desses dias, qual o maior retorno da MGLU3?
(k) Nesse período de quedas, qual o pior retorno (pior queda) da MGLU3?
(l) Nesses dias de quedas, qual a média de retorno da MGLU3?
(m) Com o período de quedas, diga qual a volatilidade (desvio-padrão) da MGLU3.
(n) Qual o dia da pior queda nesse período?
- Para a terceira tabela:
Crie um novo DataFrame, com os valores de preços e retornos. Esse novo DataFrame deverá ser criado quando os retornos da PETR4 da MGLU3 estiveram abaixo de -5%. Imprima esses dados e complete:
(o) Imprima os preços e datas da PETR4 desse novo DataFrame.
(p) Imprima os preços e datas da MGLU3 nesse novo DataFrame.
(q) Imprima o pior retorno das duas ações entre 2/1/2020 a 31/12/2020.

**(10.7)** O sensor *On-Balance Volume* (OBV) é um indicador de compra e venda de ações da análise técnica utilizado para interpretar as variações do volume. Com base nessa variação, recomende compra ou venda de um ativo na Bovespa. O OBV foi desenvolvido em 1963 por Joseph Granville, em seu livro *New Key to Stock Market Profits*.
A ideia é que, se o volume de uma ação negociada na bolsa de valores aumenta dia após dia, alguma informação importante foi repassada para os "players" do mercado financeiro, que desejam obter lucros nos dias seguintes. O OBV serve para indicar, aos investidores do mercado de ação, mudança ou reforço de tendências dos preços de ativos.
A fórmula para o OBV basicamente é a função SE( ) do Excel dentro de outra função SE( ) e segue a seguinte lógica:

$$OBV = OBV_{anterior} + \begin{cases} volume & se\ fechamento > fechamento_{anterior} \\ 0 & se\ fechamento = fechamento_{anterior} \\ -volume & se\ fechamento < fechamento_{anterior} \end{cases}$$

Segundo os analistas, a fórmula do OBV é baseada na observação do volume de operação de determinada ação. Esse valor consta nos relatórios da Bovespa e de diversos sites financeiros. Se o preço do fechamento (*close*) de uma ação no dia é maior que o preço do dia anterior, o volume de hoje é somado ao OBV da ação do dia anterior e ao valor salvo na variável sensor OBV do dia de hoje. Se o *close* hoje for menor do que o de ontem, o OBV de ontem subtrai o volume de hoje e o valor salvo como OBV de hoje. Se o preço for o mesmo, o sensor OBV se mantém o mesmo do dia anterior. Com isso, dia a dia é possível construir um gráfico do sensor OBV. O primeiro OBV é o próprio volume do dia da ação.

A explicação dos analistas técnicos é de que, quando a ação sobe muito, tendo o sensor do OBV uma tendência de queda, é sinal de reversão de preço. Se o preço da ação tem tendência de queda, com o sensor OBV possuindo também tendência de queda, é sinal de que o preço vai cair ainda mais no futuro, pois o papel está sendo vendido por muitos investidores. Se o preço estiver subindo e o OBV estiver subindo na mesma tendência de alta, é sinal de que o preço da ação vai subir ainda mais no futuro e de que alguma notícia induz os investidores para as compras.

Seguindo as informações anteriores, faça o programa do sensor *On-Balance* e analise ação PETR4 (Petrobras) de 16/7/2022 a 28/8/2022.

(a) Como é o script desse problema?

(b) Faça o gráfico dos fechamentos da ação e OBV para a PETR4 nesse período, usando subplot com duas janelas.

(c) Descubra e faça o gráfico da linha de tendência para os fechamentos e para o OBV.

(d) Faça o gráfico do fechamento da ação e sua média móvel.

(e) Faça um subplot com janelas (1,2), sendo que, na primeira janela, ficarão os retornos, e, na segunda, o histograma dos retornos e seu kde.

(f) Faça um gráfico dos fechamentos e, de forma simultânea, os boxplots diários.

(g) Imprima uma tabela com as seguintes informações sobre os preços de fechamento da ação: último preço, máximo preço, mínimo preço, preço médio, máximo retorno, dia do máximo retorno, mínimo retorno, dia do mínimo retorno, volatilidade (desvio-padrão populacional) dos preços de fechamento, volatilidade dos preços de fechamento em porcentagem.

# CAPÍTULO 11
# O perigo dos asteroides

## 11.1 MONITORAMENTO ESPACIAL

A Terra já foi destruída diversas vezes e ainda poderá ser outras mais, ao contrário do que o ser humano pensa. A mais recente destruição aconteceu há alguns milhões de anos e aniquilou os maiores seres que habitavam o planeta, os dinossauros.

Pode ser amanhã, ano que vem, daqui a 10 anos, mas a probabilidade é bem alta de que novamente a Terra será destruída por um asteroide de grande escala. Júpiter foi atingido em 24 de março de 1993 pelo cometa Shoemaker-Levy, que media 1,8 km de diâmetro. Os astrônomos à época acompanharam em tempo real o impacto, e todos ficaram aliviados de que o Sistema Solar possui um planeta como Júpiter para atrair esses gigantes rochosos.

A Nasa mantém um sistema global de gerenciamento espacial fantástico, com dados para todos os tipos de objetos espaciais, inclusive os feitos pelo homem. Nos últimos anos, a Agência mantém uma biblioteca em Python, que ajuda a todos os interessados na obtenção, no estudo e na divulgação de dados científicos na astronomia.

Para utilizar a biblioteca da Nasa, a nasapy, deve-se primeiro instalar no console, usando o comando PIP:

```
pip install nasapy
```

Como forma de apoio, a Nasa mantém uma página com documentos explicativos e exemplos de utilização de inúmeras ferramentas de monitoramento espacial que pode ser acessada em: https://nasapy.readthedocs.io/en/latest/api.html.

Com a nasapy, é possível acompanhar trajetórias de cometas, satélites, asteroides, exoplanetas, sondas espaciais e *fireballs* (pequenos meteoros que reentram na atmosfera terrestre). Muitos desses dados são alimentados pelo centro mundial de monitoramento de possíveis impactos de asteroides e previsão sobre energia de impacto, chamado de CNEOS. A página de acesso do CNEOS é: https://cneos.jpl.nasa.gov/.

## 11.2 *FIREBALLS* – BOLAS DE FOGO NO CÉU NOTURNO

Muitas vezes, quando éramos crianças, olhando para o céu noturno, observávamos luzes que cruzavam diante dos olhos. Rapidamente, algum adulto dizia que era uma "estrela cadente" e que as crianças deveriam fazer um pedido. Essas estrelas, na verdade, eram meteoros ou meteoritos que reentravam na atmosfera terrestre.

Com a Pandas, usando a biblioteca nasapy, é possível armazenar os dados diários de impactos observados pelos astrônomos para analisarmos as estatísticas dos eventos. Para se ver a localização no mapa-múndi, pelo menos uma das muitas bibliotecas de mapas precisará ser instalada antes, assim como foi feito com a nasapy.

Neste capítulo, vamos usar a biblioteca "geopandas", que pode ser instalada no console do Spyder (ou qualquer outro ambiente de programação) usando o PIP:

```
pip install geopandas
```

Essa biblioteca fornecerá o mapa-múndi com as localizações das quedas dos *fireballs*. O leitor deverá ter atenção, pois essa biblioteca geopandas está em constante atualização de seus mapas de localização. Antes de rodar o script desta seção, terá que verificar se a pasta "datasets" da geopandas instalada, contempla os mapas utilizados pelos programas em Python que estarão disponíveis a seguir. Caso não tenha o cenário de mapa-múndi para os scripts a seguir, o leitor terá que adaptar o programa para a nova versão da geopandas.

Vamos buscar os *fireballs* que reentraram na atmosfera terrestre no período de 1/1/2021 até 31/12/2023. O primeiro passo é baixar os dados usando a nasapy:

```
df=nasapy.fireballs(date_min='2021-01-01', date_max='2023-12-31',
            return_df=True)
```

Quando baixamos os dados, nos deparamos de imediato um problema sério que precisa ser corrigido. As coordenadas estão separadas em Norte (N), Sul (S), Leste (E) e oeste (W). Mas, na geopandas, longitudes a oeste de Greenwich são negativas e latitudes abaixo do Equador também são negativas. Se colocarmos os dados como eles são adquiridos, os pontos ficarão sempre concentrados a leste e a norte.

```
                    date energy impact-e   lat  ...    lon lon-dir   alt   vel
0    2021-01-24 07:33:43    6.1      0.2  45.0  ...   95.5       E  37.5  None
1    2021-01-25 03:01:37    7.5     0.23  38.5  ...   47.6       W  19.1  None
2    2021-01-29 16:12:47    7.7     0.24  38.8  ...   51.3       W  30.0  None
3    2021-01-31 02:59:39   26.7     0.72   5.3  ...  115.2       E  39.4  None
4    2021-02-02 10:03:21    3.1     0.11  48.7  ...   80.1       E    20  None
..                   ...    ...      ...   ...  ...    ...     ...   ...   ...
100  2023-10-23 02:51:27    5.4     0.18  49.6  ...   75.4       E  39.0  None
101  2023-10-26 08:58:25   29.1     0.78  45.9  ...  174.8       W  44.2  30.2
102  2023-10-30 07:22:56    2.6    0.092  42.9  ...   44.7       W  33.8  17.6
103  2023-11-21 22:17:29    3.8     0.13   9.4  ...   17.4       E  37.0  18.3
104  2023-12-30 21:04:34   21.7      0.6  63.4  ...   79.9       E  37.0  28.3

[105 rows x 9 columns]
```

**Figura 11.1** DataFrame da Nasa com dados completos dos *fireballs*.

Como esses dados estão em DataFrame, podemos usar a estrutura vista anteriormente da função lambda. Ela será muito útil para separar e colocar sinais positivos e negativos, dependendo do meridiano. Antes, temos ainda outro problema. Os dados de latitude e longitude estão como texto, e precisamos transformá-los em números com ponto flutuante. Então, latitude, longitude e energia dos *fireballs* podem ser adaptados com função *astype(float)*:

```
df['lat'] = df['lat'].astype(float)
df['lon'] = df['lon'].astype(float)
df['energy'] = df['energy'].astype(float)
```

Para a latitude do DataFrame, temos uma coluna “lat” e “lat-dir” (direção norte ou sul). Podemos programar a função lambda da seguinte maneira e colocar esse resultado em uma nova coluna que chamaremos de “latitude” no DataFrame:

```
df['latitude']=df[ ['lat','lat-dir'] ].apply(lambda x: -x['lat'] if x['lat-dir']=='S' else x['lat'], axis=1)
```

A programação pergunta para o DataFrame em duas colunas, o que torna essa forma de condução interessante. Tomando [ ['lat', 'lat-dir'] ], indicamos que a função Lambda deverá olhar para as duas colunas e separar com "if" quem se tornará positivo e quem será negativo.

Ao usar o "apply", se 'lat-dir' estiver com Sul (S), a coluna 'lat' deverá mudar de sinal e ficar negativa. Caso contrário, permanecerá como está.

Isso resolve nosso problema com a latitude. Mas e a longitude? Programamos a linha da mesma maneira na qual a coluna "lon-dir" indica a direção Leste (E) ou Oeste (W):

```
df['longitude']=df[ ['lon','lon-dir'] ].apply(lambda x: -x['lon'] if x['lon-dir']=='W' else x['lon'],axis=1)
```

Agora, precisamos transformar as coordenadas (latitude, longitude) em pontos do mapa da geopandas. As coordenadas são transformadas e salvas na variável "gdf", usando o comando:

```
gdf = geopandas.GeoDataFrame(
        df, geometry=geopandas.points_from_xy(df.longitude, df.latitude))
```

E, logo em seguida, criamos o mapa-múndi, importando o arquivo da biblioteca geopandas. Nesse caso, chamamos a variável que será plotada de "Mundo".

```
Mundo = geopandas.read_file(geopandas.datasets.get_path('naturalearth_lowres'))
```

Para plotar o mapa e os pontos, agora, fica mais fácil, pois basta usar o comando plot da biblioteca matplotlib.pyplot:

```
ax = Mundo.plot(color='white', edgecolor='black')

gdf.plot(ax=ax, color='red')
```

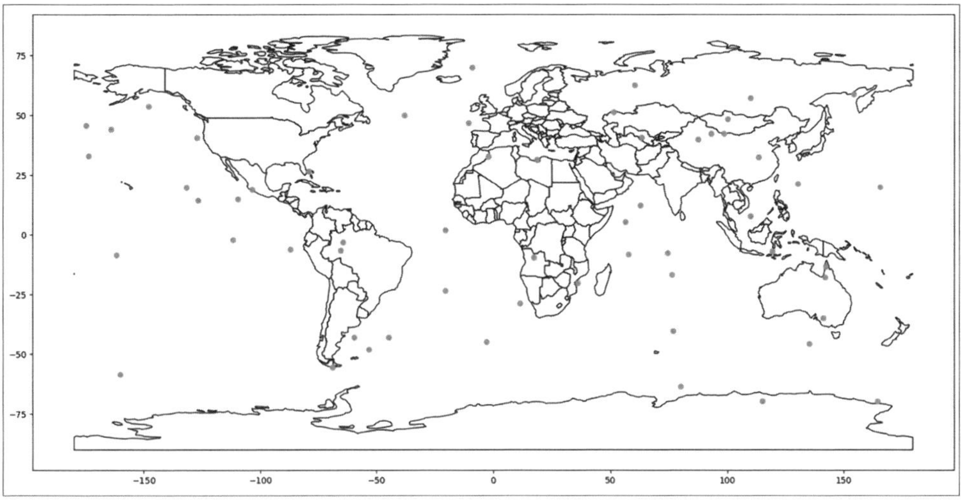


**Figura 11.2** Mapa com os impactos dos *fireballs* de 2021 a 2023.

O script completo em Python é disponibilizado a seguir, com os comandos que permitiram baixar os dados e construir o gráfico da Figura 11.2.

```
import pandas as pd
import numpy as np
import matplotlib.pyplot as fig
import nasapy
import datetime as dt
import seaborn as sns
from scipy import stats
import geopandas
df=nasapy.fireballs(date_min='2021-01-01', date_max='2023-12-31',
        return_df=True)

df.dropna(inplace=True)

df['lat'] = df['lat'].astype(float)
df['lon'] = df['lon'].astype(float)
df['energy'] = df['energy'].astype(float)

# a latitude esta separada em N e S e precisa aparecer sinal neg #####
# se a latitude original eh S, sera -df['lat']
##################################################################
df['latitude']=df[['lat','lat-dir']].apply(lambda x:
   -x['lat'] if x['lat-dir']=='S' else x['lat'],axis=1)

df['longitude']=df[['lon','lon-dir']].apply(lambda x:
   -x['lon'] if x['lon-dir']=='W' else x['lon'],axis=1)
```

```

################ transforma lat e lon em ptos do mapa-mundi ######
gdf = geopandas.GeoDataFrame(
    df, geometry=geopandas.points_from_xy(df.longitude, df.latitude))

################# cria o mapa ####################################
Mundo = geopandas.read_file(geopandas.datasets.get_path('naturalearth_lowres'))
############### plota o mapa-mundi ###########################
ax = Mundo.plot(color='white', edgecolor='black')
############### plota os pontos dentro do mapa nas lat e lon
gdf.plot(ax=ax, color='red')
```

Quanto maior o período de aquisição dos dados, mais localidades são apontadas pela quantidade de quedas dos *fireballs*. Aumentando o período para desde 2010, vemos na Figura 11.3, a força do impacto desses objetos espaciais. É surpreendente que grandes cidades ainda não tenham sido atingidas.

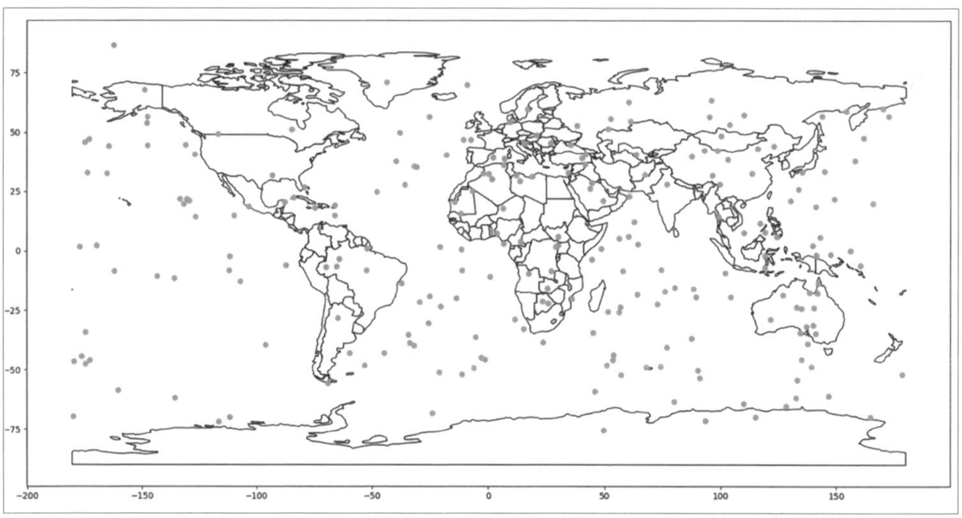


**Figura 11.3** Mapa com os impactos dos *fireballs* de 2010 a 2023.

Para contar a frequência com que esses objetos caem, modificamos os scripts anteriores e adicionamos a função groupby( ) para contar mês a mês, desde 2010, a quantidade de *fireballs*. Por isso, foi importante transformar as datas em índice do DataFrame e usar df.index.to_period('M'). Para contar a quantidade de impactos, as linhas seguintes são introduzidas no programa em Python:

```
fig.figure(figsize=(15,10))
df2=df.groupby(df.index).count()
ax=sns.barplot(x=df2.index,y='energy',data=df2, color='black')
fig.xticks(rotation=45)
```

A função barplot( ), da biblioteca Seaborn, toma os valores do groupby com a função count( ) e plota as barras com a quantidade de energia observada nos impactos. A Figura 11.4 apresenta o resultado, demonstrando que o mês de julho de 2022 foi atípico, com seis quedas de *fireballs*.

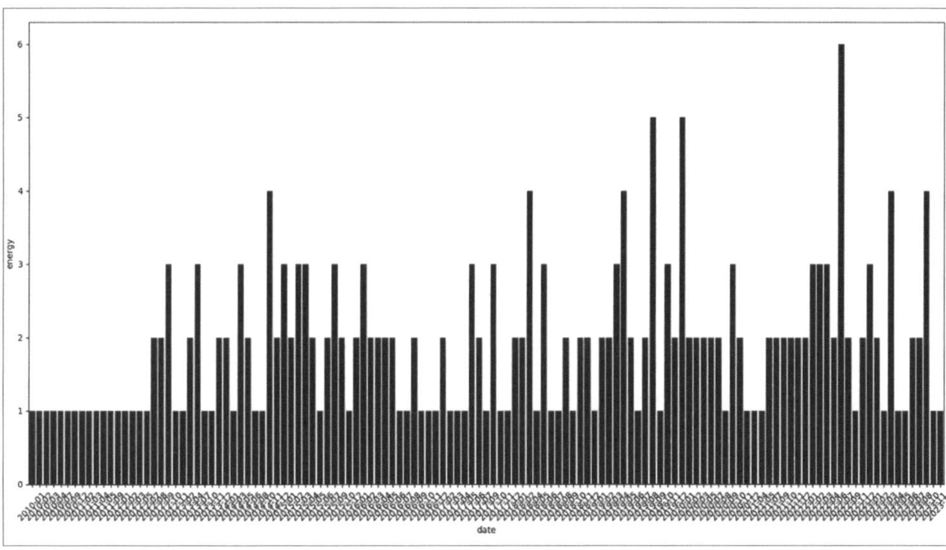


**Figura 11.4** Quantidade de impactos de *fireballs* mensais de 2010 a 2023.

A seguir, apresentam-se os scripts anteriores alterados e completos a partir dos dados de 2010 a 2023. As modificações para o novo gráfico estão entre as linhas 45 e 48.

```
1   import pandas as pd
2   import numpy as np
3   import matplotlib.pyplot as fig
4   import nasapy
5   import datetime as dt
6   import seaborn as sns
7   from scipy import stats
8   import geopandas
9   df=nasapy.fireballs(date_min='2010-01-01', date_max='2023-12-31',
10          return_df=True)
11
```

```
df.dropna(inplace=True)

df['lat'] = df['lat'].astype(float)
df['lon'] = df['lon'].astype(float)
df['energy'] = df['energy'].astype(float)

# a latitude esta separada em N e S e precisa aparecer sinal neg #####
# se a latitude original eh S, sera -df['lat']
######################################################################
df['latitude']=df[['lat','lat-dir']].apply(lambda x:
  -x['lat'] if x['lat-dir']=='S' else x['lat'],axis=1)

df['longitude']=df[['lon','lon-dir']].apply(lambda x:
  -x['lon'] if x['lon-dir']=='W' else x['lon'],axis=1)

################ transoforma lat e lon em ptos do mapa-mundi ######
gdf = geopandas.GeoDataFrame(
  df, geometry=geopandas.points_from_xy(df.longitude, df.latitude))

################## cria o mapa #####################################
Mundo = geopandas.read_file(geopandas.datasets.get_path('naturalearth_lowres'))
################ plota o mapa-mundi ###########################
ax = Mundo.plot(color='white', edgecolor='black')
############### plota os pontos dentro do mapa nas lat e lon
gdf.plot(ax=ax, color='red')

##### passando as datas para indice do dataframe #####
df.set_index('date',inplace=True)
##### formatando o indice para datas #######
df.index=pd.to_datetime(df.index)
##### escolhendo o periodo para meses
df.index=df.index.to_period('M')

fig.figure(figsize=(15,10))
df2=df.groupby(df.index).count()
ax=sns.barplot(x=df2.index,y='energy',data=df2, color='black')
fig.xticks(rotation=45)
```

Ainda com os dados da Nasa, podemos medir a variabilidade desses impactos por meio dos boxplots da biblioteca Seaborn. A alteração ou inclusão do script anterior segue os mesmos passos do gráfico de barras, mas, agora, usamos o DataFrame original "df", pois o DataFrame "df2" é o agrupado e contém a contagem de quedas.

O período foi alterado para intervalo entre 2015 e 2023 para dar maior visibilidade nos boxplots. Como desejamos ver a variabilidade da energia recebida na atmosfera (em joules), devemos tomar o DataFrame sem agrupamento. Por isso, dentro do boxplot colocamos o parâmetro data = df, como demonstrado nas linhas a seguir.

```
fig.figure(figsize=(15,10))
ax2=sns.boxplot(x=df.index,y='energy',data=df,showfliers = False,
        palette=['gray','gray'],
        whiskerprops = dict(color='black', linewidth=5.0),
        boxprops={"edgecolor": "black"})

fig.xticks(rotation=45)
```

O resultado é apresentado na Figura 11.5, vemos que no mês de dezembro de 2018 os *fireballs* liberaram na atmosfera uma energia descomunal de mais de 3 mil joules. Foram o mês e o ano com maior variabilidade de energia despendida na reentrada espacial dos *fireballs*.

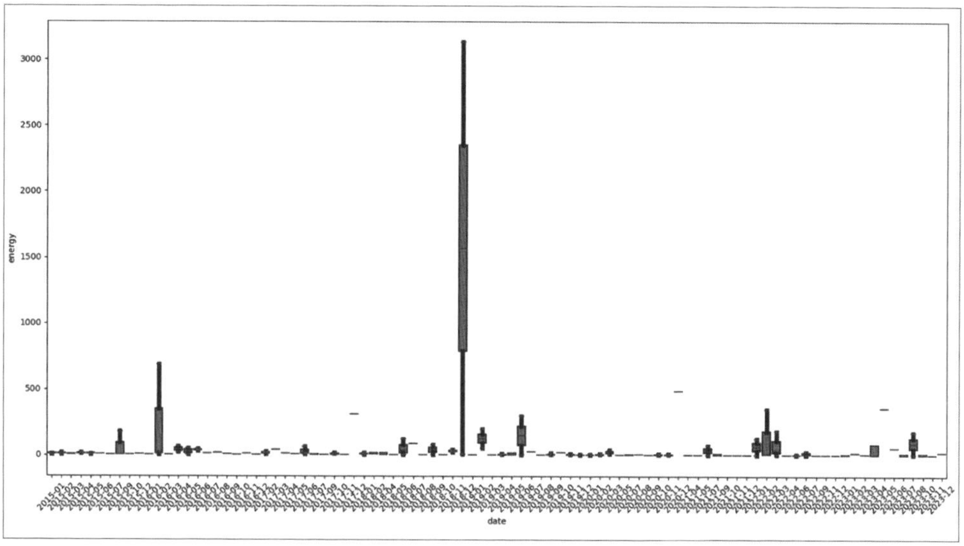


**Figura 11.5** Boxplot da quantidade de *fireballs* mensais de 2015 a 2023. Especial atenção para dezembro de 2018, com *fireball* de mais de 3 mil joules de energia.

A partir das linhas 50 a 56, o programa em Python constrói todos os gráficos anteriores, inclusive o último de boxplot para a variabilidade de energia.

```
1    import pandas as pd
2    import numpy as np
3    import matplotlib.pyplot as fig
4    import nasapy
5    import datetime as dt
6    import seaborn as sns
7    from scipy import stats
```

```
import geopandas
df=nasapy.fireballs(date_min='2015-01-01', date_max='2023-12-31',
          return_df=True)

df.dropna(inplace=True)

df['lat'] = df['lat'].astype(float)
df['lon'] = df['lon'].astype(float)
df['energy'] = df['energy'].astype(float)

# a latitude está separada em N e S e precisa aparecer sinal neg #####
# se a latitude original eh S, será -df['lat']
###########################################################################
df['latitude']=df[['lat','lat-dir']].apply(lambda x:
  -x['lat'] if x['lat-dir']=='S' else x['lat'],axis=1)

df['longitude']=df[['lon','lon-dir']].apply(lambda x:
  -x['lon'] if x['lon-dir']=='W' else x['lon'],axis=1)

################ transoforma lat e lon em ptos do mapa-mundi ######
gdf = geopandas.GeoDataFrame(
  df, geometry=geopandas.points_from_xy(df.longitude, df.latitude))

############ cria o mapa ############################
Mundo = geopandas.read_file(geopandas.datasets.get_path('naturalearth_lowres'))
############### plota o mapa-mundi ############################
ax = Mundo.plot(color='white', edgecolor='black')
############### plota os pontos dentro do mapa nas lat e lon
gdf.plot(ax = ax, color = 'red')

##### passando as datas para indice do dataframe #####
df.set_index('date',inplace=True)
##### formatando o indice para datas #######
df.index = pd.to_datetime(df.index)
##### escolhendo o periodo para meses
df.index = df.index.to_period('M')

fig.figure(figsize = (15,10))
df2 = df.groupby(df.index).count()
ax = sns.barplot(x = df2.index, y = 'energy', data = df2, color = 'black')
fig.xticks(rotation = 45)

fig.figure(figsize = (15,10))
ax2 = sns.boxplot(x = df.index, y = 'energy', data = df, showfliers = False,
        palette=['gray','gray'],
        whiskerprops = dict(color='black', linewidth=5.0),
        boxprops={"edgecolor": "black"})

fig.xticks(rotation=45)
```

## 11.3 INVESTIGANDO ASTEROIDES

O perigo maior dos objetos espaciais está em trajetórias de cometas e asteroides que venham a impactar a Terra. Cometas são muito grandes e, normalmente, são atraídos pelo Sol ou por Júpiter, o que protege a Terra desses impactos. Mas os asteroides maiores também são perigosos, pois muitos orbitam bem próximo da Terra, sendo nada desprezível a quantidade dessas rochas que já caíram no solo terrestre.

Muitos asteroides são ainda mais perigosos, pois eles são escuros ou advêm de órbitas perpendiculares ao Sistema Solar, "aparecem de raspão" quando estão muito próximos da Terra. São muitos os casos em que asteroides só foram descobertos depois de sua passagem a poucos quilômetros da atmosfera terrestre.

A biblioteca nasapy também monitora esses objetos com a ajuda do centro CNEOS, que acompanha em tempo real os novos e já descobertos asteroides no Sistema Solar.

A função para busca de informações de asteroides agora usará outra função da nasapy:

```
df = nasapy.close_approach(date_min='2021-01-01',date_max='2022-11-14',
        dist_max='3LD',return_df=True)
```

A função close_approach( ) informa muitos valores de parâmetros ao DataFrame, que, nesse caso, chamamos de "df", entre janeiro de 2021 e novembro de 2022. O DataFrame que retorna é o que aparece na Figura 11.6.

```
           des orbit_id                jd  ...            v_inf t_sigma_f      h
0      2021 AA        3 2459216.052728328  ... 22.1394964583729     00:01  26.98
1     2021 AM4        7 2459217.753686810  ... 7.46713075685951   < 00:01  27.01
2      2021 AV        9 2459218.064151894  ...  10.461087341845   < 00:01  26.14
3      2021 AH        2 2459218.484082928  ... 21.2940399901207   < 00:01  28.49
4      2021 AB        5 2459218.668660500  ... 12.6048804919666   < 00:01  25.19
..         ...      ...               ...  ...              ...       ...    ...
754   2022 VQ1       12 2459887.483538090  ... 10.5397323680141     00:02  25.91
755  2022 UC34        4 2459890.063880023  ... 10.8728547599613   < 00:01  28.39
756    2020 WD       10 2459892.044192183  ... 5.89239463941721   8_13:41  28.21
757   2022 VN1       10 2459894.311402316  ... 11.8345421350095   < 00:01  25.06
758   2022 VL1        5 2459897.182057856  ... 8.59270525606721   < 00:01  26.82

[759 rows x 11 columns]
```

**Figura 11.6** DataFrame com os parâmetros de observação de asteroides da função da nasapy close_approach( ), com informações do CNEOS.

Esse DataFrame tem informações como o código do asteroide, tipos de órbitas, dia juliano em que se encontra (nós usamos calendário gregoriano com datas, mas, para arquivos científicos espaciais, usam-se os dias julianos, que são dias corridos desde a época de Júlio César), distância mínima, distância máxima, velocidade, entre outros tantos parâmetros.

Podemos limpar nosso DataFrame para que fiquem apenas informações que nos interessam nesse exemplo, com a distância mínima e a magnitude da refletividade entre o asteroide e a Terra. Essa magnitude "h" será ideal para calcularmos o diâmetro dos asteroides, o "h" também é conhecido como "albedo".

```
ast=df.drop(['des','orbit_id', 'jd', 'dist', 'dist_max', 'v_rel', 'v_inf', 't_sigma_f'],axis=1)
```

Esse novo DataFrame "ast" conterá os dados ilustrados na Figura 11.7, com as colunas dos índices, das datas (cd), das distâncias mínimas até a Terra e da magnitude da refletividade da luz. A distância mínima é calculada em termos de distância da Terra ao Sol, conhecida com a.u., ou unidade astronômica. Por isso, temos os números em decimais. Asteroides com distâncias superiores à distância Terra-Sol (cerca de 149.600.000 km) terão valores dist_min maiores do que 1.

| | cd | dist_min | h |
|---|---|---|---|
| 0 | 2021-Jan-01 13:16 | 0.00157530061438774 | 26.98 |
| 1 | 2021-Jan-03 06:05 | 0.00671918811809972 | 27.01 |
| 2 | 2021-Jan-03 13:32 | 0.00503286798870974 | 26.14 |
| 3 | 2021-Jan-03 23:37 | 0.000332237829069809 | 28.49 |
| 4 | 2021-Jan-04 04:03 | 0.00561233360337508 | 25.19 |
| .. | ... | ... | ... |
| 754 | 2022-Nov-03 23:36 | 0.00392270202798857 | 25.91 |
| 755 | 2022-Nov-06 13:32 | 0.00437224215782277 | 28.39 |
| 756 | 2022-Nov-08 13:04 | 0.00359714156517756 | 28.21 |
| 757 | 2022-Nov-10 19:28 | 0.00701115658180342 | 25.06 |
| 758 | 2022-Nov-13 16:22 | 0.00303154372744691 | 26.82 |

**Figura 11.7** DataFrame "ast" apenas com data, distância mínima e albedo "h".

Podemos explorar essas informações tanto do ponto de vista estatístico quanto probabilístico, com base na variável que mede a distância entre o asteroide e a Terra e sua magnitude. Para ficar mais próximo do que conhecemos, podemos transformar a distância mínima em km, em vez de usarmos a.u. Para isso, basta multiplicarmos a coluna "dist_min" por 1.496E+8, ou seja:

```
ast['dist_min'] = ast['dist_min'].astype(float)*1.496e8
```

Quando fazemos isso, é possível notarmos que as dimensões da distância mínima entre o asteroide e a Terra tornam-se bem grandes, como na Figura 11.8.

| | cd | dist_min | h |
|---|---|---|---|
| 0 | 2021-Jan-01 13:16 | 2.356650e+05 | 26.98 |
| 1 | 2021-Jan-03 06:05 | 1.005191e+06 | 27.01 |
| 2 | 2021-Jan-03 13:32 | 7.529171e+05 | 26.14 |
| 3 | 2021-Jan-03 23:37 | 4.970278e+04 | 28.49 |
| 4 | 2021-Jan-04 04:03 | 8.396051e+05 | 25.19 |
| .. | ... | ... | ... |
| 754 | 2022-Nov-03 23:36 | 5.868362e+05 | 25.91 |
| 755 | 2022-Nov-06 13:32 | 6.540874e+05 | 28.39 |
| 756 | 2022-Nov-08 13:04 | 5.381324e+05 | 28.21 |
| 757 | 2022-Nov-10 19:28 | 1.048869e+06 | 25.06 |
| 758 | 2022-Nov-13 16:22 | 4.535189e+05 | 26.82 |

**Figura 11.8** DataFrame com distância mínima em km.

O CNEOS usa uma fórmula baseada no albedo "h" para estimar o diâmetro do asteroide. A fórmula é introduzida no DataFrame "ast" para sabermos as dimensões do objeto espacial.

```
ast['diam']=10**(3.1236-0.5*np.log10(0.05)-0.2*ast['mag'])*1000
```

Então, nosso DataFrame agora tem não apenas a distância do asteroide, mas seu tamanho. Podemos, ainda, separar melhor as datas para sabermos o dia da passagem e usarmos a estatística para estimarmos a quantidade de asteroides por meses ou anos. Para isso, podemos fazer:

```
ast['ano']= pd.DatetimeIndex(ast['cd']).year
ast['mes']= pd.DatetimeIndex(ast['cd']).month
ast['mag']=ast['h'].astype(float)
```

Como se pode verificar na Figura 11.9, a quantidade de asteroides que são descobertos não é nada desprezível, foram 400 em 2021 e 350 em 2022. Com a rede de telescópios que busca automaticamente todas as noites por pontos que se movem no céu, ano após ano, esse número de "novos" asteroides só tende a aumentar.

As linhas de programação para a contagem de asteroides são apresentadas a seguir. Aqui, o "diabo" mostra novamente sua face em nos induzir a erros.

Somos obrigados a usar novamente o formato de DataFrame, pois, após a contagem do número de asteroides e grupamento, a biblioteca destrói o formato anterior, desaparecendo com o nome da coluna "dist_min".

Então, a linha ast_agp=pd.DataFrame(ast_agp) torna-se obrigatória para usarmos da melhor forma o gráfico de barras da Seaborn.

```
fig.figure(figsize=(15,10))
ast_agp = ast.groupby(['ano'])['dist_min'].count()
ast_agp = pd.DataFrame(ast_agp)
ast_agp.rename(columns = {'dist_min':'contagem'}, inplace = True)
ax = sns.barplot(x=ast_agp.index, y='contagem', data=ast_agp, color='gray')
```

Após a mudança, o DataFrame agrupado fica no formato adequado e tem a forma

```
        contagem
ano
2021         408
2022         351
```

O que nos permite fazer o gráfico da contagem de asteroides ilustrado na Figura 11.9.

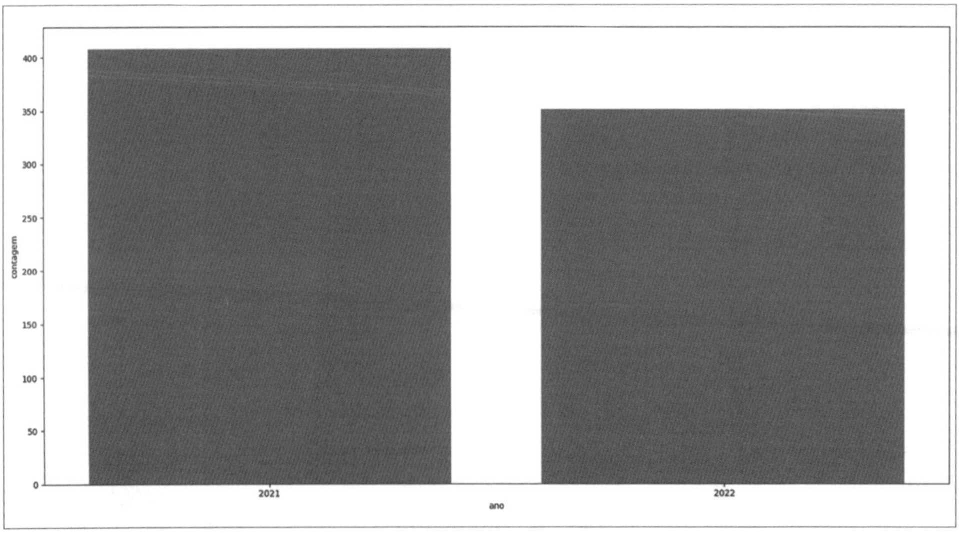


**Figura 11.9** quantidade de asteroides "próximos" da Terra em 2021 e 2022.

O script em Python completo para esses resultados é apresentado a seguir.

```
import pandas as pd
import numpy as np
import matplotlib.pyplot as fig
import nasapy
import datetime as dt
import seaborn as sns
from scipy import stats



df=nasapy.close_approach(date_min='2021-01-01',date_max='2022-11-14',
             dist_max='3LD',return_df=True)

ast = df.drop(['des','orbit_id', 'jd', 'dist', 'dist_max', 'v_rel',
    'v_inf', 't_sigma_f'], axis = 1)
#+++++++++++++++++++++++++++++++++++++++++++++++++++++++
# transforma a distancia  de u.a. de formato string para number em km na
# distancia da Terra ao Sol
#+++++++++++++++++++++++++++++++++++++++++++++++++++++++++

ast['dist_min']=ast['dist_min'].astype(float)*1.496e8
ast['ano']= pd.DatetimeIndex(ast['cd']).year
ast['mes']= pd.DatetimeIndex(ast['cd']).month
ast['mag']=ast['h'].astype(float)
#++++++++++++++++++++++++++++++++++++++++++++++++++++++++
# formula estimada pela nasa (cneos) para calculo do diametro do
# asteroide matendo albedo "a" fixo em 0.05
#++++++++++++++++++++++++++++++++++++++++++++++++++++++++
ast['diam'] = 10**(3.1236-0.5*np.log10(0.05)-0.2*ast['mag'])*1000

print(ast)

fig.figure(figsize = (15, 10))
ast_agp = ast.groupby(['ano'])['dist_min'].count()
ast_agp = pd.DataFrame(ast_agp)
ast_agp.rename(columns={'dist_min':'contagem'}, inplace=True)
ax = sns.barplot(x=ast_agp.index, y='contagem',data=ast_agp, color='gray')
```

## 11.4 ESTATÍSTICAS PARA ASTEROIDES

Será que existe alguma relação entre o diâmetro do asteroide e sua proximidade com a Terra? Asteroides maiores passam mais perto da Terra do que os menores? Ou será o contrário?

A Figura 11.10 é feita com scatterplot() da biblioteca Seaborn, sendo muito interessante, pois conseguimos colocar na legenda, além dos asteroides divididos por ano (cor cinza = 2021; cor preta = 2022), asteroides divididos por tamanhos, que vão de 40 a 200 metros.

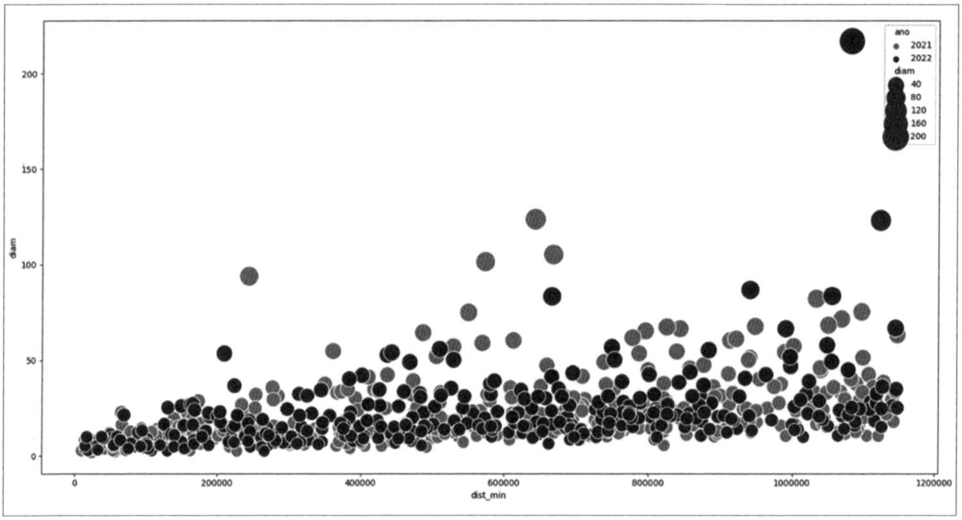


Figura 11.10 Relação entre diâmetro e distância dos asteroides que passam próximos.

Usando nosso DataFrame original "ast" sem agrupamento, podemos programar essas linhas para a Figura 11.10.

```
sns.scatterplot(data = ast, x = 'dist_min', y = 'diam', hue = 'ano', size = 'diam',

sizes = (200,1000), palette = ['gray','black'])
```

O parâmetro "*hue*" é que automaticamente divide as cores com base na coluna "ano" do DataFrame. Já o parâmetro "size" usa os dados da coluna "diam" que construímos usando a fórmula do albedo com magnitude "h".

Para se ver estatisticamente a relação entre dimensão e proximidade de distância até a Terra, o gráfico de jointplot é interessante, uma vez que mostrará não somente se existe alguma reta de regressão linear entre os dados, mas também suas distribuições através dos histogramas.

A linha a ser acrescentada no script do Python é muito simples e produz um resultado muito interessante.

```
sns.jointplot(data = ast, x = 'dist_min', y = 'diam', kind = 'reg')
```

A função anterior produz como resultado a Figura 11.11, na qual é possível perceber que, apesar da dispersão dos dados, parece existir uma certa relação entre diâmetro e distância e a indicação de que asteroides maiores passam bem mais distantes do que os menores. Isso faz sentido, pois, como dito antes, Sol e Júpiter atraem ou espantam os asteroides que estejam em órbita em direção à Terra.

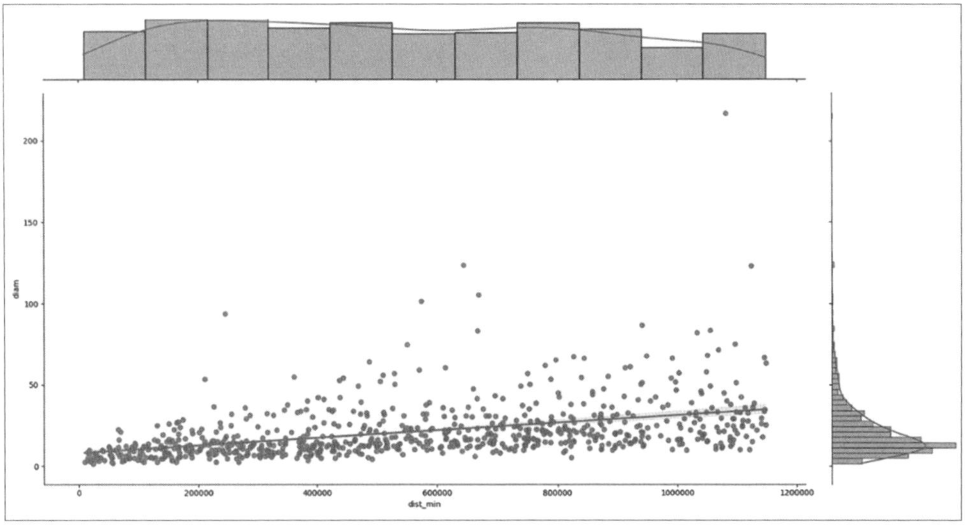


**Figura 11.11** Regressão linear com jointplot entre diâmetro e distância dos asteroides.

Nas laterais do gráfico, vemos as distribuições de probabilidades, sendo muito mais concentradas em termos de diâmetros dos asteroides do que para as distâncias. O histograma das distâncias em relação à Terra indica uma distribuição muito uniforme, nada parecida com a distribuição de probabilidade normal. As distâncias parecem realmente ser aleatórias.

Realmente, quando calculamos a reta de regressão e o coeficiente de regressão linear (já vistos e comentados em capítulos anteriores) entre diâmetro e distância até a Terra, encontramos:

```
+++++++ reta y = ax + b ++++++
a =  2.333826046456082e-05
b =  7.999856929034207
coef. regressao =  0.4320680397381269
```

Ou seja, o coeficiente angular é quase nulo, quase zero, enquanto a correlação é de 43% entre as duas variáveis. Sendo menor do que 50%, não se pode afirmar que exista alguma relação importante entre diâmetro e distância dos asteroides.

Não existe, pelo menos nesses anos observados, mas nos mostra uma tendência que asteroides maiores não passam tão perto da Terra. A explicação plausível é de que esses asteroides maiores são atraídos fortemente pelo Sol e por Jupiter, o que protege a Terra de impactos mais destrutivos. A linha de programação para a análise estatística é:

```
a, b, r, p_valor, erro = stats.linregress(ast['dist_min'],ast['diam']),
```

usando-se novamente a biblioteca SciPy com a função linregress( ).

## 11.5 RISCO DE IMPACTO DOS ASTEROIDES COM A TERRA

O cinema já nos apresentou muitos filmes sobre a destruição da Terra por asteroides, com heróis sempre terminando vivos e salvadores do planeta. Mas qual o risco de um impacto?

Existem muitas maneiras de se medir essa probabilidade, sendo uma delas a probabilidade das falhas já vista antes. Pode-se usar a distribuição de Weibull, ou mesmo a distribuição de Rayleigh, que também tem o mesmo sentido.

Para sabermos a probabilidade de um asteroide cair dentro de alguns dias, precisamos saber quantos caem de um dia para outro. Diante das datas arquivadas pela Nasa, uma maneira fácil é usar a função diff( ).

Mas o diabo já está rindo, visto que a função diff( ), que faz a diferença entre dois dados, precisa que os dados estejam em formato de números, não com formatação de datas. Já fizemos isso nos capítulos anteriores quando calculamos as probabilidades de falhas.

Para saber a quantidade de asteroide que passa pela Terra em dias consecutivos, é interessante transformar as datas em dia juliano e colocar esses dados em outra coluna chamada, por exemplo, "dia", com o uso da função da biblioteca Pandas DatetimeIndex( ):

```
ast['dia'] = pd.DatetimeIndex(ast['cd']).floor('d').to_julian_date()
```

Como visto da Figura 11.12, esses valores de datas se transformaram em números que contam dias, e, assim, é possível usar a função diff( ) para contar, entre um dia e outro, quantos asteroides foram encontrados pelo sistema da Nasa.

Para não perder as informações desse DataFrame, vamos salvá-lo com outro nome, chamando-o de "ast_impact", para calcularmos a probabilidade de Weibull de um asteroide aparecer em determinados intervalos de dias.

| | cd | dist_min | h | ... | mag | diam | dia |
|---|---|---|---|---|---|---|---|
| 0 | 2021-Jan-01 13:16 | 2.356650e+05 | 26.98 | ... | 26.98 | 23.884436 | 2459215.5 |
| 1 | 2021-Jan-03 06:05 | 1.005191e+06 | 27.01 | ... | 27.01 | 23.556730 | 2459217.5 |
| 2 | 2021-Jan-03 13:32 | 7.529171e+05 | 26.14 | ... | 26.14 | 35.165354 | 2459217.5 |
| 3 | 2021-Jan-03 23:37 | 4.970278e+04 | 28.49 | ... | 28.49 | 11.915575 | 2459217.5 |
| 4 | 2021-Jan-04 04:03 | 8.396051e+05 | 25.19 | ... | 25.19 | 54.464685 | 2459218.5 |
| .. | ... | ... | ... | ... | ... | ... | ... |
| 754 | 2022-Nov-03 23:36 | 5.868362e+05 | 25.91 | ... | 25.91 | 39.094440 | 2459886.5 |
| 755 | 2022-Nov-06 13:32 | 6.540874e+05 | 28.39 | ... | 28.39 | 12.477139 | 2459889.5 |
| 756 | 2022-Nov-08 13:04 | 5.381324e+05 | 28.21 | ... | 28.21 | 13.555483 | 2459891.5 |
| 757 | 2022-Nov-10 19:28 | 1.048869e+06 | 25.06 | ... | 25.06 | 57.824914 | 2459893.5 |
| 758 | 2022-Nov-13 16:22 | 4.535189e+05 | 26.82 | ... | 26.82 | 25.710765 | 2459896.5 |

**Figura 11.12** DataFrame com a introdução da coluna dia juliano.

Quando fizermos a diferença entre um dia juliano e outro, estaremos contando quantos dias demoraram até aparecer um novo asteroide. As linhas para essa programação são:

```
ast_impact = ast
ast_impact['dif'] = ast_impact['dia'].diff()
ast_impact['dif'] = ast_impact['dif'].fillna(0)
```

O leitor poderá observar que foi introduzida uma linha com a instrução de preenchimento com zero *fillna(0)*. Essa função deve ser colocada, pois poderão ocorrer dias com células vazias, e não desejamos deletar essas células usando dropna(), uma vez que realmente podem existir dias em que nenhum novo satélite seja descoberto ou passe próximo das observações da Terra. Logo, em vez de deletarmos a linha com "NaN", colocamos o valor zero.

A partir de agora, estamos prontos para calcular a densidade de probabilidade de Weibull como foi feito nos capítulos anteriores, usando a nova coluna ["dif"], que representará quantos dias demora até um novo asteroide aparecer.

Em primeiro lugar, estimamos os parâmetros de Weibull; depois, construímos o eixo dos dias que decorrem até aparecer um novo asteroide (podemos interpretar como o número de dias até "falhar sem asteroides"); e, por fim, salvamos um novo DataFrame apenas para calcularmos da densidade de probabilidade acumulada de Weibull para nosso gráfico.

Na versão mais recente do Python (3.12.4), a biblioteca SciPy trouxe uma modificação na função "fit" que estima os parâmetros de Weibull. Para termos um resultado melhor na estimação, faz-se necessário fixar a escala, que dá a forma exponencial na curva de forma mais suavizada. Isso se dá por meio da colocação de fscale = 1 após o floc = 0:

```
beta,loc,etha = stats.weibull_min.fit(ast_impact['dif'], floc=0, fscale = 1)
```

Na versão mais antiga, quando este livro estava sendo escrito, usamos a função "fit" que já vinha ajustada com a escala igual a 1, por isso não usamos esse ajuste nas linhas de programação. Logo, ao leitor cabe esse alerta, dependendo da versão que ele esteja usando, terá que colocar essa informação extra fscale = 1.

Em nosso caso, na versão anterior, vamos colocar os comandos que se seguem:

```
beta,loc,etha = stats.weibull_min.fit(ast_impact['dif'], floc=0)
x = np.arange(ast_impact['dif'].min(),ast_impact['dif'].max(), 0.2)
dens = stats.weibull_min.cdf(x, beta, loc=loc, scale=etha)
Pfalhas = pd.DataFrame({'dias sem passar':x})
Pfalhas['probabilidade passar asteroide'] = dens
Pfalhas.index = Pfalhas['dias sem passar']
Pfalhas = Pfalhas.drop('dias sem passar', axis=1)
Pfalhas.plot(y = 'probabilidade passar asteroide')
```

Com essas linhas, descobrimos a função probabilidade de aparecer um asteroide demonstrada na Figura 11.13. Podemos interpretar, por exemplo, que a probabilidade de um novo asteroide aparecer dentro de dois dias é de 0.8 (ou 80%), de acordo com o gráfico.

Para seis dias, é praticamente certo que sempre teremos um novo asteroide descoberto pelo sistema da Nasa que recebe dados do CNEOS, pois a probabilidade é quase 100%, ou seja, é o número um mostrado no gráfico.

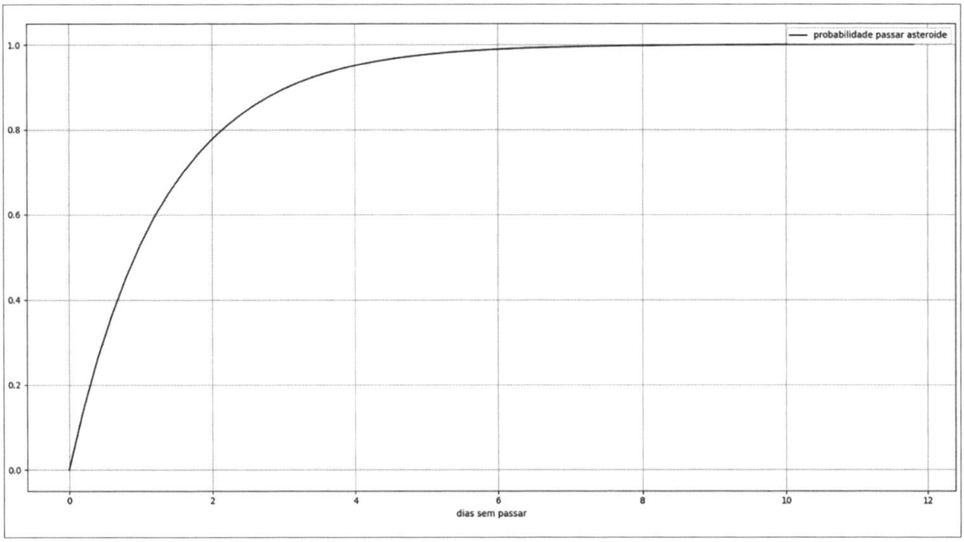


**Figura 11.13** Probabilidade de Weibull de passar um asteroide até o dia "x".

Se desejarmos saber a probabilidade de não passar nenhum asteroide em "x" dias, basta fazermos 1.0 – Prob em cima dos dados anteriores (subtrai-se a probabilidade de encontrar asteroide de 100%). O complemento para 1.0 dos dados anteriores se refere à probabilidade de nenhum asteroide passar ou ser descoberto pela Nasa.

As linhas seguintes completam o script anterior, agora com a probabilidade de Weibull.

```
import pandas as pd
import numpy as np
import matplotlib.pyplot as fig
import nasapy
import datetime as dt
import seaborn as sns
from scipy import stats



df=nasapy.close_approach(date_min='2021-01-01',date_max='2022-11-14',
            dist_max='3LD',return_df=True)

ast = df.drop(['des','orbit_id', 'jd', 'dist', 'dist_max', 'v_rel',
    'v_inf', 't_sigma_f'],axis=1)
```

```
#+++++++++++++++++++++++++++++++++++++++++++++++++++++++++
# transforma a distancia de a.u para kilometros. Taambem transforma
# os dados de string para numero com ponto flutuante
#+++++++++++++++++++++++++++++++++++++++++++++++++++++++++++
ast['dist_min'] = ast['dist_min'].astype(float)*1.496e8
ast['ano'] = pd.DatetimeIndex(ast['cd']).year
ast['mes'] = pd.DatetimeIndex(ast['cd']).month
ast['mag'] = ast['h'].astype(float)
#++++++++++++++++++++++++++++++++++++++++++++++++++++++++++
# formula estimada pela nasa (cneos) para calculo do diametro do
# asteroide mantendo albedo "a" fixo em 0.05
#++++++++++++++++++++++++++++++++++++++++++++++++++++++++++
ast['diam'] = 10**(3.1236-0.5*np.log10(0.05)-0.2*ast['mag'])*1000
print(ast)
fig.figure(figsize = (15,10))
ast_agp = ast.groupby(['ano'])['dist_min'].count()
ast_agp = pd.DataFrame(ast_agp)
ast_agp.rename(columns={'dist_min':'contagem'}, inplace=True)
ax = sns.barplot(x=ast_agp.index, y='contagem',data=ast_agp, color='gray')
sns.jointplot(data = ast, x = 'dist_min', y = 'diam', kind = 'reg')
fig.figure()
sns.scatterplot(data=ast, x='dist_min', y='diam', hue='ano',
        size='diam', sizes=(200,1000), palette=['gray','black'])
a, b, r, p_valor, erro = stats.linregress(ast['dist_min'],ast['diam'])
print('+++++++ reta y = ax + b ++++++')
print('a = ', a)
print('b = ', b)
print('coef. regressao = ',r)
########################################
ast['dia'] = pd.DatetimeIndex(ast['cd']).floor('d').to_julian_date()
ast_impact=ast
######################################################################
ast_impact['dif'] = ast_impact['dia'].diff()
ast_impact['dif'] = ast_impact['dif'].fillna(0)
beta,loc,etha = stats.weibull_min.fit(ast_impact['dif'], floc = 0)
```

```
print('+++++++++++++++++++++++')
print('beta = ',beta)
print('caracteristica da curva (etha) = ',etha)


x = np.arange(ast_impact['dif'].min(),ast_impact['dif'].max(),0.2)
dens = stats.weibull_min.cdf(x, beta, loc=loc, scale=etha)
Pfalhas = pd.DataFrame({'dias sem passar':x})

Pfalhas['probabilidade passar asteroide']=dens

Pfalhas.index = Pfalhas['dias sem passar']
Pfalhas = Pfalhas.drop('dias sem passar', axis = 1)
#++++++++++++++++++++++++++++++++++++++++++++++++++++++++++++++++
Pfalhas.plot(y = 'probabilidade passar asteroide', color = 'black')
fig.grid()
```

Mas, para avaliarmos o risco, não basta apenas descobrimos quantos novos asteroides surgem todos os dias. Precisamos saber qual o risco de asteroides passarem muito perto da Terra e qual o seu tamanho. O ideal é impor limites de busca de asteroides perigosos que passaram muito próximo da Terra e, com base nesse histórico estatístico, prever o que pode ocorrer a cada dia.

Por exemplo, podemos impor no DataFrame que desejamos asteroides que passem entre 200 km e 20.000 km (entre a Terra e a Lua) e sejam menores do que 20 m de diâmetro. As linhas de programação seguem a restrição lógica dentro do DataFrame, como visto nos capítulos introdutórios:

```
aster = aster[(aster['dist_min']>200) &
    (aster['dist_min']<20000) &      (aster['diam']<20)]
```

Para a nossa sorte, não temos muitos desses casos, o que não significa que, ainda assim, um grande asteroide não possa nos atingir. Mas, com essas restrições, não há muitos eventos. Alteramos o período de busca para iniciar em 2021 e terminar em fevereiro de 2024, para as próximas figuras.

A Figura 11.14 apresenta a contagem dos asteroides entre a Terra e a Lua com menos de 20 m de diâmetro. Percebe-se que apenas onze asteroides passaram pela Terra nessas condições. Apesar disso, asteroides de 9 m já são bastante assustadores e podem causar grandes catástrofes. Como se vê na Figura-11.15 dois asteroides tinham mais de 8 m de diâmetro.

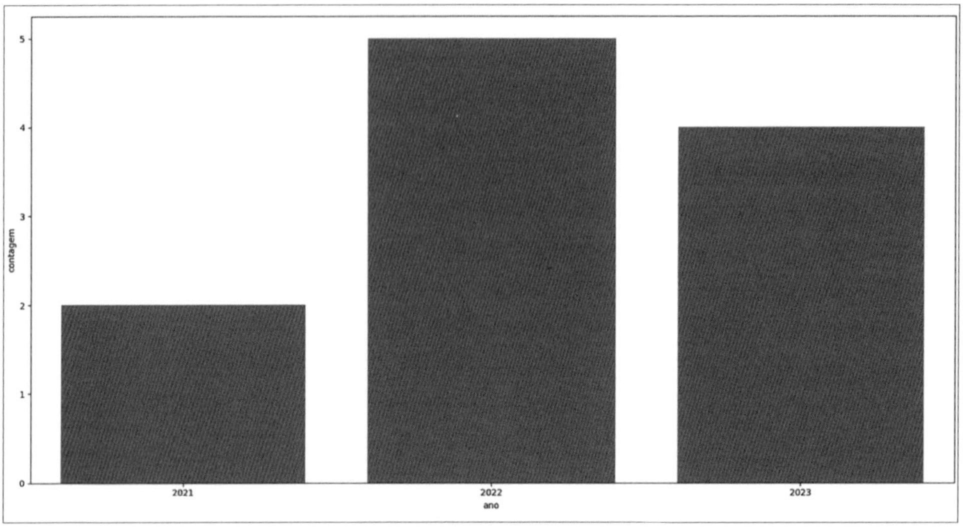


**Figura 11.14** Quantidade de asteroides entre a Terra e a Lua com menos de 20 m no período de 2021 a 2024.

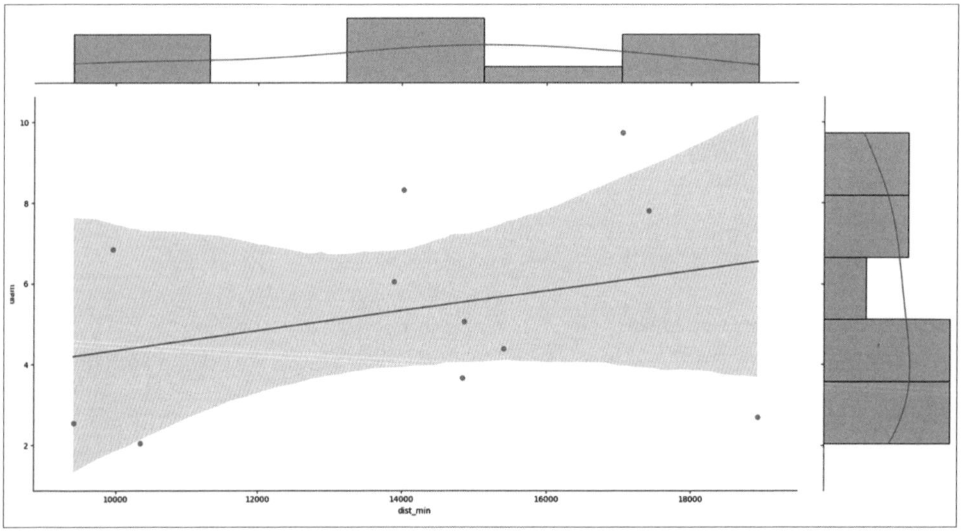


**Figura 11.15** Jointplot dos asteroides dentro do limite estabelecido.

A Figura 11.15 apresenta o jointplot para os asteroides de até 20 m que passaram entre a Terra e a Lua. As distribuições de probabilidade não ajudam muito nos eixos do gráfico. A reta de regressão parece insistir que temos uma correlação entre distância mínima e diâmetro. Mas, quando calculamos os parâmetros de correlação pela biblioteca SciPy, temos apenas 30% de correlação entre essas variáveis.

A Figura 11.16 mostra que, nesses quatro anos observados, o menor diâmetro de asteroide que passou a menos de 20.000 km da Terra com menos de 20 m de diâmetro, foi de um asteroide de 3 m de diâmetro. O maior asteroide com 9 m passou a cerca de 18.000 km da Terra no ano de 2022. Esse gráfico de *scatterplot* é bastante interessante e contém muitas informações (Figura 11.16).

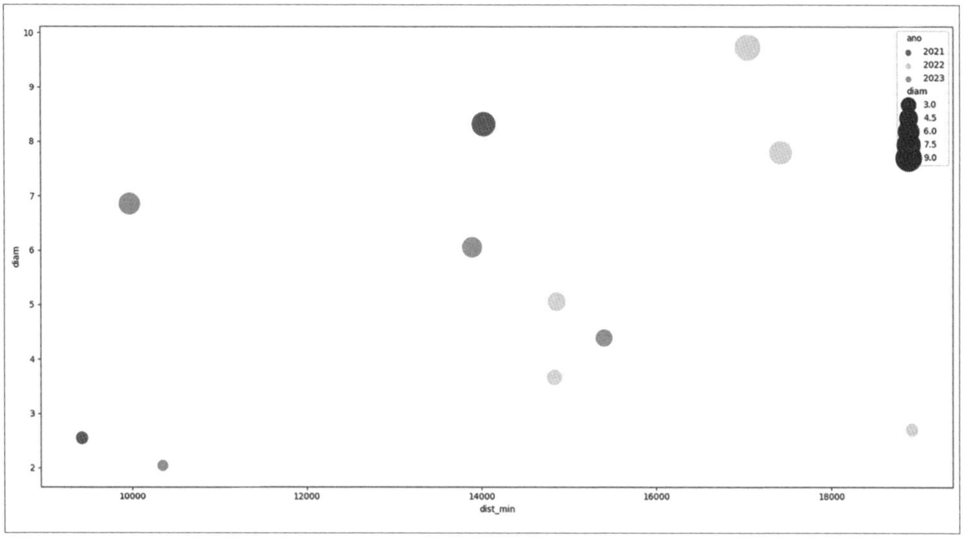


**Figura 11.16** Distribuição entre diâmetro e distância ao longo dos anos (2021-2024).

A Figura 11.17 é a mais importante, visto que ela compara os riscos de impacto com a Terra. Quando não colocamos limites nos dados da Nasa, entraram no cálculo da densidade de Weibull todos os asteroides, longe ou próximos da Terra.

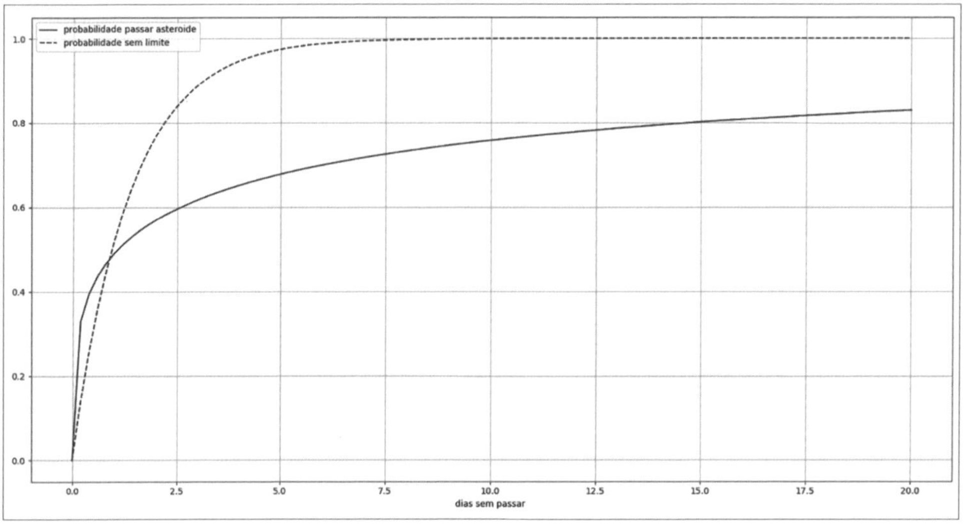


**Figura 11.17** Comparação das probabilidades de se encontrarem asteroides sem limites de busca e apenas aqueles de 20 m de diâmetro entre a Terra e a Lua.

Mas, com o limite de pequenos asteroides e mais próximos, as probabilidades de se encontrar um caso desses mudam completamente. Na Figura 11.17, a linha tracejada indica o caso sem limites. A linha cheia representa as probabilidades de se encontrar um asteroide no limite imposto (menor que 20 m e com distância entre Terra e Lua).

Observa-se que na Figura 11.17 a probabilidade geral de se encontrar um asteroide novo dentro de dois dias é de 80%. Contudo, quando observamos a linha cheia, a chance de aparecer um asteroide menor que 20 m próximo da Terra, em até dois dias, é de 50%. Não é uma probabilidade pequena, mas é melhor do que a anterior.

Claro que, se aumentarmos esse banco de dados, as probabilidades podem mudar, e realmente mudam. Para esses cálculos, as linhas do script a seguir incorporam as anteriores, mas, agora, salvamos com número dois e com outros DataFrames as tabelas com limite e sem limite (Pfalhas e Pfalhas2 a partir da linha 80 do código completo a seguir). Isso sempre ajudará a comparar se as probabilidades estão aumentando ou diminuindo em relação à busca geral por asteroides mais perigosos.

Quando comparamos as duas probabilidades de Weibull, é interessante deixarmos que o próprio algoritmo encontre o valor do parâmetro "loc".

```
beta,loc,etha = stats.weibull_min.fit(ast_impact['dif'])
beta1,loc1,etha1 = stats.weibull_min.fit(aster_original['dif'], floc=0)
```

Na versão mais recente do Python, o leitor não pode se esquecer da alteração com o fator de escala fscale = 1:

**beta1,loc1,etha1 = stats.weibull_min.fit(aster_original['dif'], floc = 0, fscale = 1)**

No caso sem limite, a curva é mais íngreme e sabemos que a média estará próxima de zero. Assim, sabemos que "etha" será baixo, e podemos impor floc = 0. Mas, para as probabilidades com limites, o melhor é não adotar um valor, deixando livre para que o fit( ) encontre um valor ótimo para os parâmetros. Por isso, as linhas anteriores são ligeiramente diferentes: a primeira, probabilidade com limites, sem floc; a segunda, sem limites, com floc = 0.

```
import pandas as pd
import numpy as np
import matplotlib.pyplot as fig
import nasapy
import datetime as dt
import seaborn as sns
from scipy import stats



df=nasapy.close_approach(date_min='2021-01-01',date_max='2024-02-17',
             dist_max='3LD',return_df=True)

aster=df.drop(['des','orbit_id', 'jd', 'dist', 'dist_max', 'v_rel',
    'v_inf', 't_sigma_f'],axis=1)
#++++++++++++++++++++++++++++++++++++++++++++++++++++++
# transforma a distancia de a.u para kilometros. Tambem transforma
# os dados de string para numero com ponto flutuante
#++++++++++++++++++++++++++++++++++++++++++++++++++++++

aster['dist_min'] = aster['dist_min'].astype(float)*1.496e8
aster['ano'] = pd.DatetimeIndex(aster['cd']).year
aster['mes'] = pd.DatetimeIndex(aster['cd']).month
aster['mag'] = aster['h'].astype(float)
aster['dia'] = pd.DatetimeIndex(aster['cd']).floor('d').to_julian_date()
#++++++++++++++++++++++++++++++++++++++++++++++++++++++
# formula estimada pela nasa (cneos) para calculo do diametro do
# asteroide mantendo albedo "a" fixo em 0.05
#++++++++++++++++++++++++++++++++++++++++++++++++++++++
aster['diam'] =10**(3.1236-0.5*np.log10(0.05)-0.2*aster['mag'])*1000
aster_original = aster
################### limite da distancia minima ###################
aster = aster[(aster['dist_min']>200) &
        (aster['dist_min']<20000) &
        (aster['diam']<20)]
```

```
ast_impact = aster
print(aster)

fig.figure(figsize = (15,10))
ast_agp = aster.groupby(['ano'])['dist_min'].count()
ast_agp = pd.DataFrame(ast_agp)
ast_agp.rename(columns={'dist_min':'contagem'}, inplace=True)
ax=sns.barplot(x=ast_agp.index, y='contagem',data=ast_agp, color='gray')


sns.jointplot(data=aster,x='dist_min',y='diam',kind='reg')

fig.figure()

sns.scatterplot(data=aster, x='dist_min', y='diam', hue='ano',
        size='diam', sizes=(200,1000), palette='muted')

a, b, r, p_valor, erro = stats.linregress(aster['dist_min'],aster['diam'])

print('+++++++ reta y = ax + b ++++++')
print('a = ', a)
print('b = ', b)
print('coef. regressao = ',r)

########################################
ast_impact['dif'] = ast_impact['dia'].diff()
ast_impact['dif'] = ast_impact['dif'].fillna(0)

aster_original['dif'] = aster_original['dia'].diff()
aster_original['dif'] = aster_original['dif'].fillna(0)

beta,loc,etha = stats.weibull_min.fit(ast_impact['dif'])
beta1,loc1,etha1 = stats.weibull_min.fit(aster_original['dif'],floc=0)

print('++++++++++++++++++++++')
print('beta = ',beta)
print('caracteristica da curva (etha) = ',etha)

x = np.arange(ast_impact['dif'].min(),ast_impact['dif'].max(),0.2)
x1= np.arange(aster_original['dif'].min(),aster_original['dif'].max()+100,0.2)

dens = stats.weibull_min.cdf(x, beta, loc=loc, scale=etha)
dens1= stats.weibull_min.cdf(x1, beta1, loc=loc1, scale=etha1)
```

```
Pfalhas = pd.DataFrame({'dias sem passar':x})
Pfalhas2 = pd.DataFrame({'dias sem passar':x1})

Pfalhas['probabilidade passar asteroide'] = dens
Pfalhas2['probabilidade sem limite'] = dens1

Pfalhas.index = Pfalhas['dias sem passar']
Pfalhas = Pfalhas.drop('dias sem passar', axis=1)

Pfalhas2.index = Pfalhas2['dias sem passar']
Pfalhas2 = Pfalhas2.drop('dias sem passar',axis=1)


#+++++++++++++++++++++++++++++++++++++++++++++++++++++++++++++++++++++++++
ax1=Pfalhas[0:20].plot(y='probabilidade passar asteroide', color='black')
Pfalhas2[0:20].plot(y='probabilidade sem limite',
             color='black', ax=ax1, linestyle='--')
fig.grid()
```

# CAPÍTULO 12
# O ambiente Jupyter

## 12.1 CONHECENDO O AMBIENTE DE PROGRAMAÇÃO

O ambiente Jupyter de programação em Python possui muitas versões e está presente em diversas plataformas, online ou não, com uma lógica diferente de funcionamento. No Jupyter, a programação se dá em células, de forma estruturada e segmentada para cada parte do programa.

Caberá ao programador reconhecer partes importantes do programa que podem ficar juntas e outras partes que podem ser programadas separadamente. No Google, por exemplo, com uma conta particular, é possível usar um ambiente colaborativo, conhecido como *Colab* e que fica localizado na nuvem do Google, permitindo que os programas sejam rodados em qualquer lugar e em qualquer computador.

A Figura 12.1 apresenta a tela inicial do Colab do Google, com os retângulos representando as células nas quais partes do programa serão programadas.

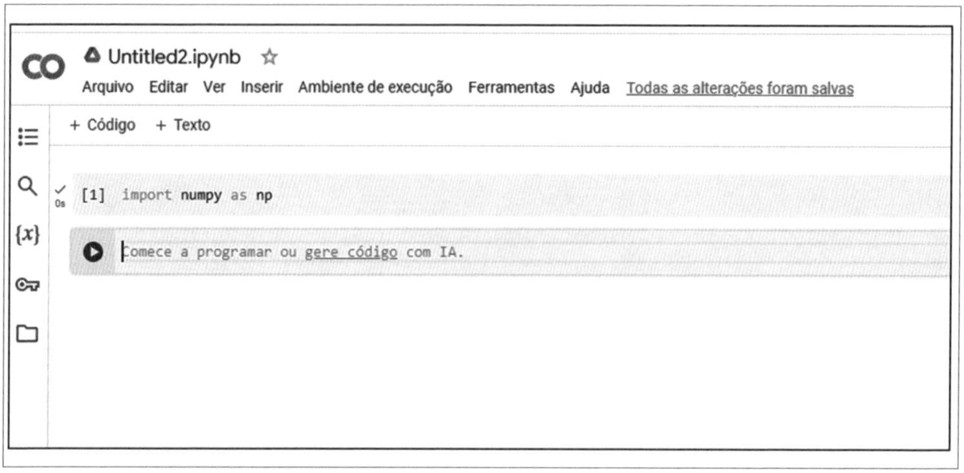


Figura 12.1 Tela inicial de um programa no Colab (Google).

Outro ambiente muito utilizado é o do Jupyter, mesmo tipo de ambiente do Colab, mas que está no software do Anaconda. Nos capítulos anteriores, desenvolvemos todos os algoritmos no editor de texto e no console do Spyder.

O Spyder é também ambiente de programação em Python, mas utiliza de maneira tradicional e clássica linhas corridas e precisa de comando print no console para se ver soluções, resultados temporários, ou mesmo apenas para acompanhar erros que estão atrapalhando a execução.

Programas no Jupyter se chamam "notebook" e podem ser importados ou iniciados em branco dentro da aba "New", como visto na Figura 12.2.

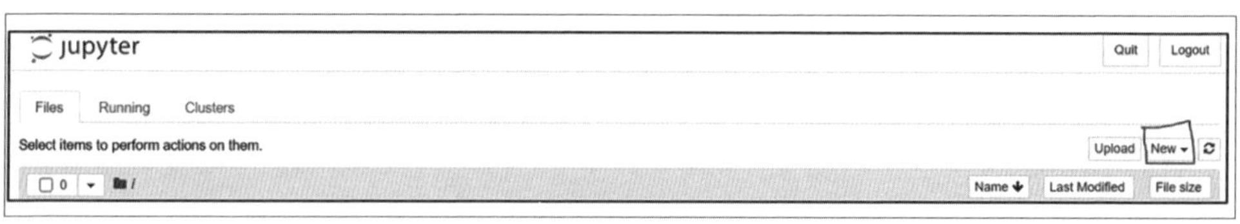


Figura 12.2 Ambiente de programação em Jupyter (Anaconda).

Ao clicarmos em "New", podemos criar um programa no formato do Jupyter, que terá como extensão *.ipynb, enquanto os programas em Python são salvos com extensão *.py. Na Figura 12.3, a tecla de início dá a possibilidade de se começar um programa em Python 3 (outras versões mais recentes terão outros nomes) em arquivo de texto (Text File), pastas novas para salvar programas (Folder), ou mesmo de se abrirem novos terminais de conexões para programações (Terminal).

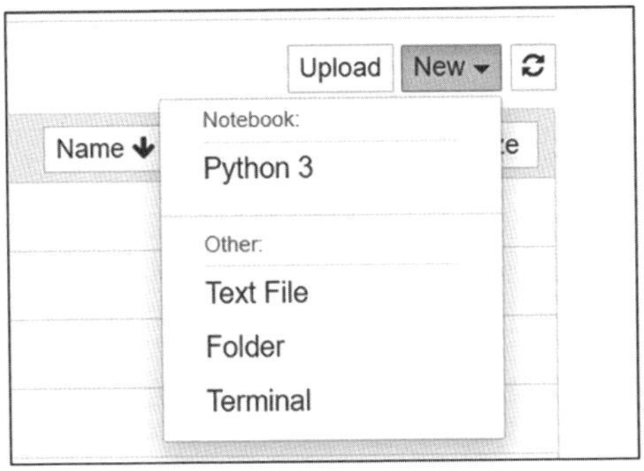


Figura 12.3 Início de um novo programa.

Quando se clica em novo programa em Python, o nome dele aparece com "Untitled", esperando para a programação na primeira linha, chamada de "In[ ]". As abas File, Edit, View etc. têm as mesmas funções do Python em programação no editor de texto. Na Figura 12.4, é possível se observar a linha em branco esperando as primeiras anotações de um programa. Em versões mais recentes (por exemplo, IPython 8.25.0) a aba de abertura para novos programas aparece com o nome "notebook", que deverá ser clicada para se abrir a mesma caixa apresentada na Figura 12.4.

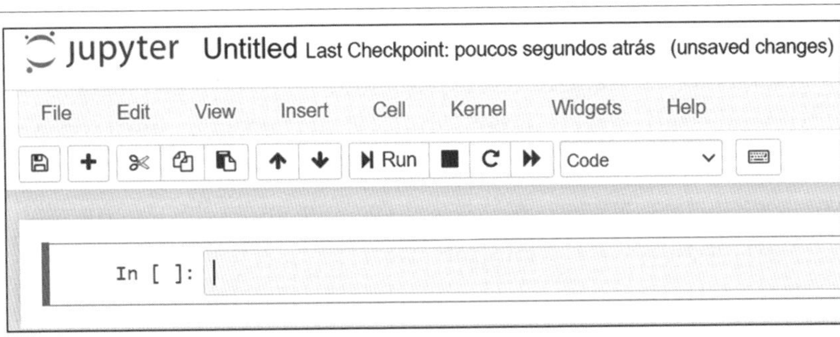


Figura 12.4 Linhas e células à espera de um novo comando.

Para se nomear um programa no Jupyter, ou renomear um já existente, basta clicar em cima da palavra "Untitled", que abrirá uma tela à espera de um nome para o programa que está sendo construído, como visto na Figura 12.5. Em cima do retângulo com o nome "Untitled", coloca-se um nome desejado e clica-se no botão "Rename".

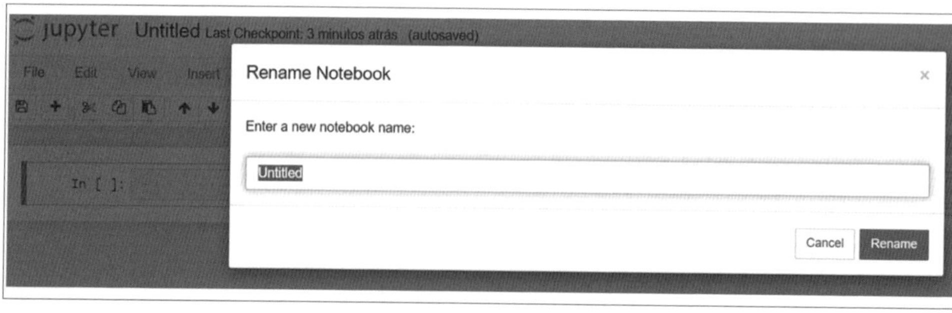


Figura 12.5 Renomeando um programa no Jupyter.

## 12.2 PRIMEIROS PROGRAMAS EM JUPYTER

Da mesma forma como fazemos no editor de texto dos programas em Python, começamos normalmente (mas isso não é uma obrigação) colocando as bibliotecas que serão importadas. Por exemplo, vamos supor que desejamos fazer um gráfico de um array no qual se tenha um vetor x e com ele se construa a função

$$f(x) = 2x^2 + x$$

Sabemos a partir dos capítulos introdutórios que precisaremos da biblioteca NumPy e da biblioteca matplotlib.pyplot para o gráfico. Então, na primeira célula em branco do Jupyter, colocamos nossas bibliotecas, como visto na Figura 12.6. Como passar para a próxima linha?

No ambiente Jupyter, para que ele aceite a linha e salve na memória os passos da programação, precisaremos clicar em "Shift + Enter" a fim de que o programa comece a executar os comandos. Se o usuário apenas clicar em "Enter", as células abrirão mais espaço em branco abaixo, dentro da própria célula, não criando outra linha de programação.

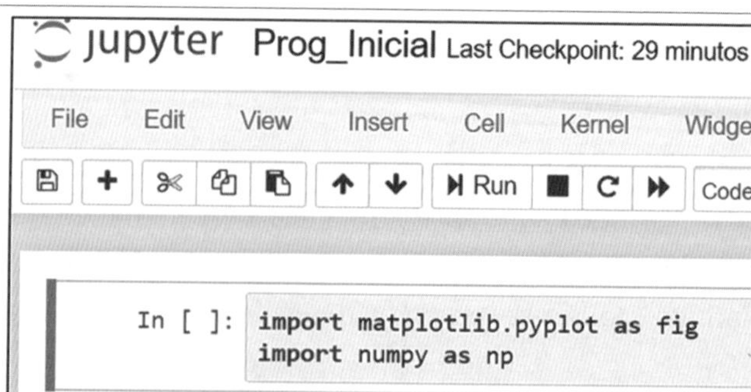


Figura 12.6 Começando um programa na primeira célula.

Quando clicamos em "Shift + Enter", o programa aceita a linha programada e abre uma nova linha. A antiga, então, começa a receber uma numeração, e, assim, a cada nova linha, as células vão recebendo seus números de linhas [1], [2], [3], ... etc., como visto na Figura 12.7.

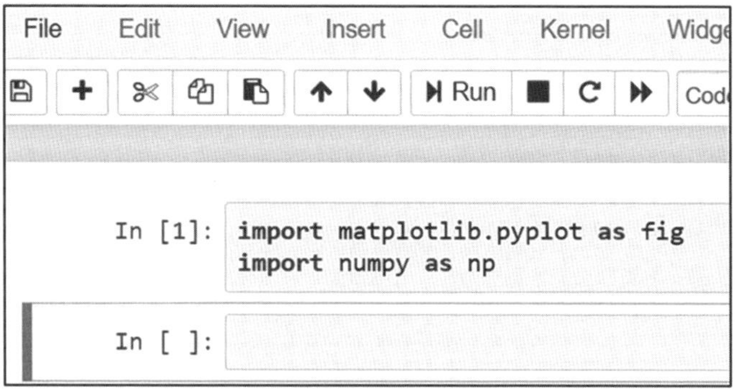


**Figura 12.7** Programa começa a executar os comandos de linha.

Primeiro, criamos o array para x, que será a base da função f(x) da qual se deseja fazer um gráfico, como apresentado na Figura 12.8. Depois, programamos a função f(x). Ela não precisará ser em outra célula, mas pode ser visualmente mais interessante se separar os valores das variáveis. É o programador quem decide o tipo de programa que desejará realizar, de forma a ficar mais didático e visualmente melhor.

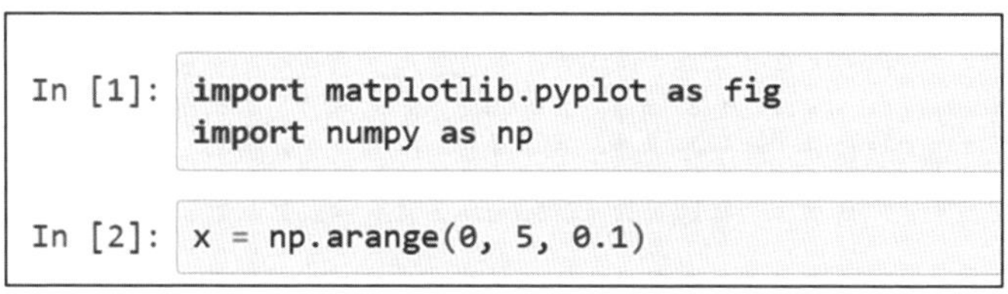


**Figura 12.8** Programação da linha na qual se quer criar o eixo x para o gráfico de f(x).

Um fator que diferencia o Jupyter do editor de texto do ambiente Spyder é que podemos ir observando os valores passo a passo, célula a célula, sem precisarmos rodar o programa todo, ou mesmo colocar comentários. A Figura 12.9 nos apresenta que, caso seja do interesse ir acompanhando como os valores de algumas variáveis ou equações estão se alterando, basta dar "Enter" na mesma célula e colocar o nome da variável a ser investigada.

A letra x após a geração do array permite ao Jupyter rodar o programa com "Shift + Enter" e, logo em seguida, na célula chamada "Out", mostrar o resultado em sua memória. Outro fato é de que cada "Out" tem a mesma numeração da linha que a gerou "In".

```
In [1]: import matplotlib.pyplot as fig
        import numpy as np

In [3]: x = np.arange(0, 5, 0.1)
        x

Out[3]: array([0. , 0.1, 0.2, 0.3, 0.4, 0.5, 0.6, 0.7, 0.8, 0.9, 1. , 1.1, 1.2,
               1.3, 1.4, 1.5, 1.6, 1.7, 1.8, 1.9, 2. , 2.1, 2.2, 2.3, 2.4, 2.5,
               2.6, 2.7, 2.8, 2.9, 3. , 3.1, 3.2, 3.3, 3.4, 3.5, 3.6, 3.7, 3.8,
               3.9, 4. , 4.1, 4.2, 4.3, 4.4, 4.5, 4.6, 4.7, 4.8, 4.9])
```

**Figura 12.9** Visualização do vetor x gerado dentro da mesma célula em que foi calculado.

Com o valor de x, podemos criar a função f(x) como ilustra a Figura 12.10, em que se colocou também a letra y para se ver o resultado gerado na memória do Jupyter.

```
In [1]: import matplotlib.pyplot as fig
        import numpy as np

In [3]: x = np.arange(0, 5, 0.1)
        x

Out[3]: array([0. , 0.1, 0.2, 0.3, 0.4, 0.5, 0.6, 0.7, 0.8, 0.9, 1. , 1.1, 1.2,
               1.3, 1.4, 1.5, 1.6, 1.7, 1.8, 1.9, 2. , 2.1, 2.2, 2.3, 2.4, 2.5,
               2.6, 2.7, 2.8, 2.9, 3. , 3.1, 3.2, 3.3, 3.4, 3.5, 3.6, 3.7, 3.8,
               3.9, 4. , 4.1, 4.2, 4.3, 4.4, 4.5, 4.6, 4.7, 4.8, 4.9])

In [4]: y = 2*x**2 + x
        y

Out[4]: array([ 0.  ,  0.12,  0.28,  0.48,  0.72,  1.  ,  1.32,  1.68,  2.08,
                2.52,  3.  ,  3.52,  4.08,  4.68,  5.32,  6.  ,  6.72,  7.48,
                8.28,  9.12, 10.  , 10.92, 11.88, 12.88, 13.92, 15.  , 16.12,
               17.28, 18.48, 19.72, 21.  , 22.32, 23.68, 25.08, 26.52, 28.  ,
               29.52, 31.08, 32.68, 34.32, 36.  , 37.72, 39.48, 41.28, 43.12,
               45.  , 46.92, 48.88, 50.88, 52.92])

In [ ]:
```

**Figura 12.10** Cálculo de f(x).

Após gerar o vetor x e o vetor y por meio da equação de segundo grau, sabemos que precisaremos usar a biblioteca matplotlib.pyplot para a construção do gráfico com a função plot( ). Na Figura 12.11, é possível ver que o gráfico é plotado dentro da célula, usando a estrutura "inline", que também existe na geração gráfica quando se está no editor de texto do Spyder.

A cada alteração que for realizada na célula do gráfico ou em qualquer outra, a célula de cálculo precisará ser executada novamente com "Shift + Enter". A Figura 12.11 apresenta o programa finalizado e completo, com as funções geradas e o gráfico plotado. Esse programa ainda pode ser reduzido colocando-se os vetores todos juntos na mesma célula. Como dito antes, tudo depende de como o programador quer exibir seu programa, ou mesmo reestudá-lo numa outra oportunidade.

```
In [1]:  import matplotlib.pyplot as fig
         import numpy as np

In [3]:  x = np.arange(0, 5, 0.1)
         x

Out[3]:  array([0. , 0.1, 0.2, 0.3, 0.4, 0.5, 0.6, 0.7, 0.8, 0.9, 1. , 1.1, 1.2,
                1.3, 1.4, 1.5, 1.6, 1.7, 1.8, 1.9, 2. , 2.1, 2.2, 2.3, 2.4, 2.5,
                2.6, 2.7, 2.8, 2.9, 3. , 3.1, 3.2, 3.3, 3.4, 3.5, 3.6, 3.7, 3.8,
                3.9, 4. , 4.1, 4.2, 4.3, 4.4, 4.5, 4.6, 4.7, 4.8, 4.9])

In [4]:  y = 2*x**2 + x
         y

Out[4]:  array([ 0.  ,  0.12,  0.28,  0.48,  0.72,  1.  ,  1.32,  1.68,  2.08,
                 2.52,  3.  ,  3.52,  4.08,  4.68,  5.32,  6.  ,  6.72,  7.48,
                 8.28,  9.12, 10.  , 10.92, 11.88, 12.88, 13.92, 15.  , 16.12,
                17.28, 18.48, 19.72, 21.  , 22.32, 23.68, 25.08, 26.52, 28.  ,
                29.52, 31.08, 32.68, 34.32, 36.  , 37.72, 39.48, 41.28, 43.12,
                45.  , 46.92, 48.88, 50.88, 52.92])

In [5]:  fig.plot(x,y,'-k')

Out[5]:  [<matplotlib.lines.Line2D at 0x1dec9f03e48>]
```

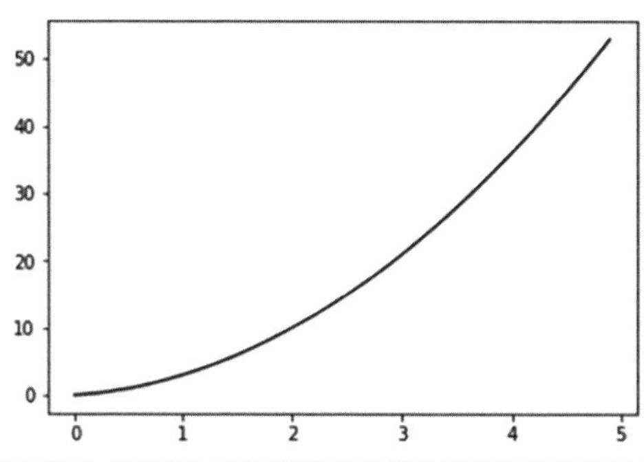


Figura 12.11 Término do programa com os cálculos e gráfico.

## 12.3 ALTERANDO E EDITANDO CÉLULAS NO JUPYTER

Muitas vezes depois de rodar o programa, percebemos que erramos uma determinada linha ou alguma fórmula dentro de uma célula inteira. O botão "Edit", do Jupyter, permite muitas alterações, como a cópia de células, a exclusão, a procura de células com comandos específicos e sua troca por outras informações e o agrupamento de células. Para acessar a edição, basta clicar em "Edit", como na Figura 12.12.

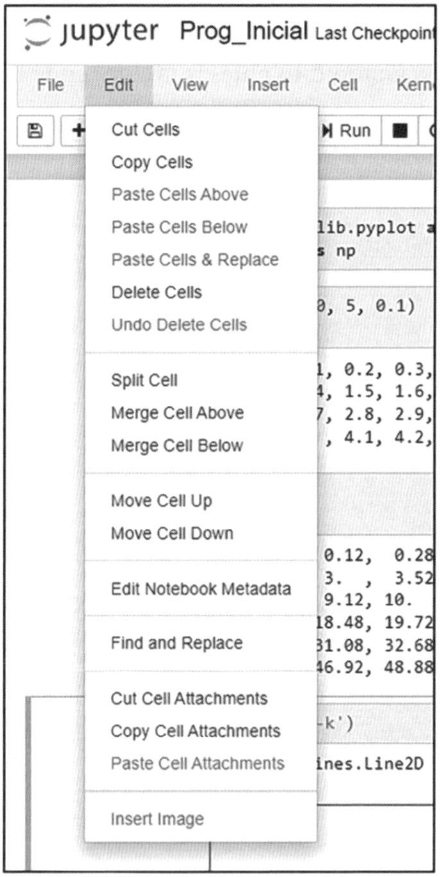


**Figura 12.12** Funções de edições no Jupyter.

Essa é uma versão mais amigável que os editores de texto do Python já fazem há muito tempo, mas são funções importantes e bem práticas de serem acessadas, mesmo por programadores iniciantes. Para se apagar uma célula, existem duas maneiras para a ação "delete". A primeira é acessando o botão "Edit" e clicando em "Cut Cells".

A segunda maneira de se apagar uma célula inteira é selecionando-a, como na Figura 12.13, e clicando no desenho de uma pequena tesoura, na parte superior dos comandos do Jupyter. Isso apagará todas as informações e desaparecerá com a programação.

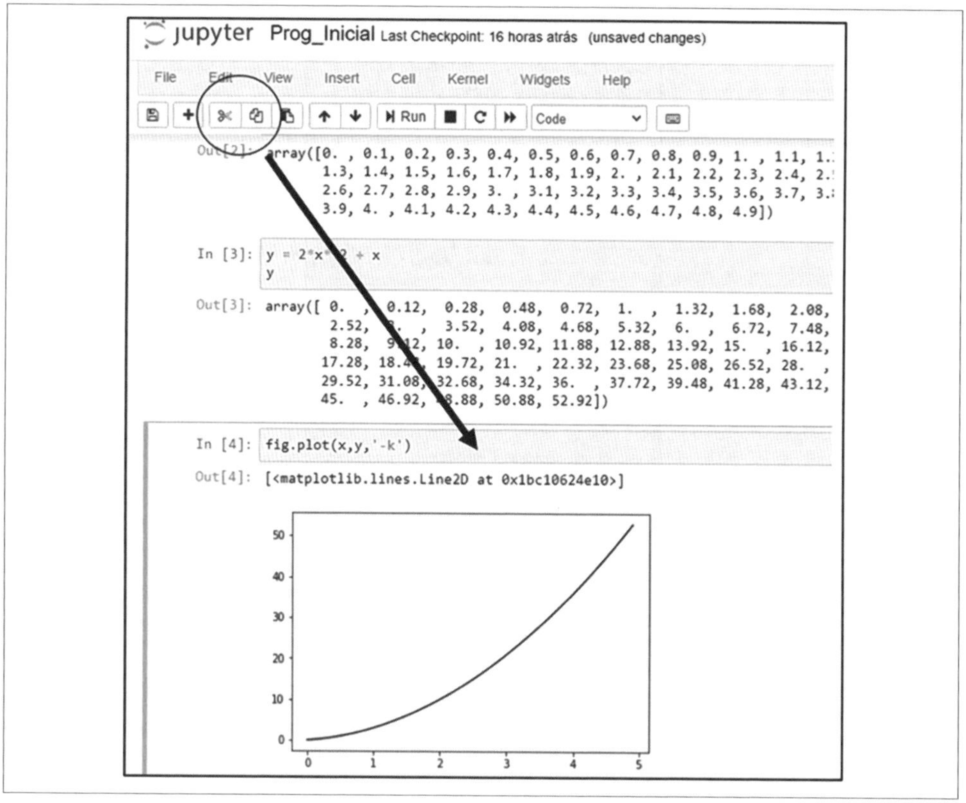


Figura 12.13 Apagando uma célula.

Caso se tenha apagado erroneamente uma célula inteira de informação com programação, basta clicar novamente no botão "Edit" e, em seguida, escolher "Undo Delete Cells", como apresentado na Figura 12.14. Em versões mais recentes, apenas clicando em "Undo" ou então no comando de teclado "CTRL + Z", é possível desfazer a ação anterior. No mesmo botão, para se copiar uma célula, basta selecionar com o mouse e, em seguida, escolher o tipo de cópia desejado para a célula.

Pode-se copiar uma célula com programação, colocando-se uma linha em cima de onde se está ("Paste Cells Above"); pode-se colocar abaixo de onde o mouse permanece selecionado ("Paste Cells Below"); ou, ainda, passa-se a célula do programa no lugar em que já existe uma outra célula, escolhendo "Paste Cells & Replace".

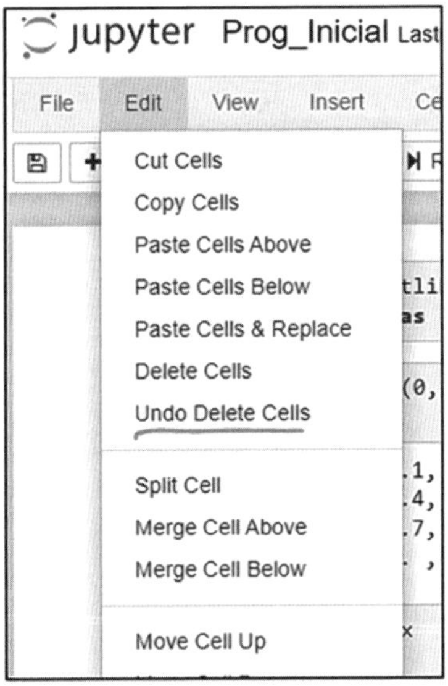


**Figura 12.14** Recuperando células que foram excluídas por engano.

Por exemplo, se copiarmos a célula [4] e selecionarmos para colocar na célula debaixo, o resultado será dois gráficos, pois são copiados não apenas os gráficos, mas também a programação que os gerou, como na Figura 12.15.

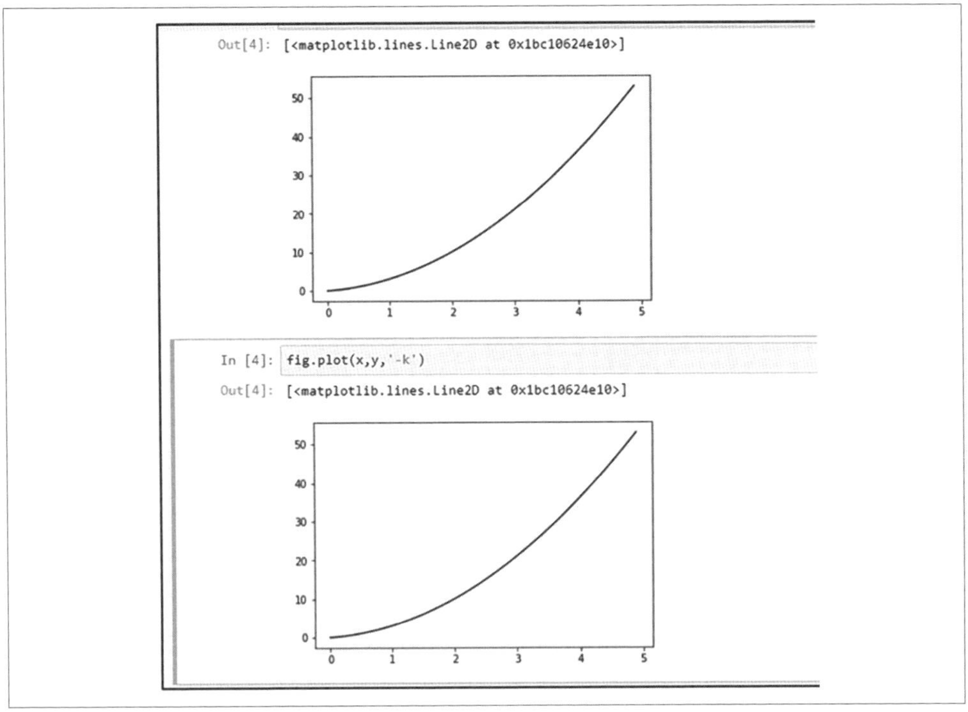


Figura 12.15 Copiar e colar uma célula na linha debaixo.

Como no Microsoft Word, podemos, ainda, usar o botão de "Copiar", tradicionalmente conhecido para copiar uma célula, como na Figura 12.16.

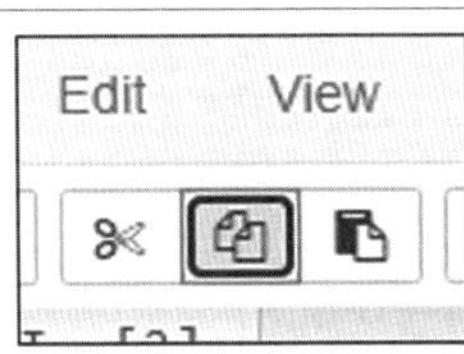


Figura 12.16 Botão de copiar células.

Para colar, basta usar o botão também existente no Word, como na Figura 12.17.

Figura 12.17 Botão de colar células no Jupyter.

Logo, de maneira geral, basta escolher com o mouse uma determinada célula e clicar em um dos botões para se ter o resultado desejado, como apresentado na Figura 12.18.

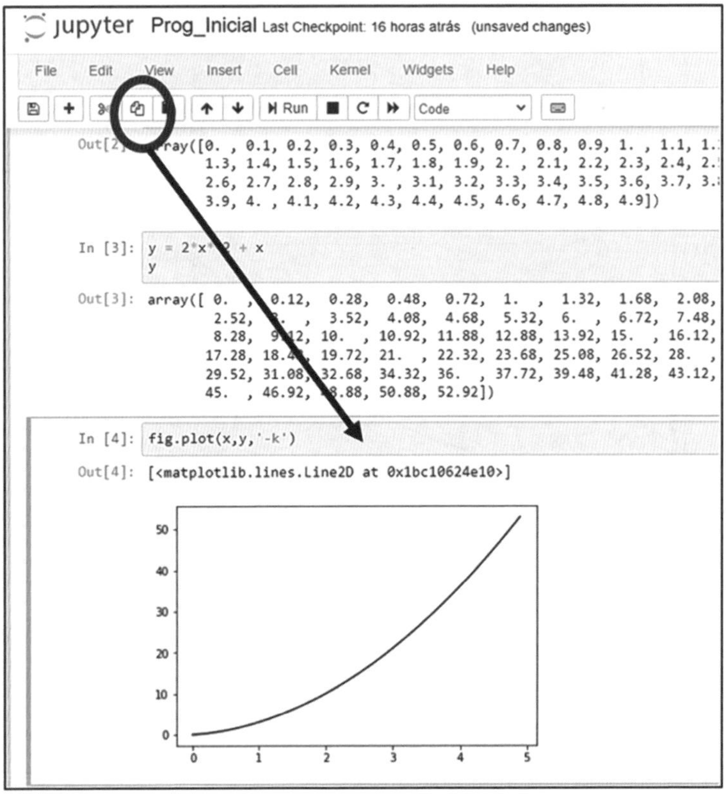

Figura 12.18 Copiar células com programação usando o botão de copiar no Jupyter.

## 12.4 UTILIZAÇÃO DO KERNEL

Alterações feitas em células podem ser executadas novamente usando "Shift + Enter", como dito antes. Às vezes, temos muitas alterações feitas em células com informações que estão embaixo de onde se alterou, ou logo no início do programa.

Nesses casos, por segurança, é melhor executar o programa todo, de uma só vez, em vez de se selecionar célula por célula com as programações. Para isso, devemos acessar o botão chamado de *Kernel*. O Kernel, no Python ou no Jupyter, é uma máquina interna para armazenar informações no *buffer* e executar programas seguindo a lógica do compilador. É ele que pode acelerar um programa ou retardá-lo, caso os cálculos sejam muito complexos e demorados.

O Kernel é acessado como apresentado na Figura 12.19. Com ele, por exemplo, quando programas "travam", podemos escolher "Interrupt", ou mesmo "Restart", para limparmos a memória de erros passados e começarmos a execução novamente. Em versões mais recentes esse comando foi renomeado para "Restart Kernel" dentro da aba "Kernel".

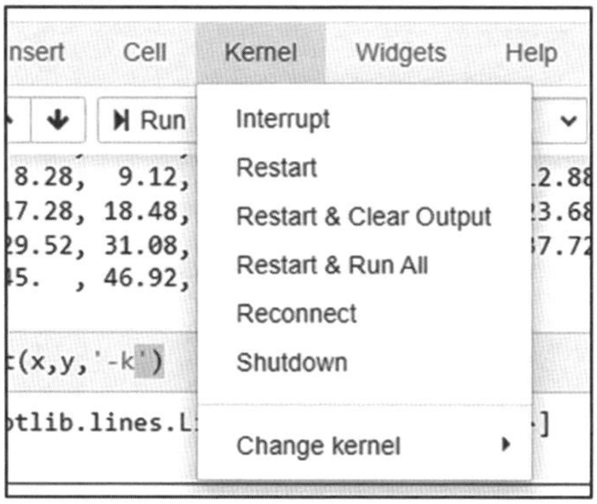


**Figura 12.19** Funções do Kernel.

Outra função importante do Kernel é limpar todas as células e reiniciar a execução automática "Restart & Clear Output" ou "Restart & Run All". Por exemplo, quando clicamos em nosso programa para "Restart & Clear Output", o Jupyter limpa todas as células, deixando a numeração das linhas em colchetes com branco interno [ ], indicando que o que ficou é apenas linha de programação que não foi executada, como apresentado na Figura 12.20.

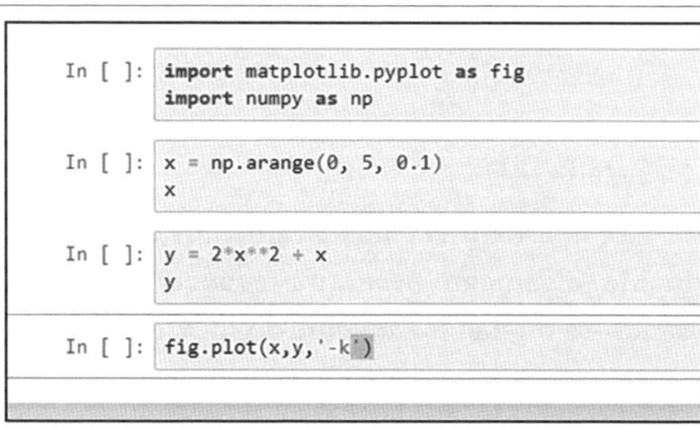


**Figura 12.20** Função "Restart & Clear Output" no programa-exemplo.

Para rodar todas as células sem apagar a memória e sem usar o Kernel para limpá-las, basta acessar a aba "Cell" e escolher "Run All". O Jupyter executará todas as linhas, mantendo na memória todos os cálculos existentes. Ainda se pode rodar partes do programa de forma automática, executando-se apenas as linhas de cima, com "Run All Above"; ou executando-se apenas as linhas debaixo de onde se está, com "Run All Below".

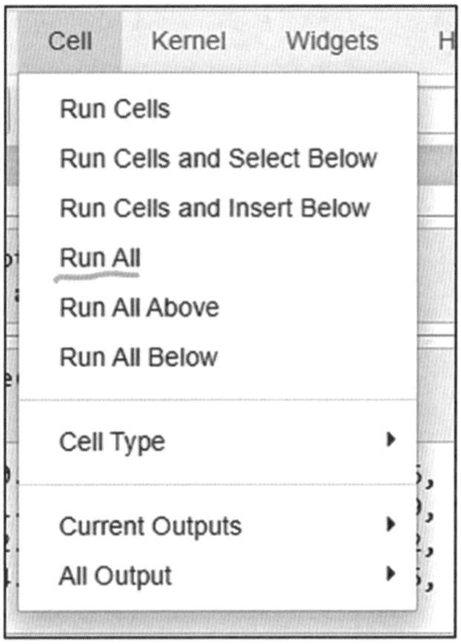


**Figura 12.21** Aba da função "Cell" para execução das linhas.

Como pode ser visto na Figura 12.21, ainda podemos rodar parcialmente algumas linhas escolhidas pelo mouse, clicando em "Run Cells and Select Below". Na versão mais recente, quando este livro estava sendo escrito (IPython 8.25.0), a aba "Cell" foi substituída pela aba "Run", mas se mantiveram todas as funções das versões anteriores.

## 12.5 SALVAR E DOWNLOAD

O Jupyter ainda fornece alternativas para salvamentos dos programas em diferentes formas. Esse tipo de salvamento permitirá recuperar e rodar os programas em outras ocasiões, usando-se ou não o ambiente do Jupyter.

O botão para abrir programas já salvos, salvar, copiar, renomear, entre tantas outras operações, é o "File", como apresentado na Figura 12.22. A escolha desse botão sempre se dá quando iniciamos um novo programa ou quando terminamos a programação e desejamos salvar em alguma pasta particular local ou em algum terminal ligado ao computador em que estamos trabalhando.

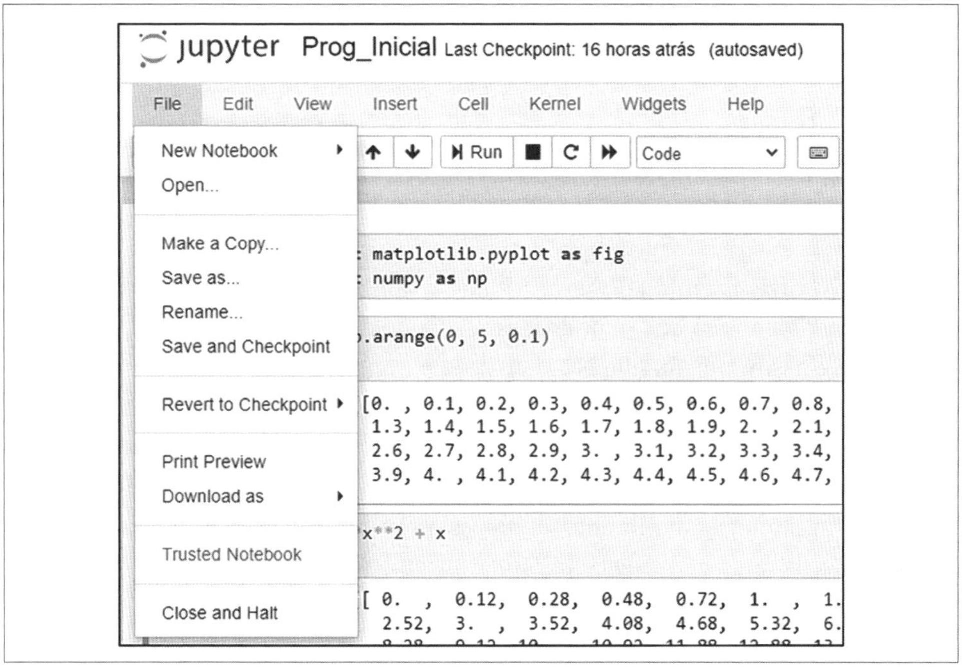


**Figura 12.22** Botão "File" para diversos tipos de salvamentos dos programas.

Para novos programas, também acessamos o "File", mas cabe salientar que, no Jupyter, os programas são chamados de "Notebooks". Quando escolhemos novos programas, ou "New Notebook", aparecerá a opção da linguagem Python. No caso, aqui, nossa versão é Python 3, como pode ser conferido na Figura 12.23. Versões mais recentes ou atualizadas do Python aparecerão nessa tela com a numeração ou a versão do Python instalada no computador.

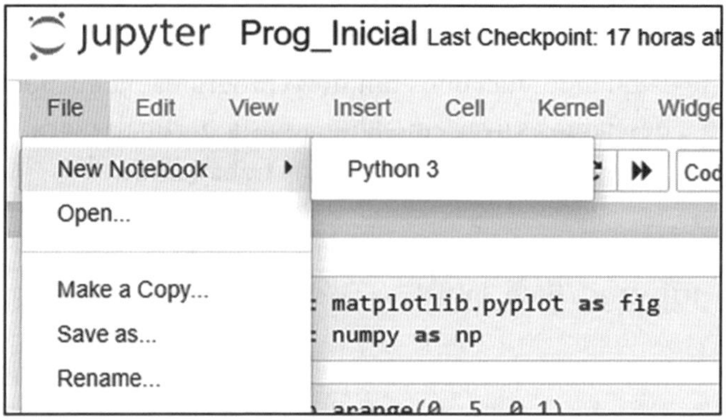


Figura 12.23 Opção "New" para iniciar novo Notebook (novo programa).

Na versão mais recente (IPython 8.25.0), a aba file passou a conter uma nova aba chamada "New" em que se pode abrir notebooks já feitos: o terminal, o Console, arquivos e assim por diante. Na abertura de um novo notebook (um novo programa no ambiente Jupyter), a versão recente agora tem uma aba chamada "New Console for Notebook" dentro da aba "File". Podemos salvar os programas (chamados de notebook) usando "Save as" quando desejarmos trocar os nomes dos programas em alguma pasta diferente da que estamos usando, ou mesmo após modificações importantes no programa ainda aberto. Na versão mais recente, a aba mudou para "Save Notebook As".

Outra forma diferente de salvar nossos projetos ou programas é por meio da opção "Download". Esse tipo de salvamento é para que nosso programa seja aberto em outros ambientes, ou até em outras linguagens de programação.

O natural é salvar como Jupyter, usando "Notebook(.ipynb)", mas podemos salvar para rodar na versão editor de texto do tipo Spyder, usando apenas a saída com formato Python, por meio de "Python(.py)", como visto na Figura 12.24. Nesse caso, o programa será salvo na pasta "Downloads" do Windows, e, de lá, poderá ser transferido para onde o programador desejar.

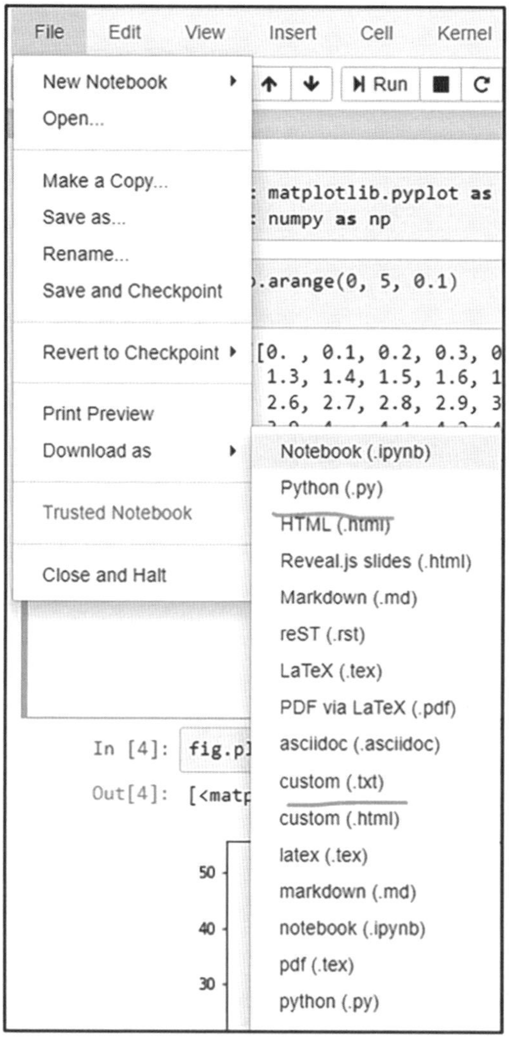


**Figura 12.24** Opção "Download" para salvar programas em diversos formatos.

Como visto, o ambiente de programação em Jupyter é muito interessante e amigável. Ele facilita a compreensão do funcionamento de linhas de código em Python até mesmo para não programadores. No entanto, ainda assim, o importante não é o ambiente de programação do Python, mas o conhecimento lógico de todos os passos para se resolver um problema com programação de script.

O conhecimento acadêmico e crítico independe do ambiente ao qual estamos expostos para programar; é necessário ainda um longo e duro preparo na elaboração de programas, para se evitarem os erros discutidos anteriormente ao longo dos capítulos.

# Referências


CAETANO, M. A. L. **Análise de risco em aplicações financeiras**. São Paulo: Blucher, 2017.

CAETANO, M. A. L. **Mudanças abruptas no mercado financeiro** – modelos, métodos e previsões. São Paulo: Érica-Saraiva, 2013.

CAETANO, M. A. L. **Python e mercado financeiro** – programação para estudantes, investidores e analistas. São Paulo: Blucher, 2017, 532p.

COSTA NETO, P. L. O. **Estatística**. São Paulo: Blucher, 1999.

DUCHESNAY, E.; LÖFSTEDT, T. **Statistics and machine learning in Python**. Disponível em: <ftp://ftp.cea.fr/pub/unati/people/educhesnay/pystatml/StatisticsMachineLearningPythonDraft.pdf>. Acesso em 2019.

FLETCHER, S.; GARDNER, C. **Financial modelling in Python**. John Wiley & Sons, INC., 2009.

FONSECA, J. S. **Curso de estatística**. São Paulo: Atlas, 1992.

FREUND, J. E. **Economia, administração e contabilidade** – estatística aplicada. 11. ed. Nova Iorque: McGraw Hill, 2007.

GARG, G. **An introduction to Pandas** — Python's data analysis library. Site: Python in Plain English, 2021. Disponível em: <https://python.plainenglish.io/an-introduction-to-pandas-pythons-data-analysis-library-cc484a426f3>. Acesso em 2021.

GUJARATI, D. N. **Econometria básica**. 3. ed. São Paulo: Makron Books do Brasil, 2000, 846 p.

HELSTROM, C. W. **Probability and stochastic process for engineers**. Nova Iorque: Maxwell Macmillan International Editions, 1991.

HILPISCH, Y. **Python for finance** - Analyze big financial data. Cambridge: O'Reilly, 2015.

KOPF, D. **Pandas** - Meet the man behind the most important tool in data science. Quartz, 2017. Disponível em: <https://qz.com/1126615/the-story-of-the-most-important-tool-in-data-science>. Acesso em 2017.

LIVIO, M. **Is God a mathematician?** Nova Iorque: Simon & Schuster Paperbacks, 2009, 308 p.

MAGALHÃES, M. N.; LIMA, A. C. P. **Noções de probabilidade e estatística**. São Paulo: Editora da USP, 2000.

MANDELBROT, B.; HUDSON, R. L. **Mercados financeiros fora de controle** - a teoria dos fractais explicando o comportamento dos mercados. São Paulo: Editora Campus, 2004, 317 p.

MEYER, P. L. **Probabilidade** - aplicações à estatística. Rio de Janeiro: Livros Técnicos e Científicos Editora, 1984.

MORETTIN, P. A.; TOLOI, C. M. **Séries temporais**. São Paulo: Atual Editora, 1987, 130 p.

MORINI, M. **Understanding and managing model risk** - A practical guide for quants, traders and validators. Nova Jersey: John Wiley & Sons, 2001.

MORRIS, G. L. **Candlestick charting explained** - Timeless techniques for trading stocks and futures. Nova Iorque: McGraw-Hill, 1995, 299 p.

NAVIDI, W. **Probabilidade e estatística para ciências exatas**. Nova Iorque: McGraw Hill, 2012.

NISON, S. **Japanese candlestick charting techniques** - A contemporary guide to the ancient investment techniques of far east. New York Institute of Finance Simon & Schuster, 1991, 315 p.

ONNELA, J. P.; KASHI, K.; KERTÉSZ, J. Clustering and information in correlation based financial networks. **Eur. Phys. J. B**. v. 38, 2004, 253-362.

PAPOULIS, A. **Probability, random variables, and stochastic process**. Nova Iorque: McGraw-Hill, 1991.

PENROSE, R. **A mente nova do imperador**: sobre computadores, mentes e as leis da física. São Paulo: Unesp, 2023, 607 p.

PRADO, P. P. L. **Probabilidade, inferência estatística e testes**. São Paulo: Senai, 2014.

ROQUE, T. **História da matemática** - uma visão crítica, desfazendo mitos e lendas. Rio de Janeiro: Zahar, 2012.

ROSS, S. M. **An elementary introduction to mathematical finance**. Cambridge University Press. 2011.

SAGAN, C. **O mundo assombrado pelos demônios**: a ciência vista como uma vela no escuro (Trad. Rosaura Eichemberg). São Paulo: Companhia das Letras, 1996, 442 p.

SPIEGEL, M. R. **Estatística**. Nova Iorque: McGraw-Hill. 1994.

VIENS, F. G.; MARIANI, M. C.; FLORESCU, I.(Eds). **Modeling high-frequency data in finance**. Nova Jersey: John Wiley & Sons INC, 2012.

WADI, S. A., ISMAIL, M. T. e KARIM, S. A. A. Statistical computational of volatility in financial time series data. **World Academy of Science, Engineering and Technology**, 38, 2010, 778-782.

YAN, Y. **Python for finance** - Build real-life Python applications for quantitative finance and financial engineering. Birmingham: Packt Publishing, 2014.

# Solução dos exercícios

## CAPÍTULO 1

A seguir são apresentadas as soluções para os exercícios propostos no Capítulo 1. É fundamental repetir os programas e estudar cada solução de forma construtiva e detalhada. Não basta apenas copiar a solução para o editor do Python.

### (1.1)

```
n= input('letra = ')
print(n)
```

### (1.2)

```
n=int(input('n'))
print(n)
```

### (1.3)

| *Linhas* | *Resposta final do console* |
|---|---|
| • letras[1] | **b** |
| • letras[len(letras)-2] | **k** |

(1.4)

```
import math as m

x= float(input('x = '))
y= m.sqrt( m.log( (x**4+3)/(x+5) ) )
print(y)
```

(1.5)

```
import math as mt
x=float(input('x= '))
y=float(input('y= '))
z=mt.sqrt((x**3+mt.exp(y))/mt.cos(3*x))
print(z)
```

(1.6)

```
import math as m
x=float(input('x='))
y=m.sqrt((x**3+1)/3)
print(y)
```

(1.7)

```
import math
r=float(input('r = '))
volume_da_esfera = (4/3)*math.pi*r**3
print(volume_da_esfera)
```

(1.8)

```
x= int(input('x = '))
y= int(input('y = '))

soma = x % 10 + y % 5
if soma>=1:
    print("maior ou igual a 1")
else:
    print("menor do que 1")
```

**(1.9)**

```
x= float(input('x = '))
y= float(input('y = '))

if x>y**2:
    print("maior")
elif x==y**2:
    print("igual")
else:
    print("menor")
```

**(1.10)**

```
x= int(input('x='))
y= int(input('y='))
resto = x % y
if resto>1:
    print("maior do que 1")
else:
    print("menor do que 1")
```

**(1.11)**

```
n=int(input('n= '))
if n%5==0:
    n=n**2
else:
    n=10*n
print(n)
```

**(1.12)**

```
x= float(input('x='))
y= float(input('y='))

if x>y:
    print("x é maior")
elif x==y:
    print("x é igual")
else:
    print("x é menor")
```

**(1.13)**

```
n=int(input('n= '))
if n%5==0:
    print('múltiplo de 5')
elif n%7==0:
    print('multiplo de 7')
elif n%11==0:
    print('múltiplo de 11')
else:
    print('não é múltiplo de nenhum deles')
```

**(1.14)**

```
import math as m
x=float(input('x= '))
y=float(input('y= '))
if x>=y:
    z=m.exp(x+y)
else:
    z=m.cos(m.sin(x+y))
print('z= ',z)
```

**(1.15)**

```
import math as m
n=int(input('n= '))
i=1
s=1
while i<=n:
    s = s + 2
    print(m.sqrt(s))
    i = i + 1
```

**(1.16)**

```
n= float(input('n='))
i=1
while i<=n:
      print(2*i)
```

**(1.17)**

```
import numpy as np

n=int(input('n= '))
x=[]
i=1
s=1
while i<=n:
    x.append(i/s)
    s=s+2
    i=i+1
x=np.array(x)
print(x.sum())
```

**(1.18)**

```
n=int(input('n='))
i=1
while i<=n:
    y=i**3
    print(y)
    i=i+1
```

**(1.19)**

```
n=int(input('n='))
i=1
x=1
while i<=n:
    print(x)
    x=x+4
    i=i+1
```

**(1.20)**

```
import math as m
n=int(input('n='))
i=2
s=1
x=1
while i<=n:
    x=x+3
    s=s+1/m.sqrt(x)
    i=i+1
print('soma total = ',s)
```

(1.21)

```
n=int(input('n='))
i=1
s=0
while i<=n:
    s=s+i**2
    i=i+1
print('soma total = ',s)
```

(1.22)

```
n=int(input('n= '))
x=float(input('x= '))
s=1
for i in range(2,n+1):
    s=s+x/(i**2)
print('soma= ',s)
```

(1.23)

```
import math as m

n=int(input('n= '))
i=1
while i<=n:
    x=m.sqrt(i)
    print(x)
    i=i+1
```

(1.24)

```
s=0
i=3
while i<=20:
    if i>10:
        break
    else:
        s=s+i
    i=i+2
print(s)
```

**(1.25)**

```
n= float(input('n='))
s=0
for i in range(n):
    s= s + 1/i
print(s)
```

**(1.26)**

```
import math as m

n= float(input('n='))
s=0
i=1
while i<=n:
    s = s + m.exp(-i)
    i = i + 1
print(s)
```

**(1.27)** `x[-1]` ou `x[-1:]`

**(1.28)** `x[-2:]`

**(1.29)**

```
import numpy as np

x = [10, -2, 5]

x = np.array(x)
y = x.mean()
print(y)
```

**(1.30)**

```
import numpy as np

n=int(input("n= "))
x = np.zeros(n)
print(x)
```

**(1.31)**

```
import numpy as np
x = [10, -2, 5, 8, 4, 3, 1]
x = np.array(x)
ret = (x[1:7]-x[0:6])/x[0:6]
print(ret)
```

**(1.32)**

```
def troca(x):
    x = ['d', 'g', 'f']
    return x

x=['a', 'b', 'c']
y = troca(x)
print(y)
```

**(1.33)** `x[0:3]`

**(1.34)**

```
import numpy as np
LX=[]
for i in range(7):
    x=int(input('x= '))
    LX.append(x)
LX=np.array(LX)
media=LX.mean()
print('média = ',media)
```

**(1.35)**

```
x = ['f', 'g', 'h']
y = ['w', 'f', 't']
x.extend(y)
print(x)
```

**(1.36)**

```
S=[[3,2],[5,7,2],[3,9,5,8],[10,1]]
x=[]
for y in S:
    for k in y:
        x.append(k)
print(x)
```

(1.37)

```
S=[[5,1],[0,1],[3,9],[10,1,8]]
x=[]
for i in S:
    for j in i:
        x.append(j)
print(x)
```

(1.38)

```
import numpy as np
x=[3, -1, 2.5, 3.1, 4.8, 9.3]
y=np.array(x)
z=y**3
maximo=z.max()
minimo=z.min()
print(maximo,minimo)
```

(1.39)

```
import numpy as np

n=int(input('n= '))
x = np.ones(n)
print(x)
```

(1.40)

```
import numpy as np
import matplotlib.pyplot as fig

x=[1,2,1,1,1,3,3,5,1,2,5,3]
x = np.array(x)
y = x**2 + np.cos(x)

fig.plot(x,y)
fig.figure()
fig.hist(x, bins=3)

```

(1.41)

```
import numpy as np
import matplotlib.pyplot as fig

n=int(input("n= "))
x = np.linspace(0,n,n)
y = np.cos(x) + x

fig.plot(x,y)
```

(1.42)

```
import numpy as np
import matplotlib.pyplot as fig

x=np.random.normal(0,1,100)
y=np.random.normal(2,1,100)
fig.subplot(311)
fig.plot(x)
fig.subplot(312)
fig.hist(y)
fig.subplot(313)
z=x+y-2*x*y
fig.plot(z)

```

## CAPÍTULO 2

Solução para os exercícios propostos no Capítulo 2. Para melhor aprendizado recomenda-se tentar resolvê-los antes de consultar a solução.

(2.1)

(a) Média das quantidades de automóveis (qtde.).

```
print(df['Qtde'].mean())
```

(b) O carro mais caro.

```
print(df.index[df['Valor'].argmax()])
```

(c) Os registros do DataFrame considerando os carros com valores superior a 70 mil e quantidades superiores a 7.

```
print(df[(df['Valor']>70000)&(df['Qtde']>7)])
```

(d) Localize os nomes dos carros que têm quantidades 11 ou mais.

```
print(df.loc[df['Qtde']>=11].index)
```

**(2.2)** Com o DataFrame proposto:

```
    nome  preço  vendas
   lapis    1.2     120
  caneta    3.7      50
borracha    3.2      20
   régua    5.2      30
compasso   17.4      80
```

(a)

```
import pandas as pd

df=pd.DataFrame({'nome':['lapis','caneta','borracha','régua','compasso'],
                 'preço':[1.2, 3.7, 3.2, 5.2, 17.4],
                 'vendas':[120, 50, 20, 30, 80]})
```

(b)

```
print(df.head(2))
```

(c)

```
print(df.tail(2))
```

(d)

```
print(df.sort_values(by='nome'))
```

(e)

```
df.set_index('nome',inplace=True)
```

(f) **df.mean()**

(g) **df.plot(y=['preço', 'vendas'], subplot=True)**

**(2.3)**

```
import pandas as pd

#++++++++++++++++ primeira function ++++++++++++++
def estat(df):
    media=df['valor'].mean()
    desvio=df['valor'].std()
    maximo=df['valor'].max()
    minimo=df['valor'].min()
    return media, desvio, maximo, minimo
#+++++++++++++++ segunda function ++++++++++++++++
def ordena(df):
    df=df.sort_values(by='valor')
    return df
########### programa principal #################
df=pd.DataFrame(columns=['nome','valor'])

df['nome']=['a','b']
df['valor']=[3,2]
#++++++++++++ chama a primeira function +++++++++
resultado1=estat(df)
print(resultado1)
#+++++++++++ chama a segunda function +++++++++++
resultado2=ordena(df)
print(resultado2)
```

**(2.4)** (a)

```
import pandas as pd
df=pd.DataFrame({'e':[17.89,16.65,15.29,14.45,12.04],
                 'b':[30.11,29.08,28.36,26.76,22.48],
                 'd':[1,0.99,1,1,1.001]},
                    index=['2022-06-09','2022-06-10','2022-06-11',
                           '2022-06-12','2022-06-13'])
print(df)
```

(b)

```
df['rete']=df['e'].pct_change()
df['retb']=df['b'].pct_change()
df['retd']=df['d'].pct_change()
```

(c)

```
df['calc']=(df['rete']+2*df['retb']+0.2*df['retd'])/df['retb']**2
```

(d)

```
df2=df.drop(['e','b','d','calc'],axis=1)
print(df2.corr())
```

(e)

```
x=df2['rete'].values
```

**(2.5)** c

O programa para a resposta c é o que segue:

```
# questÃ£o pandas para media movel e retorno
import pandas as pd

df=pd.DataFrame({'a':[2,3,4,2,-1,-5,-7,-3,5,8,9,10,8,4,-3,-2,2,5,8,9,10,3,2,-5]})

df['retorno']=df.pct_change(1)
df['med_mov']=df['retorno'].rolling(window=4).mean()
print('++++++++++++++++++++++++++++++++++++++++++++++')
print(df['med_mov'].min(),df['med_mov'].max())
```

**(2.6)** d

**(2.7)** c

**(2.8)** c

## CAPÍTULO 3

A seguir, é apresentada a solução para os exercícios propostos no Capítulo 3. É fundamental repetir os programas e estudar cada solução.

**(3.1)**

```
import pandas as pd

df = pd.read_csv('^BVSP.csv')

df.set_index('Date',inplace=True)

df.plot(y='Close',color='black',style='--',marker='<',grid=True,
        title='Ibovespa/2022',
        xlabel='Data',
        ylabel='Pontos')
```

(3.2)

```
import pandas as pd

df = pd.read_csv('^BVSP.csv')

df.set_index('Date',inplace=True)

df.plot(y=['Close','Low'],color=['blue','red'],style='-',marker='o',grid=True,
        title='Ibovespa/2022',
        xlabel='Data',
        ylabel='Pontos')
```

(3.3)

```
import pandas as pd

df = pd.read_csv('^BVSP.csv')

df.set_index('Date',inplace=True)

df.plot(y=['High','Low'],color=['black','red'],style=['-','--'],marker='o',
        title='Ibovespa/2022',
        xlabel='Data',
        ylabel='Pontos',
        subplots=True,
        layout=(1,2))
```

(3.4)

```
import pandas as pd

df = pd.read_csv('^BVSP.csv')

df.set_index('Date',inplace=True)

# O fatiamento eh df[::5] o que indica inicio automatico, fim
# automatico e step de 5 dias nas datas

df[::5].plot(y='Volume',kind='bar',title='Ibovespa/2022',
        xlabel='Data',ylabel='Pontos')
```

## (3.5)

```
import pandas as pd
import matplotlib.pyplot as fig
import numpy as np
import matplotlib.dates as mdates

df = pd.read_csv('^BVSP.csv')

df.set_index('Date',inplace=True)

########### cria o eixo do subplot como veto
#          o subplot 211 sera ax1[0]
#          o subplot 212 sera ax1[1]
##############################################
figura, ax1 = fig.subplots(nrows=2, ncols=1) # coloca o subplot com matplotlib

############## aqui faz o grafico de linha do fechamento, usando kind='line'
df.plot(y='Close',kind='line',title='Ibovespa/2022',
        xlabel='Data',ylabel='Pontos',
        ax=ax1[0]) # <----grafico no 1o eixo

############## aqui faz o grafico de barras do volume, usando kind='bar'
df.plot(y='Volume',kind='bar',title='Ibovespa/2022',
        xlabel='Data',ylabel='Pontos',ax=ax1[1],rot=45) # <----grafico no 2o eixo
```

## (3.6)

```
import pandas as pd
import matplotlib.pyplot as fig
import numpy as np
import matplotlib.dates as mdates

df = pd.read_csv('^BVSP.csv')

df.set_index('Date',inplace=True)

########### cria o eixo do subplot como veto
#          o subplot 211 sera ax1[0]
#          o subplot 212 sera ax1[1]
##############################################
figura, ax1 = fig.subplots(nrows=2, ncols=2) # coloca o subplot com matplotlib

############## aqui faz o grafico de linha do fechamento, usando kind='line'
df.plot(y='Close',kind='line',title='Ibovespa/2022',
        xlabel='Data',ylabel='Pontos',
        ax=ax1[0,0]) # <----grafico no 1o eixo

df.plot(y='Volume',kind='line',title='Ibovespa/2022',
        xlabel='Data',ylabel='Volume de Negócios',
        ax=ax1[0,1]) # <----grafico no 2o eixo

############## aqui faz o grafico de barras do histograma do Close, usando kind='hist'
df.plot(y='Close',kind='hist',title='Histograma Close',
        xlabel='Data',ylabel='frequencia',
        ax=ax1[1,0]) # <----grafico no 3o eixo

############## aqui faz o grafico de barras do histograma do Volume, usando kind='hist
df.plot(y='Volume',kind='hist',color='orange',title='Histograma Volume',
        xlabel='Data',ylabel='frequencia',
        ax=ax1[1,1]) # <----grafico no 3o eixo
```

(3.7)

```
import pandas as pd
import matplotlib.pyplot as fig
import numpy as np
import matplotlib.dates as mdates

df = pd.read_csv('^BVSP.csv')

df.set_index('Date',inplace=True)

df.index=pd.to_datetime(df.index)

df.index=df.index.strftime('%Y-%m-%d')

df.drop(['Volume','Adj Close'], axis=1,inplace=True)

df[-62:].T.boxplot(rot=45)
```

(3.8)

```
print(df[df['Close']<98000])
print('menor valor ocorreu em : ', df.index[df['Close'].argmin()])
```

```
               Open     High      Low    Close
Date
2022-07-13  98258.0  98928.0  97403.0  97881.0
2022-07-14  97879.0  97879.0  95431.0  96121.0
2022-07-15  96119.0  96971.0  95267.0  96551.0
2022-07-18  96553.0  98291.0  96553.0  96916.0
menor valor ocorreu em :  2022-07-14
```

(3.9)

```
import pandas as pd
import matplotlib.pyplot as fig
import numpy as np
import matplotlib.dates as mdates

df = pd.read_csv('^BVSP.csv')

df.set_index('Date',inplace=True)

df.drop(['Adj Close'], axis=1,inplace=True)

df2=pd.DataFrame()
df2['Close']=df[ (df['Close']>110000) & (df['Volume']<9000000) ]['Close']
print('+++++++++++++++ Estatísticas ++++++++++++++++++++++')
print('Máximo = ', df2['Close'].max())
print('Mínimo = ', df2['Close'].min())
print('Média = ', df2['Close'].mean())
print('Desvio padrão pop = ', df2['Close'].std(ddof=0))
print('Dia do máximo Close = ', df2.index[df2['Close'].argmax()])
print('Dia do menor Close = ', df2.index[df2['Close'].argmin()])
print('+++++++++++++++++++++++++++++++++++++++++++++++++++')
```

Resultado:

```
+++++++++++++++ Estatísticas ++++++++++++++++++++++
Máximo =  121280.0
Mínimo =  110186.0
Média =  113720.88888888889
Desvio padrão pop =  3293.907522295078
Dia do máximo Close =  2022-04-04
Dia do menor Close =  2022-06-06
+++++++++++++++++++++++++++++++++++++++++++++++++
```

(3.10)

```
import pandas as pd
import matplotlib.pyplot as fig

df=pd.read_excel('Dados.xlsx')

figura, ax1=fig.subplots(nrows=2,ncols=2)
df.plot(y='x',ax=ax1[0,0])
df.plot(y='y',kind='bar',ax=ax1[0,1])
df.plot(y='z',kind='hist',ax=ax1[1,0])
df.plot(y='w',ax=ax1[1,1])

print(df['x'].mean())
print(df['y'].max())
print(df['z'].std(ddof=0))
print(df['w'].min())
```

(3.11)

```
import pandas as pd
df=pd.DataFrame({'x':[2,4,1,6,5,8,9,8,9,8,1,1]})
print(df['x'].mean())
print(df['x'].max())
print(df['x'].std())
df.hist(bins=4,grid=False)
```

(3.12)

Parte 1 do programa:

```
import pandas as pd
import numpy as np

n=int(input('n='))
x=np.linspace(0,n,n)
y=np.random.randn(n)
z=np.exp(-x**2+y)
```

Parte 2 do programa:

```
df=pd.DataFrame(columns=['x','y','z'])

df['x']=x
df['y']=y
df['z']=z
df.plot(y=['y','z'])
```

Parte 3 do programa:

```
coef=np.polyfit(x,df['y'],2)
pb=coef[0]*x**2 + coef[1]*x + coef[2]
df['tend']=pb
df.plot(y=['y','tend'])
```

**(3.13)**

(a)

```
import pandas as pd

df = pd.DataFrame(
    {
        'Investimento': [.3, 3.4, 1.6, 2.1, -.3, -1.9, -.5, 1.2, -2, 1.2],
        'Retorno': [-1.5, 7.5, 4.3, 2.9, 1, .5, -4, -3.3, 1.3, 1.8]
    },
    index=['jan', 'fev', 'mar', 'abr', 'mai', 'jun', 'jul', 'ago', 'set', 'out']
)
```

(b)

```
import numpy as np
x = np.arange(len(df))
a_inv, b_inv = np.polyfit(x, df['Investimento'], 1)
a_ret, b_ret = np.polyfit(x, df['Retorno'], 1)
```

(c) Quais os valores encontrados para os parâmetros de cada uma das retas (y=ax+b)?

| Curva do **investimento** | | Curva do **retorno** | |
|---|---|---|---|
| a = | -0.249091 | a = | -0.441818 |
| b = | 1.630909 | b = | 3.038182 |

## CAPÍTULO 4

A seguir, é apresentada a solução dos exercícios propostos no Capítulo 4. É fundamental repetir os programas e estudar cada solução.

**(4.1)**

| Índice | Receita | Prejuízo |
|---|---|---|
| D1 | 500 | 20 |
| D2 | 400 | 18 |
| D3 | 70 | 9 |

(a)

```
import pandas as pd
df=pd.DataFrame(columns=['receita','prejuizo'])

df.receita=[500,400,70]
df.prejuizo=[2,18,9]
df.index=['D1','D2','D3']
```

(b)

```
print(df['receita'].mean())
```

(c)

```
print(df.index[df['prejuizo'].argmax()])
```

(d)

```
print(df.index[df['prejuizo'].argmin()])
```

(e)

```
print(df.loc['D3']['receita'])
```

(4.2)

(a)

```
print(df.groupby('clientes').sum()

          investimento
clientes
João                12
Luiza                8
Maria                4
Pedro                4
```

(b)

```
print(df.groupby('clientes').sum().index)

++++++++++++++++++++++++++++++
Index(['João', 'Luiza', 'Maria', 'Pedro'], dtype='object', name='clientes')
```

(c)

```
print(df.groupby('clientes').sum().investimento.values)

++++++++++++++++++++++++++++++
[12  8  4  4]
```

(d) Após a formação do DataFrame, volte nas linhas anteriores aos agrupamentos e transforme as datas para formato "date" na Pandas:

```
df['data']=pd.to_datetime(df['data'])
```

Só então faça o agrupamento:

```
##### agrupamento por meses ######
print('')
print('++++++++++++++++++++++++++++++')
print(df.groupby(df['data'].dt.to_period('M')).sum())

++++++++++++++++++++++++++++++
         investimento
data
2023-01             7
2023-04             4
2023-05             8
2023-10             9
```

**(4.3)**

(a)

```
print(df.groupby('times').sum())
```

```
             gols
times
Corinthians     1
Flamento        2
Palmeiras       5
Santos          8
```

(b)

```
print(df.groupby('times').sum().index)
```

```
+++++++++++++++++++++++++++++++
Index(['João', 'Luiza', 'Maria', 'Pedro'], dtype='object', name='clientes')
```

(c)

```
print(df.groupby('times').sum().gols.values)
```

```
+++++++++++++++++++++++++++++++
[1 2 5 8]
```

(d) Antes de tudo, após a formação do DataFrame, volte nas linhas anteriores aos agrupamentos e transforme as datas para formato "date" na Pandas:

```
df['data']=pd.to_datetime(df['data'])
```

Só então faça o agrupamento:

```
##### agrupamento por meses ######
print('')
print('+++++++++++++++++++++++++++++++')
print(df.groupby(df['data'].dt.to_period('M')).sum())
```

```
+++++++++++++++++++++++
         gols
data
2023-04     3
2023-05     7
2023-08     3
2023-10     3
```

(e)

```
##### agrupamento por dias ######
print('')
print('++++++++++++++++++++++++++++++++++')
print(df.groupby(df['data'].dt.to_period('D')).mean())
```

```
+++++++++++++++++++++++
                 gols
data
2023-04-02  1.500000
2023-05-06  2.333333
2023-08-09  1.500000
2023-10-11  3.000000
```

**(4.4)**

(a) O programa completo é o do código seguinte, respeitando os passos exigidos pelo exercício.

```
import pandas as pd

df=pd.DataFrame({'Preço':[2.3, 2.5, 2.7, 2.3, 2.9, 2.6, 2.7, 2.8]},
                  index=['2022-5-1','2022-5-2','2022-5-3','2022-5-4',
                         '2022-5-5','2022-5-6','2022-5-7','2022-5-8'])
df['2d']=df['Preço'].rolling(2).mean()
df['3d']=df['Preço'].rolling(3).mean()
df['sensor']=(df['3d']-df['2d'])/df['Preço']

print('datas para valores negativos do sensor')
print(df.loc[df['sensor']<0].index)
print('#######################################')
print('datas para valores acima de 0.1 no sensor')
print(df.loc[df['sensor']>0.01].index)
```

(b)

```
datas para valores negativos do sensor
Index(['2022-5-3', '2022-5-6', '2022-5-8'], dtype='object')
#####################################
```

(c)

```
##########################################
datas para valores acima de 0.1 no sensor
Index(['2022-5-5', '2022-5-7'], dtype='object')
```

**(4.5)**

(a)

```
print(df.loc[df['IDH']>=0.93])
```

(b)

```
print(df['PIB'].min())
```

(c)

```
print(df['Pop'].max())
```

(d)

```
print(df['Área'].mean())
```

(e)

```
print(df.loc[df['PIB']==df['PIB'].min()])
```

(f)

```
print(df.loc[(df['PIB']>60) & (df['IDH']<0.92)])
```

**(4.6)** d

**(4.7)** c

# CAPÍTULO 6

A seguir, é apresentada a solução para os exercícios propostos no Capítulo 6.

**(6.1)**

(a)

```
1 # Uso da funcao lambda para normalizar dados
2 import pandas as pd
3 import numpy as np
4 import matplotlib.pyplot as fig
5
6 x=np.random.normal(10,2,100)
7 df=pd.DataFrame(columns=['x'])
8
9 df['x']=pd.Series(x)
10
11 ##### normaliza os dados
12 df['normal']=df.iloc[:,0:1].apply(lambda x: (x-x.mean())/x.std())
13
14 figura, ax = fig.subplots(2,1)
15 df.plot(y='x',ax=ax[0])
16 df.plot(y='normal', ax=ax[1])
17
18 print(df)
```

(b) A função está na linha 12 do programa em Python e, nesse caso, terá o DataFrame modificado. O leitor deverá atentar para o fato de que seus valores serão diferentes da solução, pois estamos usando dados aleatórios com distribuição normal.

```
            x    normal
0   11.671127  0.634884
1    5.330231 -2.235161
2   10.220505 -0.021704
3    7.897972 -1.072939
4    7.596307 -1.209480
..        ...       ...
95   8.806773 -0.661593
96   9.553732 -0.323501
97  10.131538 -0.061972
98   8.976589 -0.584730
99   7.047960 -1.457675
```

(c) A solução está nas linhas 14, 15 e 16 do código anterior. O resultado gráfico gerado é o que segue.

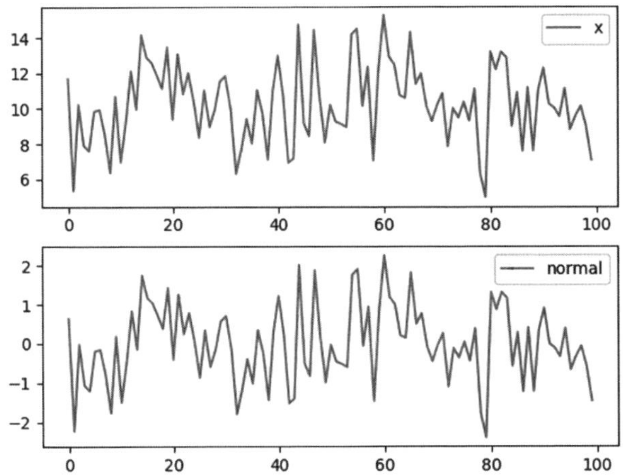


**(6.2)**

(a)

```
# Uso da funcao lambda para normalizar dados
import pandas as pd
import numpy as np

x=np.random.normal(50,5,500)
df=pd.DataFrame(columns=['x'])

df['x']=pd.Series(x)

##### normaliza os dados
df['normal']=df.iloc[:,0:1].apply(lambda x: (x-x.mean())/x.std())

df.plot(kind='hist',y=['x','normal'])
print(df)
```

(b)

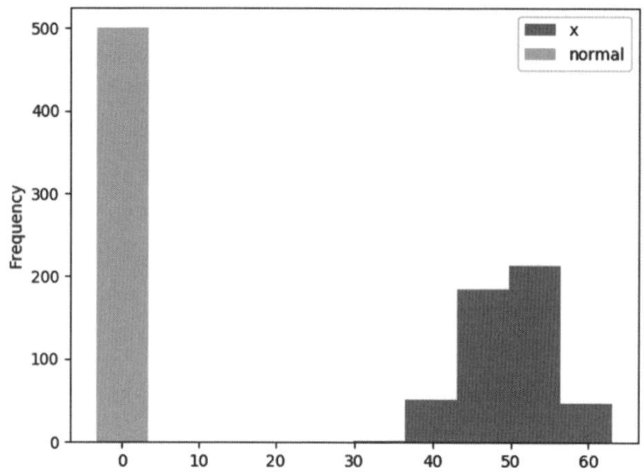


(c) Nesse caso, a alteração acontecerá na linha 13 do seguinte código, colocando-se bins=100:

```
1 # Uso da funcao lambda para normalizar dados
2 import pandas as pd
3 import numpy as np
4
5 x=np.random.normal(50,5,500)
6 df=pd.DataFrame(columns=['x'])
7
8 df['x']=pd.Series(x)
9
10 ##### normaliza os dados
11 df['normal']=df.iloc[:,0:1].apply(lambda x: (x-x.mean())/x.std())
12
13 df.plot(kind='hist',y=['x','normal'], bins=100)
14 print(df)
```

O gráfico, agora, será:

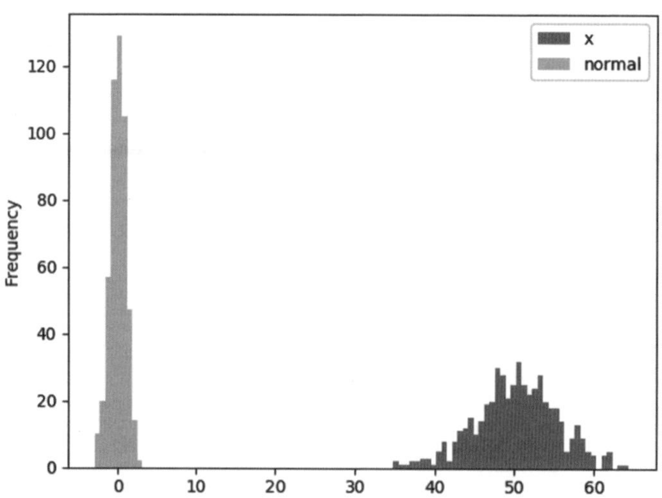

**(6.3)** O código completo em Python para a solução do exercício é o que se segue. A linha 13 é a que toma o maior elemento de cada linha e coloca na nova coluna "soma".

```
1  import pandas as pd
2  import numpy as np
3
4  x=np.random.normal(0,1,10)
5  y=np.random.random(10)
6  df=pd.DataFrame(columns=['a','b'])
7
8  df['a']=pd.Series(x)
9  df['b']=pd.Series(y)
10
11 ##### normaliza os dados
12 df['maior']=df.apply(lambda x: x.max(),axis=1)
13
14 print(df)
```

O leitor deverá observar que a coluna "soma" é formada no DataFrame df apenas com o maior elemento na comparação entre a coluna "a" e "b".

```
          a         b      soma
0 -1.969947  0.676264  0.676264
1 -0.369130  0.787248  0.787248
2  0.123129  0.575975  0.575975
3 -2.325707  0.775379  0.775379
4 -0.697756  0.384734  0.384734
5 -0.525593  0.045558  0.045558
6 -0.790742  0.840663  0.840663
7  0.298262  0.975717  0.975717
8 -0.896347  0.683818  0.683818
9 -0.806557  0.012391  0.012391
```

**(6.4)** O programa em Python é:

```
import pandas as pd
import numpy as np

x=np.random.normal(0,1,10)
y=np.random.normal(1,3,10)
df=pd.DataFrame(columns=['a','b'])

df['a']=pd.Series(x)
df['b']=pd.Series(y)

##### normaliza os dados
df['c']=df.apply(lambda x: abs(x['a'])+x['b']**2,axis=1)

print(df)
```

Com o DataFrame gerado:

```
          a         b          c
0  1.816928  4.796101  24.819516
1  1.540859  1.764494   4.654299
2 -0.593585  3.532765  13.074016
3 -1.910647  1.491943   4.136541
4 -0.157265  7.158472  51.400987
5 -0.047199  0.211302   0.091848
6 -1.088393  2.362549   6.670033
7  0.037636  2.365684   5.634095
8  0.154897  2.191980   4.959672
9  1.484565 -2.961272  10.253697
```

A coluna "c" é a soma de cada elemento de "a" em valor absoluto com elementos da coluna "b" elevados ao quadrado.

**(6.5)** A solução com o programa Python é:

```
import pandas as pd
import numpy as np

x=np.random.normal(0,1,5)
y=np.random.normal(2,1,5)
df=pd.DataFrame(columns=['a','b'])

df['a']=pd.Series(x)
df['b']=pd.Series(y)

##### normaliza os dados

df2=df.apply(lambda x: x.abs()-x.max())

print('++++++ antes da modificação +++++++++++')
print(df)
print('+++++ serie modificada ++++++')
print(df2)
```

A impressão no console será:

```
++++++ antes da modificação +++++++++++
          a         b
0  0.844420  0.043403
1  0.198515  2.247839
2 -0.584614  1.628360
3 -0.957663  1.131475
4  0.266890  1.826539
+++++ serie modificada ++++++
          a         b
0  0.000000 -2.204435
1 -0.645906  0.000000
2 -0.259806 -0.619479
3  0.113243 -1.116363
4 -0.577530 -0.421300
```

**(6.6)** O código em Python que responde à questão é:

```
import pandas as pd
import numpy as np

x=np.random.normal(4,1,5)
y=np.random.normal(1,1,5)
df=pd.DataFrame(columns=['a','b'])

df['a']=pd.Series(x)
df['b']=pd.Series(y)

print('+++++ antes da transformação ++++++++')
print(df)
print('++++++ após a transformação ++++++++++')
df['c']=df.iloc[:,0:1].apply(lambda x: abs(x)+x.max())
df['c']=df.apply(lambda x: x['b']+x['c'],axis=1)
print(df)
```

A impressão do DataFrame antes e após a modificação é:

```
+++++ antes da transformação ++++++++
          a         b
0  4.752899  1.213647
1  5.849687  1.322669
2  2.946766  1.466551
3  4.164116  1.426463
4  4.886930  0.663603
++++++ após a transformação ++++++++++
          a         b          c
0  4.752899  1.213647  11.816233
1  5.849687  1.322669  13.022043
2  2.946766  1.466551  10.263003
3  4.164116  1.426463  11.440266
4  4.886930  0.663603  11.400221
```

## CAPÍTULO 7

A seguir, é apresentada a solução para os exercícios propostos no Capítulo 7.

**(7.1)**

(a)

```
# Biblioteca Seaborn
import pandas as pd
import seaborn as sns
import matplotlib.pyplot as fig

df=pd.DataFrame({'Mes':[1,1,2,3,3,4,4,5,6,6],
                 'Aprovacao':[0.3,0.36,0.76,0.36,0.89,0.35,0.97,0.52,0.41,0.96],
                 'Votantes':[437,494,415,481,454,326,386,441,365,346]})

```

(b)

```
sns.scatterplot(data=df,x='Mes',y='Aprovacao')
```

(c)

```
sns.scatterplot(data=df,x='Mes',y='Aprovacao', s=100)
```

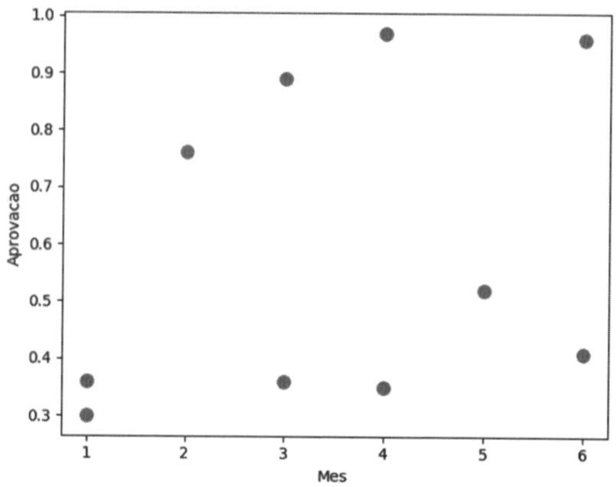


(d)

```
sns.scatterplot(data=df,x='Mes',y='Votantes')
```

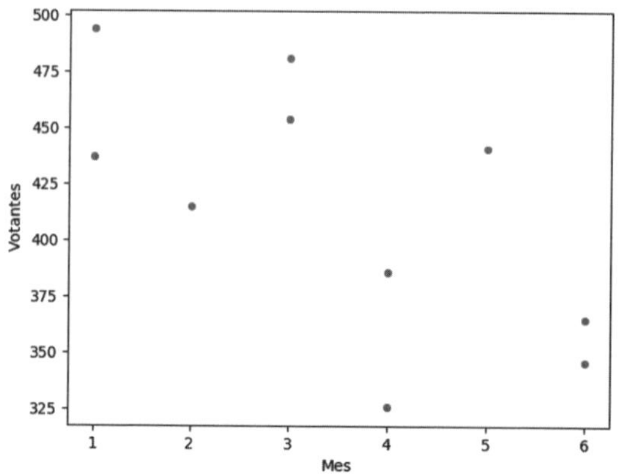


(e)

```
sns.kdeplot(df['Aprovacao'],df['Votantes'])
```

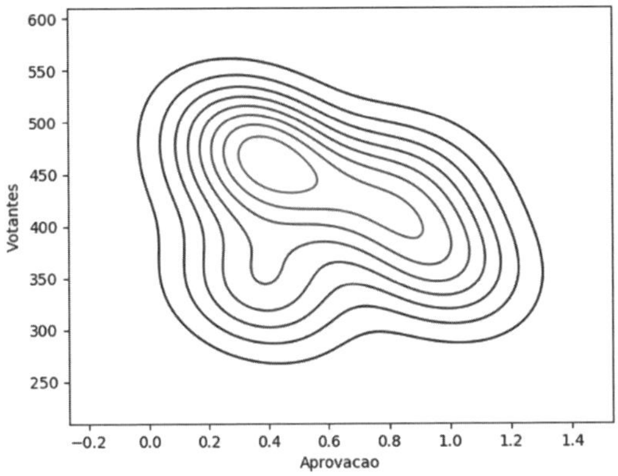


(f)

```
sns.boxplot(data=df,x='Mes',y='Votantes')
```

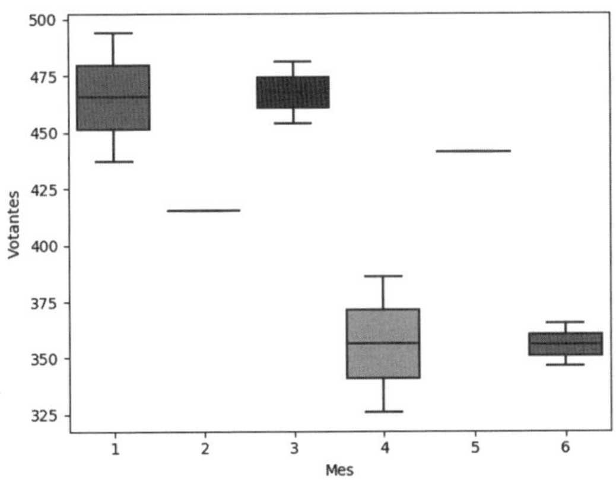


(g)

```
df.boxplot(by='Mes',column='Votantes')
```

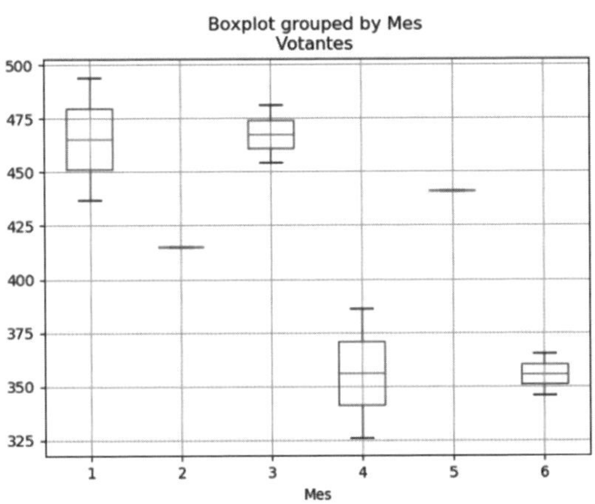

(7.2)

(a)

```
# Biblioteca Seaborn
import pandas as pd
import seaborn as sns
import matplotlib.pyplot as fig

df=pd.DataFrame({'Banco':['A','A','A','B','B','B','C','C','C'],
                 'Saldo':[600,2590,4680,1820,4320,5590,5600,2600,2800],
                 'Cotas':[120,370,260,260,480,430,280,200,280]})
```

(b)

```
sns.boxplot(data=df,x='Banco',y='Saldo')
```

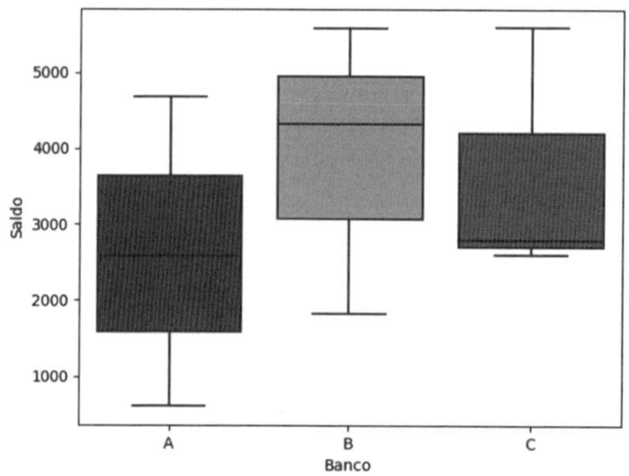


(c)

```
df.boxplot(by='Banco',column='Saldo')
```

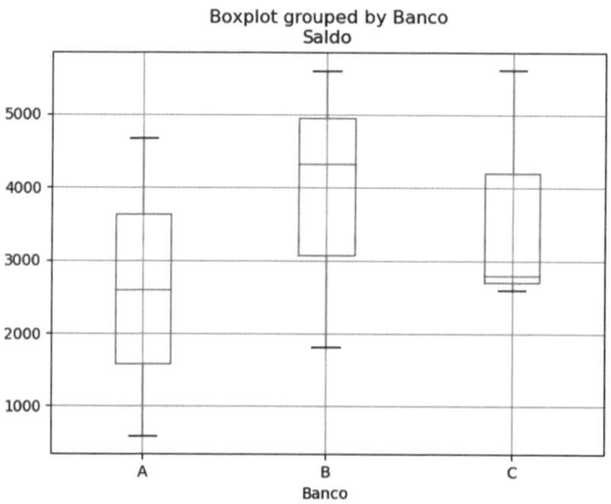

(d)

```
sns.kdeplot(df['Saldo'],df['Cotas'])
```

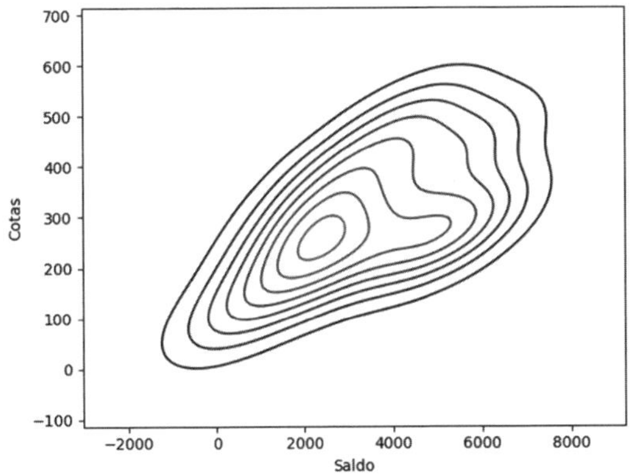


(7.3)

(a)

```
# Biblioteca Seaborn
import pandas as pd
import seaborn as sns
import matplotlib.pyplot as fig

df=pd.DataFrame({'Codigo':[7,74,86,6,4,56,72,67],
                 'Preco':[8,10,30,1700,3000,6000,1400,2000],
                 'Secao':['brinq','brinq','brinq','elet','cel','elet','elet','elet'],
                 'Cidade':['sp','bauru','sp','barretos','brotas','sp','sp','barretos']}
```

(b)

```
sns.scatterplot(data=df,x='Cidade',y='Codigo',hue='Preco',s=500)
```

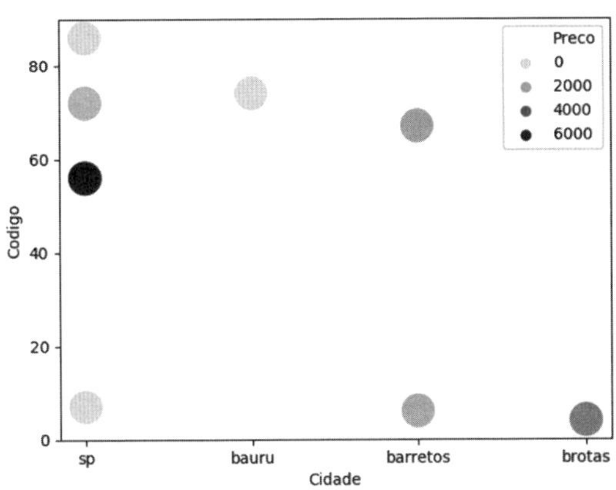

(c)

```
filt=df[(df['Preco']>1500)]
sns.scatterplot(data=filt,x='Cidade',y='Codigo',hue='Preco',s=500)
```

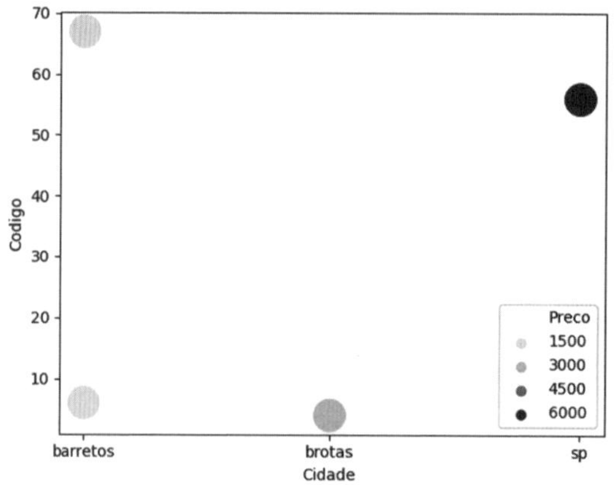


(7.4)

(a)

```
# Biblioteca Seaborn
import pandas as pd
import seaborn as sns
import matplotlib.pyplot as fig

df=pd.DataFrame({'ano':[1989,1990,1991,1992,1993,1994,1995,1996],
                 'co2EU':[1360,1247,1195,1105,1028,917,924,874],
                 'co2US':[1462,1428,1419,1437,1486,1521,1528,1558],
                 'cresEU':[4.57,5.03,5.19,4.19,3.82,3.05,3.23,2.72],
                 'cresUS':[3.83,3.91,3.64,2.44,2.39,2.07,2.18,2.48]})
```

No console:

```
    ano  co2EU  co2US  cresEU  cresUS
0  1989   1360   1462    4.57    3.83
1  1990   1247   1428    5.03    3.91
2  1991   1195   1419    5.19    3.64
3  1992   1105   1437    4.19    2.44
4  1993   1028   1486    3.82    2.39
5  1994    917   1521    3.05    2.07
6  1995    924   1528    3.23    2.18
7  1996    874   1558    2.72    2.48
```

(b)

```
fig.subplot(211)
sns.lineplot(data=df,x='ano',y='co2EU')
sns.lineplot(data=df,x='ano',y='co2US')

fig.subplot(212)
sns.lineplot(data=df,x='ano',y='cresEU')
sns.lineplot(data=df,x='ano',y='cresUS')
```

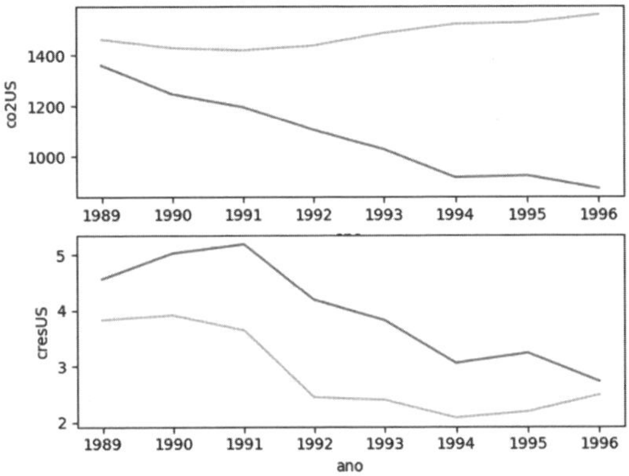


(c) O comando é o seguinte:

```
sns.jointplot(data=df,x='co2EU',y='cresEU',kind='reg')
```

O gráfico de jointplot obtido é o representado a seguir:

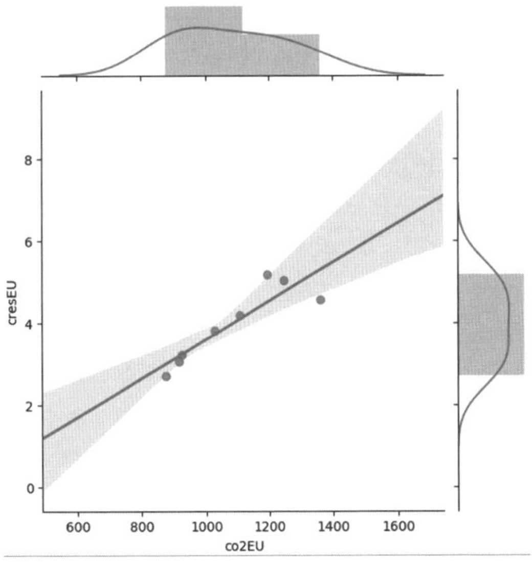


(d)

```
a,b,r,pvalor,erro=stats.linregress(df['co2EU'],df['cresEU'])
print('a=',a)
print('b=',b)
print('r=',r)
```

A solução encontrada foi:

```
a= 0.004725275996141953
b= -1.1342046708284856
r= 0.8969737381224924
```

O coeficiente de correlação é de 89% entre a emissão de $CO_2$ e o crescimento econômico europeu. Sabendo-se que, para valores de "r" acima de 50% a reta de regressão torna-se representativa, a afirmação da forte relação entre emissão de $CO_2$ na Europa e sua taxa de crescimento é válida.

(e) A afirmação é válida no que diz respeito à ligação entre $CO_2$ e o crescimento econômico nos Estados Unidos, mas com proporção inversa. Ou seja, no caso norte-americano, quando o nível de $CO_2$ aumentou nesses anos, o crescimento econômico diminuiu. A correlação nesse caso foi alta, porém negativa, com r = -70.3%.

```
a,b,r,pvalor,erro=stats.linregress(df['co2US'],df['cresUS'])
print('++++++++++++++++ Análise Co2 x crescimento EUA ++++++++++')
print('a=',a)
print('b=',b)
print('r=',r)
```

Resultados da análise (com correlação de -70%):

```
++++++++++++++++ Análise Co2 x crescimento EUA ++++++++++
a= -0.010643417121699203
b= 18.61842691297461
r= -0.7036168252297871
```

O resultado do jointplot demonstra a curva inversamente proporcional entre a emissão de $CO_2$ nos Estados Unidos e a taxa de crescimento.

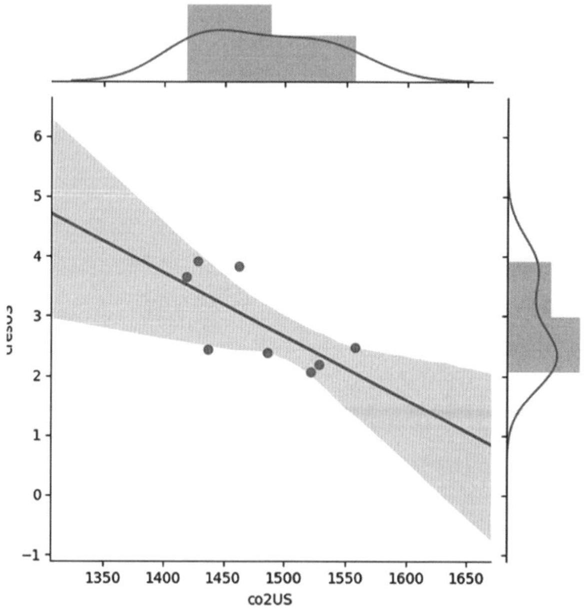

(7.5)

(a)

```
# Questao 4
#########################################
import seaborn as sns
import pandas as pd
import numpy as np

df=pd.DataFrame({'Educação':[3.7,3.4,1.6,2.1,-0.3,1.9,4.9,1.2,0.1,-3.7],
                 'PIB':[-0.1,7.5,4,1.9,3,0.5,-3.5,-3.3,1.3,1.8]},
                  index=[2009,2010,2011,2012,2013,2014,2015,2016,2017,2018])
```

(b)

```
sns.lineplot(data=df)
```

(c)

```
sns.lineplot(data=df['PIB'])
```

(d)

```
sns.jointplot(data=df,x='Educação',y='PIB',kind='reg')
```

(e)

```
# Questao 4
########################################
import seaborn as sns
import pandas as pd
import numpy as np
import matplotlib.pyplot as fig
from scipy import stats

df=pd.DataFrame({'Educação':[3.7,3.4,1.6,2.1,-0.3,1.9,4.9,1.2,0.1,-3.7],
                 'PIB':[-0.1,7.5,4,1.9,3,0.5,-3.5,-3.3,1.3,1.8]},
                  index=[2009,2010,2011,2012,2013,2014,2015,2016,2017,2018])

print(df)

sns.lineplot(data=df)
fig.figure()

sns.lineplot(data=df['PIB'])


sns.jointplot(data=df,x='Educação',y='PIB',kind='reg')

a, b, r, pv, erro = stats.linregress(df['Educação'],df['PIB'])

print('+++++++++++++++++++++++++++++')
print('a= ',a)
print('b= ',b)
print('r= ',r)
```

(f)

a = -**0.2192**

b = **1.6366**

correlação (r) = -**0.1626**

## CAPÍTULO 10

A seguir, é apresentada a solução para os exercícios propostos no Capítulo 10.

**(10.1)**

(a)

```
#Lista
from yahoo_fin.stock_info import *
import datetime as dt
import pandas as pd

inicio=dt.datetime(2020,6,1)
fim=dt.datetime(2021,3,1)

df = get_data('petr4.sa', start_date=inicio, end_date=fim,headers={'User-Agent':'Mozilla/5.0'})
df['ret']=df['close'].pct_change()
df.plot(y=['close','ret'], subplots=True, grid=True)
df.plot(y='ret',kind='hist')
```

(b)

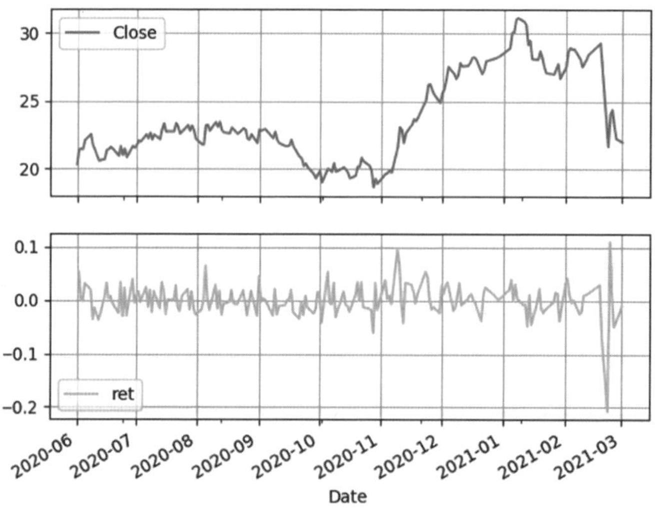

(c)

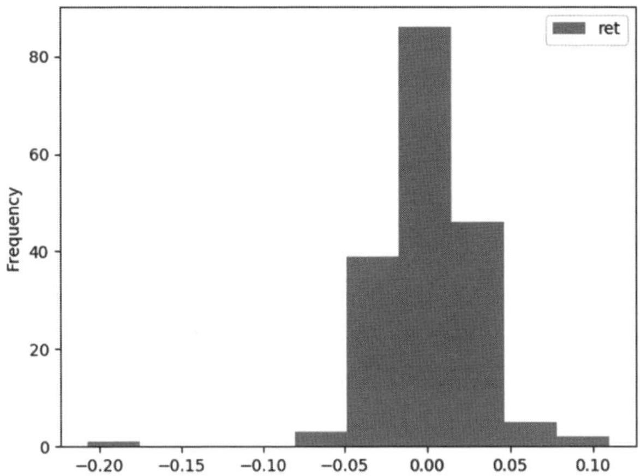


## (10.2)

(a)

```
#lista
from yahoo_fin.stock_info import *
import datetime as dt
import pandas as pd

inicio=dt.datetime(2019,6,1)
fim=dt.datetime(2020,6,1)

df = get_data('usim5.sa', start_date=inicio, end_date=fim,headers={'User-Agent':'Mozilla/5.0'})
df['mv']=df['close'].rolling(window=20).mean()
df.plot(y=['close','mv'], grid=True)
df.plot(y='high',kind='hist',bins=5)
```

(b)

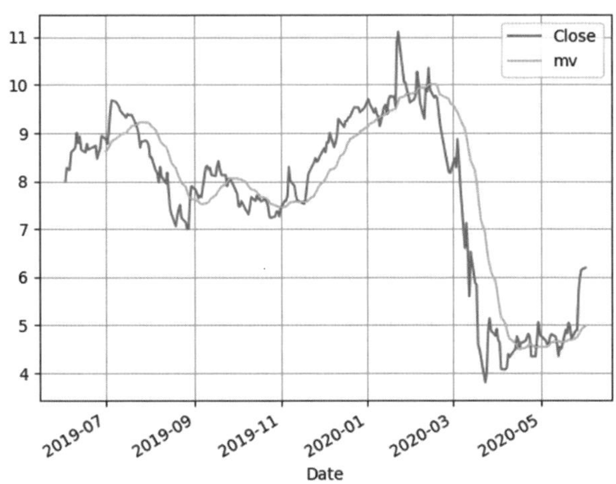

(c)

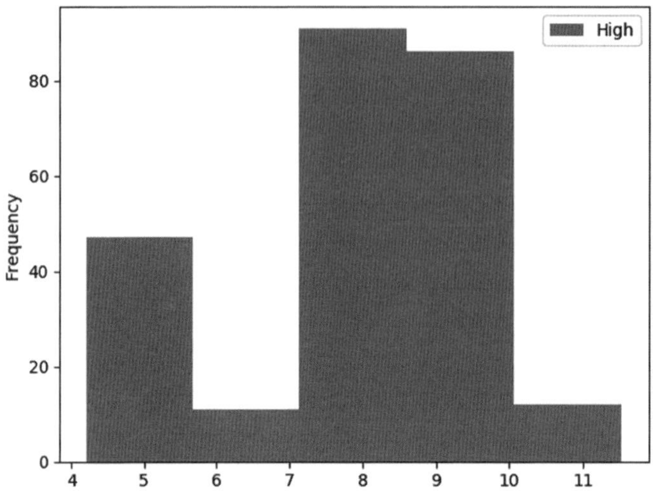


## (10.3)

(a) e (b)

```
#lista
from yahoo_fin.stock_info import *
import datetime as dt
import pandas as pd
import matplotlib.pyplot as fig

inicio=dt.datetime(2019,10,1)
fim=dt.datetime(2020,2,10)

df = get_data('^BVSP', start_date=inicio, end_date=fim,headers={'User-Agent':'Mozilla/5.0'})
df['mv']=df['close'].rolling(window=7).mean()

inicio=dt.datetime(2020,2,10)
fim=dt.datetime(2020,6,21)

df2 = get_data('^BVSP', start_date=inicio, end_date=fim,headers={'User-Agent':'Mozilla/5.0'})
df2['mv']=df2['close'].rolling(window=7).mean()

figura, ax1= fig.subplots(nrows=2,ncols=2)

df.plot(y=['close','mv'],ax=ax1[0,0])
df.plot(y=['close'], kind='hist', ax=ax1[0,1])
df2.plot(y=['close','mv'],ax=ax1[1,0])
df2.plot(y=['close'], kind='hist', ax=ax1[1,1])
```

(c)

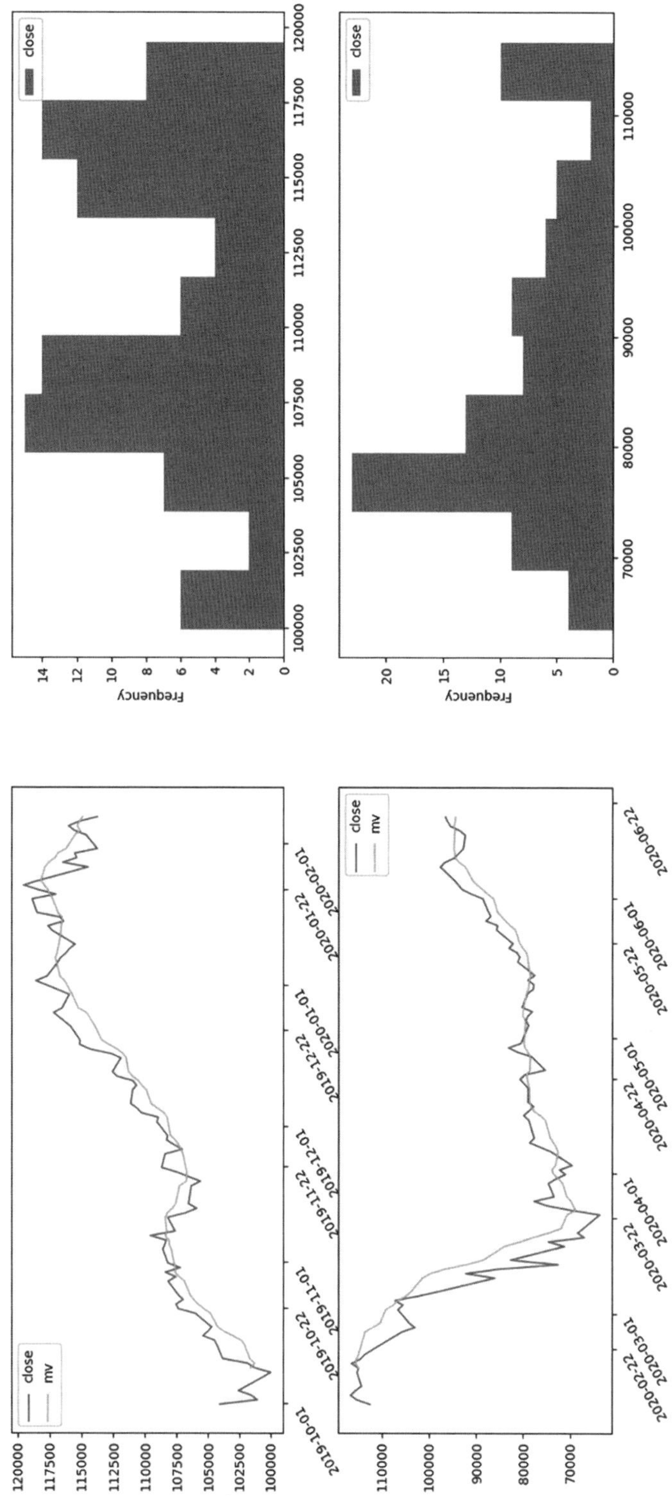

## (10.4)

Itens (a), (b), (c), (d) e (e), todos neste script em Python.

```
import datetime as dt
import matplotlib.pyplot as fig
from yahoo_fin.stock_info import *

inicio=dt.datetime(2007,10,1)
fim=dt.datetime(2008,12,31)

df = get_data('^bvsp', start_date=inicio, end_date=fim,headers={'User-Agent':'Mozilla/5.0'})
df['ret']=df['close'].pct_change(1)

df2 = get_data('^DJI', start_date=inicio, end_date=fim,headers={'User-Agent':'Mozilla/5.0'})
df2['ret']=df2['close'].pct_change(1)

df['CloseDJ']=df2['close']
df['retDJ']=df2['ret']

ax1=fig.subplot(111)
ax2=ax1.twinx()
df.plot.line(y='close',color='b',ax=ax1)
ax1.set_ylabel('Ibovespa')
df.plot.line(y='CloseDJ',color='r',ax=ax2)
ax2.set_ylabel('Dow Jones')

df.plot.kde(y=['ret','retDJ'])

print('++++++++++++ ANÁLISE +++++++++++++++')
print('retorno médio do Ibovespa = ', df['ret'].mean())
print('retorno máximo do Ibovespa =', df['ret'].max())
print('retorno mínimo do Ibovespa =', df['ret'].min())
print('retorno médio do Dow Jones =', df['retDJ'].mean())
print('retorno máximo do Dow Jones =', df['retDJ'].max())
print('retorno mínimo do Dow Jones =', df['retDJ'].min())
print('+++++++++++++++++++++++++++++++++++')
```

(f)

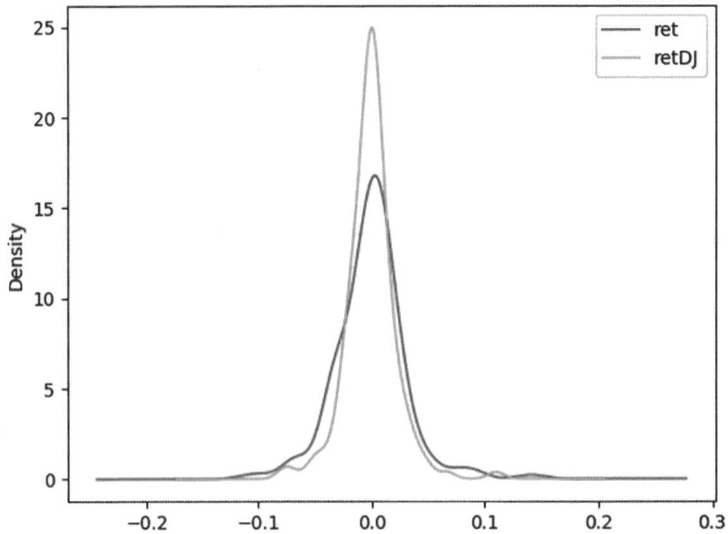

(g)

```
++++++++++++ ANÁLISE +++++++++++++++
retorno médio do Ibovespa =  -0.0011753306031710774
retorno máximo do Ibovespa = 0.14655995506880082
retorno mínimo do Ibovespa = -0.11393105439149365
retorno médio do Dow Jones = -0.0010160982390682283
retorno máximo do Dow Jones = 0.11080331577732849
retorno mínimo do Dow Jones = -0.07873277274188961
++++++++++++++++++++++++++++++++++++
```

## (10.5)

O script a seguir responde a todas as questões propostas no exercício:

```python
import datetime as dt
import matplotlib.pyplot as fig
from yahoo_fin.stock_info import *

inicio=dt.datetime(2007,10,1)
fim=dt.datetime(2008,12,31)

df = get_data('^bvsp', start_date=inicio, end_date=fim,headers={'User-Agent':'Mozilla/5.0'})
df['ret']=df['close'].pct_change(1)

df2 = get_data('^DJI', start_date=inicio, end_date=fim,headers={'User-Agent':'Mozilla/5.0'})
df2['ret']=df2['close'].pct_change(1)

df['CloseDJ']=df2['close']
df['retDJ']=df2['ret']

ret6p=df[(df['ret']>0.06)]
print('++++++++++ Dias com retorno acima de 6% na Bovespa++++++++++++++++++++++')
print(ret6p)
print('maior retorno Ibov= ', ret6p['ret'].max())
print('menor retorno Ibov= ', ret6p['ret'].min())
print('retorno médio Ibov= ', ret6p['ret'].mean())
print('volatilidade  Ibov= ', ret6p['ret'].std())

compara=df[(df['ret']>0.06) & (df['retDJ']>0.11)]

print(' ')
print('++++++++++++++ retorno Ibv>6% e DJ>11% ++++++')
print('Valor do Ibovespa= ', compara['close'].values)
print('Valor do Dow Jones= ', compara['CloseDJ'].values)
print(' ')
print('++++++++++++ maiores quedas +++++++++++')
print('maior queda do Ibovespa= ',df['ret'].min())
print('maior queda do Dow Jones= ',df['retDJ'].min())
```

(a)

```
+++++++++ Dias com retorno acima de 6% na Bovespa+++++++++++++++++++++
                open     high      low  ...       ret       CloseDJ     retDJ
2008-04-30  63826.0  68038.0  63826.0  ...  0.063328  12820.129883 -0.000920
2008-09-19  48424.0  53168.0  48424.0  ...  0.095657  11388.440430  0.033463
2008-09-30  46026.0  49541.0  46026.0  ...  0.076323  10850.660156  0.046810
2008-10-13  35609.0  40829.0  35609.0  ...  0.146560   9387.610352  0.110803
2008-10-20  36401.0  39453.0  36401.0  ...  0.083574   9265.429688  0.046679
2008-10-28  29438.0  33387.0  29438.0  ...  0.134262   9065.120117  0.108779
2008-10-30  34852.0  37590.0  34852.0  ...  0.074731   9180.690430  0.021102
2008-11-24  31255.0  34382.0  31255.0  ...  0.094013   8443.389648  0.049335
2008-12-08  35347.0  38426.0  35347.0  ...  0.083119   8934.179688  0.034597
```

(b), (c), (d) e (e):

```
maior retorno Ibov=  0.14655995506880082
menor retorno Ibov=  0.06332842415316642
retorno médio Ibov=  0.09461854484722604
volatilidade  Ibov=  0.027916162070687898
```

(f) e (g)

```
+++++++++++++ retorno Ibv>6% e DJ>11% ++++++
Valor do Ibovespa=  [40829.]
Valor do Dow Jones=  [9387.61035156]
```

(h) e (i)

```
+++++++++++ maiores quedas ++++++++++
maior queda do Ibovespa=  -0.11393105439149365
maior queda do Dow Jones=  -0.07873277274188961
```

**(10.6)** Todo o exercício é resolvido seguindo este script em Python:

```
import datetime as dt
import matplotlib.pyplot as fig
from yahoo_fin.stock_info import *

inicio=dt.datetime(2020,1,2)
fim=dt.datetime(2020,12,31)

df = get_data('PETR4.SA', start_date=inicio, end_date=fim,headers={'User-Agent':'Mozilla/5.0'})

# apaga todas as colunas menos a "close"
df = df.loc[:, df.columns.isin(['close'])]
#########################################################
df['retPB']=df['close'].pct_change(1)

######## baixa magazine luiza em df2 #################
df2 = get_data('MGLU3.SA', start_date=inicio, end_date=fim,headers={'User-Agent':'Mozilla/5.0'})

# apaga todas as colunas menos a "close"
df2 = df2.loc[:, df2.columns.isin(['close'])]

#########################################################
df2['retMG']=df2['close'].pct_change(1)

############## passa os dados da magazine luiza para df da Petr4
df['closeMG']=df2['close']
df['retMG']=df2['retMG']

########### retornos da Petro < -10% ###############################
ret10P=df['retPB'][df['retPB']<-0.1]  # <--- ret da Petro < -10%
```

```
print('##########################################################################')
print('++++++++++ Dias com retorno abaixo de -10 % da PETR4 ++++++++++++++++')
print(' número de dias = ', len(ret10P))
print(ret10P)
print(' ')
print('+++++++++++++++++++++++++++++++++++++++++++++++++++++')
print('maior retorno dentre as quedas = ', ret10P.max())
print('menor retorno dentre as quedas = ', ret10P.min())
print('retorno médio dentre as quedas = ', ret10P.mean())
print('volatilidade  no período de quedas= ', ret10P.std())
print('dia da maior queda:', ret10P.index[ret10P.argmin()])

ret10MG=df['retMG'][df['retMG']<-0.1]  # <--- ret da Magazine Luiza < -10%

print('##########################################################################')
print('++++++++++ Dias com retorno abaixo de -10 % da Mag. Luiza +++++++++++')
print(' número de dias = ', len(ret10MG))
print(ret10MG)
print(' ')
print('+++++++++++++++++++++++++++++++++++++++++++++++++++++')
print('maior retorno dentre as quedas = ', ret10MG.max())
print('menor retorno dentre as quedas = ', ret10MG.min())
print('retorno médio dentre as quedas = ', ret10MG.mean())
print('volatilidade  no período de quedas= ', ret10MG.std())
print('dia da maior queda:', ret10MG.index[ret10MG.argmin()])

compara=df[(df['retPB']<-0.05) & (df['retMG']<-0.05)]

print(' ')
print('++++++++++++++ retorno PETR4 < -5% e MGLU3 < -5% ++++++')
print('Valor da PETR4 = ', compara['close'])
print('Valor MGLU3 = ', compara['closeMG'])
print(' ')
print('++++++++++++ maiores quedas +++++++++++')
print('maior queda da PETR4 = ',df['retPB'].min())
print('maior queda da MGLU3 = ',df['retMG'].min())
```

(a) e (b)

```
##########################################################################
++++++++++ Dias com retorno abaixo de -10 % da PETR4 ++++++++++++++++
 número de dias =  5
2020-02-26   -0.100549
2020-03-09   -0.296978
2020-03-12   -0.205047
2020-03-16   -0.150000
2020-03-18   -0.131538
```

(c), (d), (e), (f) e (g):

```
+++++++++++++++++++++++++++++++++++++++++++++++++++++
maior retorno dentre as quedas =  -0.1005490860173 67
menor retorno dentre as quedas =  -0.29697769204130997
retorno médio dentre as quedas =  -0.1768225050490163
volatilidade  no período de quedas=  0.07717129648234224
dia da maior queda: 2020-03-09 00:00:00
```

(h) e (i):

```
################################################################################
++++++++++ Dias com retorno abaixo de -10 % da Mag. Luiza ++++++++++++
 número de dias =  4
2020-03-09   -0.109640
2020-03-12   -0.210771
2020-03-16   -0.188810
2020-03-18   -0.190048
```

(j), (k), (l), (m) e (n):

```
++++++++++++++++++++++++++++++++++++++++++++++++++++++
maior retorno dentre as quedas =  -0.10964039107700929
menor retorno dentre as quedas =  -0.21077068974119362
retorno médio dentre as quedas =  -0.1748170930831365
volatilidade  no período de quedas=  0.04460353139609215
dia da maior queda: 2020-03-12 00:00:00
```

(o)

```
++++++++++++++ retorno PETR4 < -5% e MGLU3 < -5% ++++++
Valor da PETR4 =  2020-02-26    26.209999
2020-03-05    25.290001
2020-03-06    22.830000
2020-03-09    16.049999
2020-03-11    15.850000
2020-03-12    12.600000
2020-03-16    13.090000
2020-03-18    11.290000
2020-03-27    13.300000
```

(p)

```
Valor MGLU3 =  2020-02-26    12.364974
2020-03-05    11.174775
2020-03-06    10.599551
2020-03-09     9.437412
2020-03-11    10.073432
2020-03-12     7.950248
2020-03-16     7.966616
2020-03-18     6.736666
2020-03-27     9.119402
```

(q)

```
++++++++++++ maiores quedas +++++++++++
maior queda da PETR4 =  -0.29697769204130997
maior queda da MGLU3 =  -0.21077068974119362
```

**(10.7)** O exercício deve ser acompanhado do script em Python a seguir. Todos os itens estão respondidos nele, mas cabe ao leitor executar passo a passo para entender como ele responde às questões do problema.

(a)

```
# SENSOR On Balance Volume (OBV) - PANDAS DATAFRAME
# Prof. Dr. Marco Antonio Leonel Caetano
# Instituicao: Insper
#####################################################################
import matplotlib.pyplot as fig
import datetime as dt
import seaborn as sns
import numpy as np
from yahoo_fin.stock_info import *

################ importar a acao ############################
inicio=dt.datetime(2022,7,16)
fim=dt.datetime(2022,8,28)
df = get_data('PETR4.SA', start_date=inicio, end_date=fim,headers={'User-Agent':'Mozilla/5.0'})

#+++++++++++++ apagar as colunas volume e adj close +++++++
df=df.drop(['adjclose'],axis=1)
###############################################################

############### calculo do retorno #########################
df['ret']=df['close'].pct_change()
##############################################################

################# grafico do fechamento e retorno ############
df.plot(y=['close','ret'],subplots=True,title=['Fechamentos','Retornos'],
        color='black',style=['-o','-'],grid=True)

################# calculo do OBV     ##################
# cria as colunas necessarias para os calculos do sensor
df['OBV']=0

for i in range(len(df)):
    if i==0:
        df['OBV'][i]=df['volume'][i]
    else:
         if df['close'][i]>df['close'][i-1]:
                df['OBV'][i]=df['OBV'][i-1]+df['volume'][i]
         elif df['close'][i]<df['close'][i-1]:
                df['OBV'][i]=df['OBV'][i-1]-df['volume'][i]
         else:
                df['OBV'][i]=df['OBV'][i-1]

df['med_mov']=df['close'].rolling(window=3).mean()
```

```
x1=df['close'].values
x2=df['OBV'].values
lin=len(x1)
eix=np.linspace(1,lin,lin)
coef1=np.polyfit(eix,x1,1)
tendencia_fech= coef1[0]*eix + coef1[1]

coef2=np.polyfit(eix,x2,1)
tendencia_OBV= coef2[0]*eix + coef2[1]
df['tend_fech']=tendencia_fech.tolist()
df['tend_OBV']=tendencia_OBV.tolist()
############ imprime o dataframe completo
print(df)

########## grafico em subplot fech e sensor
figure=fig.figure()
ax1=figure.add_subplot(211)
ax2=figure.add_subplot(212)
df.plot(y=['close','tend_fech'],title='Fechamentos',
         ax=ax1, style=['-','--'], color=['black','black'])
df.plot(y=['OBV','tend_OBV'],title='On Balance Volume',
         ax=ax2, style=['-','--'],color=['black','black'])
######## grafico comparando media movel e fechamento ######
df.plot(y=['close','med_mov'],
        color='black',
        style=['-','--'],
        title='Comparação entre Fechamento e Média Móvel 7 dias')

######### grafico em subplot do retorno a esquera e histograma do
######### retorno a direita
#df.dropna(inplace=True)
fig.figure()
fig.subplot(121)
fig.plot(df.index,df['ret'].values,color='black')
fig.xticks(rotation=30)
fig.title('Retornos')
fig.subplot(122)
sns.distplot(df['ret'],color='gray')
fig.title('Histograma dos Retornos')
```

```
############# apaga as colunas do calculo do OBV para salvar
#####          em outro dataframe para fazer o boxplot diario
##### isso eh necessario pois precisamos fazer a transposta da
##### matriz para ver o boxplot dia a dia

dfbox=df.drop(['OBV','med_mov','ret','volume','tend_fech','tend_OBV','ticker'],axis=1)

############## figura plotando juntos as curvas de fechamento e boxplot #######
figura,ax=fig.subplots()
ax.plot(df['close'].values[-30:],color='black')
dfbox[-30:].T.boxplot(color='black')

fig.xticks(rotation=30) #---> rotaciona as datas em 30 graus no eixo x
fig.title('Boxplot dos Fechamentos')

######################### estatisticas #########################
print('############## ESTATISTICAS DA AÇÃO ##################################')
print('ÚLTIMO PREÇO FECH (R$): %6.3f' % df['close'][-1])
print('MÁXIMO PREÇO DO FECH(R$): %6.3f' % df['close'].max())
print('MÍNIMO PREÇO DO FECH(R$): %6.3f'% df['close'].min())
print('PREÇO MÉDIO DO FECH(R$): %6.3f' % df['close'].mean())
print('MÁXIMO RETORNO DO FECH(porcent): ', 100 * round(df['ret'].max(),3) )
print('DIA DO MÁXIMO RETORNO FECH: ', df.index[df['ret'].argmax()])
print('MÍNIMO RETORNO DO FECH(porcent): ' , 100 * round(df['ret'].min(),3) )
print('DIA DO MÍNIMO RETORNO FECH: ', df.index[df['ret'].argmin()])
print('VOLATILIDADE (desv.pad. pop) DOS PREÇOS DE FECH: %6.3f' % df['close'].std(ddof=0))
print('VOLATILIDADE (desv.pad. pop) DOS RETORNOS DE FECH (porcent): ', 100* round(df['ret'].std(ddof=0),3) )
print('##########################################################################')
```

(b)

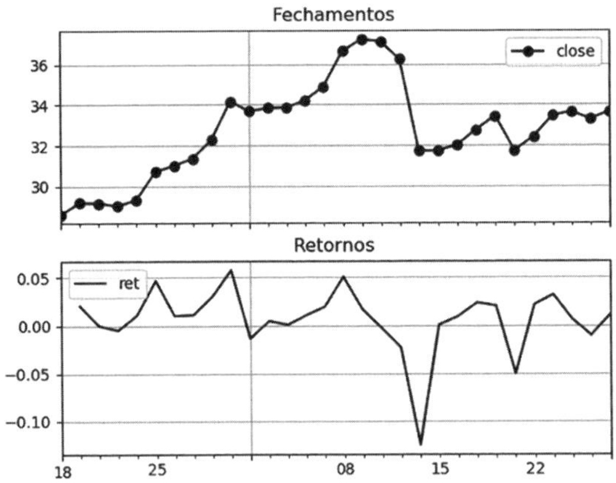
Fechamentos
close
36
34
32
30
Retornos
ret
0.05
0.00
−0.05
−0.10
18
25
08
15
22

(c)

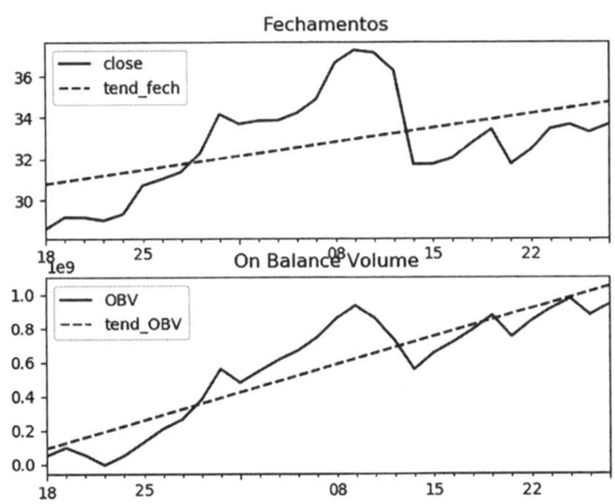
Fechamentos
close
tend_fech
36
34
32
30
18
25
08
15
22
On Balance Volume
1e9
OBV
tend_OBV
1.0
0.8
0.6
0.4
0.2
0.0
18
25
08
15
22

(d)

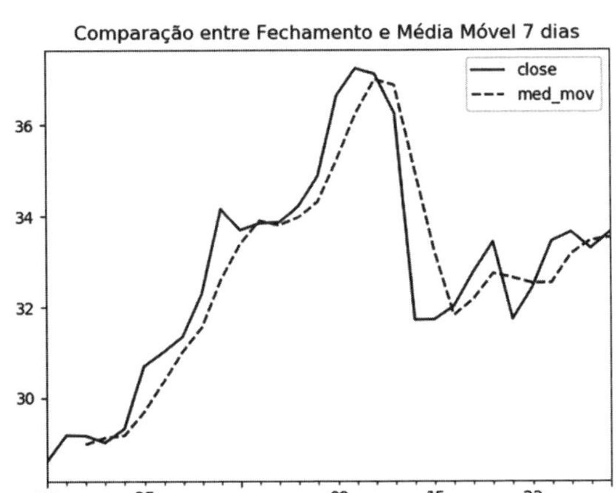
Comparação entre Fechamento e Média Móvel 7 dias
close
med_mov
36
34
32
30
18
25
08
15
22

(e)

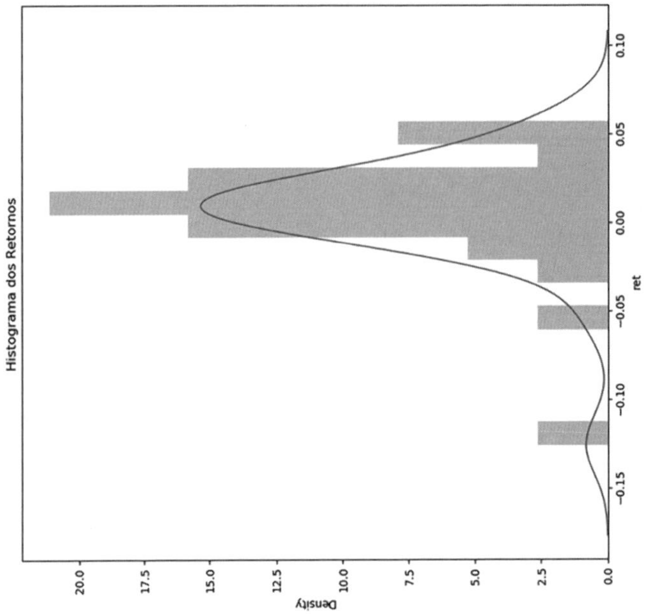
Histograma dos Retornos
Density
ret
20.0
17.5
15.0
12.5
10.0
7.5
5.0
2.5
0.0
−0.15
−0.10
−0.05
0.00
0.05
0.10

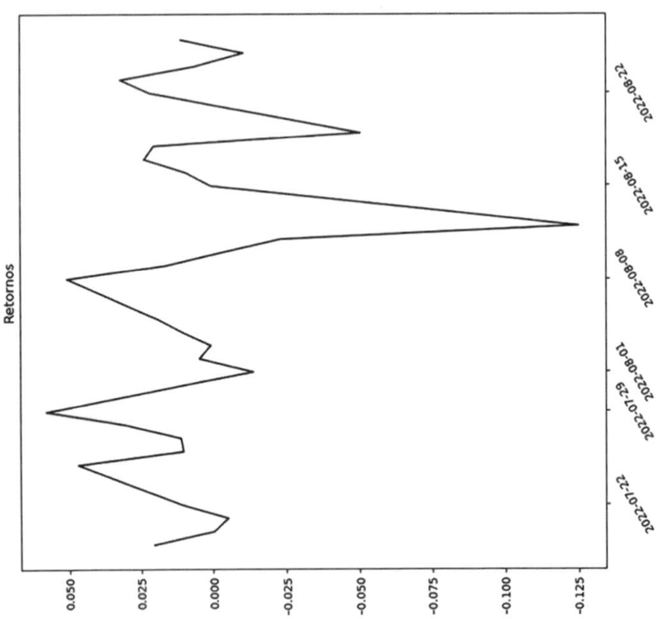
Retornos
0.050
0.025
0.000
-0.025
-0.050
-0.075
-0.100
-0.125
2022-07-22
2022-07-29
2022-08-01
2022-08-08
2022-08-15
2022-08-22

(f)

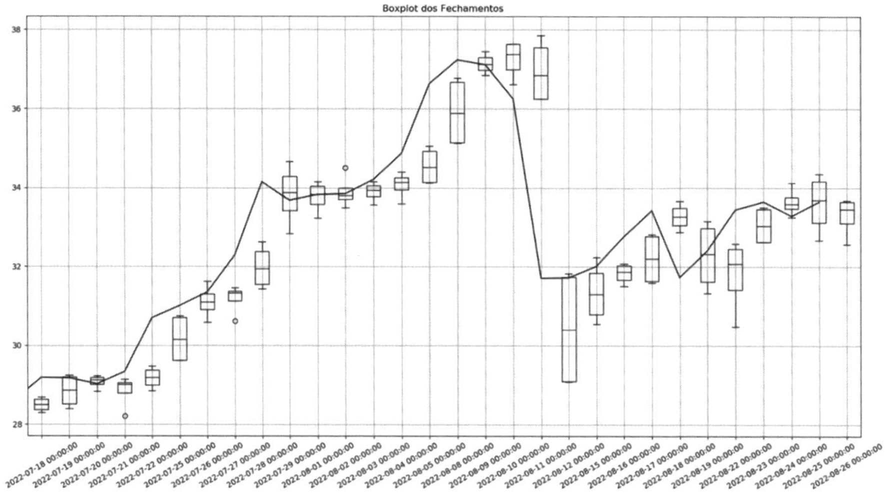


(g)

```
############## ESTATISTICAS DA AÇÂO ################################
ÚLTIMO PREÇO FECH (R$): 33.640
MÁXIMO PREÇO DO FECH(R$): 37.230
MÍNIMO PREÇO DO FECH(R$): 28.600
PREÇO MÉDIO DO FECH(R$): 32.741
MÁXIMO RETORNO DO FECH(porcent):  5.800000000000001
DIA DO MÁXIMO RETORNO FECH:  2022-07-29 00:00:00
MÍNIMO RETORNO DO FECH(porcent):  -12.5
DIA DO MÍNIMO RETORNO FECH:  2022-08-12 00:00:00
VOLATILIDADE (desv.pad. pop) DOS PREÇOS DE FECH:  2.328
VOLATILIDADE (desv.pad. pop) DOS RETORNOS DE FECH (porcent):  3.3000000000000003
##################################################################
```

**GRÁFICA PAYM**
Tel. [11] 4392-3344
paym@graficapaym.com.br